훈민정음

해례본과 언해본의 탄생과 역사

한글의 뿌리와 역사

훈민정음 해례본과 언해본의 탄생과 역사

초판인쇄   2023년 10월 1일
초판발행   2023년 10월 9일

해제   김슬옹
감수   정우영
발행인   조현수
펴낸곳   도서출판 가온누리
기획   조영재
마케팅   최문섭
편집   문영윤
디자인   유지현
제작   예컴미디어

주소   경기도 파주시 산남동 693-1
전화   031-942-5366
팩스   031-942-5368
이메일   provence70@naver.com
등록번호 제396-2022-000130호

ISBN 979-11-982026-4-2 (94700)

훈민정음

해례본과 언해본의
탄생과 역사

한글의 뿌리와 역사

김슬옹 해제 | 정우영 감수

《훈민정음》 해례본, 두 번째 복간본을 펴내며

올해는 한글훈민정음 창제 1443 580돌이자 한글 반포 1446 577돌이 되는 해이다. 이런 뜻 깊은 해를 맞이하여 간송미술문화재단과 간송미술관은 두 번째 복간본을 펴내게 되었다. 문화재청에서 복간한 "훈민정음 언해본"과 함께 펴내 더욱 의미를 더하게 되었다.

2015년에 "훈민정음" 해례본 최초 복간본을 간송미술문화재단과 교보문고에서 필자의 학술적 책임 아래 펴낸 지 8년이 흘렀다. 당시 고가의 책이었지만 1년 만에 한정판 3천 질 이 모두 나가 헌책방에서 2022년 기준 거래 가격이 치솟아 오르기까지 했다. 이는 훈민정 음 해례본에 대한 우리 국민들의 관심이 얼마나 높은지를 보여주는 증표이기도 하다.

필자는 최초 복간본 해제를 쓴 덕에 더 큰 인연이 잇따랐다. 2020년에 연세대학교 대학 원 국어국문학과에서 "훈민정음" 해례본만의 순수 연구인 "《훈민정음》 해례본의 역주 방 법론 정립에 관한 연구"로 세 번째 박사학위를 받았기 때문이다.

이 연구는 2015년 첫 번째 복간본과의 인연 때문에 가능했지만, 두 번째 복간본 해설의 샘물이 되어 3부 내용 해설의 바탕이 되었다.

간송미술관은 1940년 최초 소장 이후 일제강점기임을 고려하여 모사본필사본: 송석하 으 로 세상에 알린 뒤, 1946년에는 조선어학회 요청으로 최초 영인본해제: 방종현을 펴냈고, 1958년에는 두 번째 영인본을 허락했다. 2015년에는 소장 원본을 똑같이 만든 최초 복간 본김슬옹 해제/강신항 감수을 펴냈다. 이번에는 두 번째 복간본김슬옹 해제/정우영 감수을 펴내게 된 것이다.

2015년 해제에는 쓰지 않았지만 2014년 12월 17일은 역사적인 날이었다. 동대문 디자인플라자 특별 수장고에서 전인건 현 관장님과 백인산 학예실장님과 함께 원본을466 한 시간 가까이 직접 보았기 때문이다. 12월 10일 간송가를 방문하여 간송 전형필 첫째 아드님이신 고 전성우 이사장님을 뵙고 난 뒤였다. 이보다 앞서 11월 19일 교보문고의 정혜림 님이 찾아와 복간본 기획 소식을 전해 주었고 해제의 필자를 저 김슬옹으로 결정했다는 것이다. 훈민정음 해례본에 왜 고전인가를 설명한 2007년의 저서인 "인류의 문자혁명 훈민정음아이세움"을 보고 전문적인 지식을 정확하고 쉽게 설명할 수 있으리라 믿음이 가서 그리 결정을 했다고 했다.

2015년 10월 6일 기자회견 때 원본을 직접 본 느낌을 어느 기자가 물었다. 무가지보 "훈민정음 해례본"을 직접 본 느낌이 어떠냐는 것이었다. 나는 얼떨결에 세종대왕님과 전형필 선생님을 직접 만난 기분이라고 답했다.

이 어려운 작업을 혼자 감내하기에는 어려운 일이었다. 1차 복간본 해제를 도와주셨던 강신항, 정우영 교수님께 감사드립니다. 정우영 교수님은 2차 복간 해제까지 함께 해주시었습니다.

세 번째 박사학위를 지도해 주신 서상규 지도교수님과 한영균, 심경호, 유현경 교수님들께도 감사드립니다.

늘 귀한 가르침을 주시는 한글학회 권재일 이사장님과 김주원 회장님, 여러모로 응원을 아끼지 않으신 최홍식 세종대왕기념사업회 회장님, 이대로 한말글문화협회 회장님과 원암문화재단 이기남 이사장님, 훈민정음세계화재단 이문호 이사장님께 감사드립니다.

무엇보다도 훈민정음 해례본 원본을 직접 보게 해 주시고 원본 해제의 영광된 기회를 주신 고 전성우 간송미술문화재단 이사장님과 전인건 간송미술관장님께 고마운 말씀 드립니다. 세종과 훈민정음 연구에 몰입하게 해주신 국어문화운동본부 남영신 회장님과 세종국어문화원과 한글닷컴 식구들, 짚신문학회 오동춘 회장님, 한글예술원 문관효 원장님, 문화기획 소희연 육선희 대표님, 한국외국어대학교 교육대학원 임경순 교수님께도 고마운 말씀 전합니다.

2차 복간본의 소중한 역사를 열어주신 가온누리 조현수 대표님, 조영재·문영윤 이사님, 강수현, 양효정 한글맵시꾼을 비롯한 여러분들께도 감사드립니다.

세종국어문화원 연구실에서 지은이 씀.

2023.5.15. 세종대왕 탄신 626주년 기념일에

2014년 12월 10일,
간송가 사저에서,
고 전성우 전 이사장님,
김은영 매듭장님과 함께

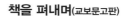

책을 펴내며(교보문고판)

　　1446년에 간행된 《훈민정음訓民正音》 해례본은 단순한 문자 해설서가 아니다. 이 책은 인류의 문자가 지향해야 할 보편 가치와 원리가 담겨 있다. 또한 신분과 관계없이 모든 백성들이 배우고 쓰기 쉬운 문자를 사용해 제대로 소통하고 배우는 사회를 이룩하고자 했던 세종대왕의 아름다운 큰 꿈을 담고 있다. 즉 《훈민정음》 해례본은 뛰어난 언어학 저술인 동시에 문자의 사상을 담은 사상서이며, 동아시아의 보편 문자인 한자의 권위에 도전한 정치에 관한 책이기도 하다. '훈민정음'이란 문자의 효용성과 그것을 창제한 목적이 어우러져 우리 인류의 찬란한 지성을 이끌어낸 역사이자 예술, 문화, 과학 등 모든 가치가 융합된 우리나라 최고의 문화유산이다.

　　이렇게 위대한 책도 세상에 알려지게 된 경위는 결코 순탄치만은 않았다. 세종의 명을 받아 1446년 9월 상한음력에 펴낸 초간본, 곧 원본이 언젠가부터 역사의 표면에서 사라졌기 때문이다. 다행히 세종이 직접 쓴 '서문과 예의'의 정음편예의편을 우리말로 번역한 언해본이 유통되어 왔지만 해례본은 오랜 세월 동안 세상에서 자취를 감추었다. 원본이 다시 발견된 것은 우리의 말과 글의 주권을 빼앗겨 나라의 운명이 처참한 나락으로 떨어졌던 1940년이었다. 조선 시대 내내 비주류 문자로 무시당해 온 문자의 역사를 반영하듯 어느 집안 서재 한구석에서 그 서러운 역사를 견뎌낸 것이다. 그 흔한 복제, 복각조차 되지 못하고 494년을 알려지지 않았던 《훈민정음》 해례본은 흔히 가격을 매길 수 없을 정도로 귀한 보배라는 뜻으로 '무가지보 無價之寶'라고 부른다. 책 자체만으로도 이미 위대하지만, 험난한 역사를 견뎌낸 가치 또한 세상의 도량형으로는 가치를 매길 수 없을 만큼 엄청나기 때문이다.

훈민정음 문자와 《훈민정음》 해례본의 험난한 역사는 창제자 세종과 세종을 도와 훈민정음 해례본을 완성한 '정인지·최항·박팽년·신숙주·성삼문·강희안·이개·이선로' 여덟 명과 소장자 전형필 모두 열 사람의 이름을 더욱 빛나게 하였다. 이 책 속에는 세종이 훈민정음을 만든 이유와 배경이 분명하게 담겨 있고, 이용준은 무엇보다도 우리 민족의 문자 문화재가 세상에 가치를 드날릴 수 있도록 빛을 보지 못한 책을 세상 밖으로 드러냈으며, 간송 전형필은 온몸으로 이 책을 지키고 간직해 세상에 공개하였다.

이 책은 소장자인 간송 전형필의 호를 따서 흔히 '간송본'이라 부른다. 일제 말기와 6.25전쟁 등 민족의 온갖 시련 속에서 책을 지켜온 숭고한 역사와 그 뜻이 이름과 더불어 빛나고 있다. 문자의 탄생과 보급도 기적이지만, 이 책을 지켜온 것도 기적이었다.

이 책뿐만 아니라 수많은 문화재를 침략과 전쟁의 처참함 속에서 지켜온 '간송미술문화재단'은 그동안 해례본을 대상으로 하여 한 차례의 모사본, 두 차례나 영인본 형식으로 그 의미와 내용을 온 국민과 함께 공유해왔다. 그러나 그러한 간접적인 공유 방식은 여러 한계가 있었고 원본을 보고자 하는 국민들의 갈증은 더해 갔다. 이제 한글 창제 572주년, 한글 반포 569주년, 간송본 소장 75주년, 세계기록유산 등재 18주년에 이르러 직접 완전 복제본을 펴냄으로써 이 책의 가치와 의미를 더 크고 깊게 전 인류와 함께 나누기로 하였다.

이러한 숭고한 뜻을 기리는 작업에 이름 없는 서생인 필자가 함께하게 되었으니 끝없는 감동과 더불어 온몸에 전율을 느낀다. 어찌 이 거대한 작업을 혼자 감당해낼 수 있을까. 해례본이 발견되기 전에 훈민정음을 연구하고 그 가치를 높여온 최세진, 최석정, 신경준, 유희, 헐버트, 주시경, 최현배, 홍기문, 방종현 선생과 같은 선각자들과 해례본 발견 이후 훈민정음 연구를 위해 밤낮으로 연구해 온 수많은 학자들, 그리고 훈민정음을 위해 애써 온 많은 분들의 업적이 있었기에 가능했다. 특히 문효근, 김석득, 최기호 선생님은 오랜 세월 훈민정음 연구에 오롯이 매달리게 해 주셨다. 그리고 이 책을 저술하는 내내 자문을 해 주신 정우영동국대 선생님, 최종 감수를 해 주신 강신항성균관대 선생님의 고견이 아니었다면 이 책은 빛을 보기 어려웠을 것이다.

필자가 훈민정음 해례본 원본을 직접 보는 행운을 얻은 것은 두 차례였다. 첫 번째는 1996년 〈세계로 한글로〉 KBS 10월 9일 방영, 국어정보학회 제작, 이봉원 감독라는 기록 영화를 찍으면서였다. 고 서정수한양대, 고 안병희서울대 교수님과 함께 보았다. 영화 제작을 위해 간송미술문화재단전성우 이사장에서는 고이 간직해왔던 원본을 어렵게 공개했다. 비록 필자는 국어정보학회 선임연구원이자 이 영화에서 조감독으로 참여할 때라서 자세히 살펴볼 여건은 되지 않앉었지만, 유리창 너머로만 보았던 국보를 직접 대하는 기쁨은 말로 다 표현할 수 없었다. 그 두 번째는 2014년인데, 이번에는 해례본을 다시 보게 되었을 뿐만 아니라 실사를 통해 감히 해례본의 해제를 작성하는 분에 넘치는 영예를 안게 되었다실제 출판은 2015년.

이 책은 온 국민용으로 집필되어 전문 학술서처럼 어려운 주석은 달지 않았다. 그러나 이 책은 기존 학술 책에서 다루지 않은 새로운 사실들과 소중한 전문 자료부록를 담고 있다. 가장 중요한 것은 훈민정음 해례본의 실체를 가장 정확하게 세상에 드러냈다는 점이다. 세종을 도운 여덟 명의 신하들은 해례본을 펴내는 감동을 신비롭다고 하면서 해례본을 펴내면서 하늘의 지혜가 처음 열린다고도 했고 문자 없는 오랜 어둠을 가시게 한 큰 빛이 비쳤다고도 했다. 어찌 그때의 감동을 오늘 다시 누리지 않을 수 있으랴.

삼가 옷깃을 여미고 머리를 조아려 이 해제를 세종대왕과 간송 전형필 선생의 영전에 올린다. 아울러 훈민정음과 해례본의 가치와 의미를 세상의 모든 분들에게 바친다.

김슬옹

차례

3부 《훈민정음》 해례본 내용 풀이

1부

훈민정음(문자) 이야기

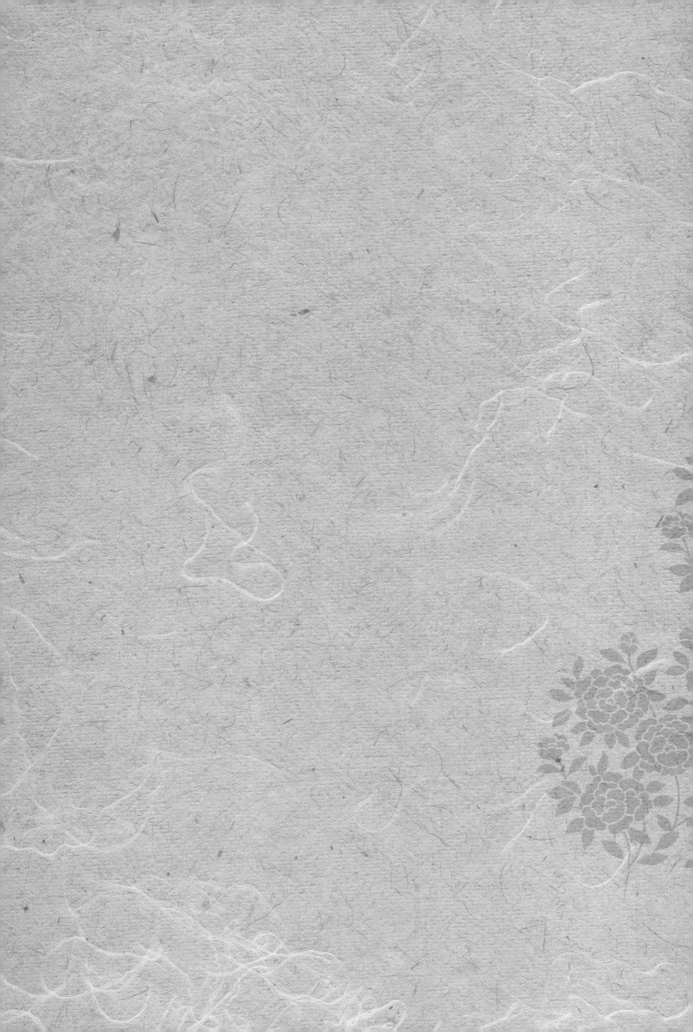

누가 훈민정음訓民正音을 창제했나?

세종대왕이 1443년 창제하고 1446년 《훈민정음》 해례본이라는 책으로 세상에 널리 반포한 문자를 '훈민정음', '정음' 또는 '언문'훈민정음'의 일반 명칭. 일부 속된 명칭으로도 쓰임'이라 부른다. '한글'이라는 용어를 사용한 것은 1910년대 이후다. 훈민정음은 기본자가 28자이고 오늘날의 한글은 기본자가 24자인 것을 보면 문자의 변천이 있었음을 알 수 있다. 그러나 넓게 봤을 때 훈민정음은 '15세기의 한글'이라고 표현할 수 있고, 한글이라는 명칭의 바탕에는 훈민정음이 깔려 있다. 따라서 엄격하게 구별할 필요가 없을 때는 혼용해 쓸 수 있다. 다만 이 책은 《훈민정음》 해례본의 해설을 위한 것이므로 주로 '훈민정음'이라는 용어를 쓰기로 한다.

훈민정음을 누가 만들었는가는 매우 중요한 문제다. 이는 역사의 진실을 밝히는 과정이자 훈민정음에 얽힌 각종 문제를 풀어내는 실마리이기도 하다. 훈민정음 28자는 당연히 세종이 친히 창제하여 1443년 신하들에게 알리고 1446년 모든 백성들에게 알린 글자다. 세종은 백성들에게 알리기 위해 《훈민정음》 해례본을 펴내면서 개혁적인 미래상을 가진 집현전 학사들의 도움을 받았다. 그런데도 구상부터 이론 정립에 이르기까지 세종이 친히 모든 과정을 혼자 이뤄냈다는 친제를 부정하는 공동 창제설, 가림토 문자설 등을 주장하는 것은 명백한 역사 기록과 일반 상식을 무시한 한 결과다.

세종 단독 창제에 관한 각종 기록과 증언

훈민정음은 세종대왕이 혼자서 창제한 문자다. 비밀리에 훈민정음을 만든 세종은 1443년 12월음력에야 이 사실을 처음 세상에 알렸다. 세종이 직접 만들었다는 가장 강력한 근거는 역사적 사실에서 찾을 수 있다. 세종은 직접 작성한 《훈민정음》 해례본 서문에서 자신이 창제했음을 다음과 같이 밝혔다.

> 우리나라말이 중국말과 달라 한자와는 서로 잘 통하지 않는다. 그러므로 글 모르는 백성
> 이 말하려는 것이 있어도, 끝내 제 뜻을 능히 펼치지 못하는 사람이 많다. 내가 이것을 가
> 엾게 여겨 새로 스물여덟 자를 만드니, 사람마다 쉽게 익혀 날마다 씀에 편안케 하고자
> 할 따름이다.
> (國之語音, 異乎中國, 與文字不相流通. 故愚民有所欲言, 而終不得伸其情者多矣. 予爲此憫然,
> 新制二十八字, 欲使人人易習便於日用耳.)
> _《훈민정음》 해례본 서문

54자의 짧은 글이지만 세종이 훈민정음을 만든 뚜렷한 동기와 목표를 보여 준다. 지금도 그렇지만 당시에는 책을 읽지 않거나 공부하지 않는 것을 매우 어리석은 행동으로 여겼다. 하지만 책은 10년 이상 배워야 제대로 읽고 쓸 수 있는 한자로 쓰여 있었다. 이를 가엾게 여긴 세종은 한자를 모르는 백성들을 위해 직접 28자의 기본 글자를 만들었다. 모든 사람들이 쉽게 익히고 편히 사용하라는 그의 문장은 자신이 만든 글자가 한자를 배운 양반들에게도 요긴한 글자임을 밝히고 있다.

이번에는 신하들의 증언을 살펴보자. 《훈민정음》 해례본 '정인지서'에서 세종 친제 사실을 다음과 같이 언급하고 있다. 《세종실록》 1446년세종 28년 9월 29일자에도 그대로 실려 있다.

> "계해년 겨울(1443년 12월)에 우리 임금께서 정음 스물여덟 자를 창제하여, 간략하게 설
> 명한 '예의'를 들어 보여 주시며 그 이름을 '훈민정음'이라 하셨다. '상형' 원리로 만들어
> 글자는 옛 '전서체'를 닮았으되, 말소리에 따라 만들어 소리는 음률의 일곱 가락에도 들

어맞는다. 하늘·땅·사람의 세 바탕 뜻과 음양 기운의 신묘함을 두루 갖추지 않은 것이 없다. 스물여덟 자로 끝없이 바꿀 수 있어, 간결하면서도 요점을 잘 드러내고, 정밀한 뜻을 담으면서도 두루 통할 수 있다."

癸亥冬. 我殿下創制正音二十八字, 略揭例義以示之, 名曰訓民正音. 象形而字倣古篆, 因聲而音叶七調. 三極之義, 二氣之妙, 莫不該括. 以二十八字而轉換無窮, 簡而要, 精而通.

[정음해례27ㄴ:4-28ㄱ:2_정인지서]

_ 《훈민정음》 해례본(1446) '정인지서'

간략한 기록임에도 당시 정황의 진실이 잘 드러나 있다. 세종은 비밀 연구 끝에 1443년 12월이 되어서야 집현전 일부 신하들에게 28자를 만든 과정과 발음하고 쓰는 방법을 간단한 예를 들어 설명한 듯하다. 특히 '우리 전하'라는 말은 새 문자를 창제한 주체가 세종 한 사람임을 분명하게 밝힌 것이다. 짧은 구절이지만 창제 주체와 훈민정음의 주요 특징, 우수성을 명확하게 알리고 있다. 신하들의 증언은 계속된다.

임금께서 친히 1443년 12월에 스물여덟 자를 창제하여 '예의'를 보여 주고 훈민정음이라 불렀다.

(癸亥冬, 我殿下創制正音二十八字, 略揭例義以示之, 名曰訓民正音.)

_ 《훈민정음》 해례본 정인지 서문

이 기록은 1446년에 출판한 《훈민정음》 해례본 정인지 서문의 내용이다. 앞선 1443년 실록의 기록을 다시 증언하고 있다. 이 책의 '제자해'에서도 세종 친제에 대한 존경심이 여지없이 드러난다.

아! 정음이 만들어져 천지 만물의 이치가 모두 갖추어졌으니, 그 정음이 신묘하다. 이는 틀림없이 하늘이 성왕(세종)의 마음을 일깨워, 세종의 손을 빌려 정음을 만들게 한 것이로구나! (正音作而 天地萬物之理咸備 其神矣哉. 是殆天啓聖心而假手焉者乎.)

_ 《훈민정음》 해례본 제자해

하늘의 뜻에 따라 또는 하늘이 내린 능력으로 세종이 천지 만물의 이치가 담긴 문자를 만들었다는 내용이다. 뒤이어 정인지 서문에서도 '공손히 생각하옵건대 우리 전하는 하늘이 내린 성인으로서 지으신 법도와 베푸신 업적이 모든 왕을 뛰어넘으셨다. 恭惟我殿下, 天縱之聖, 制度施爲超越百王'라고 세종의 놀라운 능력을 언급한다. 훈민정음 반포에 반대한 집현전 부제학 최만리 등의 상소문에서조차 이런 찬사가 쏟아진다.

> 신 등이 엎디어 보건대, 언문을 만든 것이 매우 신기하고 기묘하여, (임금께서) 새 문자를 창조하시는 데 지혜를 발휘하신 것은 전에 없이 뛰어난 것입니다.
> (臣等伏覩諺文制作, 至爲神妙, 創物運智, 出千古.)
> _《세종실록》 세종 26년(1444년) 2월 20일

이 상소문은 훈민정음 창제 사실을 공표한 지 얼마 안 돼 제출된 것으로, 한편으로 반대는 하면서도 훈민정음이 임금세종의 신기한 창조물임을 인정하고 있다.

세종이 창제자임을 입증하는 역사적 근거도 있다. 《세종실록》은 세종이 새 문자를 창조할 수밖에 없는 역사적 맥락이 소상하게 드러나 있다.

> 비록 세상 이치를 아는 사람이라 할지라도, 법률문에 의거하여 판단을 내린 뒤에야 죄의 경중을 알게 되거늘, 하물며 어리석은 백성이야 어찌 저지른 죄가 크고 작음을 알아서 스스로 고치겠는가. 비록 백성들로 하여금 다 법률문을 알게 할 수는 없을지나, 따로이 큰 죄의 조항만이라도 뽑아 적고, 이를 이두문으로 번역하여서 민간에게 반포하여 보여, 어리석은 지아비와 지어미들로 하여금 범죄를 피할 줄 알게 함이 어떻겠는가? (雖識理之人, 必待按律, 然後知罪之輕重, 況愚民何知所犯之大小, 而自改乎?)
> _《세종실록》 세종 14년(1432년) 11월 7일

삼강은 사람 도리의 큰 근본이니, 군신·부자·부부의 벼리를 마땅히 먼저 알아야 할 것이다. 이제 내가 유신(儒臣)에게 명하여 고금의 사적을 편집하고 아울러 그림을 붙여 만들어 이름을 《삼강행실(三綱行實)》이라 하고, 인쇄하게 하여 서울과 외방에 널리 펴고 학

식이 있는 자를 선택하여 항상 가르치고 지도하여 일깨워 주며, 장려 권면하여 어리석은 백성으로 하여금 모두 알아서 그 도리를 다하게 하고자 하는데 어떻겠는가.

(三綱, 人道之大經, 君臣父子夫婦之所當先知者也. 肆予命儒臣編集古今, 幷付圖形, 名曰《三綱行實》, , 廣布中外, 思欲擇其有學識者, 常加訓導, 誘掖獎勸, 使愚夫愚婦皆有所知識, 以盡其道, 何如?)

_《세종실록》 세종 16년(1434년) 4월 27일

책을 통한 교화에 관심이 많았던 세종은 한글을 창제하기 11년 전인 1432년에 더 쉬운 문자로 책을 펴낼 방법을 고민했다. 1434년에는 문자를 모르는 백성을 배려해 만화를 곁들인 《삼강행실도》라는 책까지 펴냈다. 한자의 모순이 개선되지 않는 한 이두吏頭, 한자를 우리 식으로 고친 표기체건 만화를 함께 그려 넣은 책이건 문제가 많다 보니 세종은 새로운 문자를 구상할 수밖에 없었을 것이다.

훈민정음이 비밀리에 창제되었다 보니, 그 주체가 임금이 될 수밖에 없는 정황 근거도 있다. 만일 한글 창제가 공동 연구의 결과라면 이는 비밀 연구라는 사실을 부정하는 게 된다. 우리말을 적기에 쉬운 문자를 만들어 백성의 교화에 대한 세종의 의지를 보여 주는 1432년과 1434년 기록과 그 이후 관련 기록이 전혀 없다가 1443년 12월이 되어서야 창제 사실이 드러난 점 등은 훈민정음이 철저하게 비밀리에 창제되었음을 보여 주는 것이다. 사대부들의 반발과 고도의 집중이 필요한 연구였기에 세종은 비밀리에 문자를 만들 수밖에 없었다. 또한 강력한 창제 의지와 그것을 떠받들 수 있는 뛰어난 지식과 아이디어가 함께해야만 가능했기에, 한글 창제는 임금이 단독으로 추진할 수밖에 없는 어려운 일이기도 했다.

《훈민정음》 해례본 기록을 보면 집현전 학자들 일부만이 창제 후 도왔음을 명확하게 알 수 있다.

드디어 전하께서 저희들로 하여금 상세한 풀이를 더하여 모든 사람을 깨우치도록 명령하시었다. 이에, 신이 집현전 응교 최항과 부교리 박팽년과 신숙주와 수찬 성삼문과 돈녕부 주부 강희안과 행 집현전 부수찬 이개와 이선로로 더불어 삼가 여러 가지 풀이와 보기를 지어 그 대강을 서술하였다.

(遂命詳加解釋, 以喩諸人. 於是, 臣與集賢殿應敎崔恒, 副校理朴彭年·申叔舟, 修撰成三問, 敦
寧 注簿姜希顔, 行集賢殿副修撰李塏·李善老等謹作諸解及例, 以敍其梗槪)

_《훈민정음》해례본 정인지 서문

신숙주, 성삼문이 한자음 연구를 위해 중국 음운학자 황찬의 자문을 구한 것도 창제 이후의 일이다.

집현전 부수찬 신숙주와 성균관 주부 성삼문과 행사용 손수산을 요동에 보내서 운서를 질문하여 오게 하였다.

(遣集賢殿副修撰申叔舟, 成均注簿成三問, 行司勇孫壽山于遼東, 質問韻書.)

_《세종실록》1445년(세종 27년) 1월 7일

하지만 이보다 더 강력한 증거는 훈민정음이라는 문자를 발명할 수 있는 사람은 세종이 유일했다는 점이다. 훈민정음에 담긴 융합 사상을 두루 갖추고 그것을 추진할 권력을 가진 사람은 세종 외에는 없었다. 훈민정음 창제는 음양오행이라는 동양의 전통 철학과 이를 더욱 발전시킨 천지인 삼조화 사상, 천문과 음악 연구를 바탕으로 구축한 언어 이론, 근대 언어학과 탈근대 언어학의 장점을 감싸 안는 동시에 이를 뛰어넘는 인류 사상사, 발명사의 혁명을 가져온 역사적 사건이었다. 이러한 세종의 사유는 그의 기획과 전략에 의해 탄생한《훈민정음》1446 ,《동국정운》1448 ,《용비어천가》1447 ,《아악보》1430 ,《제가역상집》1444 등에 나타나 있다. 신하들은 이런 놀라운 문자를 직접 창제한 세종에 대해 다음과 같은 찬사를 보냈다.

동방에 나라가 있은 지가 오래되지 않은 바는 아니지만, 무릇, 만물의 뜻을 깨달아 모든 일을 이루는 큰 지혜는 훈민정음을 반포하는 오늘을 기다리고 있었음이다!

(夫東方有國, 不爲不久, 而開物成務之大智, 蓋有待於今日也!)

_《훈민정음》해례본 정인지 서문

물론 훈민정음은 언어학과 음악, 철학 등 여러 학문을 두루 잘 알고 사람들 사이의 소통을 중요하게 여기는 세종과 집현전과 같은 훌륭한 연구소, 그리고 세종과 뜻을 함께하는 많은 인재가 있었기에 창제되고 반포될 수 있었다.

공동 창제설이 퍼진 까닭

훈민정음을 세종과 집현전 학사들이 함께 창제했다는 협찬설이 널리 퍼진 데에는 두 가지 배경이 있다. 첫 번째는 이토록 거대하고 놀라운 문자를 어찌 개인이 혼자 창제했겠느냐는 것이고, 두 번째는 민중사관에 의해 영웅주의 사관을 비판하는 과정에서 협찬설이 굳어진 것이다.

그러나 상식적으로 협찬설은 성립이 어렵다. 협찬은 곧 훈민정음 창제가 공개적으로 진행되었음을 의미한다. 그런데 당시 상황에서는 공개적으로 새로운 문자를 만드는 프로젝트를 진행하기 어려웠다. 세종이 몇몇 신하들을 모아 놓고 "경들은 들으시오. 우리 한번 한자보다 더 뛰어난 소리 문자를 만들어 봅시다. 어떠시오?"라고 묻는 것이 가능이나 했겠는가. 대화를 꺼내기조차 어려웠을 것이고 설령 그 뜻을 이해하는 신하가 있다 하더라도 거친 반대 여론에 휩싸여 진행 자체가 불가능했을 것이다.

협찬설은 객관적인 역사적 사실과 훈민정음에 관한 학문적·맥락적 진실에 비춰 볼 때 성립이 어렵다. 훈민정음은 언어학뿐만 아니라 철학, 음악, 수학 등 다양한 학문에 정통한 천재가 지속적인 노력 끝에 만들 수밖에 없는 문자다. 오히려 공동 연구로는 창제하기 어려운 문자이기도 하다. 집현전 학사들의 참여는 창제 이후 새 문자를 널리 보급하기 위한 후속 작업을 도운 수준에 그친다. 이토록 놀라운 천재를 영웅이라 한다면 영웅주의 사관으로 볼 수밖에 없는 것도 사실이다. 물론 세종이라는 천재, 즉 영웅으로 하여금 새 문자를 만들게 한 강력한 추동력은 민중 교화에 있다. 그러므로 민중이 간접 영향을 미친 것만은 분명하다. 그렇다고 그것이 세종 친제 역사 사실에 영향을 끼치지는 못한다.

가림토 문자설은 훈민정음 문자가 단군 시대부터 있었다는 가설이다. 이와 관련한 역사 기록이 거의 없어 긍정도 부정도 하기 어렵다. 하지만 분명한 것은 세종 이전에 가림토 문자

기록이 단 한 건도 남아 있지 않다는 사실이다. 그렇게 위대한 소리 문자가 존재해 왔다면 하다못해 돌비석에라도 남아 있어야 하는데, 아직 흔적조차 발견되지 않고 있다. 설령 단군 시대에 훈민정음과 비슷한 문자가 있었다 해도 세종의 창제 정신과 독창성을 부인하기는 어렵다. 문자는 전체적인 짜임새와 실용적으로 쓸 수 있는 생명력이 중요하기 때문이다. 세종이 짜임새와 생명력을 갖춘 문자를 만들었다는 역사적 사실은 변하지 않는 진리다.

물론 어느 날 세종이라는 천재가 하늘에서 떨어져 홀로 이 엄청난 발명을 해냈다는 것은 아니다. 역사가 세종을 만들었고, 세종은 훈민정음을 통해 그 역사를 다시 썼다는 것이다. 세종이 아무리 천재성을 가지고 태어났다 해도 조선왕조의 개국과 임금이라는 신분이 없었다면 훈민정음 창제는 불가능했을 것이다.

창제자 세종의 정확한 이름[1]

'세종世宗'은 사후의 존호이고 원래 이름은 이도 李祹이다. 그런데 세종대왕의 피휘避諱, 존귀해서 피해야 할 이름자를 "祹옷소매 도"가 아닌 "裯복 도"로 알고 있는 사람들이 많다. 이런 주장은 고 진태하 명지대 교수가 중앙일보 2010.10.8.에서 10년 전에 주장한 바이기도 하다. '祹'는 '옷소매끝 도/옷소매 도'이므로 왕자 이름으로 취할 수 없는 뜻이라는 것이다. 그러나 이러한 주장은 잘못됐다. 오히려 그 반대다. '祹'자가 맞는 글자이고, '裯'자가 틀린 글자이다.

《세종실록》의 실제 기록을 보면 금방 알 수 있는데, 관련 5건의 기록이 모두 다음 따온 이미지처럼 祹'로 되어 있다. 그럼에도 실록 번역하는 이들이 이 글자를 '복 도裯'의 이체자 'ネ+匐'로 판독하고 기록하여 '복 도'로 오해하게 된 것이다. 필자 또한 기존 판독문대로 써 왔으나 이제 수정하고자 한다.

---

1   오마이뉴스 2021.11.16.일자에 "세종대왕 이름 뜻이 옷소매? 후대 눈엔 이상하겠지만… 백성에 피해 없게 작명용 한자 사용. 세종문화회관 세종 이야기 게시물도 수정해야"라는 기사로 발표한 바 있다.

실록 날짜와 기사 제목	태백산고본 실제 이미지
세종실록 1권, 총서	祹
세종 즉위년(1418) 8월 14 영돈녕·영의정·대간을 불러 중국에 전위한 일을 알리는 방법을 의논하다	祹
세종 즉위년 9월 4일 흠차 환관 육선재가 칙서와 황제가 준 명칭가곡 천 본을 받들고 오다	祹
세종 즉위년 9월 13일 상왕이 명나라 황제에게 세자 이도가 임시로 섭행함을 아뢰다	祹
세종 32년 2월 22일 지중추원사 이선 등을 북경에 보내 부고를 고하고 시호를 청하다	祹

〈표 1〉 세종 원 이름 《세종실록》 이미지 모음

'옷의 변衤=衤' 계열 이름임은 조선왕실 족보 기록인 《선원계보기략》에서도 다음과 같이 분명히 하고 있다.

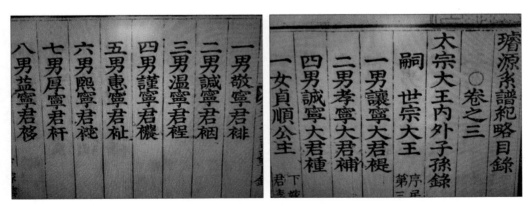

〈사진 1] 조선왕실 족보 기록인 《선원계보기략》 왕자 이름 이미지

《태종실록》은 세종대왕 시절에 편찬된 것이므로 세종의 이름은 '피휘자'가 되므로 표기하지 않았다. 태종은 원경왕후와의 사이에 네 명의 왕자와 후궁 사이에서 여덟 명의 왕자 모두

열 둘을 두었는데 모두 '옷의 변[衣6획 = 衤5획]' 계열이다. 왕실은 특정 한자를 왕족 이름으로 쓸 경우 일반 백성들이 마음대로 쓸 수 없는 점을 고려 하여 한 글자 이름으로 지었다. 한 글자이다 보니 돌림자 설정의 어려움 때문에 특정 부수를 돌림자 대용으로 삼았다. 여기서는 '옷의 변' 글자를 대용으로 삼았다. 결국 세종 이름은 '裪옷소매 도'이다. '복 도'가 아닌 '옷소매 도'로 본다고 해서 세종대왕과 왕실의 권위가 내려가는 것은 아니다. 이 문제를 함께 검토해 준 정우영 동국대 명예교수는 "백성들에게 부담주지 않으려는 배려심, 겸양, 애민정신을 기본원칙으로 하여 작명용 한자를 선택한 결과"라고 강조했다.

후대 사람들이 세종대왕의 본 이름을 '복 도'로 오해하게 된 것은 첫째, 세종대왕에 대한 존경의 마음을 투사하여 좋은 뜻으로 보려는 선입견이 작용한 탓이다. 둘째는 복잡한 한자의 이체자 문제에서 비롯되었다.

'복 도'는 두 가지 계열이 있는데, 하나는 '示보일시변 시 + 匋질그릇 도' 계열이고, 또 하나는 '礻보일시변 시 + 匋질그릇 도' 계열이다. 곧 '示=礻'는 이체자이다.

가. 示5획 = 礻4획 福복 도=礻+匋
나. 衣6획 = 衤5획 裪옷소매 도

곧 '福복 도'의 이체자인 '礻+匋'의 왼쪽 부수 礻와 '裪옷소매 도'의 왼쪽 부수 衤가 짧은 한 획 차이로 전문가들조차 혼동이 된다. 그러다 보니 실제 '裪'를 '礻+匋'로 잘못 써서 이를 '복 도'로 오해하게 된 것이다.

일부에서는 세종실록의 '裪옷소매 도'가 '복 도'의 '礻+匋'의 이체자라거나 잘못 표기한 것이라고 보고 있지만, 안대회 성균관대 한문학과 교수와 이기범 경기대 서예학과 교수는 임금 이름을 오기하거나 속된 이체자로 나타내는 것은 있을 수 없는 일이라고 한다. 세종실록을 연구하는 원정재 모임의 권오향 교수도 후대의 관념을 과거 글자에 투사해서는 안 된다고 보았다. 세종실록이 '裪옷소매 도'로 기록했으면 글자 자형이든 뜻이든 있는 그대로 따라야 한다고 한결같이 말하고 있다.

따라서 세종문화회관의 〈세종 이야기〉는 '복 도福'로 설명한 부분을 고쳐야 하며, 조선왕조실록 판독문과 번역문에서 세종의 이름을 '福'로 표기한 부분을 모두 '裪'로 바꿔야 한다.

2장

왜 훈민정음을 창제했을까?

세종대왕은 비밀리에 훈민정음을 만들었지만, 곳곳에 남아 있는 자료로 그 동기와 목표 등을 알 수 있다. 훈민정음 창제의 빌미를 제공한 당대의 절대적 문자인 한자와 이를 응용한 이두 문자에 대한 고민까지 비밀로 하지는 않았기 때문이다. 세종대왕은 한자한문를 몰라 자신의 의사를 제대로 전달하지 못하는 백성들이 글을 통해 새로운 지식과 정보를 습득하고 편안한 삶을 살기를 바라는 마음으로 훈민정음을 만들었다. 〈사진 1〉의 《삼강행실도》 언해본을 살펴보면 그러한 사실을 알 수 있다. 한문으로 된 책을 백성에게 쉽게 설명하려다 보니 만화를 그렸고, 만화로도 제대로 전달할 수 없어 누구나 쉽게 배우고 익힐 수 있는 문자를 만들어 한문을 번역해 붙였다. 이는 성종 때 간행은 되었으나, 훈민정음으로 언해한 것은 세종 때일 것이다.

세종이 훈민정음을 만들기 전에는 우리말을 표현할 문자가 없어 한자를 빌려 적었다. 입으로는 한국말을 쓰고, 글을 쓸 때는 한자를 쓰는 이중 언어생활이 가장 큰 문제였다. 입으로는 "난 책을 좋아해."라고 말하면서, 글로는 '我愛書난-좋아해-책을'이라고 쓰니 불편한 점이 많았다. 그나마 양반 사대부들은 한자를 배울 기회가 많지만, 일반 백성들은 한자를 배울 기회마저 쉽게 주어지지 않았다.

표현하고 싶은 뜻이 있어도 한자를 몰라 소통하지 못하는 백성들이 넘쳐났다. 또한 죄를 지은 사람들의 자세한 사정을 적은 문서들이 한자나 이두로 작성되어 있어 죄인을 다스리는 관리들이 이를 잘못 이해하여 그릇된 판결을 내리는 경우도 많았다. 세종은 이를 안타깝게 여겼다.

　어린 시절부터 책을 좋아했던 세종은 백성들에게 책을 통해 성현의 가르침과 삶의 지혜, 올바른 생활 태도 등을 가르쳐 주고 싶었다. 그런데 한자로 된 책은 사대부들만 읽을 수 있으니 소용이 없었다. 결국 누구나 하루아침에 배워 쓸 수 있는 쉬운 글자를 만들지 않고서는 문제를 해결할 수 없었다. 세종은 한자를 모르는 백성들을 위해 우리말을 자유롭게 적을 수 있는 훈민정음을 만들어야겠다고 결심했다.

　그렇다면 세종은 언제부터 훈민정음 창제를 고민했을까? 답은 임금의 정치 행위를 낱낱이 기록한 《세종실록》에 있다. 훈민정음 창제 17년 전인 1426년, 그러니까 세종이 임금이 된 지 8년이 되던 해였다. 10월 27일 자 기록에 세종이 "사람과 법은 함께하는 것 人法竝用"임을 강조하며, 법률문이 복잡한 한자와 이두로 되어 있어 문신조차 알기 어렵고 배우는 학생들은 더욱 어려움을 지적했다고 쓰여 있다. 법률문과 같은 꼭 필요한 정보의 소통 문제를 고민한 것이다. 기존 문자의 문제와 효율성에 대한 세종의 구체적인 고민이 드러난 첫 공식 기록이다.

　이런 고민은 훈민정음 창제 11년 전인 1432년 11월 7일의 기록에서도 볼 수 있다. 세종이 신하들에게 주요 법조문을 우리 식 한자체인 이두문으로 번역한 뒤 반포하여 무지한 백성들이 죄를 짓지 않을 방법을 의논한 것이다. 이에 세종의 최측근 신하 중 한 사람인 허조가 "백성들이 문자이두문를 알면 부작용이 커진다."라며 반대했다. 그런데도 세종은 법을 알게 하는 것이 좋다며 옛 기록에서 백성들에게 가르친 사례를 조사하도록 지시했다.

　두 사건에서는 읽기 문제만 언급했지만, 세종은 더 나아가 한자를 모르는 백성들의 표현 문제로까지 발전시켰다. 1444년의 최만리 외 6인의 언문 상소는 이와 관련한 세종의 말을 직접 인용하고 있다.

〈사진 2〉《삼강행실도》 언해본 효자 2ㄴ 3ㄱ

사형 집행에 대한 법 판결문을 이두문자로 쓴다면, 글의 뜻을 알지 못하는 어리석은 백성이 한 글자의 착오로도 원통함을 당할 수도 있으나, 이제 그 말을 언문으로 직접 써서 읽어 듣게 하면, 비록 지극히 어리석은 사람일지라도 모두 다 쉽게 알아들어서 억울함을 품을 자가 없을 것이다.

(若曰如刑殺獄辭, 以吏讀文字書之, 則不知文理之愚民, 一字之差, 容或致. 今以諺文直書其 言, 讀使聽之, 則雖至愚之人, 悉皆易曉而無抱屈者)

_《세종실록》 1444년(세종 26년) 2월 20일

글자에 대한 세종의 고민과 새로운 글자를 창제하고자 하는 동기는 1446년 9월 상한에 완성된 《훈민정음》 해례본 어제세종 서문에 그대로 드러난다.

우리나라말이 중국말과 달라 한자와는 서로 잘 통하지 않는다. 그러므로 글 모르는 백성이 말하려는 것이 있어도 끝내 제 뜻을 능히 펼치지 못하는 사람이 많다. 내가 이것을 가엾게 여겨 새로 스물여덟 자를 만드니, 사람마다 쉽게 익혀 날마다 씀에 편안케 하고자 할 따름이다.

(國之語音, 異乎中國, 與文字不相流通. 故愚民有所欲言, 而終不得伸其情者多矣. 予爲此憫然, 新制二十八字, 欲使人人易習便於日用耳.)

_《훈민정음》 해례본 서문

더욱 구체적인 동기가 된 사건도 있었다. 훈민정음 창제 15년 전인 1428년에 진주에 사는 김화라는 사람이 아버지를 살해하는 사건이 일어났다. 그러자 세종은 백성의 교화를 위해 《효행록》이란 책한문을 펴낼 것을 집현전에 지시했다. 도덕 윤리는 일벌백계만으로는 해결할 수 없으니 책을 통해 근본적으로 교화해야 한다고 생각한 것이다. 6년 뒤인 1434년에 드디어 그림풀이를 덧붙인 책 《삼강행실》의 제작이 끝났다. 세종은 인쇄한 책을 널리 배포해 한자를 모르는 어린아이와 민가의 여성들까지도 그 내용을 알게 하도록 지시했다. 그해 11월에는 종친과 신하들은 물론, 여러 도에도 책을 내려보냈다.

이러한 고민 역시 훈민정음 창제 후 최만리가 올린 언문 상소로 인한 논쟁에서 그대로 드러난다. 사관은 세종이 언문 상소의 핵심 인물인 정창손에게 직접 한 말을 그대로 인용하고 있다.

> 내가 만일 언문으로 《삼강행실》을 번역하여 민간에 반포하면 어리석은 남녀가 모두 쉽게 깨달아서 충신·효자·열녀가 반드시 무리로 나올 것이다.
>
> (予若以諺文譯《三綱行實》, 頒諸民間, 則愚夫愚婦, 皆得易曉, 忠臣孝子烈女, 必輩出矣.)
>
> _ 《세종실록》 1444년(세종 26년) 2월 20일

이에 대해 정창손은 "삼강행실을 반포한 후에 충신·효자·열녀의 무리가 나옴을 볼 수 없는 것은, 사람이 행하고 행하지 않는 것이 사람의 자질 여하에 있기 때문입니다. 어찌 꼭 언문으로 번역한 후에야 사람이 모두 본받을 것입니까?"라고 반박하여 책과 문자의 효용성을 매우 낮게 평가했다. 한문으로 된 책을 읽으며 성인의 도를 깨우치고 자신들의 정체성을 지켜나가는 사대부 학자로서는 앞뒤가 맞지 않는 말이었다.

세종은 "이따위 말이 어찌 선비의 이치를 아는 말이겠느냐. 아무짝에도 쓸데없는 용렬한 선비로다."라고 조금 과격한 말로 꾸짖었다. 웬만하면 벌하지 않는 세종의 정치 스타일로 볼 때 그 당시 크게 화를 냈음이 분명하다.

결국 쉽게 읽을 수 있는 책을 통해 백성들을 교화하고자 했던 세종의 의지와 정책은 그가 승하한 뒤 펴낸 조선 최고의 법전인 《경국대전》에까지 수록되었다. 세종의 유지를 받든 세조와 성종, 최항 등이 《경국대전》 편찬에 직접 매달렸기 때문이다.

> 《삼강행실》을 언문으로 번역하여 서울과 지방 사족의 가장·부로(노인) 혹은 교수·훈도(조선 시대 서울과 지방의 향교에서 교육을 담당한 정9품종의 교관) 등으로 하여금 부녀자와 어린이들을 가르쳐 이해하게 하고, 만약 대의(大義)에 능통하고 몸가짐과 행실이 뛰어난 자가 있으면 서울은 한성부가, 지방은 관찰사가 왕에게 보고하여 상을 준다.
>
> (《三綱行實》以諺文, 令京外士族, 家長, 父老, 或其教授, 訓導等, 教誨婦女, 小子, 使之曉解, 若能通大義, 有操行卓異者, 觀察使啓聞行賞.)
>
> _ 《경국대전》 권 3

세종은 훈민정음 창제 1년 전인 1442년에 《용비어천가》를 짓고자 경상도와 전라도 관찰사에게 자료 수집을 명했다. 이 또한 노래를 문자로 적어 널리 알리고자 하는 의도에 맞닿아 있으므로 책을 통한 교화 문제와 이어진다. 세종의 훈민정음 창제 동기와 목표는 어찌 보면 단순하다. 세종의 가상 독백체로 풀어보면 다음과 같다.

입으로 하는 말과 쓰는 글말(한문)이 달라도 아주 다르다. 한문과 이두문은 똑똑한 양반(문신)들조차 어렵다. 더욱이 양반들만이 조선의 백성은 아니다. 백성은 하늘이다. 백성이 중심이 되는 민본의 나라를 만들자. 그런 나라를 위해서는 중요한 정보와 지식을 가르치고 함께 나눌 수 있는 책이 중요하다.

그런데 양반이 아닌 백성들은 한자를 읽을 줄 모른다. 그들이 책을 보게 하는 방법은 없을까? 한자와 이두로는 불가능하다. 그렇다면 방법은 하나뿐이다. 쉬운 글자를 만드는 것. 서당에 다닐 수 없는 백성조차 하루아침에 배울 수 있는 글자를 만들자. 그런 글자는 말소리의 이치를 반영한 소리글자밖에 없다. 소리글자로는 인도의 산스크리트 글자와 몽골의 파스파 글자가 있지 않은가. 그런데 그것들은 부족하다. 그리하여 이미 일상생활에서는 죽은 글자가 되지 않았는가.

게다가 섬세하게 발달한 우리말을 제대로 적을 수도 없다. 이왕 만드는 소리글자라면 자연의 소리를 모두 적을 수 있는 바른 소리글자를 만들자. 바로 '정음'이다. 정음의 이치는 거창한 것이 아니다. 말소리가 나오는 실체를 관찰해서 그 원리를 반영하면 최고의 글자가 될 것이다.

집현전 학사들에게 연구해서 만들도록 할까? 그건 불가능하다. 나의 의도를 이해하기도 어려울뿐더러 이해했다 하더라도 자신들의 한자 기득권 때문에 반대할 것이다. 우선 바른 소리글자를 만들고 나서 나의 뜻에 동의하는 학사들과 조용히 후속 연구를 진행하자. 실제로 새 글자를 보면 그리 많이 반대하지는 않을 것이다. 한 자를 배우는 데 매우 유용할 것이기 때문이다.

이리하여 세종은 비밀 연구 끝에 28자를 창제한 뒤 1443년 12월 어느 날 조용히 그 사실을 알렸다. 당시 상황으로는 거창하게 알리기 어려워 집현전 일부 학사들을 중심으로 차근 차근 알렸을 것으로 추측된다. 세종이 훈민정음을 창제한 명확한 날짜를 알 수 없었던 사관들은 그해를 마감하는 마지막 날인 12월 30일에 이렇게 기록했다.

> 이달에 임금께서 친히 언문 스물여덟 자를 만들었다. 이 글자는 고전을 닮았으되, 초성·중성·종성으로 나누어지며, 이 셋을 합쳐야 글자(음절)가 이루어진다. 무릇 중국 한자나 우리나라 말이나 모두 능히 쓸 수 있으니, 글자가 비록 간결하지만 요점을 잘 드러내고, 요리조리 끝없이 바꾸어 쓸 수 있어 이를 〈훈민정음〉이라 일컫는다.
>
> (是月, 上親制諺文二十八字, 其字倣古篆, 分爲初中終聲, 合之然後乃成字, 凡于文字及本國俚語, 皆可得而書, 字雖簡要, 轉換無窮, 是謂《訓民正音》.)
>
> _《세종실록》 1443년(세종 25년) 12월 30일

당대 최고의 지식인이었던 사관들은 훈민정음의 실체와 가치를 간결하지만 차분하게 기록하여 역사에 남겼다. 지금까지의 역사 흐름을 정리하면 다음과 같다.

〈그림 1〉 훈민정음 창제 이전의 주요 사건

17년 전	15년 전	11년 전	9년 전	1년 전	
1426년	1428년	1432년	1434년	1442년	1443년 12월
법은 나누는 것임을 강조하면서 법률문이 어렵고 복잡한 한문과 이두로 되어있음을 세종이 지적하였다.	김화가 자기 아버지를 죽인 사건을 계기로 세종은 《효행록》 같은 책을 만들어 백성을 교화할 것을 지시하였다.	세종이 한문으로 된 법조문을 백성에게 좀 더 쉽게 알릴 수 있는 방안을 신하들과 의논하였다.	세종이 한자를 모르는 어린아이와 민가의 여성들까지도 책 내용을 알게 하기 위해 그림풀이가 덧붙은 《삼강행실》을 인쇄하여 종친과 신하 및 여러도에 내려 주었다.	〈용비어천가〉를 짓고자 세종이 경상도와 전라도 관찰사에게 자료 수집을 명하였다.	세종이 훈민정음을 창제하였다.

훈민정음 한자음 발음기호설은 역사 왜곡[2]

한자음 발음 기호론자들의 핵심 근거는 세종 1443년 12월에 훈민정음을 창제한 뒤 대략 두 달 뒤인 1444년 2월 16일 중국 운서의 한자의 발음을 훈민정음 적으라는 명령을 내린 것과 1446년 반포 후인 1448년에 동국정운이라는 우리식 한자 운서를 펴냈기 때문이다.

그런데 이들이 못 본 것이 있다. 이런 두 사건보다 먼저 일어난 사전을 무시했기 때문이다. 1444년 2월의 운서 번역 지시 이전에 하급 관리들인 서리들한테 훈민정음을 먼저 가르쳤기 때문이다. 곧 이는 대민 업무를 담당하는 관리들을 먼저 가르쳐 대민 업무에 주로 사용하던 이두를 대체하고 훈민정음을 백성들한테 빨리 보급하려는 의도로 그리했을 것이다.

그리고 반포 후에는 《동국정운》보다 먼저 "용비어천가"와 한글 불경책인 "석보상절"을 '정음'으로 번역해 펴냈다는 것이다. 용비어천가는 서사시 125수를 한자어는 한자로 순우리말은 한글로 적은 문헌이다. 그런데 125수 가운데 무려 4수는 아예 순우리말로만 되어 있다.

[제2장] 불휘 기픈 남곤 부로매 아니뮐씨 곶됴코 여름 하느니 시미 기픈 므른 ᄀᆞ무래 아니 그츨씨 내히 이러 바로래 가느니(뿌리가 깊은 나무는 아무리 센 바람에도 움직이지 아니하므로, 꽃이 좋고 열매도 많으니. 샘이 깊은 물은 가뭄에도 끊이지 않고 솟아나므로, 시내가 이루어져 바다에 가나니.)

[제30장] 뒤헤는 모딘 도죽 알ᄑᆡᄂᆞᆫ 어드븐 길헤 업던 번게를 하ᄂᆞᆯ히 불기시니 뒤헤는 모딘 즁ᄉᆡᆼ 알ᄑᆡᄂᆞᆫ 기픈 모새 열븐 어르믈 하ᄂᆞᆯ히 구티시니[뒤에는 모진 도둑(이요), 앞에는 어두운 길에(=길인데), 없던 번개를 하늘이 밝히시니. 뒤에는 모진 짐승(이요), 앞에는 깊은 못에(=못인데) 엷은 얼음을 하늘이 굳히시니.]

[제67장] 가ᄅᆞᆷ ᄀᆞ새 자거늘 밀므리 사ᄋᆞ리로ᄃᆡ 나거ᅀᅡ ᄌᆞ무니이다 셤 안해 자싫제 한비 사

---

2 훈민정음 한자음 발음기호설의 위험성에 대해서는 "김슬옹(2021). '훈민정음은 한자의 발음기호' 주장에 담긴 불순한 의도 http://www.ohmynews.com/NWS_Web/View/at_pg.aspx... 《오마이뉴스》 2021.10.29.", "김슬옹(2020). 훈민정음 한자음 발음기호 창제설에 대한 반론-이영훈(2018)의 주장을 중심으로-. 권오향·김기섭·김슬옹·임종화 (2020). 《세종은 과연 성군인가, 이영훈 우문에 대한 현답》. 보고사. 160-184쪽."에서 자세히 비판한 바 있다. 여기서는 핵심 내용만 그대로 실었다.

ᄋᆞ리로디 뷔어ᅀᅡ ᄌᆞᄆᆞ니이다[(백안이) 강가에 자거늘 밀물이 사흘이로되 (물이 들지 않더니), (백안이) 나가고 난 뒤에야 비로소 잠긴 것입니다. (이 태조의 군사가) 섬 안에 자실 때 큰 비가 사흘이로되 (섬에 물이 들지 않더니), (섬이) 비고 난 뒤에야 비로소 잠기었습니다.]

[제68장] 가룺 ᄀᆞ 아니 말이샤 밀므를 마ᄀᆞ시니 하ᄂᆞ리 부러 ᄂᆞ뫃 뵈시니 한비롤 아니그치샤 날므를 외오시니 하ᄂᆞ리 부러 우릴 뵈시니[강가(에서 자는 것을 하늘이) 말리지 아니하시어 밀물을 막으시니 하늘이 부러 남을(에게) 보이시니. 큰비를 (하늘이) 그치지 아니하시어 날 물을 에워가게 하시니, 하늘이 부러 우리에게 보이시니.]

훈민정음을 왜 만들었는가에 대한 가장 중요한 문헌인 《훈민정음》 해례본에서, 세종은 고등학교 모든 국어 교과서에 실려 있는 '세종 서문어제 서문'에서 세종 스스로 한자 모르는 백성들을 위해 만들었고, 궁극적으로 온 백성이 편안한 문자생활을 하라고 만들었다고 밝혔다. 더욱이 해례본에서는 한글 표기 낱말을 124개나 들고 있는데 거의 다 순우리말이다. 만일 한자음 발음기호가 주목적이었다면, 보기 반만이라도 괄호 속 15세기 양반들만이 읽을 수 있고 쓸 수 있는 한자말괄호 속 한자을 예로 들었어야 했을 것이다영역은 필자가 추가함.

〈표 2〉《훈민정음》해례본의 한글 표기 어휘 분야별 분류 *( ) 현대 대응어, [ ] 풀이

갈래	보기	어휘수
자연/날씨/시간	·따(땅, 地, land), ·뫼(산, 山, mountain), ·셤(섬, 島, island), ·믈(물, 水, water), 흙(흙, 土, earth/dirt), ·돌(돌, 石, stone), ·못(못/연못, 池, pond), ·심(샘, 泉, spring), ·돌(달, 月, moon), ·별(별, 星, star), 무뤼(우박, 雹, hail), 서·리(서리, 霜, frost), 서·에(성엣장/유빙, 流澌, floating ice), 어·름(얼음, 氷, ice), 돐·㐱(닭때/유시[오후 5시-7시], 酉時, the hour of the Chicken, 5-7pm)	15
동물	·범(범/호랑이, 虎, tiger), 노로(노루, 獐, roe deer), 사·슴(사슴, 鹿, deer), 쇼(소, 牛, cow), 엿(여우, 狐, fox), 러울(너구리, 獺, raccoon), 납(원숭이/잔나비, 猿, monkey), ·ᄇᆞ얌(뱀, 蛇, snake), 두텁(두꺼비, 蟾蜍, toad), ·굼벙(굼벵이, 蠐螬, maggot), ·비육(병아리, 鷄雛, chick), 올챵(올챙이, 蝌蚪, tadpole), ·반되(반디/반딧불이, 螢, firefly), ·별(벌/꿀벌, 蜂, bee), ·풀(파리, 蠅, fly), ·부헝(부엉이, 鵂鶹, owl), 그력(기러기, 鴈, wild goose), 너·시(느시, 鴇, bustard bird), ·져비(제비, 燕, swallow), 사·비(새우, 蝦, shrimp), 남샹(남생이, 龜, terrapin), 약(거북이, 鼊黿, turtle), 누·에(누에, 蚕, silkworm), 고·티(고치[벌레 집/곤충 알], 繭, cocoon)	24
식물/열매	낟(곡식, 穀, grain), ·감(감, 柿, persimmon), 우·케(우케[찧지 않은 벼], 未舂稻, unhusked rice), 콩(콩, 大豆, bean), ᄑᆞᆺ(팥, 小豆, red bean), ·마(마, 薯蕷, yam), ·고욤(고욤[고욤나무 열매], 梬, lotus persimmon), 쟈감(메밀껍질, 蕎麥皮, buckwheat husks), 율믜(율무, 薏苡, adlay), ·벼(벼, 稻, rice), 뒤(띠[볏과 식물], 茅, cogon grass), ·피(피[볏과 풀], 稷, millet), ·파(파, 葱, spring onion), 삽됴(삽주[국화과 풀], 蒼朮菜, ovate-leaf atractylodes), ·골(갈대, 蘆, reed), 빗곶(배꽃, 梨花, pear blossom), ·ᄀᆞ래(가래나무, 楸, walnut tree), 닥(닥나무, 楮, paper mulberry), 섭(섶나무/땔나무, 薪, fire wood), 잣(잣나무, 海松, pine nut), 버들(버들/버드나무, 柳, willow), 싣(단풍/단풍나무/신나무, 楓, amur maple tree) * 열매(콩, 팥)와 '파' 등은 먹거리로도 분류될 수 있음.	22
사람	아ᅀᅮ(아우, 弟, younger brother), 죵(종/노비, 奴, servant), ·사ᄅᆞᆷ(사람, 人, people)	3
몸	·입(입, 口, mouth), ·특(턱, 頤, chin), ·혀(혀, 舌, tongue), ·손(손, 手, hand), ·볼(팔, 臂, arm), 힘(힘줄, 筋, sinew), ·녑(옆구리, 脅, flank), ·발측(발뒤축, 跟, heel), 굽(발굽, 蹄, hoof)	9
사물/행위/상태	괴·여([내가 남을] 사랑하여, 我愛人, I love another), 괴·ᅇᅧ([남에게서 내가] 사랑받아, 人愛我, I loved by another), 소·다([무엇을 뒤집어] 쏟아, 覆物, to pour something), 쏘·다([무엇을] 쏘다, 射, to shoot something), ·짝(외짝, 隻, an odd member of a pair), ·쁨(틈, 隙, gap), ᅘᅧ(당겨/켜, 引, pull), ·깃(둥지/보금자리, 巢, nest)	7
농사	논(논, 水田, rice paddy), 호·미(호미, 鉬, hoe), 낟(낫, 鎌, sickle), 키(키[곡식 까부는 도구], 箕, winnow)	4

먹거리/식량	·밥(밥, 飯, cooked rice), ·엿(엿, 飴餹, taffy)	3
생활/도구	죠ᄒᆡ(종이, 紙, paper), 채(채찍, 鞭, whip), 드레(두레박, 汲器, well bucket), 톱(톱, 鉅, saw), 벼로(벼루, 硯, inkstone,), 이아(잉아[베틀용 굵은 실], 綜, heddle(loom part)), 숫(숯, 炭, charcoal), 구리(구리, 銅, copper), 브ᅀᅥᆸ(부엌, 竈, kitchen), ·널(널/널판/널빤지, 板, plank), 다야(손대야, 匜, washbowl), 슈룹(우산, 雨織, umbrella), 쥬련(수건, 帨, towel), 독(독/옹기, 甕, pot), ·갇([쓰는]갓, 笠, gat, Korean traditional hat), 붇(붓, 筆, brush), ·신(신/신발, 屨, shoes), 체([거르는]체. 籭, sieve), 자([재는]자, 尺, measuring ruler), 드븨(뒤웅박, 瓠, gourd), 쥭(밥주걱, 橾, rice spatula), ·옷(옷, 衣, clothes), 실(실, 絲, thread), 괘[거문고 줄을 받치는 기둥, 琴柱, the bridge of a korea harp], 홰(횃불, 炬, torch), 낛(낚시, 釣, fishing), 활(활, 弓, arrow), 갈(칼, 刀, knife), ·깁(깁/비단, 繒, silk), ·못([박는]못, 釘, nail), ·갗(가죽, 皮, pelt), ·밀(밀랍, 蠟, beeswax)	32
건축	·뎔(절/사찰, 佛寺, temple), 두리([건너는]다리, 橋, bridge), 담(담. 墻, wall), 울(울타리, 籬, fence), 긷(기둥, 柱, pillar)	5
합계		124

세종대왕이 왜 훈민정음을 만들었는지는 세종실록 기록과 훈민정음 해례본 기록이 정확히 일치한다. 이숭녕1958 등 훈민정음 한자음 발음기호설 주창자들이 보지 못한 것이 있다. 세종은 무려 훈민정음 창제 17년 전부터 한문의 어려움에 대해 고민하고 있다는 점이다. 한자음 발음기호가 1차 목적이라는 주장을 정면으로 반박해 주는 자료이다. 왜냐하면 법률문을 백성들한테 알리는 표기 수단은 한자음의 문제가 아니라 지식 정보를 어떻게 하면 쉽게 표현하느냐의 문제이기 때문이다.

임금이 말하기를, "사람의 법은 함께 써야 하는 것인데, 지금은 옛날과 같지 않기 때문에 부득이 가까운 법률문을 준용하여 시행하는 것이다. 그러나 법률문이란 것이 한문과 이두로 복잡하게 쓰여 있어서 비록 문신이라 하더라도 모두 알기가 어려운데, 하물며 법률을 배우는 생도이겠는가. 이제부터는 문신 중에 정통한 자를 가려서 따로 훈도관을 두어 《당률소의(唐律疏義)》, 《지정조격(至正條格)》, 《대명률(大明律)》 등의 글을 강습시키는 것이 옳을 것이니, 이조로 하여금 정부에 의논하도록 하라." 하였다.

(上曰: "人法竝用, 今不如古, 故不得已以律文比附施行, 而律文雜以漢吏之文, 雖文臣, 難以悉知, 況律學生徒乎? 自今擇文臣之精通者, 別置訓導官, 如《唐律疏義》, 《至正條格》, 《大明律》等書, 講習可也. 其令吏曹議諸政府."

_ 《세종실록》 1426.10.27.

이로부터 8년 뒤에는 이두문으로 펴내면 어떨까 고민한 기록도 있다. 이두문은 당연히 순우리말까지 한자를 빌려 적으려는 문자체계이다.

비록 세상 이치를 아는 사람이라 할지라도, 법률문에 의거하여 판단을 내린 뒤에야 죄의 경중을 알게 되거늘, 하물며 어리석은 백성이야 어찌 저지른 죄가 크고 작음을 알아서 스스로 고치겠는가. 비록 백성들로 하여금 다 법률문을 알게 할 수는 없을지나, 따로이 큰 죄의 조항만이라도 뽑아 적고, 이를 이두문으로 번역하여서 민간에게 반포하여 보여, 어리석은 지아비와 지어미들로 하여금 범죄를 피할 줄 알게 함이 어떻겠는가

(上謂左右曰: "雖識理之人, 必待按律, 然後知罪之輕重, 況愚民何知所犯之大小, 而自改乎? 雖不能使民盡知律文, 別抄大罪條科, 譯以吏文, 頒示民間, 使愚夫愚婦知避何如?")

_ 《세종실록》 1432.11.7

결국 이두문으로 내는 것이 어려워 만화를 그린 《삼강행실》을 1434년에 펴내게 된 것이고 그조차도 실패로 돌아가니 아예 새 문자를 만들게 된 것이다. 실록이 보여주는 이러한 역사의 진정성을 왜 의심하는지 답답한 일이다.

한자를 모르는 백성들이 문자 생활에 대한 고민 기록도 세 건이나 나온다.

사형 집행에 대한 법 판결문을 이두문자로 쓴다면, 글의 뜻을 알지 못하는 어리석은 백성이 한 글자의 착오로도 원통함을 당할 수도 있으나, 이제 그 말을 언문으로 직접 써서 읽어 듣게 하면, 비록 지극히 어리석은 사람일지라도 모두 다 쉽게 알아들어서 억울함을 품을 자가 없을 것이다.

_ 최만리 외 6인 갑자 상소(1444)에서 인용한 세종 말

글(한문) 모르는 백성이 말하고자 하는 바가 있어도 끝내 제 뜻을 펴지 못하는 사람이 많으니라.

_ 《훈민정음》(1446) 세종 서문

한문을 배우는 이는 그 뜻을 깨닫기가 어려움을 걱정하고, 범죄 사건을 다루는 관리는 자세한 사정을 이해하기가 어려운 것을 근심했다.

_ 《훈민정음》(1446) 해례본 정인지서

세종은 한자음이나 토박이말이나 차별할 필요가 없고, 이를 정확히 적기 위해 정음 문자를 만든 것이라는 해례본 설명에서도 다음과 같이 구체적인 보기와 함께 여러 번 나온다.

(1) 且半舌之ㄹ, 當用於諺, 而不可用於文. [정음해례19ㄱ:1-2_종성해]

또 반혓소리인 ㄹ[리]는 마땅히 토박이말에나 쓸 것이며 한자말에는 쓸 수 없다.

(2) 六聲通乎文與諺 戌閭用於諺衣絲 [정음해례20ㄱ:2-3_종성해_갈무리시]

여섯 소리(ㄱㆁㄷㄴㅂㅁ)는 한자말과 토박이말에 함께 쓰이되 ㅅ[시]와 ㄹ[리]는 토박이말의 '옷'과 '실' 종성으로만 쓰이네.

(3) 閭宜於諺不宜文 斗輕爲閭是俗習 [정음해례20ㄱ:8-20ㄴ:1_종성해_갈무리시]

ㄹ[리]는 토박이말 종성 표기에는 마땅하나 한자말 표기에는 마땅치 않으니 ㄷ[디] 소리가 가벼워져서 ㄹ[리] 소리가 된 것은 곧 일반 관습이네.

(4) 語入無定亦加點 文之入則似去聲 [정음해례24ㄱ:3-4_합자해_갈무리시]

토박이말 입성은 정함이 없으나 평 · 상 · 거성처럼 점찍고 한자음의 입성은 거성과 비슷하네.

이제 훈민정음에 대한 역사적 진실을 담고 있는 훈민정음 해례본을 제대로 읽고 배우는 교육을 넓혀 훈민정음에 담긴 가치를 제대로 나누어야 한다.

3장	훈민정음을 반대한 양반들

《세종실록》 1444년 2월 20일 기록에는 훈민정음을 반대하는 신하들의 상소문이 실려 있다. 당시 집현전 부제학이었던 최만리를 비롯해 신석조, 김문, 정창손, 하위지, 송처검, 조근 등이 언문훈민정음을 반대하는 상소를 올렸다. 상소문을 보면 이들이 훈민정음의 과학성에 대해 잘 알고 있음을 확인할 수 있다. 상소문은 "신 등이 엎드려 보건대, 언문훈민정음을 만든 것이 매우 신기하고 기묘하여, 지혜를 나타냄이 저 멀리 아득한 옛것으로부터 나온 것을 알겠습니다."라고 시작된다.

그러나 최만리를 비롯한 신하들은 크게 세 가지 이유를 들어 훈민정음 반포를 반대했다.

첫째, 훈민정음은 중국을 떠받드는 사대주의에 어긋나기 때문에 오랑캐나 하는 일이라 여겼다. 세종대왕도 중국을 부정하지는 않았다. 다만 따라야 할 것은 따르되 우리의 것을 지켜나가자는 입장이었다.

둘째, 훈민정음이 학문을 정진하는 데 오히려 손해만 된다는 것이었다. 이에 대해 세종은 언문훈민정음이 학문에만 필요한 것이 아님을 강조하며 그보다 백성들이 편안하게 사용하는 것이 더욱 중요하다고 여겼다.

셋째, 억울한 죄인이 생기는 것은 죄인을 다루는 관리가 공평하지 못한 탓이지 죄인들이 문자를 몰라서가 아니라고 주장했다. 그런데도 세종은 훈민정음을 통해 억울한 죄인을 구제하고 교화할 수 있다고 여겼다.

세종은 상소문을 올린 신하들을 설득한 후, 더욱 철저히 훈민정음 반포를 준비했을 것이다. 반대 상소가 단 한 건뿐이라는 것은 오히려 대부분의 사대부 양반들이 훈민정음 창제와 반포를 반대하지 않는다는 뜻이기도 했다.

최만리를 대표로 하는 집현전 일부 학사들의 집단 상소는 정확히 1444년 2월 20일이하 음력실록에 기록되었다. 훈민정음 창제가 1443년 12월정확한 날짜는 알려지지 않음에 공개되었으므로 짧게는 2개월 20일, 길게는 3개월쯤 뒤의 일이다. 같은 달 2월 16일, 세종이 최 항과 박팽년 등에게 언문으로 《운회》의 번역을 명령한 나흘 뒤의 일이었다.

세종과 최만리는 이 상소문을 계기로 역사에 명 논쟁을 남겼다. 상소문과 논쟁 과정이 고스란히 《세종실록》에 기록되었기 때문이다. 논쟁에서 이들에 대한 설득이 안 되자 하루 가두기까지 한다. 하루만에 풀어 주었지만, 끝내 정창손은 파직을 당하고 김문은 매우 심한 옥고를 치러야 했다 세종이 훈민정음 보급에 얼마나 대단한 의지를 가졌는지를 알 수 있는 사건이다. 만일 상소문대로 했다면 훈민정음이 사라질 뻔한 매우 중차대한 사건이었다. 이 사건을 계기로 세종은 더 철저히 훈민정음 보급 정책을 세웠을 것이니 반대 상소가 훈민정음 보급에 간접적으로 기여한 것은 역설적 공로이다.

흔히 최만리가 훈민정음 창제를 반대했다고 하지만 때는 이미 훈민정음을 창제한 뒤였다. 따라서 창제가 아닌 적극적 보급 또는 반포를 반대했다고 봐야 한다. 비록 최만리는 훈민정음 보급을 반대했지만, 그의 반대 상소와 세종과의 토론이 실록에 기록되면서 후손들이 창제 배경과 과정에 얽힌 자세한 내막을 알게 되었다. 또한 세종과 그를 지지한 정음학자들은 이 상소를 통해 반대파의 입장을 제대로 알게 되었고, 새 문자 해설서를 더욱 잘 쓰는 계기로 삼았다.

최만리는 당대 최고의 학자이자 청백리였음에도 상소문만으로 오늘날 부정적 평가를 받고 있다. 그러나 이는 옳지 않다. 그보다는 비판이나 비난의 근거나 되는 상소문의 맥락을 제대로 짚어 볼 필요가 있다. 더불어 상소문이 당시 집현전 부제학이었던 최만리 외에도 6인신 석조, 김문, 정창손, 하위지, 송처검, 조근이 연합해 올린 것임을 분명히 할 필요가 있다. 상소문은 그해의 연도에 따라 '갑자상소'라 부르기로 한다.

갑자상소는 다양한 역사적 의미를 지닌 복합 문헌으로 매우 중요한 역사적 사실에 관한 이해를 풍부하게 해 준다. 그 가치를 제대로 밝히기 위해서는 상소문의 맥락과 뜻을 제대로 드러내는 전략이 필요하다. 여기서는 갑자상소로 인해 밝혀진 역사적 사실을 몇 가지로 분석해 보기로 한다.

첫째, 훈민정음 세종 친제를 명확히 뒷받침한다. 상소문에 첫머리에서 '언문훈민정음을 만든 것이 매우 신기하고 기묘하여, 새 문자를 창조하시는 데 지혜를 발휘하신 것은 전에 없이 뛰어난 것입니다.'라고 말한다. 세종이 만든 언문이 신기할 정도로 뛰어남을 인정한 것이다. 상소의 다섯 번째 항목에서는 다음과 같이 말한다.

만일 언문을 어쩔 수 없이 만든 것이라 한다면, 이것은 풍속을 바꾸는 중대한 일이므로 마땅히 재상들과 함께 토론하되, 아래로는 모든 벼슬아치와 모든 백성들이 옳다고 해도 오히려 반포하는 데 더 곰곰이 생각해 보아야 하옵니다. 또한 옛날 제왕들이 해 온 일과 맞추어 따져 보아 어그러지지 않고 중국에 비추어 보아도 부끄러움이 없으며, 먼 훗날의 성인이 보아도 의혹됨이 없는 연후라야 시행할 수 있는 것이옵니다.

이제 넓게 여러 사람의 의논을 들어 보지도 않고 갑자기 10여 명의 서리들에게 가르쳐 익히게 하며 또 옛날 사람들이 이미 만들어 놓은 운서한자 발음 사전를 경솔하게 고치고, 언문을 억지로 갖다 붙이고 기능공 수십 명을 모아 판각을 새겨 급하게 널리 반포하려 하시니, 이 세상 후대 사람들의 공정한 의논으로 보아 어떻겠습니까?

위 내용을 통해 훈민정음이 공동 창제가 아닌, 세종이 비밀리에 혼자 추진한 것임을 알 수 있다. 그간 국어학계와 역사학계는 세종 친제설과 집현전 학사들과의 공동 창제설로 오랜 세월 논쟁을 벌여 왔다. 하지만 갑자상소에 그 답이 있었다. 결국 누가 만들었는가는 논쟁 대상이 아니었고 공동 창제설은 하나의 설로도 성립할 수 없는 역사 왜곡이었다.

둘째, 언문 창제를 알린 뒤 과감하게 속전속결로 반포 작업을 추진했다. 1444년 2월 16일, 언문을 반포하기도 전에 운회 번역운회에 수록된 한자에 대한 주음을 지시했다는 것은 새 문자에 대한 자신감인 동시에 반포를 위한 임상실험을 서둘렀다는 의미이기도 하다.

게다가 하급 관리에게 훈민정음을 가르쳐 가능한 한 빨리 새 문자가 퍼지도록 치밀한 전략을 쓴 듯하다. 하급 관리들은 행정 언어로 이두를 많이 썼는데 이러한 이두의 불편함과 비효율성을 극복할 수 있는 새 문자 보급이 시급했다. 갑자상소에서 언급한 다음 내용도 세종이 훈민정음 반포를 위해 얼마나 온 힘을 기울였는지를 보여 준다.

또한 이번 청주 약수터로 행차하시는데 흉년인 것을 특별히 염려하시어 호종임금이 탄 수레를 호위하는 일하는 모든 일을 힘써 간략하게 하셨으므로 전날에 비교하오면 열에 여덟아홉은

줄어들었습니다. 그런데 전하께 보고해야 할 업무까지도 의정부에 맡기시면서, 언문 같은 것은 나라에서 꼭 제 기한 안에 시급하게 마쳐야 할 일도 아니온데, 어찌 이것만은 임시 처소에서 서둘러 만듦으로써 전하의 몸조리에 번거롭게 하시나이까. 신 등은 그 옳음을 더욱 알지 못하겠나이다.

세종이 각종 질환으로 병상에 누운 것은 1436년세종 18년으로, 세자인 이향문종의 나이 23세 때의 일이었다. 이듬해 세종은 세자에게 서무일반 사무를 결재하게 하려 했으나 신하들의 반대로 이루지 못했다. 그런데도 훈민정음 창제 1년 전인 1442년 세자가 섭정하는 데 필요한 기관인 첨사원詹事院을 설치하여 국가의 중대사를 제외한 서무는 모두 세자에게 결재하도록 했다. 이러한 과정에서 의정부 서사제6조에서 올라오는 모든 일을 의정부의 삼정승이 의논한 다음 왕에게 보고하는 제도를 실시하여 왕의 권한을 대폭 의정부에 이양했다.

건강 탓도 있지만, 훈민정음 반포를 위한 연구에 몰입하려는 의도도 있었던 듯하다. 이러한 숨 가쁜 역사의 맥락이 갑자상소로 인해 드러난 것이다.

셋째, 언문이 다목적용으로 만들어졌음을 잘 보여 준다. 하급 관리를 가르쳤다는 것은 하층민과 문서를 통한 소통 문제를 해결하겠다는 것이고, 운회를 번역하게 한 것은 한자음을 제대로 정해 사용하기 위한 새 문자의 목표를 보여 주는 것이다.

넷째, 갑자상소로 인해 반포를 위한《훈민정음》해례본의 집필과 보완이 훨씬 늦추어졌음을 알 수 있다. 판각수 장인 수십 명이 반포를 위해 판각하려던 것은 아마도《훈민정음》해례본이 아니라 세종이 직접 쓴 '정음편'이었을 것이다. 이것만 가지고 훈민정음을 반포하려다 사대부들을 제대로 설득하기 위해 해례본을 반포하기로 결정한 듯싶다. 결국 갑자상소 때문에 '해례' 부분의 집필에 총력을 기울이게 됐고, 결과적으로 반포를 늦췄을 것이다.

다섯째, 갑자상소의 영향으로 세종 어제 서문을 대폭 보완하고 상세하게 설명한 정인지 서문이 기술되었을 것이다.

여섯째, 세종이 한글 창제 사실을 공표한 뒤 여러모로 사대부들을 설득하려 한 사실이 드러났다. 1443년 12월부터 1444년 2월까지《세종실록》에는 기록되지 않은 내용이다. 아마도《승정원일기》에는 기록된 것으로 보이는데 안타깝게도 임진왜란 때 불타 없어졌다.

전하께서 말씀하시길 "사형 집행에 대한 법 판결문을 이두문자로 쓴다면, 글 뜻을 알지 못하는 어리석은 백성이 한 글자의 착오로도 원통함을 당할 수도 있으나, 이제 그 말을 언문으로 직접 써서 읽어 듣게 하면, 비록 지극히 어리석은 사람일지라도 모두 다 쉽게 알아들어서 억울함을 품을 자가 없을 것이다."라고 하오나 예로부터 중국은 말과 글이 같아도 죄인을 심문하거나 심의를 해주는 사이에 억울하게 원한을 품는 사람들이 아주 많습니다.

가령 우리나라로 말하더라도 옥에 갇혀 있는 죄수로서 이두를 아는 자가 직접 공술문을 읽고서 그것이 거짓인 줄을 알면서도 매를 견디지 못하여 거짓말로 자복하는 자가 많사옵니다. 이런 경우는 공술문의 뜻을 알지 못해서 억울한 죄를 뒤집어쓰는 것이 아니라는 것을 명백하게 알 수 있습니다.

만약 그렇다면 비록 언문을 쓴다고 할지라도 이와 다를 것이 무엇이겠습니까? 여기에서 범죄 사건을 공평히 처결하고 못하는 것은 법을 맡은 관리가 어떤가에 달려 있으며 말과 글이 같고 같지 않은 데 달린 것이 아니라는 것을 알 수 있습니다. 그런데도 언문을 사용해야 처결 문건을 공평하게 할 수 있다는 데 대해서는 신 등은 그것이 옳다고 보지 않사옵니다.

이 같은 갑자상소의 기록은 《세종실록》 외에는 없어 더욱 큰 의미가 있다. 일부에서 언문이 한자음을 적기 위해 창제되었다고 주장하지만, 그보다 더 중요한 창제 동기와 목적이 이 기록을 통해 드러났다. 하층민과의 소통 문제가 그것이다. 이는 세종이 직접 작성한 《훈민정음》 서문에서도 확인할 수 있다.

세종은 사대부를 설득하기 위한 또 다른 전략으로 성리학적 세계관과 음운학을 배경으로 새 문자에 대한 논리적 근거와 방어를 체계적으로 기술했다. 그것이 《훈민정음》 해례본 해례 부분에 실려 있다. 이를 위해 예상과 달리 반포가 크게 늦춰진 것으로 보인다.

4장	훈민정음 반포를 도운 신하들

세종은 훈민정음을 창제한 뒤 집현전 학사들과 함께 훈민정음 해설서인《훈민정음》해례본을 집필했다. 여기에 참여한 학사는 '정인지, 최항, 박팽년, 신숙주, 성삼문, 강희안, 이개, 이선로'다. 흔히 이들을 '언문팔유'라 부른다. 언문을 반포하는 데 큰 구실을 한 8명의 성리학자라는 뜻이다.

정인지는 훈민정음 연구 분야에서 큰 역할을 맡았다. 1446년에는 해례본의 '정음해례편' 말미에 세종의 서문을 더 자세히 설명하면서 해례본 작성에 대한 경위까지를 포괄하는 서문을, 1447년에는《용비어천가》를 지었다. 정인지는 세종의 서문을 구체적인 예를 들어 해설하고 보충했다. 더불어 해례본의 편찬 경위와 참여자, 훈민정음 창제자를 밝혀 놓음으로써 훈민정음의 진정한 가치를 세상에 널리 알렸다. 또한 역사, 천문, 음악 등에도 재주가 뛰어나 훈민정음 해례본 작성 사업의 책임자로 이름을 남겼다.

최항 역시 훈민정음 연구에 공적을 세웠다.《용비어천가》의 발문을 쓰고《훈민정음》해례본을 집필하는 큰 역할을 맡았다. 역사와 어학에 재주가 있어《고려사》,《동국정운》등을 편찬할 때에도 주도적인 역할을 했다. 1444년에는 집현전 교리로서《오례의주》를 편찬하고《운회》를 번역했다. 1461년에는 양성지의《잠서》를 훈민정음으로 번역하는 데 참여했다. 박팽년은 세종 16년 문과에 급제한 뒤 집현전에 소속되어《훈민정음》해례본 저술에 많은 공을 남겼다. 그는 성품이 침착하고 말이 적었으며 경학, 글씨, 문장 등에 모두 능해 집현전 학사들의 집대성이라 할 만큼 존경을 받았다.

신숙주는 《훈민정음》 해례본을 집필하고 《동국정운》을 펴낸 중요한 인물이다. 그는 《동국정운》 머리말에서 "성운글자의 소리은 곧 훌륭한 사람의 길을 배우는 시작이다. 이리하여 우리 임금세종께서 말소리에 마음을 두시고 고금의 모든 것을 두루 살피시고 지침이 될 만한 훈민정음을 만드시어 수억 년 동안 어리석게 살아온 자들을 깨우치셨다."라고 말했다.

《동국정운》은 이상적인 한국 한자음의 표준을 적은 책인 만큼 그것을 펴낸 사실만으로도 훈민정음 연구에 위대한 업적을 남겼다고 할 수 있다. 신숙주는 이두는 물론 중국어·일본어·몽골어·여진어에도 뛰어나 훈민정음 및 한자음의 연구와 보급에 큰 역할을 담당했다.

성삼문은 《훈민정음》 해례본 반포 1년 전인 1445년에 신숙주와 함께 중국 요동을 여러 번 방문하여 중국의 음운학자인 황찬에게 중국 한자음에 대한 의견을 구했다.

강희안은 1441년에 급제하여 왕실 행정직인 돈녕부 주부로 벼슬을 시작했다. 그는 1446년에 집현전 학사가 아니었지만, 학식과 글씨에 뛰어나 집현전 학사들과 더불어 연구와 저술을 할 수 있었던 것으로 보인다. 1444년에는 의사청나랏일을 논의하고 처리하는 청사에 나아가 신숙주, 최항, 박팽년 등과 운회를 언문으로 번역하는 일에 참여했다. 1445년에는 최항 등과 《용비어천가》 주석 작업에 참여했다. 1447년에는 최항, 성삼문, 이개 등 집현전 학사들과 《동국정운》을 편찬하는 등 훈민정음 관련 주요 사업에 참여하며 《훈민정음》 해례본 작성하는 일에도 매우 중요한 구실을 하였음을 알 수 있다.

이개는 1436년 과거에 합격하여 1441년 집현전 학사로 《훈민정음》 해례본 저술에 참여했다. 《운회》와 《동국정운》의 번역과 편찬 작업에도 참여해 많은 업적을 남겼다. 이선로는 이현로라고도 불렸는데 안타깝게도 관련 기록이 거의 남아 있지 않다.

언문훈민정음 창제 당시인 1443년에 박팽년, 신숙주, 성삼문, 이개, 강희안, 이선로 등은 갓 벼슬살이를 시작한 20대 중반의 젊은이들이었다. 엄밀히 말해 창제 과정에 참여할 수 있는 처지가 아니었다. 다만 신진 학자를 관리하고자 했던 세종의 뜻에 따라 훈민정음을 반포하기 위한 엄청난 사업에 발탁된 것이다. 30대 중반의 최항은 이들을 이끌어 가는 실질적인 리더이자 구심점이었으며, 다방면에 두각을 보이며 천재성을 드러낸 정인지는 세종보다 한 살 위의 나이로 신하들을 총괄하는 책임자 역할을 했다.

이 밖에도 이향문종, 이유세조, 이용안평대군 세 왕자와 정의공주가 중요한 역할을 했다는 증거가 있다. 그러나 이들이 창제 전에 도왔다는 기록은 역시나 없다. 창제 이후에 다방면으로 세종을 도왔음을 보여 주는 기록들만 있을 뿐이다.

문종은 자신의 두 동생이유, 이용과 함께 《훈민정음》 해례본과 《동국정운》 집필에 중요한 역할을 한 《운회》의 번역을 진두지휘했다. 또한 왕세자들의 교육을 일컫는 서연에서 언문 훈민정음을 강목으로 내세워 신하들과 함께 훈민정음을 토론하고 연구했다. 반포 후에는 훈민정음의 지속적인 연구와 보급 정책에 관여했다. 훈민정음 창제 직후 최만리 등 7인이 올린 반대 상소에도 왕세자가 연구에 많은 구실을 했다는 내용이 있다.

〈표 3〉《훈민정음》 해례본 완성 당시(1446년) 세종과 공동 저자들의 나이와 직책

인물 (생몰연대)	세종대왕 (1397–1450)	정인지 (1396–1478)	최항 (1409–1474)	박팽년 (1417–1456)	신숙주 (1417–1475)	성삼문 (1418–1456)	강희안 (1417–1464)	이개 (1417–1456)	이선로 (?–1453)
해례본 완성 (1446년) 기준	50세	51세	38세	30세	30세	29세	30세	30세	?
직책	임금	집현전 대제학 정2품	집현전 응교 정4품	집현전 부교리 종5품	집현전 부교리 종5품	집현전 수찬 정6품	돈녕부 주부 정6품	집현전 부수찬 종6품	집현전 부수찬 종6품

〈표 4〉《훈민정음》 해례본 반포 당시(1446년) 세종과 자녀들의 나이와 직책

인물 (생몰연대)	세종대왕 (1397–1450)	이향 (1414–1452)	정의공주 (1415–1477)	이유(수양대군) (1417–1468)	이용(안평대군) (1418–1453)
1446년	50세	33세	32세	30세	29세
직책	임금	세자(후에 문종)	공주	왕자(후에 세조)	왕자

세조는 세자 시절에는 왕세자 형인 이향과 함께 《운회》 번역 일을 감독하며 최초의 훈민정음 산문집인 《석보상절》을 직접 집필했다. 왕이 되어서는 자신의 저서와 부왕이 집필한 《월인천강지곡》을 합치고, 《석보상절》의 권두에 붙였을 《훈민정음》 언해본을 《월인석보》에도 붙여 펴냈다. 또한 과거 시험에 '훈민정음'이란 과목을 만들어 넣어 훈민정음이 더욱 널리 확산되는 데 도움을 주기도 했다. 임금이 된 지 6년째인 1460년에는 《훈민정음》과 훈민정음 발음법을 담은 책 《동국정운》과 훈민정음으로 중국 한자음의 발음을 적은 《홍무정운》역훈을 과거 시험에 추가했다.

이때 예조의 신하들도 "《훈민정음》은 선왕께서 손수 지으신 책이요, 《동국정운》, 《홍무정운》역훈도 모두 선왕께서 직접 엮어 펴낸 책이라고 강조하며 과거 시험에 넣은 것이다."라고 설명했다. 또한 당대 최고의 대학이었던 성균관의 공부 과목에도 넣었다.

안평대군 또한 《운회》의 번역 및 감독에 참여하고, 《훈민정음》 해례본 인쇄를 위한 글씨를 썼다고 하나 관련 기록은 남아 있지 않다. 안평대군은 세종대왕 신도비의 글을 쓸 만큼 글씨와 문장에 탁월한 재능을 지닌 것으로 알려졌다.

정의공주는 문종의 동생이자 세조의 누나로 세종의 훈민정음 연구에 많은 도움을 주었다. 안타깝게도 나라의 공식 기록에는 그런 내용이 남아 있지 않다. 다만 그녀의 남편인 안맹담 집안에 내려오는 《죽산안씨대동보》에 "세종이 우리말과 한자가 서로 통하지 못함을 딱하게 여겨 훈민정음을 만들었으나, 변음과 토착을 다 끝내지 못해 여러 대군에게 풀게 했으나 모두 풀지 못했다. 드디어 공주에게 내려보내자 공주는 곧 풀어 바쳤다. 세종이 크게 칭찬했으며 상으로 특별히 노비 수백을 하사했다. 世宗憫方言不能以文字相通 始製訓民正音 而變音吐着 猶未畢究 使諸大君解之 皆未能 遂下于公主 公主卽解究以進 世宗大加稱賞 特賜奴婢數百"라는 기록을 통해 훈민정음 연구에 큰 구실을 했음을 알 수 있다.

이 내용은 1443년 창제 전의 사건을 나중에 후일담 형식으로 기록한 것으로 보인다. 창제 공표 후에는 집현전의 뛰어난 음운학자들과 공동 연구를 진행했으므로 굳이 공주의 도움을 받을 필요는 없었을 것이다. 세종이 28자를 완벽하게 창제한 것이 1443년 12월이라는 사실에 주목한다면 새로운 사실을 확인할 수 있다. 곧 훈민정음 창제는 공개적으로 진행하기 어려운 일이었다는 사실과 세종은 사소한 일까지 묻고 토론하는 것을 좋아하는 품성이라는 것을 알 수 있다. 비밀에 부쳐 은밀히 진행하되 운학韻學, 한자의 음운 연구적인 부분은 집현전 학사들의 고제古制 연구와 같은 자문을 구하거나, 젊은 학사와 나이가 비슷했던 세자 이향, 둘째 아들 수양대군, 셋째 아들 안평대군, 그리고 정의공주가 실험이나 토론 상대가 되었음을 능히 짐작할 수 있다. 새로운 문자뿐 아니라 섬세한 발음의 음운학적 논의에 공주와 왕자들을 끌어들인 것이다.

5장 | '훈민정음, 정음, 언문, 한글'의 공통점과 차이점

'훈민정음', '정음', '언문', '한글' 모두 우리나라 고유의 문자 이름이다. 그런데 그 쓰임새는 다르다. 조선 시대에는 주로 '언문諺文'이라는 이름으로, '한글'은 누가 언제 만들었는지 정확한 시기는 알 수 없지만 1913년 무렵부터 주시경 등에 의해 본격적으로 사용되었다. 특별한 경우에 '훈민정음' 또는 '정음'으로 사용되었다.

많은 사람이 조선 시대에는 주로 '훈민정음'이라는 이름을 사용한 것으로 알고 있지만 실제로 그렇지는 않다. 주로 '언문'이라는 명칭을 사용했다. 세종 역시 이 명칭을 사용했다. '훈민정음'은 말 그대로 '백성을 가르치기 위한 바른 소리'라는 뜻으로 특별한 때만 사용되었다. 훈민정음이라는 명칭이 최초로 기록된 것은 1443년 12월《세종실록》이다.

이달에 임금께서 친히 언문 스물여덟 자를 만들었다. 이 글자는 옛 전자를 닮았지만, 초성·중성·종성으로 나뉘어지며, 이 셋을 합쳐야 글자(음절)가 이루어진다. 무릇 중국 한자나 우리나라 말이나 모두 능히 쓸 수 있으니, 글자가 비록 간결하지만 요리조리 끝없이 바꾸어 쓸 수 있고, 이를《훈민정음》이라 일컫는다.

(是月, 上親制諺文二十八字, 其字倣古篆, 分爲初中終聲, 合之然後乃成字, 凡于文字及本國俚語, 皆可得而書, 字雖簡要, 轉換無窮, 是謂《訓民正音》.)

_《세종실록》1443년(세종 25년) 12월 30일

기록에는 '언문'과 '훈민정음' 두 명칭이 동시에 등장한다. '언문'은 일반 명칭으로 '훈민정음'은 특별한 명칭으로 사용되었다. 이후의 《세종실록》 기록을 통해 '언문'이라는 명칭을 세종을 포함한 모든 사람들이 자연스럽게 사용하며, 일상어를 쉽고 편하게 적을 수 있는 문자라는 뜻을 지녔음을 확인할 수 있다.

'언문'을 '훈민정음'의 낮춤말로 알고 있는 사람이 많다. 실제로는 '전하는 말이나 사람들이 주고받는 말을 그대로 옮기어 적을 수 있는 문자'라는 뜻이다. '언문'은 궁중과 일부 양반층, 백성들 사이에서 널리 사용되었다. 그런데 일부 사람들이 '훈민정음'을 얕잡아 보는 뜻으로 '언문'이라는 말을 사용했고 어느새 낮춤말로 인식하게 되었다. 1894년 갑오개혁 이후 '국서國書', '국문國文' 또는 '조선글'로 불리기도 했지만 주로 '언문'으로 불렸다.

'훈민정음'은 문자를 뜻하는 이름임에도 '바른 소리정음'라는 뜻을 지녔다. 자연의 소리 건 사람의 소리건, 우리말이건 중국말이건 들리는 모든 소리를 바르게 적고 그 글자를 바르게 소리 낼 수 있는 문자라는 뛰어난 특징을 담기 위해서였다. 동양의 옛 성현들은 오랜 시간 소리를 바르게 듣고 바르게 쓸 수 있는 문자를 꿈꿔 왔다. 하지만 뜻글자인 한자로는 그런 꿈과 이상을 실현할 수 없었다. 세종이 창제한 '훈민정음'을 통해 그야말로 바른 소리를 표현하는 '정음' 문자의 꿈을 이루게 된 것이다. 이렇게 '정음'이란 용어는 《훈민정음》 해례본 제자해에 "정음을 지은 뜻은, 정음 28자"라고 쓰인 것처럼 단독으로도 쓰였다. '한글'은 '오직 하나의 큰 글, 한나라 글'이라는 의미로 1910년 이후 국어학자 주시경에 의해 널리 퍼졌다. 주시경은 1913년 3월 23일 조선언문회朝鮮言文會, 지금의 한글학회 총회에서 '배달말글음'을 '한글모'로 바꾸기로 했고, 1914년 4월에는 '조선어강습원'을 '한글 배곧'으로 바꾸었다. 이런 흐름으로 볼 때 '한글'은 주시경 선생에 의해 1913년 무렵부터 본격적으로 쓰이게 된 것이 분명하다. 다만 이 용어를 만든 이에 관해 시인 최남선이 지었다는 주장과 《제국신문》을 창간한 이종일이 지었다는 주장도 있다.

중요한 것은 1913년부터 주시경과 제자들에 의해 적극적으로 쓰였고 1927년 조선어학회 회원들이 《한글》이라는 잡지를 매달 발간하고, 1928년 11월 11일 조선어연구회에서 '가갸날'을 '한글날'로 고쳐 부르며 더욱 널리 퍼졌다는 사실이다.

6장	지금 쓰이지 않는 글자들

1446년 훈민정음을 반포할 때 기본 글자는 모두 28자였다. 지금은 24자이니 모두 네 자를 쓰지 않고 있다. 그 글자는 자음 'ㆁ옛이응, ㆆ여린히읗, ㅿ반시옷', 모음 'ㆍ아래아'다.

옛이응은 마치 사과처럼 꼭지가 붙어 있어 '꼭지 이응'으로 부르기도 한다. 하지만 '옛이응'으로 부르는 것이 바른 명칭이다. 받침으로 쓰이는 경우는 '즘싱짐승, 빅셩백성' 등과 같이 오늘날의 이응 받침과 소릿값이 같다. '그어긔〉*그어기 *표시는 문헌 기록에는 없지만 이와 같은 형태로 변화했을 것이라는 추정 형태를 뜻한다. 〉거기'와 같이 글자는 'ㅇ'으로 변하고 발음은 없어진 경우도 있다. 역사적으로 '바올〉방올〉방울'과 같이 'ㆁ'이 앞 음절의 받침으로 고정 표기되면서 글자는 점차 'ㅇ'으로 바뀌었지만 발음은 그대로 유지되었다.

'ㆆ여린히읗'[ㅎ]는 'ㅎ'[ㅎ]와 같은 계열의 목구멍소리로 'ㅎ'[ㅎ]보다 약한 소리를 나타낸다고 하여 '여린 히읗'이라 부른다. 가획의 원리로 보면 'ㅇ'[이]보다 한 획이 더 많으므로 '센이응'으로 부르는 이도 있다. 현대 음성학자들은 두 성대가 맞닿아 성문을 완전히 막았다가 터뜨릴 때 나는 성문 폐쇄음으로 규정하지만 실제 쓰임새는 다양했다. 먼저 《동국정운》식 한자음에서는 '正정ㅎㅁ흠, 便뼌安안'과 같이 쓰였다. 오늘날과 같이 '정음, 편안'이라고 발음할 때 '음'과 '안'을 목에 힘을 주면서 짧게 발음하면 'ㆆ여린히읗'[ㅎ]와 비슷한 소리가 난다. 실제로 국어 표기에서는 '홇 배할 바가, 몯 홇 노미못 할 놈이, 하놃 뜯하늘의 뜻'과 같이 특정 기호로 주로 사용되었다. 이렇게 사람들이 뜻을 구별하는 소리로 인식하지 않다 보니 1465년세조 11년 원각경 언해부터 쓰이지 않게 되었다.

흔히 반치음으로 부르는 'ㅿ'[ᅀ]]의 정확한 명칭은 '반시옷'이다. 'ㅿ 반시옷'[ᅀ]]는 'ㅅ'[시]의 울림소리유성음로 'ㅅ'[시]보다 더 약한 소리처럼 들려 '반시옷'이라 부른다. 'ㅅ'[시]처럼 발음하되 혀를 더 낮춰 'ㅅ'[시] 발음을 약하게 하면 된다. '수ᅀᅵ사이, ᄀᆞᅀᆞᆯ 가을, 니ᅀᅥ이어'와 같이 울림소리 사이에서만 쓰였으나 대부분 없어졌다. 이러한 변화는 16세기 중반 이후에 일어났다.

'ㆍ아래아'는 지금은 안 쓰지만 15세기에는 핵심 모음 중의 하나였다. 〈훈몽자회〉의 언문 자모에 모음의 순서 'ㅏㅑㅓㅕ…ㅡㅣㆍ'에서 소리는 'ㅏ'와 유사하지만 모음 순서의 아래쪽에 있다고 하여 흔히 '아래아'라고 부른다. 그러나 누구에 의해 언제부터 이렇게 부르게 되었는지는 밝혀지지 않았다. 하늘을 본뜬 글자이므로 '하늘아'라고 부르자는 학자들도 있다.

'ㆍ'는 많은 이견이 있지만 흔히 'ㅏ'와 'ㅗ'의 중간음으로 혀 뒤쪽에서 낮게 나오는 소리로 본다. 입술을 '오' 발음할 때처럼 오므리되 혀는 안쪽으로 오그리면서 '아'를 발음하면 'ㅏ'도 아니고 'ㅗ'도 아닌 아래아 발음을 낼 수 있다. 제주도에서는 이 소리가 아직도 'ᄆᆞᆷ국[제주도 토속 국 명칭], ᄆᆞᆯ[타는 말]' 등의 낱말에서처럼 남아 있다. 15세기에는 'ㅡ'와 대립을 이루는 양성모음으로 중요한 역할을 하였다. 소리로는 16세기부터 18세기에 걸쳐 다른 소리로 바뀌어 'ᄆᆞᅀᆞᆷ〉ᄆᆞ음〉ᄆᆞ음〉마음'과 같이 'ㅏ' 또는 'ㅡ'로 바뀌었다. 드물기는 하지만 '소ᄆᆡ〉소매'처럼 'ㅗ'로 바뀐 경우도 있고, 'ᄒᆞ루〉하루'와 같이 'ㅜ'로 바뀐 경우도 있다. 'ㆍ'음은 인접한 다른 모음에 밀려 변화된 것으로 볼 수 있다. 'ㆍ'는 소리로서는 18세기 무렵 제주 이외 지역에서는 사라졌지만 표기는 1933년 한글 맞춤법통일안에서 폐기됨으로써 글자로서 없어졌다.

<표 5> 훈민정음 반포 당시의 기본 28자

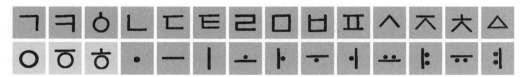

17자 자음 + 11자 모음(해례본 글꼴 모음)

7장

훈민정음의 발전 과정

'훈민정음' 또는 '언문'이란 명칭 대신 탄생한 '한글'이란 이름은 역설적이게도 우리말과 우리글의 진정한 주체가 될 수 없었던 일제강점기에 널리 퍼졌다. 사실 고종은 이보다 앞서 언문을 주류 문자로 선언하면서 '국문'이란 용어를 사용하여 법률과 칙령을 모두 국문, 즉 한글로 적을 것을 명령한 국문 칙령을 선포했다. 이는 훈민정음 반포 449년만인 1895년에 공표되어* 황제의 나라 중국과 대등한 독립 국가로 선언한 대한제국1897의 바탕이 되었으나 당시는 이미 국권이 기울어 식민지로 전락해 가던 시기였다. 긍정적으로 보면 국가가 어려운 시기에 한글이 우리의 정신을 북돋는 힘이 되었다고 볼 수 있으나, 한편으로는 왜 진작 한글의 긍정성을 살려 나가지 못했느냐는 탄식이 일기도 한다.

*1894년(고종 31년) 11월 21일 칙령 1호 14조로 제정되었으나, 정식으로는 1895년 5월 8일 칙령 86호 9조로 반포되었다.

이러한 역설의 이면에는 조선 시대 사대부나 지식인들의 한글에 대한 이중의식이 깔려 있다. 이를테면 한문으로만 기록된 《조선왕조실록》이나 역시 한문으로만 지은 박지원의 문학 작품, 정약용이 지은 글들을 보면 '이렇게까지 한글을 배척해 왔나?'라는 부정적 생각이 들지만, 선조가 1593년에 발표한 국문 교서나 속속들이 발견되고 있는 사대부가의 한글 편지를 보면 '이렇게까지 한글이 폭넓게 사용됐나?'라는 생각도 드는 것이다. 이 책에 서는 한글 발달의 원인과 주요 과정을 단계별로 살펴보면서 긍정적 측면을 다루고자 한다.

훈민정음 발전의 비밀

세종은 1446년 음력 9월 초순에 《훈민정음》을 반포하며 새 문자의 탄생 동기와 원리 등을 세상에 널리 알렸다. 1443년 12월 창제 후 1446년 반포 전까지 최만리 등 7인의 반대 상소가 있었으나 정작 반포 후에는 단 한 건의 반대 상소도 없었다. 세종의 새 문자 홍보 정책이 성공한 셈이다. 훈민정음이 발전한 비밀은 세종이 사대부를 설득할 수 있었던 이유에서 찾을 수 있다. 반포 직후 세종이 직접 저술한 책을 통해 확인해 보자.

사대부의 처지에서 가장 충격적인 한글 표기 문헌은 신숙주가 대표 저술한 《동국정운》과 《홍무정운역훈》이었을 것이다. '한자음을 어떻게 표기할 것인가?'라는 주제는 한자를 주요 소통의 도구로 사용해야 하는 중국과 조선 지식인들의 최대 관심사이자 고민이었다. 천하를 통일한 중국의 황제들이 운서韻書, 모든 한자들을 분류해서 엮은 일종의 발음 사전 편찬을 핵심 정책으로 삼은 것은 발음을 통일하여 중앙 통치 체제에서의 단일화된 언어정책을 펼치기 위함이었다. 그런데 뜻글자이자 단어 글자인 한자로는 발음을 제대로 적을 수 없었다. 어쩔 수 없이 만들어 낸 방법이 '반절법'이었다. 이를테면 이런 식이다. '東동'의 발음은 '德덕'의 첫소리 'ㄷ'과 '紅홍'의 '옹'을 합친 발음이라는 식이다. 이러한 반절법은 한자음을 설명하는 것이지 정확하게 표기하거나 보여주는 것은 아니었다. 그런데 훈민정음으로는 '동'이라고 쉽고 바르게 적게 된 것이다.

이처럼 중국이 천 년이 넘도록 해결하지 못한 문제를 세종이 창제한 단순한 소리 글자로 명쾌하게 해결한 것이다. 《홍무정운역훈》 서문에서는 '우리 동방에서 1,100년 동안 미처 알지 못했던 바를 열흘이 못 되어 공부할 수 있게 되었으니…'라며 훈민정음의 효용성을 크게 내세웠다. 한자 공부가 중요했던 조선의 사대부 역시 똑같은 고민을 했는데 훈민정음이 이를 단순 명쾌하게 해결해 주었으니, 훈민정음 반포를 반대했던 최만리조차 1444년의 갑자상소에서 훈민정음의 기능이 신묘하다고 인정할 수밖에 없었다.

《용비어천가》와 《석보상절》, 《월인천강지곡》 등에서도 훈민정음은 다양한 표기 양식으로 쓰였다. 국한문 혼용체를 사용해 집필한 《용비어천가》는 왕조의 정당성뿐만 아니라 후대 임금들의 민본주의 통치 수칙까지 담았다. 수양대군세조이 쓴 《석보상절》은 한자는 크게, 훈민정음은 작게 병기했으며, 세종이 직접 지은 《월인천강지곡》은 반대로 훈민정음은 크게, 한

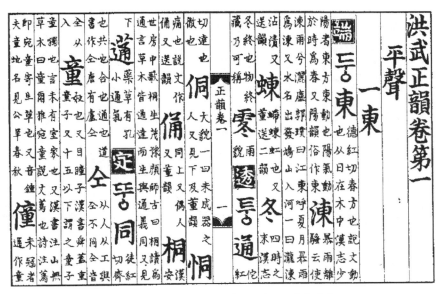

〈사진 2〉《홍무정운역훈》에 발음표기로 쓰인 훈민정음

자는 작게 병기하여 불교에 친숙한 백성을 배려한 내용을 담았다. 세종은 문자를 창제하는 데 그치지 않고 더욱 널리 활용할 방법을 연구한 것이다.

1449년에는 최고위층인 하연 대감을 비판하는 언문 벽서壁書, 벽에 붙인 글가 등장했다. 누구인지는 모르지만 분명 한문 상소를 올릴 수 없는 힘없는 피지배층이나 하급 관리가 쓴 것이 틀림없었다. 이 밖에 반포 초기에 이미 왕실 여성의 공적 편지, 사사로운 연애편지 등에 쓰였음이 실록에까지 기록되어 있다. 이토록 다양한 방식으로 사용된 훈민정음은 단순히 읽고 쓰는 문자의 기능을 넘어 다목적용으로 폭넓게 퍼져 나간 것이다. 훈민정음이 발달한 핵심이 바로 여기에 있다. 다양한 상황이나 목적에 두루 적용할 수 있으니 자연스레 사용하게 되고 그 과정에서 발달한 것이다. 즉 훈민정음은 다목적성에 부응한 다기능성을 지닌 매우 실용적인 문자로 자연스럽게 발달했다.

실용성과 기능성을 모두 갖춘 훈민정음을 사대부들이 굳이 반대할 이유는 없었다. 설령 세종의 의도대로 하층민의 소통과 표현을 위한 도구로 사용된다고 하더라도, 그런 기능으로서의 훈민정음을 낮게 평가하면 그만일 뿐 반대할 필요는 없었다.

결국 조선시대 사대부와 지식인들은 훈민정음을 한자를 대체할 문자가 아닌 비주류 분야

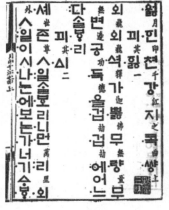

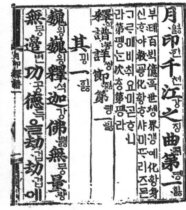

《석보상절》, 수양대군 집필　　《월인천강지곡》, 세종 집필　　《월인석보》, 세조 편찬

〈사진 3〉 세종이 직접 쓴 《월인천강지곡》은 다른 책에 비해 훈민정음이 한자보다 크다.

의 보완 문자나 상보적 문자로 묶어 두었다. 훈민정음을 제대로 인정하지는 않았지만, 훈민정음이 나름대로 발달할 길을 열어 놓은 셈이다. 이는 훈민정음이 더디게 발전한 요인인 동시에 훈민정음이 한자의 절대적 권력에도 불구하고 지속해서 발달한 요인이기도 하다.

훈민정음의 발달을 도운 다섯 가지 힘

＊ 임금이 지시하기를, "언문을 사용하는 사람은 임금의 지시문을 찢어 버린 법률(기훼제서율)로, 그런 사실을 알면서도 신고하지 않은 사람은 임금의 지시를 위반한 법률(제서유위율)로 따져 단죄할 것이다. 조정 관리들의 집에 보관되어 있는 언문 구결 책을 다 불사르되 한어를 번역한 언문 책 따위는 금하지 말 것이다."라고 하였다. (傳曰: "諺文行用者, 以 棄毀制書律, 知而不告者, 以制書有違論斷. 朝士家所藏諺文口訣書冊皆焚之, 如飜譯漢語諺文之類勿禁.") _ 《조선왕조실록》 1504년 7월 22일

조선 시대의 훈민정음 사용 양상이 다양하고 복잡한 만큼 발달을 도운 원동력도 다양하다. 가장 중요한 첫 번째 힘은 공공언어에 훈민정음을 계속해서 사용한 것이다. 한문책을 훈민정음으로 번역 또는 풀이하는 언해 사업은 국가 시책으로 그 어떤 왕도 소홀히 한 적이 없다. 연산군조차 훈민정음을 사용한 책을 불사르라고 하면서도 언해 된 책은 그렇게 하지 말 것을 당부할 정도였다.＊ 조선의 최고 법전인 《경국대전》에서도 훈민정음으로 언해한 《삼강행실》 홍보를 중요 정책으로 명기했고 하급 관리의 과거 시

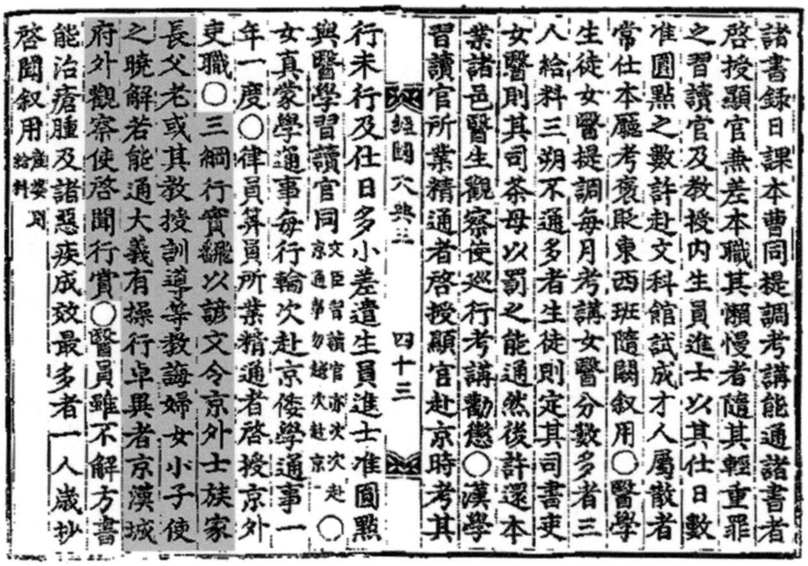

〈사진 4〉《경국대전》에 기록된 언문 번역을 통해 백성을 교화하라는 내용

《삼강행실》을 언문으로 번역하여 서울과 지방의 양반층 가장, 마을 어르신, 학당 스승, 서당 훈장 등으로 하여금 부녀자와 어린이들을 가르쳐 이해할 수 있도록 장려했다. 만약 그 큰 뜻에 능통하고 몸가짐과 행실이 뛰어난 자가 있으면 서울은 한성부가, 지방은 관찰사가 왕에게 보고하여 상을 줬다.

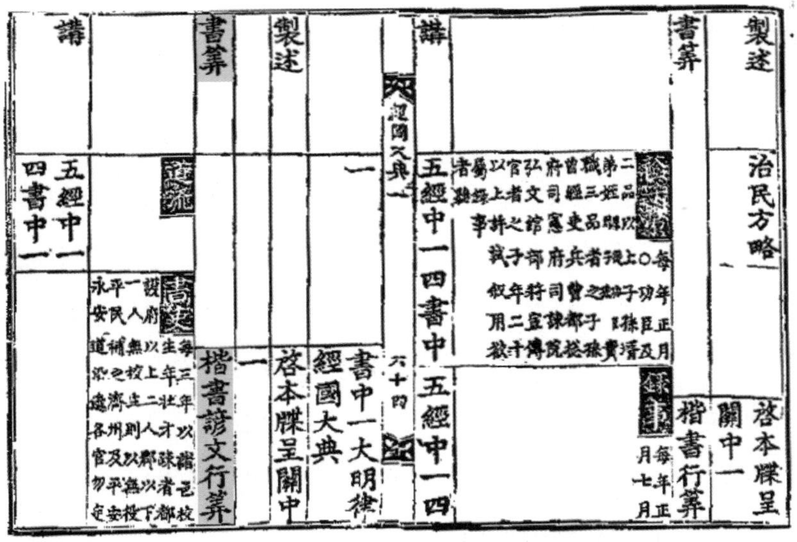

〈사진 5〉《경국대전》에 기록된 훈민정음을 과거 시험 과목으로 지정했다는 내용

- 녹사(錄事)는 매년 정월과 7월에 실시한다.
- 강(講) : 오경(五經) 중 1, 사서(四書) 중 1, 대명률(大明律), 경국대전(經國大典)
- 제술(製述) : 계본(啓本)·첩정(牒呈)·관(關) 중 1
- 서산(書算) : 해서(楷書)·언문(諺文)·행산(行算)

험 과목으로도 명시했다. 왕실 여성들은 공적 문서에 훈민정음만을 사용함으로써 공식성과 권위를 높이는 데 일조했다. 이런 배경이 궁궐의 궁서체로까지 발전하여 훈민정음의 대중적·미적 확산을 도왔다.

　두 번째는 한자로 대체할 수 없는 훈민정음 문학의 힘이다. 18세기 대문호 박지원은 훈민정음 문학을 철저히 거부했지만 이미 훈민정음 문학의 힘은 걷잡을 수 없는 대세였다. 박지원보다 100년 앞서 태어난 김만중은 훈민정음 소설 《구운몽》과 《사씨남정기》를 남겼으며, 이보다 앞서 이황은 훈민정음 시조를, 정철은 〈속미인곡〉과 같은 훈민정음 가사로 이름을 날렸다. 이러한 사대부들의 훈민정음 문학은 하층민의 훈민정음 사용을 부채질했고, 남녀와 계층을 넘나드는 표현과 소통의 매개체가 되었다. 특히 허균의 《홍길동전》과 같은 훈민정음 소설은 작품을 통째로 외운 뒤 번화가에서 사람들에게 들려주고 돈을 받는 전문 직업인 '전기수'까지 등장시킬 정도로 인기가 높았다. 덕분에 훈민정음이 하층민까지 널리 퍼지는 데 큰 도움을 주었다. 《청구영언》은 훈민정음을 사용해 온 현황에 관해 기록했다. 이 책은 김천택이 고려 말기부터 편찬 당시까지의 시조 998수와 가사 17편을 모아 엮은 것이다. 양반 사대부 작품부터 하층민의 작품까지 한데 묶여 있다.

　훈민정음 문학 중에서도 백미는 훈민정음 편지, 곧 언간이다. 문학성과 정보 소통이라는 실용성을 함께 갖추고 있어 많은 사람이 훈민정음을 사용하는 데 결정적인 역할을 했다. 양반 사대부들도 부인이나 딸과 소통할 때 훈민정음을 많이 사용했다. 지금도 계속 발굴되고 있는 사대부가의 훈민정음 편지는 한자 편지 못지않게 많이 쓰였음을 보여 준다. 이를테면 〈서증양자홍시처최씨 書贈養子興時妻崔氏〉라는 글은 1609년 조선 중기의 문신 송영구가 며느리에게 보내는 훈민정음 편지로, 목판으로 제작해 인쇄까지 한 것으로 알려졌다.

　셋째는 실용 분야의 힘이다. 김봉좌2010의 〈조선시대 유교의례 관련 한글문헌연구〉라는 한국학중앙연구원 박사학위 논문과 홍윤표 2013의 《한글이야기 1: 한글의 역사》라는 책을 보면 훈민정음이 얼마나 다양한 분야에 쓰였는지 알 수 있다. 조선 왕실의 유교 의례, 즉 '오례' 가운데 길례·흉례·가례에 많이 쓰였고, 왕실과 사가에서 유교 의례를 거행하기 위한 발기件記·단자單子·도식圖式·치부置簿·의주儀註·홀기笏記·책문冊文·제문祭文·악장樂章·일기日記·등록謄錄·의궤儀軌·예서禮書 등에도 폭넓게 사용되었다. 2011년 이상규가 출간한《한글 고문서 연구》라는 책도 1904년 백씨 여인이 여산 군수에게 올린 진정서를 비롯해 1888년 양기연이라는 사람이 논을 담보로 돈을 빌리면서 작성한 수표 등 각종 계약서와 당시 벌어지는 다양한 문제를 해결하는 주요 문서에 훈민정음이 널리 쓰였음을 집약적으로 보여 주고 있다.

또한 여성 실학자라 할 수 있는 안동 장씨가 1670년경에 펴낸 것으로 추정되는 훈민정음 조리서 《음식디미방》, 빙허각 이씨가 쓴 가정 살림에 관한 책 《규합총서》 등은 실용서의 모범을 보여 주며 남성 실학자들이 못다 한 지식의 소통까지 일궈 냈다. 이 밖에도 서울시 노원구의 한글 영비각, 경기도 포천의 한글 영비, 문경새재의 '산불됴심' 비석 등 특별한 곳에서도 훈민정음은 매우 요긴한 구실을 했다. 이런 흐름 속에서 1890년 미국인 선교사 헐버트가 지은 최초의 훈민정음 전용 교과서 《사민필지》가 출간되었다.

넷째는 종교의 힘이다. 세종과 세조는 훈민정음 보급을 위한 본격적인 훈민정음 책자로 불경언해한자로 된 불경을 훈민정음으로 풀이하는 일 또는 그 책를 택했다. 실제로 일제강점기까지 불교 문헌은 훈민정음 사용의 주요 흐름이 되었다. 선조 때는 유교 경전인 《사서》가 언해 되었다. 기독교는 조선 후기에 들어왔지만 다른 종교보다 더욱 적극적으로 훈민정음 번역을 활용함으로써 훈민정음이 널리 퍼지는 데 크게 이바지했다. 동학 역시 훈민정음 경전을 발행하는 등 종교 확산에 훈민정음이 주요 도구로 활용되었다.

마지막 다섯째는 훈민정음 연구의 힘이다. 비록 한문으로 저술했지만, 최석정의 《경세훈민정음 도설》, 신경준의 《훈민정음도해》, 유희의 《언문지》 등의 연구서에서 훈민정음의 주요 특징과 가치가 학술적으로 조명되었고 조선 말기 주시경을 주축으로 우리말 문법 연구와 훈민정음 연구에 과학적인 연구가 이루어짐으로써 우리말과 우리글의 발전에 매우 큰 공헌을 했다.

훈민정음의 미래

훈민정음 발전의 원동력은 훈민정음 반포 목적과 마찬가지로 다양하고 복합적이다. 이렇듯 다양한 분야에서 제 역할을 해 온 훈민정음이 어떤 힘을 발휘해 왔는가를 살펴본다면 훈민정음의 역사적 의미와 가치를 확인할 수 있을 것이다.

훈민정음의 미래는 그동안 훈민정음이 걸어온 역사에 담겨 있고 연속적인 변혁의 힘에 달려 있다. 2013년 10월 8일 한국불교역사문화기념관 국제회의장에서 열린 '불교와 한글'이라는 학술대회에서는 《석보상절》글꼴을 현대화한 석보체가 큰 관심을 받았다. 한글 디자인과 글꼴의 권위자인 안상수 교수는 "우리 전통 한글꼴을 현대화하는 것은 과거 선조들의 귀중한 유물을 갈고닦는 것뿐만 아니라 숨어 있는 우리 유산을 다시금 불러일으켜 새로운 역사를 만들어 내는 일로써 의미가 깊다."라고 평가했다. 앞으로 한글이 발달할 수 있는 해답은 훈민정음이 지나온 역사에 존재하므로, 오랜 시간 갈고 닦은 훈민정음 정신을 어떻게 살려내느냐가 중요하다.

훈민정음은 우리말과 문화라는 특수성을 잘 드러냄과 동시에 과학성과 예술성 등을 지녔으며 누구나 쉽게 사용할 수 있는 보편성도 지닌 뛰어난 문자다. 전 세계의 수많은 소수 언어가 사라져 가고 있다. 문자가 없어서 사라지는 예도 있지만 표기할 문자가 있음에도 제대로 표기하지 못해 사라지는 경우도 많다. 볼리비아는 다양한 종족으로 구성된 나라다. 스페인 문자가 공용 문자이지만 스페인어로 적을 수 없는 종족 말이 많다. 스페인 문자를 표준 소통 문자로 존중하되, 사라져 가는 말을 적은 제2의 생태 문자로 한글을 활용하는 전략도 필요하다. 이는 훈민정음 민족주의도 우월주의도 아니다. 훈민정음의 보편성과 생태성을 서로 나누는 것이다.

2부

《훈민정음》 책 이야기

1장

《훈민정음》 해례본의 짜임새

《훈민정음》 해례본은 1446년에 새로운 문자를 알리고 해설한 책으로, 당시 동아시아의 보편 문자였던 한자로 쓰여 있다. 그러나 한자가 어려운 데다 책의 주요 특징을 모르면 내용 파악이 힘들다. 그렇지만 책의 특징을 이해하면 책 읽기의 즐거움을 더할 수 있다. 옛날 책은 갈래와 특징이 시기마다, 책마다 다양하지만 여기서는 해례본의 특징만 살펴보기로 한다.

해례본은 지금의 책과 같은 가로짜기가 아니라 세로짜기로 되어 있다. 수평 방향으로 글을 나열한 가로짜기에 익숙한 사람에게는 불편한 짜임새다. 또한 오른쪽에서 왼쪽으로 읽어야 한다. 당시에는 가로짜기로 된 문헌도 오른쪽에서 왼쪽으로 읽었다. 세종로에 있는 광화문光化門 현판을 보면 이런 구조를 금방 알 수 있다. 현판은 오른쪽에서 왼쪽으로 읽어야 하므로 '門化光'으로 되어 있다. 종종 오늘날 읽기 방식처럼 '문화광'으로 읽어 웃음거리가 되는 예도 있다. 동양의 오랜 관습이었으므로 일단 그대로 따라서 보도록 하자.

해례본의 접이식 편집 또한 오늘날과 다른 독특한 방식이다. 이것은 인쇄 과정을 이해해야 빠르다. 다음 쪽의 〈그림 1〉과 같이 펼쳐 놓은 것처럼 인쇄한 뒤 반으로 접는 제본을 접이식 편집이라고 한다. 접히는 부분을 판의 중심이라 하여 '판심'이라 부른다. 〈그림 2〉를 보면 판심에는 '正音解例정음해례'처럼 제목이 있는데 이를 판심제라 한다. 제목 밑 칸에 있는 숫자를 '장차' 또는 '엽'이라 하는데 이것이 오늘날 쪽 표시와 같은 구실을 한다. 즉 1엽은 오늘날의 두 쪽에 해당한다. 접었을 때 펼친 장의 오른쪽이 앞면, 왼쪽이 뒷면이 된다.

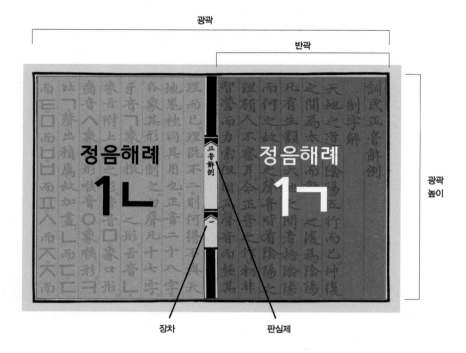

〈그림 1〉 한 장을 펼쳐 놓은 모습과 접은 모습

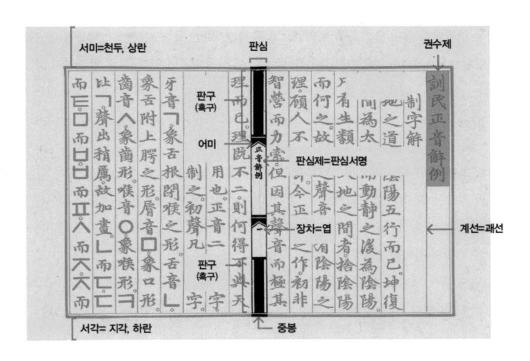

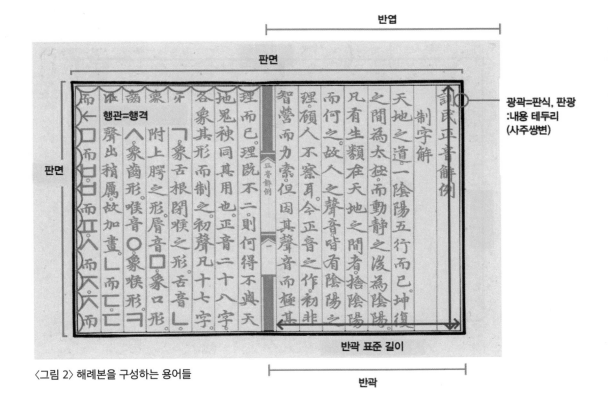

<그림 2> 해례본을 구성하는 용어들

이를 구별하기 위해 오른쪽부터 읽었으므로 앞면, 뒷면 또는 a, b나 ㄱ, ㄴ과 같은 기호로 구분한다. 이 책에서는 'ㄱ', 'ㄴ'이라는 한글 기호를 사용하기로 한다. 서로 연관성이 없는 'a', 'b'라는 기호보다 입체 대응을 보여 주는 'ㄱ', 'ㄴ'이 더 보기 좋기 때문이다. 결국 접은 부분을 기준으로 1ㄱ¹쪽, 1ㄴ²쪽, 2ㄱ³쪽, 2ㄴ⁴쪽 식으로 쪽수와 차례를 구별한다. 판심 제목에 따라 '정음해례1ㄱ, 정음해례1ㄴ'처럼 부르기로 한다.

펼쳐 놓았을 때 큰 테두리를 광곽이라 한다. 굵은 선과 얇은 선, 두 선으로 되어 있어 '쌍변'이라 부르는데, 접으면 오늘날 한쪽에 해당하는 부분이 반곽이 된다. 반곽의 길이는 안쪽 얇은 선인 '내선'을 기준으로 한다. 따라서 광곽과 반곽은 세로 길이가 같고 가로 길이가 다른데 보통 반곽의 길이를 표준으로 삼는다.

〈그림 3〉에서 책의 구조를 좀 더 자세하게 살펴보면 판심에서 마치 물고기 꼬리와 같은 모습을 한 곳이 있다. 이를 '어미'라 부른다. 어미는 시대마다 또는 임금마다 모양을 달리하기도 했다. 해례본은 위아래 검은색 어미로 되어 있어 '상하흑어미' 구조라고 부른다.

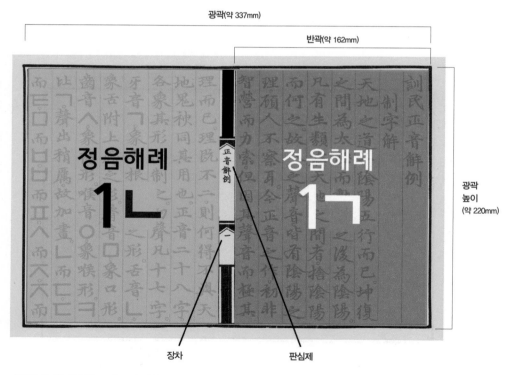

〈그림 3〉 해례본의 크기 표시 정음1ㄱ, 1ㄴ

어미가 상하 모두 아래쪽을 향하고 있으므로 '상하하향흑어미'라고도 한다. 판심의 어미 위아래 굵은 검은 선을 흑구라고 부른다.

　책의 크기는 〈그림 3〉에서 확인할 수 있다. 해례본은 기계가 아닌 손으로 만든 책이기 때문에 모든 광곽, 반곽의 길이가 일정하지 않고 조금씩 다르다. 《훈민정음》 해례본_{간송본} 중 일부 반곽의 크기를 측정한 결과는 〈표 4〉와 같다.

〈표 1〉《훈민정음》 해례본 반곽 크기

장차	크기(세로 x 가로) mm	장차	크기(세로 x 가로) mm
표지 크기	289 x 200	정음해례 1ㄱ	224 x 159
정음 3ㄱ	225 x 160	정음해례 29ㄱ	224 x 159
정음 4ㄱ	226 x 161	정음1ㄱ(보사)	226 x 164

영인 상태와 인쇄 상태

　옛 책을 사진으로 찍거나 복사해서 다시 인쇄하는 것을 영인이라 한다. 있는 그대로 찍어내는 것을 '사진본'이라 하고 활자 상태는 그대로 하되 지저분한 바탕 등을 깨끗하게 바꾸는 것을 '다듬본_{교정본}'이라 한다. 〈사진 1〉을 보자. 원본 가운데 세종이 직접 저술한 예의 부분이다. 다듬본인 왼쪽은 글씨를 제외하고는 아주 깨끗하게 다듬어 놓았다. 사진본인 오른쪽을 보면 아래의 뜯긴 부분에 종이를 덧대어 놓았다. 이를 배접이라 한다.

한글학회 교정본(1998) 정음 3ㄱ　　해례본 원본(간송본) 정음 3ㄱ

〈사진 1〉 영인 상태에 따른 다듬본과 사진본

암호 같은 문장부호들

해례본에 오늘날과 같이 다양한 문장부호가 쓰이지는 않았지만, 마침표, 쉼표에 해당하는 기본 부호뿐 아니라 현재는 사용하지 않는 사성을 나타내는 작은 동그라미가 있다. 이를 순우리말로는 '돌림', 한자어로는 '권점圈點' 또는 '권발圈發'이라 부른다. 오늘날의 마침표에 해당하는 '구점句點'은 오른쪽 아래 글자와 조금 떨어진 곳에 찍었다. 오른쪽 아래 찍는다고 하여 '우권점右圈點'이라 부른다. 오늘날 쉼표에 해당하는 두점은 글자 가운데 조금 아래 찍어 '중권점中圈點'이라 부른다.

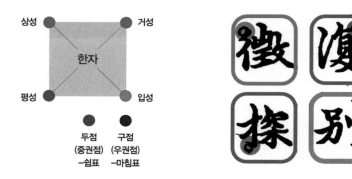

〈그림 4〉 구·두점과 사성 표시 방법과 예

구점, 두점 사례: 정음해례 8ㄴ   상성 돌림 사례: 정음해례 10ㄴ

〈사진 2〉 해례본의 문장부호 사용 보기

글자와 살짝 겹쳐 찍는 점은 총 네 가지로 통틀어 사성이라 부른다. 오른쪽 위에 찍는 점을 거성, 왼쪽 위는 상성, 오른쪽 아래는 입성, 왼쪽 아래는 평성이라 한다. 평성은 가장 낮은 소리이고 거성은 가장 높은 소리, 상성은 낮았다가 높아지는 소리다. 입성은 빨리 끝내는 소리다.

사성을 나타내는 점 가운데 음을 지정하는 역할을 하는 것도 있다. '復'은 '돌아올 복'이지만 〈그림 4〉의 파란색 테두리 안의 한자처럼 거성 표시를 하면 '다시 부'로 읽어야 한다. 즉 終成復˚ 用初聲은 '종성부용초성끝소리는 첫소리를 다시 쓴다.'이라고 읽는다.

<표 2> 사성 권점자 책 차례 순(1, 2는 보사 부분 추정 권점)

글자	용례	차례	출처
爲˚	予爲˚ 此憫然,	1	정음1ㄱ:5_1어제서문
易˚	欲使人人易˚ 習,	2	정음1ㄱ:6_4어제서문
復˚1	終聲復˚ 用初聲	3	정음3ㄴ:6_3어제예의
˚上1	二則 ˚上聲	4	정음4ㄱ:4_11어제예의
索˚	初非智營而力索˚	5	정음해례1ㄱ:8_5제자해
˚夫1	˚夫人之有聲本於五行	6	정음해례2ㄱ:4_7제자해
˚徵1	於音爲 ˚徵	7	정음해례2ㄴ:4_9제자해
斷˚	齒剛而斷˚	8	정음해례2ㄴ:4_13제자해
˚長	ㅋ木之盛 ˚長	9	정음해례4ㄱ:6_5제자해
冠˚	又爲三字之冠˚ 也	10	정음해례6ㄴ:4_3제자해
離˚	水火未離˚ 乎	11	정음해례7ㄱ:3_5제자해
論˚	固未可以定位成數論˚ 也	12	정음해례7ㄱ:8_6제자해
和˚1	初聲以五音淸濁和˚ 之於後	13	정음해례8ㄱ:1_4제자해
相˚1	而其財成輔相˚ 則必賴互人也	14	정음해례8ㄱ:5_12제자해
復˚2	終聲之復˚ 用初聲者	15	정음해례8ㄴ:6_9제자해
復˚3	故貞而復˚ 元	16	정음해례9ㄱ:2_7제자해
復˚4	冬而復˚ 春	17	정음해례9ㄱ:2_11제자해
復˚5	初聲之復˚ 爲終	18	정음해례9ㄱ:3_9제자해
復˚6	終聲之復˚ 爲初	19	정음해례9ㄱ:3_10제자해
別˚1	唯業似欲取義別˚	20	정음해례9ㄴ:8_10제자해_갈무리시

글자	용례	차례	출처
°徵2	°徵音夏火是舌聲	21	정음해례10ㄴ:5_4제자해_갈무리시
要°1	要°於初發細推尋	22	정음해례11ㄱ:2_4제자해_갈무리시
易°1	精義未可容易°觀	23	정음해례11ㄴ:8_9제자해_갈무리시
見°	二圓爲形見°其義	24	정음해례12ㄴ:6_8제자해_갈무리시
和°2	中聲唱之初聲和°	25	정음해례13ㄴ:1_10제자해_갈무리시
先°	天先°乎地理自然	26	정음해례13ㄴ:2_5제자해_갈무리시
和°3	和°者爲初亦爲終	27	정음해례13ㄴ:3_4제자해_갈무리시
復°7	初聲復°有發生義	28	정음해례13ㄴ:7_6제자해_갈무리시
相°2	人能輔相°天地宜	29	정음해례14ㄱ:4_7제자해_갈무리시
°探	°探賾錯綜窮深幾	30	정음해례14ㄴ:2_4제자해_갈무리시
°幾	探賾錯綜窮深°幾	31	정음해례14ㄴ:2_10제자해_갈무리시
易°2	指遠言近牏民易°	32	정음해례14ㄴ:3_10제자해_갈무리시
°上2	故平°上去其終聲不類入聲之促急	33	정음해례17ㄴ:7_2종성해
°上3	終則宜於平°上去	34	정음해례18ㄱ:1_6종성해
°上4	°上去聲之終	35	정음해례18ㄱ:4_1종성해
°上5	爲平°上去不爲入	36	정음해례19ㄱ:7_6종성해_갈무리시
°縱	°縱者在初聲之右.	37	정음해례20ㄴ:7_7합자해
°上6	諺語平°上去入	38	정음해례21ㄴ:7_10합자해
°上7	돌爲石而其聲°上	39	정음해례22ㄱ:1_1합자해
°上8	二點爲°上聲	40	정음해례22ㄱ:3_5합자해
°上9	或似°上聲	41	정음해례22ㄱ:6_2합자해
°上10	其加點則與平°上去同	42	정음해례22ㄱ:8_4합자해
塞°	入聲促而塞°	43	정음해례22ㄴ:3_5합자해
°上11	°上聲和而擧	44	정음해례22ㄴ:1_5합자해
°縱1	其先°縱後橫,與他不同	46	정음해례23ㄱ:3_7합자해
°縱2	圓橫書下右書°縱	45	정음해례23ㄱ:8_10합자해_갈무리시
着°	初中聲下接着°寫	47	정음해례23ㄴ:2_9합자해_갈무리시
°上12	平聲則弓°上則石	48	정음해례23ㄴ:6_8합자해_갈무리시
°上13	一去二°上無點平	49	정음해례24ㄱ:2_7합자해_갈무리시
別°2	然四方風土區別°	50	정음해례26ㄴ:8_3정인지서문
要°2	要°皆各隨所	51	정음해례27ㄱ:3_11정인지서문
°處	要°皆各隨所°處而安	52	정음해례27ㄱ:4_4정인지서문

글자	용례	차례	출처
°强	不可°强之使同也	53	정음해례27ㄱ:4_9정인지서문
°治	°治獄者病其曲折之難通	54	정음해례27ㄱ:7_8정인지서문
趣°	學書者患其旨趣°之難曉	55	정음해례27ㄱ:7_4정인지서문
讀°	始作吏讀°	56	정음해례27ㄴ:1_2정인지서문
調°	因聲而音叶七調°	57	정음해례27ㄴ:8_2정인지서문
應°	臣與集賢殿應°教臣崔恒	58	정음해례28ㄴ:2_6정인지서문
°夫2	°夫東方有國	59	정음해례29ㄱ:5_10정인지서문
°稽	拜手°稽首謹書	60	정음해례29ㄴ:3_4정인지서문

임금을 높이는 짜임새

《훈민정음》 해례본은 〈그림 5〉에서 보듯 세종과 8명의 신하가 함께 저술한 책이다. 그러다 보니 임금과 관련된 부분은 특별 편집되어 있다. 중국을 중심으로 한 한문책의 보편적 특징이다. 인도의 불경을 한자로 번역한 책도 마찬가지다. 본문에 해당하는 부처의 말은 큰글자 大字로 쓰고 이를 풀이한 스님들의 주해 자는 조금 작은 중간글자中字로 썼다.

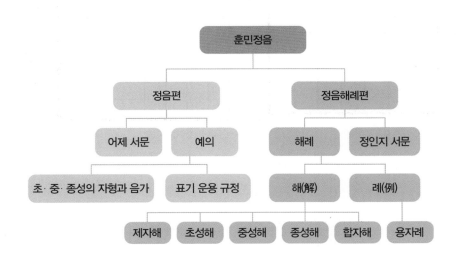

〈그림 5〉《훈민정음》 해례본의 짜임새(정음편은 세종이 직접 짓고 정음해례편은 8명의 신하들이 지었다.)

해례본을 살펴보면 세종이 직접 저술한 부분과 신하들이 풀어쓴 부분의 차이가 확실히 드러난다. 〈그림 6〉을 보자. 반곽을 기준으로 세종이 쓴 부분은 7행에 11자 칸, 신하들이 쓴 부분은 8행에 13자 칸으로 짜여 있다. 결국 임금이 쓴 부분이 세로로 한 행, 두 글자가 적어 상대적으로 글자 크기가 크다. 한 칸만 본다면 세로 높이와 가로 너비가 각각 약 203× 233mm, 170×204mm로, 세로는 약 30.3mm, 가로는 29mm가 차이 난다.

〈사진 3〉는 실제 책의 모습으로 임금이 쓴 정음편 마지막 부분정음 4ㄱ과 신하들이 쓴 첫 부분인 정음해례편 제자해 첫 부분정음해례 1ㄱ이다. 같은 글자인 '聲'의 크기가 다르다.

글자 크기가 다른 만큼 글자 모양도 일부 다르다. 임금이 쓴 글은 주로 또박또박 쓴 해서체로, 신하들이 쓴 글의 일부는 조금 흘려 쓴 행서체로 되어 있다.

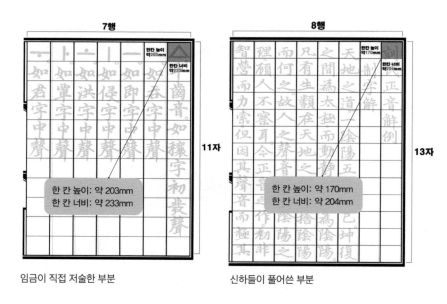

임금이 직접 저술한 부분   신하들이 풀어쓴 부분

〈그림 6〉 임금과 신하가 저술한 내용의 글씨 크기 비교

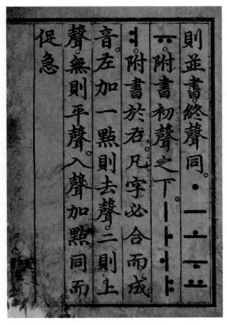

임금이 직접 지은 부분(정음4ㄱ)

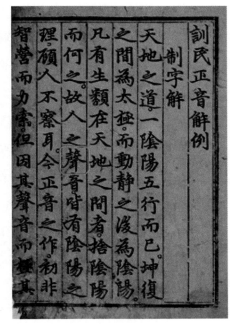

신하들이 풀어쓴 부분(정음해례1ㄱ)

〈사진 3〉 임금과 신하가 각각 저술한 글씨 사용 예

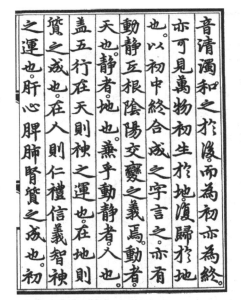

임금이 직접 저술한 부분(정음4ㄱ)

신하들이 풀어쓴 부분(정음해례8ㄱ)

〈사진 4〉 임금과 신하가 각각 저술한 글씨체 비교

임금을 높이는 구조는 이외에도 줄바꾸기대두법擡頭法와 칸비우기공격법空格法, 칸내리기 방법 등이 있다. 줄바꾸기는 임금을 직접 지칭하는 말전하殿下이나 관련한 말대지大智, [임금의 큰 지혜]이 나올 때 행이 끝나지 않아도 빈칸으로 처리하고 행을 아예 바꾸는 방식이다.

해례본은 중요 부분제자해, 초성해, 중성해, 종성해, 합자해을 칠언고시七言古詩로 간추려 적었다. 하지만 임금이 주체가 되는 구절에서는 칠언고시일지라도 줄을 바꾼다. 〈사진 6〉의 왼쪽은 합자해 갈무리시의 마지막 부분인 '정음해례24ㄱ'이다. 칠언고시 형식을 유지하면 용자례를 새로운 쪽에서 시작해 보기에도 깔끔하게 편집할 수 있지만, 행위의 주체가 임금이기 때문에 '一朝'라는 두 글자만 쓰고 줄을 바꿨다. 글의 내용은 '一朝 / 制作侔神工 하루아침에 / 임금께서 만드신 것이 신의 솜씨에 견줄 만하니 大東千古開矇矓 우리 겨레 오랜 세월의 어둠을 열어 주셨네'와 같다. '開'의 주체도 임금이지만 내용상 두 구절이 이어진 것으로 보아 마지막 행에는 줄을 바꾸지 않았다.

다음은 칸 비우기 방식이다. 〈사진 7〉을 보면 세자를 높이기 위해 앞을 빈칸으로 처리한 것을 볼 수 있다.

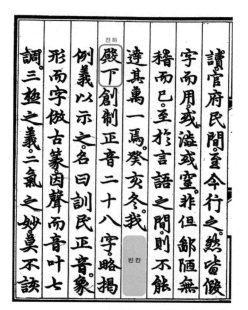

정음해례27ㄴ (1997, 한글학회 영인본)

정음해례29ㄱ (1997, 한글학회 영인본)

〈사진 5〉《훈민정음》 해례본의 줄 바꾸기

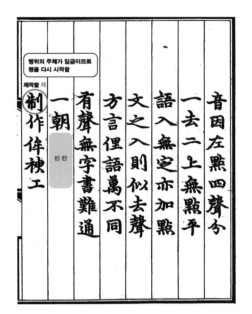

정음해례24ㄱ(1997, 한글학회 영인본)

정음해례24ㄴ(1997, 한글학회 영인본)

〈사진 6〉 해례본의 줄 바꾸기

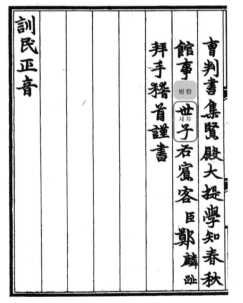

정음해례29ㄴ(1997, 한글학회 영인본)

〈사진 7〉 해례본의 칸 비우기

정음해례26ㄴ(1997, 한글학회 영인본)

〈사진 8〉 해례본의 칸 내리기

칸내리기 방식은 〈사진 8〉의 '정인지서'에서 확인할 수 있다. 정인지 서문의 앞부분은 용자례로 임금의 말씀정음에 대하여 신하들이 해설한 글이라 전체 글자 크기만 줄였다.

이와는 달리 '정인지서'는 신하가 직접 지은 부분이기에 한 칸 더 내려썼다.

이런 방식이 오늘날의 시각으로 보면 비실용적인 편집 방식일 수도 있다. 그러나 한 권의 책을 펴내기 위해 하나의 글자도 허투루 여기지 않은 세심하고 경건한 편집을 보여 주는 방식이기도 하다.

오해五解의 독특한 구조

오해 제자해, 초성해, 중성해, 종성해, 합자해 부분은 매우 독특한 구조로 되어 있다. 각각 본문 설명이 끝나고 칠언고시로 요약하여 진술하거나, 본문의 핵심을 다시 구체적으로 설명한다. 이는 불경의 짜임새를 본뜬 것이다. 한마디로 칠언고시는 마무리하는 간추림 노래인 셈이다. 노래 가사로서의 독특함 때문인지 구점마침표나 두점쉼표은 찍지 않고 두 행씩 짝을 이루어 구성했다.

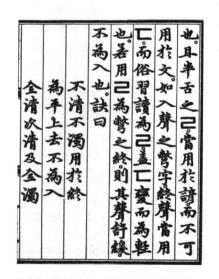

종성해 첫 부분: 정음해례 17ㄴ

종성해: 정음해례 19ㄱ(1997, 한글학회 영인본)

〈사진 9〉 오해 중 종성해의 짜임새

오해의 본문과 갈무리시에 있는 행의 수를 구분하면 다음과 같다.

〈표 3〉 오해의 본문과 갈무리시의 행 수

갈래	본문	갈무리시
제자해	132	86
초성해	9	8
중성해	17	8
종성해	27	20
합자해	41	21

오해 중에서도 중성해를 현대 활자로 옮겨 보면 다음과 같다.

〈표 4〉 중성해 내용

중성해 본문	중성해 갈무리시
中聲者, 居字韻之中, 合初終而成音. 如呑字中聲是ㆍ, ㆍ居ㅌㄴ之間而爲튼. 即字中聲是ㅡ, ㅡ居ㅈㄱ之間而爲즉. 侵字中聲是ㅣ, ㅣ居ㅊㅁ之間而爲침之類. 洪覃君業欲穰戌彆, 皆倣此. 二字合用者, ㅗ與ㅏ同出於ㆍ, 故合而爲ㅘ. ㅛ與ㅑ又同出於ㅣ, 故合而爲ㆇ. ㅜ與ㅓ同出於ㅡ, 故合而爲ㅝ. ㅠ與ㅕ又同出於ㅣ, 故合而爲ㆊ. 以其同出而爲類, 故相合而不悖也. 一字中聲之與ㅣ相合者十, ㆍㅣ ㅓㅣ ㅚ ㅐ ㅟ ㅔ ㆉ ㅒ ㆌ ㅖ是也. 二字中聲之與ㅣ相合者四, ㅙ ㅞ ㆈ ㆋ也. ㅣ於深淺闔闢之聲, 並能相隨者, 以其舌展聲淺而便於開口也. 亦可見人之參贊開物而無所不通也.	母字之音各有中 須就中聲尋闢闔 洪覃自呑可合用 君業出即亦可合 欲之與穰戌與彆 各有所從義可推 侵之爲用最居多 於十四聲徧相隨

〈표 4〉와 같은 갈무리시의 독특한 구조는 번역으로는 재현하기 어렵지만 내용을 해석해 보면 다음과 같다.

<표 5> 중성해 내용 해석

중성해 풀이	갈무리시 풀이
가운뎃소리는 한 음절소리(자운)의 가운데에 있으니 첫소리, 끝소리와 합하여 음절을 이룬다. ‘ᄐᆞᆫ’자의 가운뎃소리글자는 ㆍ인데, ㆍ가 ㅌ[티]와 ㄴ[은] 사이에 있어 ‘ᄐᆞᆫ’이 된다. ‘즉’ 자의 가운뎃소리는 ㅡ인데, ㅡ는 ㅈ[지]와 ㄱ[윽] 사이에 놓여 ‘즉’이 된다. ‘침’ 자의 가운뎃소리글자는 ㅣ인데, ㅣ가 ㅊ[치]와 ㅁ[음] 사이에 있어 ‘침’이 되는 것과 같다. “ᅘᅩᇰ·ᄄᆞᆷ·군·ᅌᅥᆸ·릉·욕·ᅀᅣᇰ·ᄇᆑᆮ”에서의 “ㅗ ㅏ ㅜ ㅓ ㅛ ㅑ ㅠ ㅕ”도 모두 이와 같다. 두 글자를 합쳐 쓴 것으로는 ㅗ와 ㅏ가 똑같이 ㆍ와 같은 양성 가운뎃소리이므로 합하여 ㅘ가 된다. ㅛ와 ㅑ는 ㅣ에서 비롯되므로 합하면 ㆇ가 된다. ㅜ와 ㅓ가 똑같이 ㅡ와 같은 음성 가운뎃소리이므로 합하여 ㅝ가 된다. ㅠ와 ㅕ가 또한 똑같이 ㅣ에서 비롯되므로 합하여 ㆊ가 된다. 이런 합용자들은 같은 것에서 나와 같은 부류가 되므로, 서로 합해도 어그러지지 않는다. 한 낱글자로 된 가운뎃소리글자가 ㅣ와 서로 합한 것이 열이니 “ㆎ ㅢ ㅚ ㅐ ㅟ ㅔ ㆉ ㅒ ㆌ ㅖ”가 그것이다. 두 낱글자로 된 가운뎃소리글자가 ㅣ와 서로 합한 것은 넷이니 “ㅙ ㅞ ㆈ ㆋ”가 그것이다. ㅣ가 깊고, 얕고, 닫히고, 열리는 소리에 두루 능히 서로 따를 수 있는 것은 ‘ㅣ’ 소리가 혀가 펴지고 소리가 얕아서 입을 열기 편하기 때문이다. 또한 사람(ㅣ)이 만물을 여는 데에 참여하고 도와서 통하지 않는 것이 없음을 볼 수 있다.	음절 소리마다 제각기 가운뎃소리가 있으니 모름지기 가운뎃소리에서 벌림과 오므림을 찾아야 하네. ㅗ와 ㅏ는 ㆍ에서 나왔으니 [양성모음] 합하여 쓸 수 있고 ㅜ ㅓ는 ㅡ에서 나왔으니 [음성모음] 또한 합하여 쓸 수 있네. ㅛ와 ㅑ, ㅠ와 ㅕ의 관계는 각각 따르는 곳이 있으니 그 뜻을 이루어 알 수 있네. ㅣ자의 쓰임새가 가장 많아서 열넷의 소리에 두루 서로 따르네.

“훈민정음” 해례본이라 부르는 이유

《훈민정음》 해례본은 새 문자 훈민정음을 알기 쉽게 풀이한 책이다. 세종은 1443년에 훈민정음을 만들고, 1446년 음력 9월 상순에 훈민정음의 원리와 사용법을 알려 주는 해설서를 완성했다. 이 해설서를 《훈민정음》 해례본이라 부른다. ‘해례본’이라는 말의 유래를 알기 위해 먼저 책 구조를 살펴봐야 한다. 〈그림 7〉을 보자. 옛날 책은 세로로 쓰고 오른쪽에서 왼쪽으로 읽었으니 책 표지가 오늘날 책 뒤표지에 해당한다.

《훈민정음》 해례본은 한 권의 책이다. 책은 표지 외에 모두 33장66쪽으로 이루어졌다. 해례본에는 창제의 취지와 원리, 역사적 의미 등을 비롯해 새 문자를 사용하는 다양한 예시 등이 실려 있다. 이 책은 세종을 비롯해 집현전 학사 정인지, 최항, 박팽년, 신숙주, 성삼문, 강희안, 이개, 이선로 등이 함께 지었다.

내용은 세종이 쓴 부분과 신하들이 쓴 부분으로 나뉜다. 세종이 쓴 부분을 '정음편'이나 '본문' 또는 '정음'이라 부른다. 8명의 신하들이 세종의 말을 자세히 풀어쓴 부분은 '정음해례편' 또는 '해례편'이라고 한다. '정음해례'의 '해례'라는 말을 따서 '해례본'이라 부른다. '해례'란 자세히 풀어쓰고 예를 들어 설명했다는 뜻인데, 이 책을 집필한 목적이기도 해 그렇게 부르는 의미도 있다. 또한 문자와 책 모두 '훈민정음'이라는 같은 명칭으로 불리므로 구별을 위해 흔히 책으로서의 《훈민정음》을 '해례본'이라 부른다.

'정음편'은 다시 두 부분으로 나눌 수 있다. 세종이 지은 어제 서문과 28자에 관해 간단히 풀이한 예의다. '정음해례편'도 크게 '해례'와 '정인지서'로 구분된다. '해례'는 다시 '제자해, 초성해, 중성해, 종성해, 합자해, 용자례'의 '5해 1례' 부분과 정인지서로 나눈다.

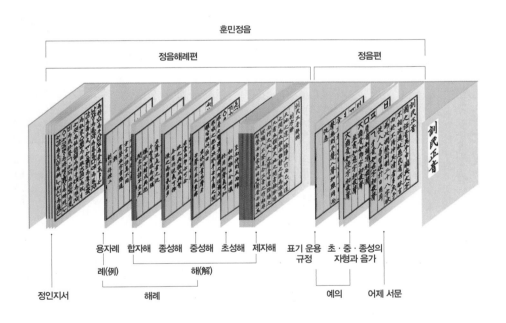

〈그림 7〉《훈민정음》 해례본의 구조

해례본의 구성은 판심 제목으로 구별이 된다. 당시 책을 만들 때는 두 쪽을 펼쳐서 인쇄한 뒤 반을 접어 제본했다. 접힌 부분에 있는 '정음', '정음해례'가 판심 제목이다.

《훈민정음》 해례본은 목판본으로 제작되었다. 세종이 직접 펴낸 초간본여러 차례 간행된 책 중 맨 처음 간행된 책은 오랜 세월 알려지지 않다가 1940년에 경상북도 안동에서 이용준에 의해 발견되었다. 그 책을 간송 전형필 선생이 사들여 지금은 간송미술관에서 소장하고 있다. 1962년 대한민국 국보 제70호로 지정되었고, 1997년에는 유네스코 세계기록 유산으로 등재되었다.

《훈민정음》 해례본은 발견 당시 표지와 맨 앞 두 장, 총 네 쪽이 없었다. 다행히 이 부분의 내용이 〈사진 10〉과 같이 《조선왕조실록》에 수록되어 있었고 언해본도 있어 이를 바탕으로 소실된 부분을 복원했다. 그런데 세종 서문의 맨 마지막 글자인 '耳'를 〈사진 11〉과 같이 '矣'로 잘못 복원하고 말았다.

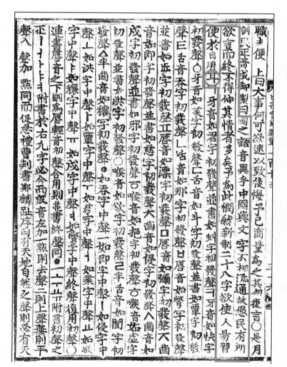

〈사진 10〉 세종 서문이 수록된 1446년 9월 29일 자 《조선왕조실록》

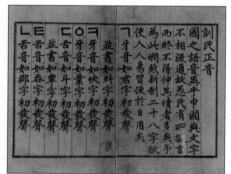

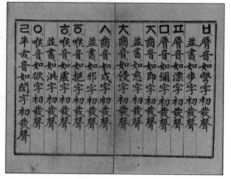

〈사진 11〉 《훈민정음》 해례본(간송본) 첫째 장과 둘째 장

2장	《훈민정음》 원본의 출판과 반포

1446년 음력 9월 상한에 완성된 《훈민정음》 초간본(여러 차례 간행된 책에서 맨 처음 간행된 책)을 《훈민정음》 원본이라 한다. 세종이 몇 차례에 걸쳐 총 몇 권의 《훈민정음》 해례본을 찍어 냈는지 알 수는 없으나, 그 모습을 볼 수 없던 해례본이 1940년 경상북도 안동에서 발견되었다. 그전까지는 원본의 실체를 제대로 알지 못했다. 하지만 원본이 대략 언제 출판되었는지는 《세종실록》의 기록으로 확인할 수 있었고, 내용 일부는 해례본의 정음편을 한글로 풀이한 《훈민정음》 언해본을 통해 알고 있었다.

먼저 《세종실록》에는 출판 사실과 함께 세종 서문과 정인지 서문이 실려 있다. 곧이어 1446년 음력 9월 29일 자에는 〈사진 12〉와 같이 '이달에 훈민정음이 완성되었다.'라는 뜻의 '訓民正音成'이란 글 다음에 세종 서문과 예의, 정인지 서문을 수록했다.

'訓民正音成'이란 표현이 책의 집필이 끝난 날짜인지 실제 출판된 날짜인지 명확하지 않아 여전히 논란 중이지만 출판된 날짜로 보는 견해가 많다. '成'은 '이룰 성'자인데 내용 완성만을 가지고 그처럼 표현하는 경우는 드물기 때문이다.

이를 바탕으로 조선어학회는 일제강점기에 훈민정음 반포 날짜를 음력 9월 29일로 정하고 1926년부터 한글날 기념식을 '가갸날'이라 정하고 거행했다. 해례본 간행 사실을 알린 9월 29일의 《세종실록》의 기록을 따른 것이다. 그런데 이것은 《세종실록》을 날별 기사와 달별 기사라는 두 가지 방식으로 집필했다는 사실을 미처 알지 못해 저지른 실수였다. 사실 이 기록은 날별 기사가 아닌 달별 기사였다. '이달에 《훈민정음》 해례본이 간행되었다.'라는 것이

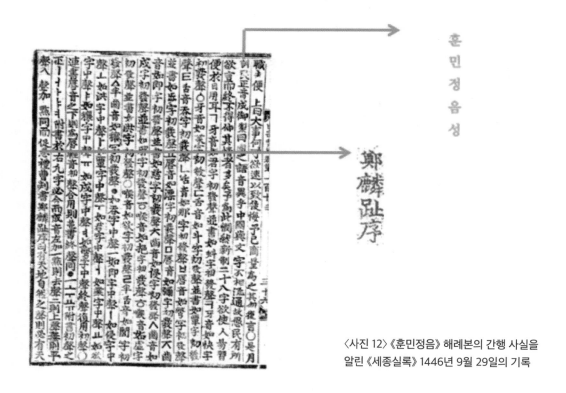

훈민정음 성

鄭麟趾序

〈사진 12〉《훈민정음》 해례본의 간행 사실을
알린 《세종실록》 1446년 9월 29일의 기록

지 '이날에 《훈민정음》 해례본이 간행되었다.'라는 의미가 아니었다. 즉 실록의 기록만으로는
정확히 9월 며칠에 간행되었는지 알 수 없다.

　의문은 1940년 《훈민정음》 해례본이 발견되면서 풀렸다. 해례본의 맨 뒤에는 '정통 십일
년 구월 상한上辭, 초하루에서 초열흘까지의 열흘'이라고 적혀 있다. 정통은 명나라의 연호로, 당
시는 이 연호를 사용했다. 정통 11년은 1446년을 가리키고, '상한'은 '상순'과 같은 말로 1일
부터 10일까지를 뜻하는데, 당시 조선어학회는 1일부터 10일 중 어느 날인지 정확히 알 수
없으므로 상순의 마지막 날인 음력 9월 10일을 《훈민정음》 해례본을 반포한 날로 정했다.
1945년부터는 음력 9월 10일을 양력으로 바꿔 10월 9일에 기념식을 거행하기 시작했다.

　그렇다면 북한에도 한글날이 있을까? 우리처럼 '한글날'이라고 부르지는 않지만, 북한
에서도 한글 창제를 기념하고 있다. 다만 우리는 훈민정음을 반포한 날을, 북한은 '조선글
날' 또는 '훈민정음 창제 기념일'이라 하여 훈민정음을 창제한 날을 기념하고 있다는 점이
다르다.

〈사진 13〉을 보면 1443년 음력 12월 30일의 《조선왕조실록》에 '이달에 임금이 친히 언문 스물여덟 자를 지으셨다.'라는 기록이 나온다. '이달에'라고 했으니 정확히 12월 어느 날에 새 문자가 만들어졌는지는 알 수 없다. 그래서 북한은 12월 중간인 12월 15일을 창제일로 잡고, 그 날짜를 양력으로 바꾸어 1444년 1월 15일을 기념일로 삼고 있다.

〈사진 13〉 세종 서문이 실린 《조선왕조실록》
1443년 음력 12월 30일의 기록

세종이 1443년 창제하고 1446년 반포한 최초의 훈민정음 28자는 언제 어디서 처음 세상에 자신의 모습을 드러냈을까? 훈민정음이 단지 우리 문자라서가 아니라 훈민정음 창제는 인류 문자의 대혁명이었기에 더욱 궁금하다. 유감스럽게도 세종이 최초로 창제한 28자의 실체는 제대로 규명되어 있지 않다. 그 이유는 무엇일까?

세종은 1443년 음력 12월에 28자 창제를 마무리했다. 그 당시는 문자 창제에 성공했지만, 그것을 세상에 정식 공표할 단계가 아니었다. 즉 우리가 알고 있는 훈민정음의 형태를 띠기 전이었을 수 있다. 세종이 세상을 뜬 뒤 편찬하여 발간한 《세종실록》은 전대미문의 이 놀라운 사건을 다음과 같이 단 57자의 한자로 기록했다.

是月, 上親制諺文二十八字, 其字倣古篆, 分爲初中終聲, 合之然後乃成字, 凡于文字及本國俚語, 皆可得而書, 字雖簡要, 轉換無窮, 是謂訓民正音.

_ 《세종실록》 1443.12.30

이달에 임금이 친히 언문(훈민정음) 28자를 지었는데, 그 글자가 옛 전자를 닮았고, 초성·중성·종성으로 나누어 합한 연후에야 글자를 이룬다. 무릇 한자에 관한 것과 우리말에 관한 것을 모두 쓸 수 있고, 글자는 비록 간결하지만 요점을 잘 드러내면서도 전환하는 것이 무궁하니, 이것을 '훈민정음(訓民正音)'이라고 불렀다.

_ 온라인판 《조선왕조실록》

〈사진 14〉 훈민정음 창제 사실을 처음으로 알린 1443년 12월 30일의 《세종실록》

이 기록은 1차 사초에 근거한 것이지만, 세종 사후에 편집해 공표된 것이므로 1차 사초를 다듬은 기록이다. 1차 기록인 세종 때의 《승정원일기》가 임진왜란 때 불타 사라져 더 이 상의 진실을 밝혀내기는 어렵다. 다만 당시의 진실을 1446년 9월 상순에 펴낸 훈민정음 문자 해설서인 《훈민정음》 해례본에서 정인지가 보충 설명하고 있다.

계해년 겨울(1443년 12월)에 우리 임금께서 정음 스물여덟 자를 창제하여, 간략하게 설명한 '예의'를 들어 보여 주시며 그 이름을 '훈민정음'이라 하셨다. 훈민정음은 꼴을 본떠 만들어 글꼴은 옛 '전서체'와 비슷하지만, 말소리에 따라 만들어 그 소리는 음률의 일곱 가락에도 들어맞는다. 하늘·땅·사람의 세 바탕 뜻과 음양 기운의 신묘함을 두루 갖추지 않은 것이 없다. 스물여덟 자로 끝없이 바꿀 수 있어, 간결하면서도 요점을 잘 드러내

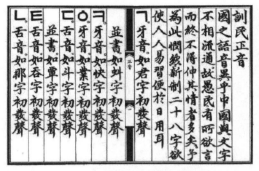

<사진 15> 《훈민정음》 해례본 첫째 장 다듬본

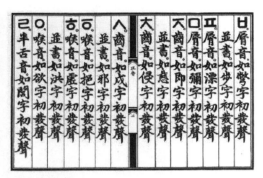

둘째 장 다듬본

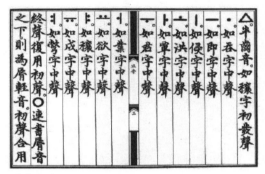

셋째 장 다듬본

고, 정밀한 뜻을 담으면서도 두루 통할 수 있다. (癸亥冬, 我殿下創制正音二十八字, 略揭例義以示之, 名曰訓民正音。象形而字倣古篆,因聲而音 叶七調, 三極之義, 二氣之妙, 莫不該括。以二十八字而轉換無窮, 簡而要, 精而通。)

_《훈민정음》 해례본 정인지 서문

1443년 12월에 세종이 훈민정음 28자와 그것을 간단하게 설명한 '예의'를 신하들에게 공표했다. 그 내용이 1446년 상순에 발간한 《훈민정음》 해례본에 기록되었고, 28자가 이 세상에 처음 모습을 드러낸 것이다.

그러므로 28자는 모두 세종 서문과 예의에 해당하는 네 장, 총 7쪽에 걸쳐 소개된 셈이다. 그러나 그중 두 장4쪽은 세종 당대의 기록이 아니라 훗날 복원한 기록이다. 세종이 직접 펴낸 초간본은 오랜 세월 묻혀 있다가 1940년에 경상북도 안동에서 이용준에 의해 발견되었

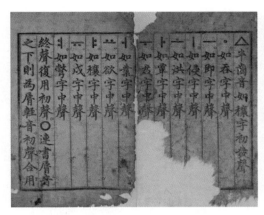

〈사진 16〉《훈민정음》해례본 셋째 장 사진본　　　　〈사진 17〉간송미술관 소장 《훈민정음》해례본 용자례

다. 간송 전형필 선생이 이 책을 이용준에게서 사들였고 현재는 간송미술관에서 보관하고 있다.

책은 발견 당시 세종 서문의 첫째 장과 둘째 장 총 4쪽은 없었다. 〈사진 15〉의 첫째, 둘째 이미지는 이를 원본과 같이 복원한 것이고 마지막 이미지는 지저분하게 보이는 〈사진 16〉의 원본을 다듬어 복원한 것이다. 〈사진 17〉은 2014년 간송미술관이 76년 만에 처음으로 외부 전시를 결정하면서 공개한 《훈민정음》 해례본의 원본 사진이다.

찢긴 4쪽을 누가 어떻게 복원했는지는 역사 속 미스터리로 남아 있다. 해례본을 최초로 발견하고 이것을 간송에게 넘긴 이용준이 월북한 뒤 사망했고, 어디에도 관련 기록이나 증언을 남기지 않았기 때문이다.

그렇다면 대체 어떻게 복원했을까? 그것은 실록과 언해본 덕분에 가능했다. 1446년 9월에 펴낸 《훈민정음》 해례본 초간본 가운데 정음편인 세종 서문과 예의, 그리고 정인지 서문이 실록에 수록되어 있다. 또한 정음편을 언해한 언해본이 세조 5년¹⁴⁵⁹에 《월인석보》 첫머리에 실려 출간되었기 때문이다.

세종은 해례본을 목판본으로 펴냈다. 몇 권을 찍었는지 기록에 남아 있지 않지만 《용비어천가》를 550권이나 찍어 펴냈고, 목판본이 활자본에 비해 빠르게 많은 책을 찍어 낼 수 있다는 점으로 보아 적지 않은 분량을 인쇄해서 널리 알렸을 것이다. 또한 세종이 훈민정음을 과거 시험 과목으로까지 도입한 사실을 더한다면 발간한 책의 양에 관한 추론이 가능하다.

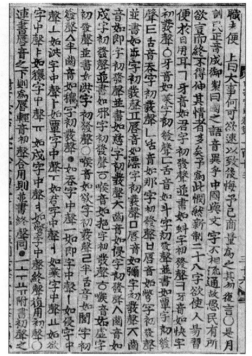
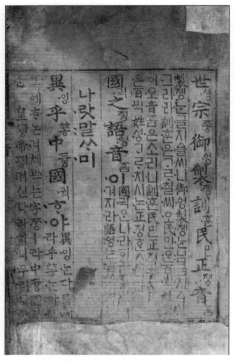

〈사진 18〉《세종실록》에 재수록한 《훈민정음》
해례본 서문과 예의

〈사진 19〉 세조 5년(1459)에 나온 《훈민정음》
언해본 1ㄱ (서강대학교 소장)

그 어디에도 남아 있지 않을 것이라고 여겼던 《훈민정음》 해례본이 또 발견된 것상주본을
보면, 온전한 해례본이 어딘가에서 잠자고 있을지도 모를 일이다. 새로운 28자의 창제와 반
포는 문자혁명이자 지식혁명이며 모든 계층의 소통 혁명이었기에 역사를 따라가 보는 상상
이 즐거우면서도 경이롭기까지 하다.

이쯤 되면 한 가지 궁금한 사실이 떠오른다. 과연 세종대왕이 훈민정음 반포식을 거행했
을까 하는 것이다. 훈민정음이 우리 민족의 미래를 활짝 열어 준 사건인 만큼 성대하고 화려
하게 반포식을 열었으리란 상상을 하기 쉽다. 한글을 사용하는 사람이라면 누구나 자랑스러
워할 만한 즐겁고 설레는 상상이다. 하지만 학계의 일반적인 의견은 반포식을 치르지 않았다
는 것이다. 대체 무엇 때문일까?

첫째, 반포식을 했다는 역사 기록이 없다. 훈민정음 반포를 알린 기록은 두 가지다. 먼저
《조선왕조실록》 1446년 음력 9월 29일의 '是月 訓民正音成이달에 훈민정음이 이루어지다.'이라

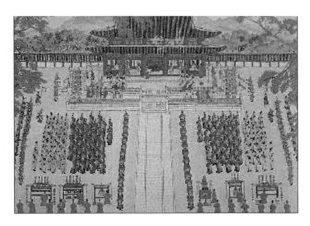

〈그림 8〉세종대왕이 1446년에 훈민정음 반포식을 했다는 가정
아래 세종대왕기념사업회에서 가상으로 그린 그림

는 기록이다. 이때의 《훈민정음》은 문자가 아닌 책 이름을 뜻한다. 책이 이루어졌다는 것은 책이 완성되어 간행했다는 의미다. 그렇다고 9월 29일에 간행했다는 것은 아니다. 앞서 이야기했듯 이는 달별 기록이기 때문이다.

《조선왕조실록》은 사건이 일어난 날 그 사건을 그대로 기록하는 날별 기사와 한 달간 일어난 사건을 모아 마지막 날 기록하는 달별 기사로 나뉜다. 물론 9월 29일 사건일 수도 있지만 위 기록은 '이달에'라고 하여 날별 기사가 아님을 분명히 하고 있다. 따라서 9월 29일 간행했다는 의미가 아니다. 그렇다면 9월 어느 날에 간행했을까? 그 기록은 바로 《훈민정음》 해례본 속에 있다.

세종과 함께 해례본을 집필한 대표적인 신하인 정인지가 '正統十一年九月上澣, 資憲大夫禮曹判書集賢殿大提學知春秋館事, 世子右賓客臣鄭麟趾, 拜手稽首謹書정통 11년 세종 28년, 1446년 9월 상순. 자헌대부 예조판서 집현전 대제학 지춘추관사 세자우빈객 정인지는 두 손 모아 머리 숙여 삼가 쓰옵니다.'라고 기록해 놓았기 때문이다. 정통 11년은 1446년, 상한은 상순上旬이라고 하며 1일부터 10일까지를 가리킨다. '상한'이라는 말 자체로는 정확한 날짜를 가늠할 수 없지만, 간행 날짜의 범위는 열흘 이내9.1~9.10임을 확실하게 알 수 있는 셈이다. 우리가 매년 기념하는 한글날은 바로 이 날짜를 양력으로 바꾼 것이다. 상한의 마지막 날인 9월 10일을 기준으로 삼아 양력으로 바꾸니 10월 9일이 기념일이 되었다.

반포식을 하지 않았다는 두 번째 근거는 당시의 분위기다. 주류 문자가 한자였고 이를 사용하는 권력의 중심인 중국과 사대부를 무시할 수 없었기 때문이다. 훈민정음 반포를 거창하게 연다는 것은 한자 중심의 세계를 공개적으로 거부하거나 비판하는 것이나 다름없었다. 그러니 아무리 왕의 능력이 뛰어나고 주체적인 문화를 이끌 정도로 존경받는다고 하더라도 쉬운 일은 아니었을 것이다.

세 번째 근거는 일종의 잔치인 반포식을 열기 위해 주변 사람들의 동의를 구하는 게 불가능했을 것이라는 의견이다. 훈민정음 반포는 집현전 소장학자 들을 중심으로 일부 학자만이 동의한 상태였을 뿐 반대하는 분위기가 강했다. 이런 터에 공개적으로 반포식을 치를 수는 없었을 것이다. 《경국대전》 같은 중요한 책도 반포식은 없었다.

이렇게 행사 형식의 반포식은 열리지 않았지만, 해례본을 간행했다는 사실 자체가 반포의 의미가 있는 것만은 분명하다. 해례본 집필에 참여한 사람들은 훈민정음 반포가 얼마나 중요하고 거창한 일이었는지를 알고 있었다. 훈민정음 해설서 집필에 참여한 8명의 신하들은 정인지의 입을 빌려 이렇게 말하고 있지 않은가?

> 정음 창제는 앞선 사람이 이룩한 것에 따른 것이 아니요, 자연의 이치를 따른 것이다. 참으로 그 지극한 이치가 없는 곳이 없으니, 사람의 힘으로 사사로이 한 것이 아니다. 무릇 동방에 나라가 있은 지가 꽤 오래 되었지만, 만물의 뜻을 깨달아 모든 일을 온전하게 이루게 하는 큰 지혜는 오늘을 기다리고 있었던 것이다.
>
> (正音之作, 無所祖述, 而成於自然. 豈以其至理之無所不在, 而非人爲之私也. 夫東方有國, 不爲不久, 而開物成務之大智, 蓋有待於今日也欤.)
>
> _《훈민정음》 해례본 정인지 서문

4장	간송과 《훈민정음》 해례본

훈민정음 창제도 해례본 간행도 기적이었지만 이 책이 1940년에 발견된 것도 전형필 선생이 소장하게 된 것도 기적이었다. 《훈민정음》 해례본 이야기는 영화보다 더 극적이다.

《훈민정음》 해례본, 조용히 세상에 드러나다

1940년 7월 30일, 조선일보 4쪽에 느닷없이 훈민정음 해례본 번역문 일부가 방종현의 이름으로 실린다.[1]사진 1번역문 앞에는 그 사연이 실려 있는데 방종현과 홍기문이 그동안 훈민정음 해례본 원본으로 알고 있던 언해본이 사실은 원본이 아님을 알고 원본을 찾던 중에 "수개월 전 그 원본은 경북의 어떤 고가에서 발견되어 시내 모씨의 소유로 돌아간 것"이라는 사실을 밝히고 이제 먼저 그 원문의 번역을 싣고 뒤를 이어 거기에 대한 우리 두 사람홍기문, 방종현의 연구를 발표하겠다는 것이다. 번역은 해례본 책을 입수한 지 겨우 열흘이 안 돼서 했다는 것이다.[2] 방종현 본인 이름으로 발표하지만, 홍기문과 함께한 공동 작업 결과임을 덧붙

---

1   방종현(1940), 原本 訓民正音의 發見(1-5), 《조선일보》 7월 30일-8월 4일, 조선일보사. 4쪽.
2   초기 번역에 대해서는 "김민수(1957), 훈민정음 해제, 《한글》 121, 한글학회, 393-406쪽."와 "이상혁(2005), 홍기문과 원본 《훈민정음》의 번역에 대하여, 《한국학연구》 23. 고려대 한국학연구소, 235-254쪽."에 자세히 나와 있다.

〈사진 20〉 훈민정음 언해본을
원본이라 소개한 조선일보
기사(1940.1.3.)

〈사진 21〉 ≪훈민정음≫ 해례본 원본(간송본)에 대한 최초
보도(방종현, 조선일보 1940.7.30.4쪽). 800여 자의 소개
글과 더불어 제자해 일부 번역(정음해례4ㄱ까지)을 실었다.

였다.

　조선일보는 1940년 1월 3일 자에 훈민정음 언해본을 원본이라 소개했는데 7개월 만에 그
것이 원본이 아니라 진짜 원본이 나타났다고 보도했다. 해례본 발견 직전까지만 해도 많은
사람들은 훈민정음 언해본을 원본이라 생각하고 있었다. 몇몇 전문가들만이 언해본이 아닌
다른 원본이 있을 것으로 생각하고 있던 터에 원본이 발견 공개된 것이다.

　결국 해례본의 실체를 언론에 처음으로 알린 이는 당시 36세의 방종현1905년~1952년이었
고 38세였던 홍기문1903-1992과 함께 해례본을 번역하여 연재 방식으로 이 사실을 처음으
로 공표하였다. 방종현 글에서 말하는 '고가의 원본'이 바로 1446년 음력 9월 상순에 간행
한 ≪훈민정음≫ 해례본 초간본을 말한다. 간행한 지 무려 494년 만에 그 실체가 처음으로 드
러났다.

　'시내 모씨'는 바로 해례본 소장자 간송 전형필 선생을 가리키고 선생의 호를 따서 흔히 간
송본이라 부른다. 해방 이후에나 밝혀지지만, 발견자는 이용준으로 그의 스승이었던 김태

준[3]과 함께 전형필에게 매각하였다.[4] 김태준은 당시 경학원성균관대 전신 교수였는데 이용준 제자를 도왔던 것이다.

발견한 곳은 이용준 친가인지 장인 댁인 광산 김씨 긍구당가인지 아직도 논란이 되고 있다.[5] 가장 중요한 발견자 이용준의 증언이나 기록은 그 어디에도 남아 있지 않다. 이용준은 해방 전 월북해 북한에서 조선왕조실록 번역 일을 했다고 하는데 남북 어디에도 관련 기록을 남기지 않았다. 발견지가 어디든 발견자가 이용준인 것만은 분명하므로 발견자로서의 공로를 인정하고 기려야 한다.

해례본 기사는 지금 같았으면 모든 신문에 대서특필될 사건이었지만, 한 신문에만 조용하게 번역 형식으로 드러났음을 주목해야 한다. 여기에 주도면밀한 전형필의 문화재 사랑과 해례본에 대한 공로가 숨겨 있다. 이때는 서슬 퍼런 일제강점기로 일제는 1938년에 우리 말과 글의 사용과 교육을 아예 금지한 터였다. 1940년은 바로 일본식 성명 강요를 단행한 시기였으므로 아마도 전형필은 일제를 의식해 대대적인 공개를 안 했을 것이다.[6]

훗날 정인승, 안병희, 김슬옹, 김주원 연구로 해례본의 유출 경로가 밝혀진다.[7] 안병희는 훈민정음 학자 홍기문, 서지학자 송석하에게 모사본을 만들도록 해서 전형필이 전문가한테만 공개한 것으로 밝혔으나 김주원은 송석하에게 모사하도록 한 뒤 그 모사본이 홍기문이 입수해 최초 번역을 한 것으로 밝혔다. 강영주에 의하면 홍기문은 원본을 잠시나마 본 것으

3 김태준에 대해서는 "강만길·성대경(1996),《한국 사회주의 운동 인명사전》창비, 140~141쪽."참조.

4 이런 사실은 광복 이후에나 자세히 밝혀진다. 관련 주요 문헌은 다음과 같다.
류렬(유열)(1950), 訓民正音 원본의 발견 및 유래,《홍익》1(창간호), 홍익대학교학도호국단문화부, 88~93쪽.
정철(1954), 原本 訓民正音의 保存 經緯에 대하여,《국어국문학》9, 국어국문학회. 15쪽.
김계곤(1964), 훈민정음 원본 발견 경위에 대하여,《보성》3. 보성고등학교. 재수록: 김계곤(2005),《훈민정음》원본 발견 경위에 대하여,《한글 새소식》398호. 한글학회. 8쪽.

5 박영진(2005), 훈민정음 해례본의 발견 경위에 대한 재고,《한글 새소식》395, 한글학회, 8~12쪽.
박종덕(2006), 훈민정음 해례본의 유출 과정 연구−학계에서 바라본 '발견'에 대한 반론의 입장에서−,《한국어학》31, 한국어학회, 171~194쪽.
채영현(2005), 훈민정음 해례본의 진실은?,《한글 새소식》397, 한글학회.

6 "이충렬(2010),《간송 전형필》, 김영사."를 비롯한 대부분의 전형필 전기에서 해례본 소장 연도를 1943년으로 써 놓은 것은 1940년의 잘못된 기록이다.

7 정인승(1940), 古本訓民正音의 研究,《한글》82, 조선어학회. 3~16쪽.
안병희(2007), 송석하 선생 투사의 '훈민정음',《한국어연구》4. 한국어연구회. 127~130쪽.
김슬옹(2015),《훈민정음》해례본 간송본의 역사와 평가.《한말연구》37호. 한말연구학회. 5~40쪽.
김주원(2017). 광복 이후 5년간(1945~1950)의 훈민정음 연구.《한글》316호. 한글학회. 169~207쪽.

로 되어 있지만, 실제 번역과 연구는 모사본을 보고 한 것이다.[8]

해방 후 전형필의 증언[9]과 관련 연구에 의하면, 이용준이 처음 해례본을 발견한 것은 1939년에서 1940년 3월 이전이다. 전형필이 소장한 것은 1940년 3월~5월 무렵이 된다.

> 전 : 벌써 오래된 일인데 ⋯⋯, 어떤 친한 서적상이 와서 시골에 좋은 물건이 있는 데 가 보지 않겠느냐 하더군요. 그래 무슨 물건이냐고 했더니 훈민정음 원본이 있다고 하길래, 틀림없이 원본이면 무슨 노력을 해서라도 살 테니 가져오라고 했지요. 이런 말이 있은 후에 하도 오랫동안 연락이 없어서 거의 잊어버리다시피 했는데 1년 후엔가, 그 사람이 또 와서 오늘 저녁에 가져올 테니 보겠느냐기에 가져오라고 했더니 밤중에 왔어요. 초조하게 기다리다가 그 사람의 표정을 보니 개선장군(웃음) 모양으로 위세 당당히 웃는 모습으로 나타났어요. 가져왔나보다. 속심으로 짐작하고 있자니까 아니나 다를까 헌 종이에 아무렇게나 둘둘 말아 쥔 구겨진 종이를 가져왔더군요. 그렇지만 명확히 진부(진위여부)를 분별할 수 없어 권위자에게도 보이고 해방 후에 이희승 선생, 김윤경 선생 등 몇 분에게 보였더니 좋다고 하더군요.
>
> _ 신태양편집부편(1958, 306~307쪽)

간송 전형필 선생이 언제부터 소장했느냐는 매우 중요한 역사적 사실이기 때문이다. 또한 간송이 1938년에 최초의 근대식 미술관이자 박물관인 보화각을 설립하여 철저히 문화재를 보호하기 시작했고, 이에 힘입어 《훈민정음》 원간본을 소장하게 되었다는 점에 더욱 주목해야 한다.

해례본 발견 사실은 《조선일보》 이전에는 단 한 건도 보도되지 않았다. 1940년 1월 3일 《조선일보》 2면에 '세종어제훈민정음'언해본의 사진서문 부분을 싣고 "不朽의 聖業, 訓民正音 元本 첫 페-지"라는 설명을 붙인 것만 봐도 짐작할 수 있다.

---

8 강영주(2011). 국학자 홍기문 연구 3-일제 말의 은둔 생활과 학문. 《역사비평》 96. 역사비평사. 333쪽.

9 신태양편집부편(1958), 《좌담》 국보이야기, 《신태양》 5월호, 재수록: 한국민족미술연구소 편(1996), 《간송 전형필》, 한국민족미술연구소. 306~307쪽.

그렇다면 이 중대한 사건이 왜 정식으로 보도되지 않았을까? 발견자인 이용준은 아예 언론에 노출조차 되지 않았다. 그의 이름이 드러난 것은 해방 후인 1954년 안동의 국어교사였

<사진 22> 1938년 완공 후 기념사진(아이는 고 전성우 전 간송미술문화재단 이사장)

〈사진 23〉 2023년 간송미술관 전경

던 정철의 다음과 같은 증언에 의해서였다.

후촌 이한걸 선생은 재야의 유명한 유생으로서 안동 일원뿐 아니라 영남 일대에까지 명성이 자자한 분으로서 항일의 지조와 그의 배일 교육열은 단단하였다. 선생의 장남에 용규(容規, 이리 농대 국어 강사로 재직 중 병사), 이남 용훈(容薰, 경북 안동 사범교 재직 중), 삼남 용준(容準) 세 자제가 있었으며, 삼남 되는 이용준 님은 서울 경학원(성대 전신)에서 공부하였는데, 당시 성대 조교수 김(金) 모의 가장 총애하는 제자였습니다.

_ 정철(1954). 원본 훈민정음의 보존 경위에 대하여. 《국어국문학》 9. 국어국문학회. 15쪽.

해례본 전문이 최초 공개된 것은 1940년 10월 15일 《정음》 35호 -22쪽에서 홍기문 소장 모사본을 활자로 실리면서였다. 이해 12월에 정인승은 "고본 《훈민정음》에 대하여'"라는 최초 해제를 《한글》 82호 조선어학회, 3-16쪽에 실었고, 최현배는 1942년 4월 30일 출간된 《한글갈》에서는 원본 고증과 소장자를 최초 공개하면서 《훈민정음》 해례본 전문 인쇄본을 수록했다 송석하, 홍기문 모사본으로 추정 .[10]

최현배 1942에서는 이 책이 원본임을 입증한 뒤 그 의의와 기쁨을 다음과 같이 정리했다.[11]

세종대왕이 '훈민정음'을 지어 내어 이를 반포하신 뒤로, 근 오백 년 동안의 '실록'에 도무지 '훈민정음'을 찍어 폈다는 기록이 없고, 또 최세진, 신경준, 유희 같은 한글 학자들도 그 원본을 보았다는 적발도 도무지 없다. 그래서 근년에 박(승빈)님 본의 발견으로 말미암아, 그것이야말로 원본이라고 떠들기도 하고 또 인정하려 하기도 하였다. 그러나 깊이 한글을 연구하는 공붓군들 사이에는 그것이 진정한 원본 될 수 없음을 생각하게 되어, 진정한 원본이 나타나기를 고대함이 간절하더니, 천만뜻밖에 영남 안동에서 이런 진본이 발견되었음은 참으로 하늘이 이 글의 운을 돌보시고 복주신 것이라 아니 할 수 없다. 아! 반갑도다. '훈민정음' 원본의 나타남이여! – 줄임– 여태껏 도무지 형태도 없고 말도 없던

---

10   최현배(1942/1982), 《한글갈》, 정음문화사.
11   1940년에 나온 〈정음〉 36호에는 해례본 원본 발견 기쁨과 더불어 양주동(1940) 외 관련 글이 실려 있다.

'훈민정음'의 원본이 그 정연한 체재로 나타났음은, 한국 최대의 진서(珍書)임은 물론이요, 또 그 '해례'로 말미암아 종래 한글갈(正音學)의 여러 가지 의혹의 구름 안개를 헤치어 줌은 우리 심정의 둘도 없는 시원스러운 일이요, 과학 정신의 최대의 만족이다.

_ 최현배(1942/1982: 36-37)

이렇게 전형필은 전문가한테만 공개해 해례본의 가치를 알려 암울한 식민지 조국에 빛을 던져주는 한편으로 일제로부터 철저히 보호해 해례본이 일본으로 반출되는 것을 막고 광복을 맞이했던 것이다.

영인본과 복간본, 해례본을 세상에 널리 알리다.

해례본이 제대로 세상에 드러난 것은 해방 후인 1946년이었다.[12] 간송이 직접 허락하여 조선어학회에서 영인본을 펴냈다.[13] '조선어학회'는 1949년에 '한글학회'로 이름을 바꾸었다.

10월 9일에 방종현 해제별책로 출판되었다.[14] 정확한 기록은 남아있지 않지만, 김윤경 증언에 의하면 만 부를 발행하여 국내뿐만 아니라 국외까지 보급하였다.[15]

이 영인본은 최초 영인본으로서 의미는 있으나 실제 그대로의 사진 영인본이 아니고 일종의 다듬본이라는 한계[16]가 있어 있는 그대로 보여주자는 취지의 사진본이 1957년 통문관에

---

12   이보다 앞서 "이청 편(1946). 〈한자해례본·월인석보본 합부 훈민정음〉(석판본). 창란각"이 나왔으나 필사본 형식인 것으로 보아, 이는 간송과는 무관하게 앞서 나온 모사본이나 활자본을 바탕으로 만든 것으로 보인다. 〈합부 훈민정음〉에 대해서는 "백두현(2010), 《訓民正音》解例本의 影印과 《合部 訓民正音》研究. 《朝鮮學報》214. 일본: 조선학회. 1~29쪽."에서 최초로 자세히 소개되었다.

13   조선어학회 편(1946), 《訓民正音》, 보진재.

14   방종현(1946), 訓民正音 解題(조선어학회 1946 영인본 해제), 재수록: 방종현(1963/재판: 1972), 訓民正音 解題. 《一蓑國語學論執》, 민중서관. 3~13쪽.

15   김윤경(1955), 훈민정음의 장점과 단점. 《자유문학》 1-2. 자유문학자협회. 89~97쪽. 재수록 1: 한결 김윤경 박사 고희 기념 논문집 간행회 편(1964). 《한결 國語學論集》. 갑진문화사. 109쪽.

16   영인본의 일반적인 문제에 대해서는 "김영배(2000), 연구 자료의 영인: 훈민정음의 경우. 《새국어생활》 10-3. 국립국어연구원. 161~169쪽." 참조.

| 1946년 영인본(다듬본) | 1957년 영인본(사진본) | **1997년 영인본(다듬본)** | 2015년 복간본 |

<사진 24> 《훈민정음》 해례본(간송본) 영인본과 복간본

서 동시에 두 개의 영인본으로 나왔다.[17] 이 영인본은 사진본이기는 하나 흑백 인쇄이고 단행본 부록으로 실려 있어 해례본의 가치를 온전히 드러내기는 어려웠다. 그래서 한글학회에서는 1997년 해례본과 같은 단행본 방식으로 고가10만 원 다듬본해성사을 허웅 해제로 펴냈다.[18] 이 영인본은 조선어학회 1946년 영인본의 한계를 극복하고 실제 자루매기 제본에 의해 판심을 살리고 옛날 제본 방식 그대로 펴냈다. 그러나 이 또한 해례본의 실체를 그대로 보여주는 것은 아니어서 간송미술문화재단에서는 직접 원본과 똑같은 크기, 색깔, 제본법 등을 살려 복간본을 교보문고에서 김슬옹 해제로 펴냈다.[19]

해례본이 중요하다 보니 이렇게 다양한 이본이 생성되고 유통되었다.[20] 그만큼 해례본이

17　이상백(1957), 《한글의 起源》, 통문관. 김민수(1957), 《註解 訓民正音》, 통문관. 자세한 내막은 "이겸로(1975), 故 澗松 全鎣弼先生의 古稀年을 맞으며, 《보성》 9호. 재수록: 이겸로(1987), 《通文館 책방 비화》, 통문관. 285~289쪽,"에서 밝혔다.

18　한글학회 편(1997), 《訓民正音》, 해성사.
　　* 이밖에 다양한 영인본을 모아 놓은 책으로는 "세종대왕기념사업회 편(2003), 《훈민정음》, 세종대왕기념사업회"가 있다.

19　영인본과 복간본은 질적으로 다르다. 최초의 복간본 "간송미술문화재단 편(2015), 《訓民正音》(복간본). 교보문고.(김슬옹 해제)". 해제서는 "김슬옹(2015), 《훈민정음 해례본: 한글의 탄생과 역사》(간송본 복간본 해제). 교보문고."

20　다양한 이본 관계에 대해서는 다음 논저를 참조하면 좋다.
　　안병희(1976), 訓民正音의 異本, 《진단학보》 42, 진단학회.
　　이현희(1991), 訓民正音의 異本과 관련된 몇 문제, 《어학교육》 21, 전남대 언어교육원. 59~74쪽.
　　임용기(1991), 훈민정음의 이본과 언해본의 간행 시기에 대하여, 《국어의 이해와 인식》(갈음 김석득 교수 회갑 기념 논문집), 한국문화사. 673~696쪽.

다양한 방식으로 읽히고 그 의미를 나눈 셈이다.[21]

해례본, 그 오래된 종이책 과학과 비밀이 드러나다

《훈민정음》 해례본은 금속활자가 아니라 나무에 새겨 펴낸 목판본으로 펴낸 종이책이다. 흔히 책을 빨리 많이 펴내고 싶을 때 나무에 새겨 펴낸다. 1446년에 몇 권을 펴냈는지는 알 수 없지만, 비슷한 시기에 1054쪽으로, 해례본보다 988쪽이 많은 《용비어천가》를 550질 찍어 나눠 주었다는 기록세종실록, 세종 29년 10월 16일 으로 보아 해례본도 대략 500권은 찍었을 것이라고 짐작할 수 있다. 최초로 찍은 이 책들을 초간본 또는 원본이라 부르는 것으로 현재 두 권간송본과 상주본이 발견된 셈이다.[22] 종이책으로서 이렇게 오래 보존되어 내려온 경우는 인류 역사에서 매우 드문 예이다. 서양의 오래된 책들은 대부분 양피지양이나 염소 가죽으로 만든 책들이다. 아마도 조선의 닥종이가 매우 질이 좋아 가능한 일이다.

해례본은 앞표지와 뒤표지를 빼고 33장33엽 66쪽으로 여덟 번째 쪽은 빈 면이다. 지금 어린이용 그림책이 100쪽 가까이 되니, 이른바 얇은 책인 셈이다.

《훈민정음》은 1940년 발견 당시 표지와 맨 앞 두 장, 총 네 쪽이 없었으나 지금 간송본은 표지와 4쪽이 보사된 것으로, 보사한 이는 처음 발견한 이용준으로 추정한다.[23] 전형필은 처음에는 보사 사실을 몰랐다고 한다. 다행히 이 부분의 내용이 〈표 1〉의 〈사진 26, 27〉과 같이 《조선왕조실록》에 수록되어 있었기 때문에 간송본에서 이 두 장을 복원하였다. 그런데 세

---

21   다양한 이본을 견줘보면 해례본 읽기에 도움이 된다. 최초의 입체 영인본 수록 책으로 "김슬옹(2011), 《세종대왕과 훈민정음학》, 지식산업사." 참조.

22   상주본은 배익기 소장자가 공개를 안 하고 있어 정확한 실체는 알 수 없다. 각종 언론을 통해 드러난 자료에 대한 분석은 "이상규(2012), 잔엽 상주본, 《훈민정음》 분석, 《한글》 298, 한글학회, 5~50쪽."과 "김주원·남권희(2017), 훈민정음 해례본(상주본)의 서지와 묵서 내용, 《어문논총》 72호, 한국문학언어학회 47~80쪽."에서 자세히 분석되었다.

23   보사와 복원에 대해서는 다음 세 문헌을 참조하면 좋다.
안병희(1986), 훈민정음 해례본의 복원에 대하여, 《국어학신연구》, 탑출판사, 927~956쪽.
안병희(1997), 訓民正音 解例本과 그 複製에 대하여, 《진단학보》 84, 진단학회. 191~202쪽.
정우영(2001), 훈민정음 한문본의 낙장 복원에 대한 재론, 《국어국문학》 129, 국어국문학회, 191~227쪽."
이 부분은 이용준에 의해 최초 복원된 것이지만 여러 문제가 있어 "김슬옹(2017/2019), 《훈민정음 해례본 입체강독본》, 박이정."과 문화재청 프로젝트인 "한재영 외(2017), 《국보 제70호 훈민정음 정본 제작 연구》, 문화재청."을 통해 새로운 복원안이 제시되었다.

종대왕 서문의 맨 마지막 글자인 '耳'를 〈사진 25〉와 같이 '矣'로 잘못 복원하였다.

〈표 6〉 보사 부분(정음1ㄱㄴ-2ㄱㄴ)의 중요 근거가 된 세종 서문 마지막 글자 '矣'와 '耳'

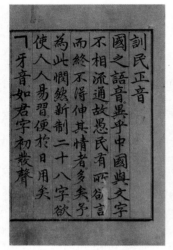

〈사진 25〉 세종 서문 끝자 '矣'가 쓰인 간송본(1940)　　〈사진 26〉 세종 서문 끝자 '耳'가 쓰인 세종실록(1446.9.29.)　　〈사진 27〉 '耳'가 쓰인 훈민정음 언해본(1459)

　　해례본은 총 66쪽 가운데 7쪽정음1ㄱ-정음4ㄱ은 세종이 직접 저술한 서문과 예의, 8쪽은 빈 면이며 나머지 58쪽은 이른바 해례이다. 판심 제목으로 얘기하면 세종이 직접 저술한 부분은 '정음'편이고 정인지 외 등 8인이 저술한 부분은 '정음해례'편이다. 세종이 지은 정음편이 4장 7쪽, 정인지, 최항, 박팽년, 신숙주, 성삼문, 이개, 이선로, 강희안 등 8인이 쓴 정음해례편이 29장 58쪽이다.

　　결국 세종이 저술한 7쪽 가운데 초간본은 앞의 네 쪽인 1~4쪽이 없는 세 쪽이 남아 있는 셈이다. 또한 8쪽 '정음 4ㄴ'은 빈 면이지만 제자해 일부와 중국 성리학책인 《大學대학》 일부가 낙서되어 있다. 또한, 남아있는 첫 쪽인 정음 3ㄱ부터 정음해례 20ㄴ까지 모두 44쪽도 뒷면 낙서가 심하다.

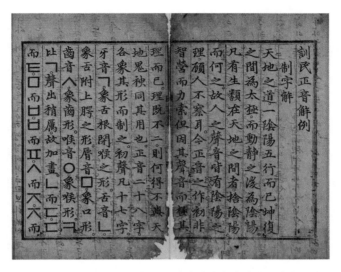

〈사진 28〉 해례본 '정음해례1ㄱㄴ' 뒷면 낙서가 앞 면에 배어 나온 장

해례본의 종이책으로서의 특성을 잘 이해하기 위해서는 다음 그림과 같은 짜임새를 알아야 한다. 두 쪽을 인쇄에 반으로 접었으므로 접히는 부분이 판심이다. 판심에는 위아래 검은 굵은 선판구, 흑구가 있고 판심제와 오늘날 쪽에 해당하는 장차엽이 있다. 지금의 2쪽이 1엽

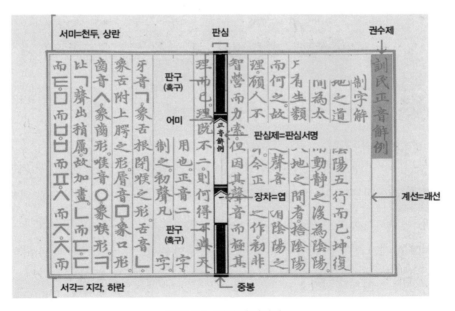

〈사진 29〉 옛책 면 짜임새

이다. 판심 제목 위아래로 물고기 꼬리와 같은 어미가 있다. 꼬리가 둘 다 아래를 향하고 있어 하하 흑어미라고 한다. 위아래 여백은 서미라고 부르고 행과 행 사이는 계선이 그어져 있다.

반으로 접었을 경우 왼쪽을 ㄱ, 오른쪽을 ㄴ으로 구별한다. 지금의 한쪽이 반엽이고 실제 인쇄된 부분이 반곽이다. 책 크기를 잴 때는 흔히 반곽의 안쪽을 기준으로 한다. 이렇게 해서 주요 쪽의 수치를 정리하면 다음과 같다. 나무에 새겨 인쇄한 것이고 세월이 흐름 때문에 쪽마다 크기가 일정하지는 않다.

〈표 7〉《훈민정음》 해례본 간송본의 반곽 크기

장차	크기(세로 x 가로) mm
표지(보사)	289 x 200
정음1ㄱ(보사)	226 x 164
정음 3ㄱ	225 x 160
정음 4ㄱ	226 x 161
정음해례 1ㄱ	224 x 159
정음해례 29ㄱ	224 x 159

《훈민정음》 간송본, 세계가 그 가치를 나누다

해례본은 1446년에 간행된 지 494년만인 1940년에 발견되고 간송 전형필에 의해 안전하게 보존됨으로써 반포된 지 551년, 발견된 지 57년만인 1997년에 유네스코에 의해 세계기록유산UNESCO Memory of the World 으로 지정되어 세계적으로 그 가치를 인정받게 되었다. 이 책의 가치를 세계가 인정한 셈이다. 흔히 세계기록문화유산으로 알고 있는데 정확히 '세계기록유산'이다.

국내 평가로는 간행된 지 516년, 발견된 지 22년인 1962년에 대한민국 국보 70호로 지정되었다. 일제강점기 때 정한 국보 1호인 남대문 대신에 1호로 인정하자는 운동이 끊임없이 이어지고 있다. 2002년에는 정부에 의해 100대 한글문화유산 1호로 지정되었다.

[그림 9] 간송본의 역사적 자리매김도

세계기록유산 선정 기준으로 보면 이 책의 가치는 더 분명하게 드러난다. 주요 기준으로 첫 번째는 유산의 '진정성'이다. 해례본의 진정성을 증명할 수 있는 증거는 충분하다. 해례본의 내용과 역사적 사실을 생생하게 기록한 세종실록 기록, 해례본 일부를 한글로 옮긴 언해본 등을 통해 책 집필자, 집필 시기 등을 증명할 수 있고 가장 중요한 진정성의 근거는 해례본 그 자체에 있다. 간송본이 1446년에 간행된 원본임도 그런 맥락에서 충분히 증명되었다.

둘째, 독창적이고 대체할 수 없는 유산이어야 한다. 해례본은 1997년에는 유일본이었다. 문자 자체가 독창적인 데다가 문자 창제자, 배경, 원리 등을 자세히 써 놓은《훈민정음》해례본과 같은 책은 전 세계적으로 유일하다.

셋째는 세계적 관점에서 유산이 가지는 중요성이다. 즉, 한 지역이 아닌 세계적으로 어떠한 영향을 끼쳤는지와 다음 5가지 요소 중에 반드시 한 가지 이상으로 그 중요성을 증명할 수 있어야 한다.

(1) 시간Time 측면에서 국제적인 일의 중요한 변화의 시기를 현저하게 반영하거나 인류 역사의 특정한 시점에서 세계를 이해할 수 있도록 이바지하는 경우이어야 한다. 시간 측면에서 해례본은 간행 당시의 시간적 의미, 발견 시점에서의 시간적 의미, 현재까지의 양적 시간의 의미로 짚어볼 수 있다. 간행 당시인 1446년은 철저한 신분제 사회로 양반과 일부 중인들만이 한자로 문자생활을 할 수 있었고 그로 인해 사람다운 대접을 받던 시절이었다. 그런 시절에 평민이나 천민까지도 문자생활이 가능한 길을 연 것이다. 1940년은 한국은 주권을 일본에 빼앗기고 우리말과 글을 부려 쓸 수 없던 시기였다. 그런 절망적인 암흑기에 해례본이 발견되어 우리 겨레의 또 다른 희망이 된 것이다.

(2) 장소 Place 측면에서 세계 역사와 문화의 발전에 중요한 이바지를 했던 특정 장소와 지역에 관한 주요한 정보를 담고 있는 경우이어야 한다. 해례본은 책이어서 물리적인 장소가 중요한 것은 아니지만 해례본 집필이 이루어진 경복궁의 집현전전각 이름은 '수정전'을 비롯한 주요 장소가 복원되어 있다.

(3) 사람People의 경우 전 세계 역사와 문화에 현저한 이바지를 했던 개인 및 사람들의 삶과 업적에 특별한 관련을 갖는 경우이어야 한다. 해례본의 대표집필자인 세종은 훈민정음 창제자로서 또는 32년간의 통치 기간 각종 과학과 문화 발전을 이룩해 낸 인물이다.

(4) '대상/주제 Subject/Theme'가 세계 역사와 문화의 중요한 주제를 구현하고 있는 경우이어야 한다. 인류에게 문자만큼 소중한 것은 없다. 사람은 문자를 통해 사람다운 세상을 열어 왔기 때문이다. 더욱이 하층민의 문자 소통이라는 가장 사람다운 뜻을 가진 것이 훈민정음 창제 반포였고 그런 맥락을 고스란히 담고 있는 것이 해례본이다.

(5) 형태 및 스타일Form and Style 측면에서 뛰어난 미적, 형식적, 언어적 가치를 가지거나 형태 및 스타일에서 중요한 표본이 된 경우이어야 한다. 훈민정음 해례본은 15세기 책 편집과 출판의 가장 모범적인 전형을 보여준다. 임금과 신하의 공저 가치와 아름다움을 책에 그대로 반영하였으며 한문과 불경 편집 태도의 장점을 그대로 반영하여 편집의 이상을 보여

주고 있다.

영국의 역사가 존맨John Man, 2001: 116에서는 "한글은 단순하고 효율적이며 알파벳의 대표적 전형이며, 알파벳이 발달할 수 있는 한계가 어디까지인지를 보여주는 최고의 알파벳이다."라고 했다.[24] 한글은 단순히 한국어를 적는 한국인만의 문자가 아니다. 훈민정음은 문자가 지향해야 할 보편 특성과 가치를 가지고 있고 그 책은 그런 문자의 중요성을 담고 있으면서 중요성의 실현이 가능하게 하였다.

세계기록유산으로 등재되기 위해서는 보조 요건 네 가지를 충족해야 한다.

첫째 희귀성이다. 독특하거나 희귀한 자료이어야 한다. 2008년 경상북도 상주에서 발견된 것이 진본이라면 딱 두 권이 발견된 것이고 그것이 진본이 아니라면 유일본이 된다. 유일본이 아니더라도 1940년에 최초로 발견된 원본으로서의 역사적 가치는 변함이 없다.

둘째, 원 상태로의 보존 상태이다. 온전한 하나의 전체로서 보존되어 있는 경우이다. 발견 당시 표지와 앞 두 장 모두 네 쪽이 없어진 상태이지만 전체로 보면 500년이 넘은 책으로서는 상태가 매우 좋은 편이다.

셋째 위협 측면에서 해당 유산이 각종 위험 요소에서 안전한가 또는 안전을 담보할 수 있는 경비 조치가 적절한지의 여부이다. 간송 전형필 선생은 1938년 미술관을 설립하고 일제 말기라는 어려운 시기에 각종 문화재를 보존하고 지켜 냈다. 6.25 참화 속에서도 대부분의 값진 유물을 지켜 낸 것은 기적에 가깝다. 훈민정음 해례본도 지나친 비공개라고 일부 원망을 들을 정도로 간송미술관이 철저히 보존하는 길을 지켜 왔기에 지금까지 원본의 가치를 더욱 높이고 있다.

넷째 관리 계획이다. 해당 유산의 중요성에 비추어 적절한 보존 및 접근 전략의 존재 여부를 말한다. 간송미술문화재단은 적절한 보존을 위해 2015년에는 원본과 똑같은 복각본을 만들어 국민과의 소통을 꾀하고 대신 원본은 더욱 철저히 보존하는 노력을 하고 있다.

---

24   Man, John (2001), ALPHA BETA : How 26 Letters Shaped The Western World, John Wiley & Sons, Inc ; (남경태 역(2003) 《세상을 바꾼 문자 알파벳》, 예지).

해례본은 2002년도에는 100대 한글문화유산 1호로 선정되었다. 유네스코의 세계기록유산이 세계적 보편적 가치에 주목한 것이라면 이 사업은 한글은 세계 문자 사상 유례가 없는 가장 과학적이고 체계적인 문자로서, 우리 민족의 문화 역량을 잘 보여주는 자랑스러운 문화유산이라는 우리 문화의 특수성에 주목한 사업이며 평가였다. 이 사업 취지문에 의하면 문자는 문화 전반의 기반이 되기 때문에, 훌륭한 한글을 사용하여 이루어진 우리의 문화유산 또한 매우 소중하며 영구히 보존하고 발전시킬 만한 가치가 있다고 보았고 해례본이 그 중심에 놓여 있는 것이다. 따라서 선정된 문화유산들을 국내외에 널리 알리고 보급하여, 우리 국민들이 우리 문화에 대한 자긍심을 드높일 수 있도록 하고, 해외에서도 우리 문화에 대한 이해와 평가를 신장시킬 수 있도록 해야 한다는 것이다.

이상 간송본의 가치와 의미는 크게 세 가지로 정리해 볼 수 있다.

첫째는 1940년이라는 시기의 역사적 의미다. 간송은 일제 치하의 가장 어려운 시기에 해례본을 소장하여 지킴으로써 그 가치와 의미를 더욱 높였다.

둘째는 해례본을 적절한 시기에 학자들이 연구할 수 있도록 배려하여 훈민정음의 문자 가치와 해례본의 내용 가치를 학술적으로 드러내게 했다는 점이다. 1940년 매입 당시는 영인 대신 모사 방식으로 내용을 알게 해 원본도 좀 더 비밀리에 지켜 내고 해방 후는 두 차례에 걸쳐 적절한 시기에 직접 영인을 하여 학술 대중화에 이바지했다는 점이다. 가치 있는 문헌을 오래 보존하는 제일 나은 방법은 모든 국민이 공유할 수 있도록 공개하는 일이다. 소장자에게는 금전적으로 손해를 감수해야 하고 박물관적 희소가치는 덜하겠지만 화재나 도난, 전쟁의 화마에서 지켜 낼 수 있는 제일 나은 방법이 아닐까?

셋째는 세종이 한글을 1443년에 창제하고 1446년에 반포한 역사적 가치와 400년 넘게 힘들게 발전해 온 한글의 역사를 온전하게 드러내는데 간송본이 결정적인 역할을 했다는 점이다. 해례본의 발견으로 한글 창제와 반포 맥락이 온전하게 드러나고 훈민정음 제자 원리와 거기에 담긴 역사적 가치가 제대로 드러났기 때문이다. 식민지 하에서 조선인의 열등함을 드러내려던 시대적 풍조에서 폄하되어온 창호설 같은 제자 원리가, 이 해례본의 발견으로 오늘날에는 세계 언어학자들이 이구동성으로 감탄해 마지않는 제자 원리가 들어 있었다.

5장 《훈민정음》 해례본 내용의 입체 해설

《훈민정음》 해례본의 내용을 파악하기 위해서는 먼저 해례본의 짜임새를 이해해야 한다. 매우 과학적이고 입체적인 구조를 따라가다 보면 내용의 흐름을 파악할 수 있다. 전체 짜임 새를 나타내는 〈그림 10〉을 보자.

먼저 집필자로 구분하면 세종이 직접 지은 '정음편'과 8명의 신하들이 지은 '정음해례편' 으로 나눌 수 있다. 세종이 지은 '정음편'은 다시 '세종 서문'과 '예의'로, 신하들이 지은 '정음 해례편'은 '해례'와 '정인지 서문'으로 나뉜다. 따라서 《훈민정음》 해례본은 최종적으로 '세종 서문, 예의, 해례, 정인지 서문'으로 구분된다.

〈그림 10〉《훈민정음》 해례본의 구조

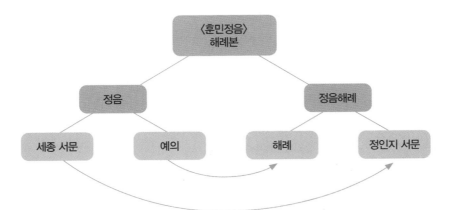

〈표 8〉《훈민정음》 해례본의 내용 구성 체제

짜임새			주요 내용	지은이
정음편 (예의편, 본문)		어제 서문	• 훈민정음의 창제 동기와 목적 • 훈민정음 창제 주체(세종)와 대상(모든 백성)	세종(이도)
		예의	• 28자와 각자병서 6자의 글꼴, 음가, 예와 분류 　− 초성 17자, 중성 11자 　− 각자병서(6자) • 종성자: 종성부용초성 1 • 표기 운용 방법 　− 종성법(종성부용초성 2)´,연서법, 병서법, 부서법, 성음법, 　방점법	
정음해 례 (해례편)	해 례	제자해	• 제자의 철학 배경 • 제자의 원리와 방법, 특성 　− 초성·중성 글자 제자 원리 　− 초성, 중성 음성 특성과 문자 특성 　− 음절 구성 특성	정인지, 최항, 박팽년, 신숙주, 성삼문, 강희안, 이개, 이선로
		초성해	• 초성의 뜻과 예	
		중성해	• 중성 기본자의 뜻과 예 • 중성 글자의 합용자 이치와 예	
		종성해	• 종성 뜻과 예 • 종성의 특성 　− 음절을 이루는 방법 　− 성조, 8자만으로 종성 쓰는 법	
		합자해	•합자의 뜻 •합자의 방법과 예 •병서법, 방점, 연서법	
		용자례	• 94개의 고유어 어휘를 통한 사용 예 　− 초성글자 사용 예 　− 중성글자 사용 예 　− 종성글자 사용 예	
	정인지 서문		• 훈민정음 창제 동기와 목적, 쥐지 • 훈민정음의 우수성 • 창제자와 창제 연도 • 세종의 위대함 • 공동 저자와 편찬 연도, 대표 저자	

하나의 책이면서 마치 두 권의 책정음편, 정음해례편 처럼 짜여 있고, 이 두 권의 책이 또다시 각각 두 장의 책으로 나뉜 것 같은 구성이다.

네 부분은 서로의 꼬리를 잡고 순환한다. 세종 서문은 정인지 서문과 맞물려 돌아가고, 예의는 해례와 맞물려 돌아간다. 다시 말해 세종 서문을 자세히 풀어쓴 것이 정인지 서문이며, 예의를 자세히 풀어쓴 것이 해례라는 것이다. 그러면서 임금과 신하들이 서로 마주 보고 주거니 받거니 하는 식으로 되어 있다. 임금이 시작세종 서문하고 신하가 마무리정인지 서문하는 방식이다.

세종 서문을 읽으면 마치 임금의 권위를 드러내며 간단명료하게 새로운 문자의 명쾌한 해설을 시작하는 느낌이 들고 정인지 서문은 장중한 해설을 마무리한다. 이 어찌 과학적이고 입체적인 짜임새가 아니겠는가. 이러한 취지를 살려 《훈민정음》 해례본의 내용을 통합해 해설하고자 한다. 순차적인 구성에 따른 내용은 왼쪽 〈표 8〉과 같다.

세종 서문과 정인지 서문 : 창제 동기와 목표, 취지

세종 서문과 정인지 서문은 내용이 밀접하게 연관된 입체적 짜임새를 갖췄다. 서문이라고 하지만 새 문자를 창제한 동기와 취지 등을 담았기에 일종의 독립된 본문 구실을 하고 있다. 정인지 서문은 세종 서문을 자세히 풀어쓰면서 책의 마무리 역할도 함께한다. 세종 서문을 중심으로 차례대로 관련 내용을 구성해 보면 〈표 9〉와 같다.

세종 서문은 창제 배경과 동기, 목표를 간결하면서도 뚜렷하게 밝혔다. 창제 배경으로 언어문화의 차이와 계층별 소통 문제를 제기하고, 창제 동기로는 애민의 마음을 살핀 결과라고 말했다. 또한 창제 주체가 본인임을 밝혔다. 그리고 창제 목표로 훈민정음의 실용성과 효용성을 언급했다. 백성들이 쉽게 배워 편하게 쓰는 문자임을 분명히 하면서 문자의 우수성을 알린 것이다. 약간의 차이는 있지만, 정인지 서문 역시 이러한 순서로 그 내용을 자세히 풀어쓰고 있다. 저술 동기와 맥락, 책의 효용성, 서지정보 등을 밝히며 글을 마무리했다.

〈표 9〉 세종 서문과 정인지 서문의 순차적 주제 구성

	갈래	세종 서문	정인지 서문
1		언어문화 차이 문제	우리나라말이 중국말과 달라 한자와는 서로 잘 통하지 않는다.	천지자연의 소리가 있으면 반드시 천지자연의 문자가 있다. 그러므로 옛사람이 소리를 바탕으로 글자를 만들어서 만물의 뜻을 통하고, 하늘·땅·사람의 세 바탕 이치를 실었으니 후세 사람들이 능히 글자를 바꿀 수가 없었다. 그러나 사방의 풍토가 구별되고 말소리의 기운 또한 다르다. 대개 중국 이외의 다른 나라 말은 그 말소리에 맞는 글자가 없다. 그래서 중국 글자를 빌려 소통하도록 쓰고 있는데, 이것은 마치 모난 자루를 둥근 구멍에 끼우는 것과 같으니, 어찌 제대로 소통할 때 막힘이 없겠는가? 중요한 것은 모두 각각 놓인 곳에 따라 자연스럽게 할 것이지, 억지로 같게 하여서는 안 될 것이다. 우리 동방의 예악과 문장이 중화[중국]와 같아 견줄 만하다. 다만 우리말은 중국말과 같지 않다.
2	계층별 소통 문제	그러므로 글 모르는 백성이 말하려는 것이 있어도, 끝내 제 뜻을 능히 펼치지 못하는 사람이 많다.	그래서 한문으로 된 글을 배우는 이는 그 뜻을 깨닫기가 어려움을 걱정하고, 범죄 사건을 다루는 관리는 자세한 사정을 파악하기가 어려운 것을 근심했다. 옛날 신라의 설총이 이두를 처음 만들어서 관청과 민간에서 지금도 쓰고 있다. 그러나 모두 한자를 빌려 쓰는 것이어서 매끄럽지도 아니하고 막혀서 답답하다. 이두 사용은 오로지 몹시 속되고 일정한 규범이 없을 뿐이니, 실제 언어 사용에서는 그 만분의 일도 소통하지 못한다.
3	창제 동기와 주체	내가 이것을 가없게 여겨 새로 스물여덟 자를 만드니,	계해년 겨울(1443년 12월)에 우리 임금께서 정음 스물여덟 자를 창제하여, 간략하게 설명한 '예의'를 들어 보여 주시며 그 이름을 '훈민정음'이라 하셨다.
4	창제 목표, 새 문자의 보편성, 우수성, 과학성, 독창성과 효용성	사람마다 쉽게 익혀 날마다 씀에 편안케 하고자 할 따름이다.	훈민정음은 꼴을 본떠 만들어 글꼴은 옛 '전서체'와 비슷하지만, 말소리에 따라 만들어 그 소리는 음률의 일곱 가락에도 들어맞는다. 하늘·땅·사람의 세 바탕 뜻과 음양 기운의 신묘함을 두루 갖추지 않은 것이 없다. 스물여덟 자로 끝없이 바꿀 수 있어, 간결하면서도 요점을 잘 드러내고, 정밀한 뜻을 담으면서도 두루 통할 수 있다. 그러므로 슬기로운 사람은 하루아침이 다 가기도 전에, 슬기롭지 못한 이라도 열흘 안에 배울 수 있다. 훈민정음으로 한문을 풀이하면 그 뜻을 알 수 있다. 훈민정음으로 소송 사건을 기록하면, 그 속사정을 이해할 수 있다. 글자 소리로는 맑고 흐린 소리를 구별할 수 있고, 음악 노래로는 노랫가락을 어울리게 할 수 있다. 글을 쓸 때에 글자가 갖추어지지 않은 바가 없으며, 어디서든 뜻을 두루 통하지 못하는 바가 없다. 비록 바람소리, 두루미 울음소리, 닭소리, 개 짖는 소리라도 모두 적을 수 있다.

5	저술 동기와 맥락, 책의 효용성, 서지정보	드디어 임금께서 상세한 풀이를 더하여 모든 사람을 깨우치도록 명하시었다. 이에 신이 집현전 응교 최항과 부교리 박팽년과 신숙주, 수찬 성삼문과 돈녕부 주부 강희안, 행 집현전 부수찬 이개와 이선로 등과 더불어 삼가 여러 가지 풀이와 보기를 지어서, 그것을 간략하게 서술하였다. 바라건대 이 책을 보는 사람은 스승 없이도 스스로 깨치도록 하였다. 그 근원과 정밀한 뜻은 신묘하여 신하 된 자들로서는 감히 밝혀 보일 수 없다. 공손히 생각하옵건대 우리 전하는 하늘이 내리신 성인으로서 지으신 법도와 베푸신 업적이 모든 임금들을 뛰어넘으셨다. 정음 창제는 앞선 사람이 이룩한 것에 따른 것이 아니요, 자연의 이치를 따른 것이다. 참으로 그 지극한 이치가 없는 곳이 없으니, 사람의 힘으로 사사로이 한 것이 아니다. 무릇 동방에 나라가 있은 지가 꽤 오래되었지만, 만물의 뜻을 깨달아 모든 일을 온전하게 이루게 하는 큰 지혜는 오늘을 기다리고 있었던 것이다. 정통 11년(세종 28년, 1446년) 9월 상순. 자헌대부 예조판서 집현전 대제학 지춘추관사 세자우빈객 정인지는 두 손 모아 머리 숙여 삼가 쓰옵니다.

정인지 서문의 논리와 내용을 따라가다 보면 새 문자의 보편적 가치부터 시대적 배경까지 두루 이해할 수 있다. '천지자연의 말소리가 있으면 당연히 그것을 적는 문자가 있어야 한다.'라는 것이다. 그래서 옛사람들은 말소리에 맞는 글자를 만들었고, 그 글자에 만물의 뜻과 천하의 이치를 담았기에 후세 사람들이 쉽게 바꿀 수 없다고 했다. 이는 문자의 전통을 겸손하게 말한 것이다. 모든 문자는 소리를 적기 위해 만든 것이고, 그 소리에는 천지자연의 이치가 담겨 있다고 보았다.

쉽게 바꿀 수 없다고 했지만, 아예 바꿀 수 없다는 것은 아니다. 그래서 곧바로 사는 곳이 다르면 말소리 또한 다르기 마련인데 중국 이외의 다른 나라들은 대개 그 말소리에 맞는 글자가 없는 심각한 모순을 제기했다. 곧 우리나라가 중국 글자를 빌려 쓰지만 이게 마치 둥근 구멍에 모난 자루를 끼우는 격이니 소통하는 데 문제가 많다는 것이다. 그렇다면 각 지역에 맞는 문자를 쓸 일이지 한자 같은 문자를 빌려 억지로 쓰게 할 필요는 없다고 보았다.

정인지는 이렇게 중국과 우리나라 문화의 같음과 다름을 명확히 하면서 새 문자 창제의 당위성을 이끌어 냈다. 우리나라와 중국의 예악과 문물은 거의 같지만 말소리만큼은 같지 않다는 것이다. 따라서 글을 배우는 자는 그 뜻을 이해하기 어렵고, 감옥을 지키는 이들은 죄인들과 소통하기 어려웠다. 이러한 불편함을 해소하고자 신라 시대의 대학자 설총은 한자의 음과 훈을 빌려 한국어를 적는 표기법인 이두를 만들었다. 이후 관가와 민간에서는 이두를 사용했으나 불편한 것은 마찬가지라며 소통의 불편함을 강조하고 있다.

그러고 나서 1443년 12월에 전하께서 28자를 창제하여 예와 뜻을 보여 주고, 훈민정음이라 불렀다고 최초로 창제 사실을 밝혔다. 여기에 그치지 않고 훈민정음의 독창성과 주요 특성을 설명한다. 훈민정음은 옛날 글자처럼 꼴을 본떠 만들었지만, 소리는 일곱 가락의 음악과 같고, 천지인 삼재와 음양의 자연 이치가 다 담겨 있다는 것이다. 더불어 28자만으로도 수많은 글자를 자유자재로 만들어 낼 수 있으니 간단하지만 요긴하고, 섬세한 속뜻도 통할 수 있다고 정음의 효용성을 말하고 있다.

이러한 자신감은 '슬기로운 이는 하루아침에, 어리석은 이라도 열흘 안에 배울 수 있다.'라는 단순 명쾌한 문장으로 이어진다. 새 문자로 책을 해석하면 한자를 모르는 백성도 금세 그 뜻을 알 수 있고, 관리들은 억울한 사정을 이해할 수 있으니 훈민정음은 한자와 달리 문자로서의 온전한 기능을 모두 갖췄음을 만천하에 선언한 셈이다. 게다가 맑고 흐린 소리를 구별할 수 있는 소리 성질과 노랫가락이 담긴 음악 성질까지 더해져 훈민정음이 모든 곳에 쓰이고 통한다는 것이다. 바람 소리, 두루미 소리, 닭 소리, 개 짖는 소리 모두 쓸 수 있다는 말은 훈민정음의 우수성을 쉽고 명쾌하게 서술한 것이다.

임금이 상세한 풀이를 더 해 모든 사람을 깨우치도록 명령하여, 8명의 신하들은 여러 가지 풀이와 보기를 더해 대강을 서술했다. 그리고 이 책만 보아도 스승 없이 깨우칠 수 있다며 훈민정음이 얼마나 쉽고 편리한 글인지를 다시 한번 강조했다. 쉽다고 해서 결코 글의 깊이가 얕은 것이 아니며 훈민정음에 담긴 깊은 뜻은 자신들이 감히 담을 수 없음을 겸허히 밝힌다. 동시에 우리 임금은 하늘이 내린 왕이며, 다른 모든 임금들보다 더 뛰어나다는 헌사를 바친다. 이는 신하로서의 단순한 예의 표시가 아니라 온몸으로 바치는 진정성이다.

앞서 정음 28자가 누군가의 지혜를 빌린 것이 아니라 자연에서 가져온 것이라는 정인지의 의견은 훈민정음의 독창성을 알리는 동시에 천지자연의 이치를 담은 문자임을 분명히 하는 것이다. 지극한 자연의 이치를 담아 만든 훈민정음은 사사로이 논할 문자가 아니며, 우리나라가 오랜 역사를 지닌 국가이지만 진정한 지혜는 세종의 훈민정음 창제를 통해 이루어졌다고 선언했다.

초성자

초성자는 첫소리글자라고도 한다. 우리말의 음절은 '첫소리초성자−가운뎃소리중성자−끝소리종성자'의 차례로 이루어졌다. 훈민정음 해설 역시 이 차례를 따르고 있다. 초성자 풀이만을 다룬 '초성해'를 중심으로 초성자 풀이에 관한 주요 풀이 가운데 어금닛소릿자에 관한 풀이만 모아 보면 〈표 10〉과 같다.

〈표 10〉 첫소리 가운데 어금닛소리 풀이 모음

예의	ㄱ[기]는 어금닛소리이니, '군(君)' 자의 처음 나는 소리(초성)와 같다. 나란히 쓰면 '끃(虯)' 자의 처음 나는 소리와 같다. ㅋ[키]는 어금닛소리이니, '쾌(快)' 자의 처음 나는 소리와 같다. ㆁ[이]는 어금닛소리이니, '업(業)' 자의 처음 나는 소리와 같다.
제자해	첫소리글자는 모두 열일곱 자다. 어금닛소리글자 ㄱ[기]는 혀뿌리가 목구멍을 막는 모양을 본떴다. ㅋ[키]는 ㄱ[기]에 비해서 소리가 조금 세게 나는 까닭으로 획을 더하였다.
초성해	정음의 첫소리는 곧 한자음 사전(운서)에서 한 음절의 첫소리(성모)이다. 말소리가 이에서 비롯되므로 이르기를 '어미(모)'라 한 것이다. 어금닛소리글자는 '군' 자의 첫소리글자인 ㄱ[기]인데, ㄱ[기]가 ㅜㄴ과 어울려 '군'이 된다. '쾌' 자의 첫소리글자는 ㅋ[키]인데, ㅋ[키]가 ㅙ와 합하여 '쾌'가 된다. '끃' 자의 첫소리글자는 ㄲ[끼]인데, ㄲ[끼]가 ㅠ와 합하여 '끃'가 된다. 업의 첫소리글자는 ㆁ[이]인데, ㆁ[이]가 ㅓㅂ과 합하여 '업'이 되는 따위와 같다.
합자해	첫소리·가운뎃소리·끝소리 세 낱글자가 합하여 글자를 이룬다. 첫소리글자는 가운뎃소리글자 위에 쓰기도 하고, 가운뎃소리글자의 왼쪽에 쓰기도 한다. 이를테면 '군' 자의 ㄱ[기]는 ㅜ의 위에 쓰고, '업' 자의 ㆁ[이]는 ㅓ의 왼쪽에 쓰는 것과 같다.
용자례	ㄱ[기]는 ":감[감], 골[갈대]"과 같이 쓴다. ㅋ[키]는 "우케[우케/찧지 않은 벼], 콩[콩]"과 같이 쓴다. ㆁ[이]는 "러울[너구리], 서에[성엣장]"와 같이 쓴다. ㄷ[디]는 "ㆍ뒤[띠], 담[담]"과 같이 쓴다. ㅌ[티]는 "고티[고치], 두텁[두꺼비]"과 같이 쓴다.

예의에서는 28자의 간단한 사용 방식을 통해 어떤 소리이고 어떻게 적는가를 글꼴과 더불어 보여 주고, 제자해에서는 글자 만든 원리를 설명했다. 초성해에서는 초성의 기본 뜻과 한자 구조에 따라 그 쓰임새를 이야기한다. 곧 한자는 '초−중−종' 삼분법으로 분리되는 우리말과는 달리 초성만을 분리할 수 있는데 이런 틀에 따라 'ㅞ + ㄲ'와 같이 초성 쓰임새를

설명한 것이다. 세상에 처음 알리는 새 문자였으므로 기존 문자 틀에 따라 설명했다. 합자해에서는 초성자와 중성자의 결합 방식에 따른 쓰기 방식을 풀어냈다. 곧 중성자 위에 쓰는 초성자(군), 중성자 왼쪽에 쓰는 초성자(엽) 식으로 설명하고 있다. 용자례에서는 낱글자마다 두 개의 낱말을 보기로 들었다.

이렇게 보면 초성자에 대한 설명이 매우 조직적으로 짜여 있음을 알 수 있다. 실제 예를 통해 새 문자의 글꼴과 소리를 간단히 설명하고 제자 원리를 밝힌 뒤, 다시 한자 틀에 맞춰 설명하고, 쓰는 방식까지 알려 준다. 다음에 그 예를 들어 설명을 마무리 짓는다.

제자해에서 설명하는 초성자를 만든 방식은 한글을 과학의 문자로 평가하는 가장 중요한 근거가 된다. 말소리가 나오는 발음기관과 조음 작용을 정확하게 관찰하고 분석해 이를 문자에 반영했기 때문이다. 특히 자음은 특정 발음기관에 닿아 나는 소리로 〈그림 11〉과 같이 다섯 곳입술, 이, 윗잇몸에 닿는 혀, 목구멍을 막는 혀, 목구멍을 본떠 만들었다.

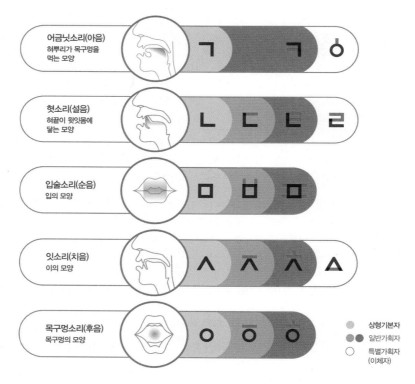

〈그림 11〉 15세기 훈민정음 기본 자음 17자의 제자 원리

따라서 자음은 '닿소리'라고도 하는데, 목구멍에서 숨이 나올 때 그 숨이 발음기관에 닿으면서 만들어진 소리라는 뜻이다. 우리 입안에서 닿소리가 만들어지는 자리는 어금니, 혀, 입술, 이, 목구멍까지 모두 다섯 곳이다. 그 발음기관 또는 발음하는 모양을 본떠 만든 기본자가 바로 'ㄱ, ㄴ, ㅁ, ㅅ, ㅇ[기니미시이]' 다섯 자다. 입술부터 목구멍까지의 순서대로 보면, 'ㅁ, ㅅ, ㄴ, ㄱ, ㅇ[미시니기이]'가 된다.

어금닛소리글자 'ㄱ[기]'는 혀뿌리가 목구멍을 막는 모양, 혓소리글자 'ㄴ[니]'는 혀가 윗잇몸에 닿는 모양, 입술소리 'ㅁ[미]'는 입의 모양, 잇소리글자 'ㅅ[시]'는 이의 모양, 목소리 'ㅇ[이]'는 목구멍의 모양을 본떴다. 이렇게 닿소리글자는 말소리를 내는 발음기관과 그 움직임을 정확히 관찰하고 분석해 만든 과학적 연구의 결과물인 것이다.

자음 기본자 'ㄱ, ㄴ, ㅁ, ㅅ, ㅇ'의 소리는 거세지 않은 소리다. 이 소리보다 입김을 많이 내세게 소리를 내면 거센소리가 된다. 거센소리를 나타내기 위해 획을 더한 9자를 더 만들었다. 이 밖에도 이체자가획은 하였으나 가획 원리가 일반 가획자와 다른 문자 'ㆁ, ㄹ, ㅿ[이리ᅀ]' 세 자가 더 있어 훈민정음의 자음자는 모두 17자다.

글자를 만든 원리가 아닌 첫소리의 특성에 따른 분류는 〈표 11〉과 같은 틀을 따른다.

초성자의 차례는 제자해를 제외하고는 모두 '아–설–순–치–후' 차례를 따른다.

〈표 11〉 첫소리 23자의 모양과 소리

갈래	전청	전탁	차청	불청불탁
어금닛소리(아음)	ㄱ(君, 군)	ㄲ(虯, 뀨)	ㅋ(快, 쾌)	ㆁ(業, 업)
혓소리(설음)	ㄷ(斗, 두)	ㄸ(覃, 땀)	ㅌ(呑, 툰)	ㄴ(那, 나)
입술소리(순음)	ㅂ(彆, 병)	ㅃ(步, 뽀)	ㅍ(漂, 표)	ㅁ(彌, 미)
잇소리(치음)	ㅈ(卽, 즉)	ㅉ(慈, 쯔)	ㅊ(侵, 침)	
	ㅅ(戌, 슗)	ㅆ(邪, 쌰)		
목구멍소리(후음)	ㆆ(挹, 흡)	ㆅ(洪, 뽕)	ㅎ(虛, 허)	ㅇ(欲, 욕)
반혓소리(반설음)	ㄹ(閭, 려)			
반잇소리(반치음)	ㅿ(穰, 샹)			

• 정음편: ㄱ(ㄲ)ㅋ ㆁ(옛이응)/ㄷ(ㄸ)ㅌㄴ/ㅂ(ㅃ)ㅍㅁ/ㅈ(ㅉ)ㅊㅅ(ㅆ)/ㆆ ㅎ(ㆅ)ㅇ/ㄹ ㅿ

• 제자해 : ㄱㄴㅁㅅㅇ/ㅋㄷㅌㅂㅍㅈㅊㅎㅎ/ㆁ(옛이응)ㄹ ㅿ

• 초성해: ㄱㅋㄲㆁ/ㄷㅌㄸㄴ/ㅂㅍㅃㅁ/ㅈㅊㅉㅅㅆ/ㆆㅎㆅㅇ/ㄹ ㅿ

• 종성해: ㄱㆁㄷㄴㅂㅁㅅㄹ

• 용자례: ㄱㅋㆁ/ㄷㅌㄴ/ㅂㅍㅁㅸ/ㅈㅊㅅ/ㅎㅇ/ㄹ ㅿ

이러한 기본자 17자 외에 서로 같은 자음자를 나란히 쓴 각자병서, 서로 다른 자음자를 나란히 쓴 합용병서, 위아래로 이어 쓴 연서자까지 합치면 무려 40개의 자음자가 있다.

<표 12> 자음자 모음(괄호 안 글자와 현대 글꼴은 해례본에 단독으로 나오지 않는 글자임)

기본자			운용자		
상형기본자	가획자	이체자	병서		연서
			각자병서	합용병서	
아음 ㄱ	ㅋ	ㆁ	ㄲ		
설음 ㄴ	ㄷㅌ	ㄹ	ㄸ		
순음 ㅁ	ㅂㅍ		ㅃ	ㅳ,ㅄ,ㅄ,ㅵ ㅺ,ㅼ,ㅻ,ㅽ ㅴ,ㅵ	ㅸ,ㅱ,ㆄ,ㅹ
치음 ㅅ	ㅈㅊ	ㅿ	ㅆ ㅉ		
후음 ㅇ	ㆆㅎ		ㄲ(ㆀ,ㅥ)		
5자	9자	3자	6자(8자)	10자	5자
기본자 17자			병서자 16자		연서자 5자
초성 23자(25자, ㆀ ㅥ 포함)			14자(ㅸ 포함 15자)		
40자					

어금닛소리부터 시작하여 목소리로 끝내는 분류는 중국 운서에 의한 것이지만 근본적으로 동양의 오행五行 순서를 따른 것이다.

'목화토금수木火土金水' 오행은 순환하는 것이 기본 원리다. 나무에서 싹이 트므로 나무목에서 출발한다. 곧 나무에 해당하는 소리가 어금닛소리다. 그다음은 불화이므로 혓소리, 다음은 흙토이므로 흙에 해당하는 입술소리, 그다음은 쇠금이므로 쇠에 해당하는 잇소리, 다음은 물수이므로 물에 해당하는 목소리를 배치한 것이다.

제자해에서는 초성을 철학오행과 음악오음, 자연오시 오방의 오행 원리로 분류하고 있다. 입체적으로 표현해 보면 〈그림 12〉와 같다.

〈그림 12〉 자음 17자에 담긴 오행 원리(현대 방위)

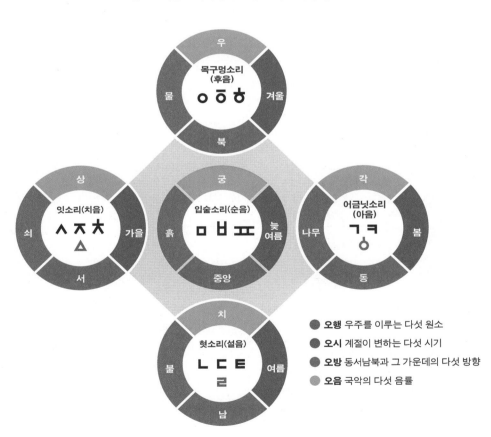

중성자

모음을 해례본에서는 중성이라고 했다. 모음은 우리말에서 매우 풍부하게 발달해 있다. 중국어나 영어를 비롯한 전 세계 언어 중 한국어만큼 모음이 발달한 것은 없다. 한자는 모음을 따로 적을 수 없고, 로마자에는 모음을 하나하나 정확히 적을 수 있는 문자가 거의 없다. 그에 반해 한국어는 모음의 발달뿐 아니라 모든 모음을 마음대로 적을 수 있는 문자도 있다. 그러므로 중성자는 훈민정음이 다른 문자와 비교했을 때 효용성이 매우 뛰어나다는 핵심 근거가 된다.

《훈민정음》 해례본에서 모음, 곧 중성에 관해 설명한 내용 가운데 상형 기본자에 관한 것만 모아 보면 〈표 13〉과 같다.

〈표 13〉 중성의 기본자 관련 풀이 모음

예의	• 는 '툰(呑)' 자의 가운뎃소리(중성)와 같다. ㅡ는 '즉(即)' 자의 가운뎃소리와 같다. ㅣ는 '침(侵)' 자의 가운뎃소리와 같다.
제자해	가운뎃소리글자는 모두 열한 자이다. • 는 혀가 오그라드니 소리가 깊어서, 하늘이 자시(밤 11시~1시)에서 열리는 것과 같다. 둥근 글꼴은 하늘을 본떴다. ㅡ는 혀가 조금 오그라드니 소리가 깊지도 얕지도 않으므로 땅이 축시(밤 1시~3시)에서 열리는 것과 같다. 평평한 글꼴은 땅을 본떴다. ㅣ는 혀가 오그라지지 않아 소리는 얕으니, 사람이 인시(새벽 3시~5시)에서 생기는 것과 같다. 바로 선 글꼴은 사람을 본떴다.
중성해	가운뎃소리는 한 음절소리(자운)의 가운데에 있으니 첫소리, 끝소리와 합하여 음절을 이룬다. '툰' 자의 가운뎃소리글자는 • 인데, • 가 ㅌ[티]와 ㄴ[은] 사이에 있어 '툰'이 된다. '즉' 자의 가운뎃소리는 ㅡ인데, ㅡ는 ㅈ[지]와 ㄱ[윽] 사이에 놓여 '즉'이 된다. '침' 자의 가운뎃소리글자는 ㅣ인데, ㅣ가 ㅊ[치]와 ㅁ[음] 사이에 있어 '침'이 되는 것과 같다.
합자해	가운뎃소리글자는 둥근 것(·)과 가로로 된 것(ㅡ)은 첫소리글자 아래에 쓰니 "• ㅡ ㅗ ㅛ ㅜ ㅠ"가 이것이다. 세로로 된 것은 첫소리글자의 오른쪽에 쓰니 "ㅣ ㅏ ㅑ ㅓ ㅕ"가 이것이다. 이를테면 '툰' 자의 • 는 ㅌ[티] 아래에 쓰고, '즉' 자의 ㅡ는 ㅈ[지] 아래에 쓰며, '침' 자의 ㅣ는 ㅊ[치] 오른쪽에 쓰는 것과 같다.

용자례	가운뎃소리글자 **·**는 "**톡**(턱), **꽃**(팥), **두리**(다리), **·ㄱ래**(가래)"와 같이 쓴다.
	ㅡ는 "**·믈**(물), **발측**(발꿈치, 발의 뒤축), **그력**(기러기), **드레**(두레박)"와 같이 쓴다.
	ㅣ는 "**·깃**(둥지), **·밀**(밀랍), **·피**(피), **·키**(키)"와 같이 쓴다.
	ㅗ는 "**·논**(논), **·톱**(톱), **호·민**(호미), **벼·로**(벼루)"와 같이 쓴다.

중성은 우리말에서는 매우 풍부하게 발달해 있지만, 중국말에서는 일반인들이 정확히 인식하지 못하는 영역이다. 그래서인지 《훈민정음》 해례본의 중성자 설명과 차례·배열 등은 중국 운서에서 볼 수 없는 독창적인 풀이 방식을 보여 준다. 예의에서는 글꼴과 예를 통한 소릿값을 보여 주고 제자해에서는 제자 원리와 더불어 발음 특성을 설명한다. 중성해에서는 뜻과 더불어 초성과 종성과 더불어 어떻게 결합이 되는지 보여 주고 합자해에서는 위치 중심의 쓰는 방법을 설명한다. 용자례에서는 문자마다 두 개의 낱말 보기를 보여 주고 있다.

모음은 '홀소리'라고도 하는데, 목구멍에서 숨이 나올 때 발음기관에 닿지 않고 홀로 나는 소리라는 뜻이다. 모음의 기본자는 '하늘(·)·땅(ㅡ)·사람(ㅣ)'의 모양을 본떴다. 하늘은 해와 같은 양성을, 땅은 달과 같은 음성을, 사람은 양성과 음성을 겸하는 '양음'을 의미한다. 현대 학자들은 양음을 '중성'이라 부른다. 모음 기본자를 이렇게 만든 까닭은 양성은 양성끼리 음성은 음성끼리 어울리는 우리말의 특성을 반영하기 위한 전략이었다. 덕분에 자연의 소리나 사람의 말소리를 가장 정확하게 적을 수 있는 과학적인 문자가 되었다.

<표 14> 음양 특성에 따라 나눈 홀소리의 예

갈래	양성모음끼리	음성모음끼리
예사소리	졸랑졸랑	줄렁줄렁
	잘랑잘랑	절렁절렁
된소리	쫄랑쫄랑	쭐렁쭐렁
	짤랑짤랑	쩔렁쩔렁
거센소리	촐랑촐랑	출렁출렁
	찰랑찰랑	철렁철렁

《훈민정음》 해례본의 설명에 따르면 '·'소리는 〈표 17〉과 같이 입술은 'ㅣ·'보다는 좁히고

'ㅗ'보다는 더 벌려서 낸다. 입술 모양이 'ㅏ'처럼 벌어지지도 않고 'ㅗ'처럼 오므라지지도 않는 중간쯤 되는 소리다. 혀는 'ㅗ'와 같이 오그리는 것으로, 'ㅡ'를 낼 때보다 더 오그리고 혀를 아예 오그리지 않는 'ㅣ'보다는 훨씬 더 오그리는 소리다. 혀뿌리를 중앙으로 당기듯이 오그리다 보니 성대가 살짝 열리면서 소리는 성대 깊숙이 울려 나온다. 입술 모양은 둥근 모음과 안 둥근 모음의 중간 정도 되는 소리다.

'ㅣ'는 혀 앞에서 나오는 전설 모음을 대표하는 기본 모음이다. 혀끝 뒷부분이 아랫니에 닿으면서 입을 살짝 벌리고 혀를 높이 올려 나오는 고모음이다. 혀 앞에서 나오는 전설 모음을 대표하는 기본 모음 역할을 한다. 'ㅡ'는 아랫니에 닿아 있던 혀를 떼고 '혀를 약간 내리면서 혀 뒤쪽으로 발음이 나오는 고모음 소리로 혀 뒤에서 발음이 나므로, 후설 모음을 대표하는 기본 모음이다. 결국 '이'와 '으' 발음은 다양한 모음의 기준 역할을 한다. 따라서 세종은 '이'와 '으'를 모음자를 만드는 기본 모음 음운으로, 각각을 나타내는 'ㅣ'와 'ㅡ'를 기본 문자로 삼았다. 'ㅣ'는 서 있는 사람을, 'ㅡ'는 평평한 땅의 모습을 본뜬 것이다.

'ㅡ'는 혀 뒤쪽에서 나오는 약한 발음이라 잘 탈락한다. '쓰+어=써'와 같이 발음하는 경우를 생각하면 이해하기 쉽다. 이 같은 발음은 인류의 보편적인 현상이므로 대부분 언어에서는 문자로 형상화하지 못했다. 특히 로마자를 사용하는 사람들은 'ㅡ' 발음을 거의 못 할 뿐 아니라 그것을 나타내는 독립된 문자도 없다. 그에 반해 한국어는 다른 언어와 달리 'ㅡ' 발음이 섬세하게 발달했다. 세종은 이를 정확히 포착했고 문자로 형상화하는 데 성공했다. 모음이 지닌 기본 특성을 과학적으로 관찰하고 천지자연의 3요소인 삼재와 연결해 정음으로서의 실체와 가치를 극대화한 것이다.

<표 15> 15세기 기본 중성자의 소리 특성 비교

갈래	혀 특성(오그리기↑)		소리 성질(깊이 정도↑)	음양 상징 자질	위치 상징 자질
·	舌縮 (설축)	혀 오그리기	聲深 (성심)	하늘(양성)	자
ㅡ	舌小縮 (설소축)	혀 조금 오그리기	聲不深不淺 (성불심불천)	땅(음성)	축
ㅣ	舌不縮 (설불축)	혀 오그리지 않기	聲淺 (성천)	사람(중성)	인

훈민정음은 기본자를 바탕으로 다른 글자를 만드는 과정이 규칙적이다. 초성자는 'ㅅ-ㅈ-ㅊ'[시지치]와 같이 획을 더하는 규칙을 적용했고, 중성자는 세 개의 기본자를 합성하는 규칙을 적용했다.

중성자의 경우는 기본자 합하기 규칙을 적용했다. 기본자 •, ㅡ, ㅣ를 한 번씩 합쳐 'ㅗ, ㅏ, ㅜ, ㅓ'의 네 자를 만들었다. 'ㅡ'에 '•'를 위아래로 합쳐 'ㅗ, ㅜ'를 만들고, 'ㅣ'에 '•'를 바깥쪽과 안쪽에 합쳐 'ㅏ, ㅓ'를 만든 것이다. 'ㅛ, ㅑ, ㅠ, ㅕ'는 '•'를 두 번씩 합쳐 만들었다. 자연의 이치로 보자면 아래아 •가 위쪽과 오른쪽에 붙을 때 양성모음, 아래쪽과 왼쪽에 붙을 때 음성모음이 된다.

이렇게 훈민정음은 최소의 문자로 기본 글자를 만든 다음 규칙적으로 확대해 나간 문자다. 따라서 간결하고, 배우기 쉽고, 쓰기 편하다. 훈민정음의 과학적 특성은 자연 철학과 연결되어 더욱 빛을 발하는데 중성자에는 하늘(양성)과 땅(음성)의 음양 사상과 더불어 사람(양음)까지 함께 조화를 이루는 삼조화 사상, 즉 천지인의 문자 철학이 담겨 있다.

〈그림 13〉 기본 모음 11자의 제자 원리

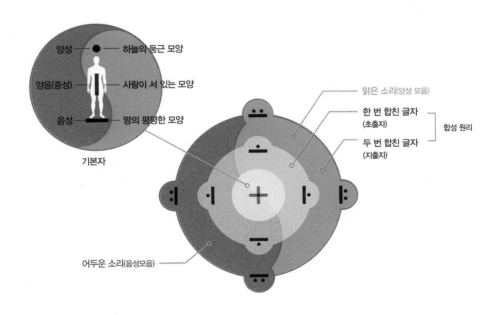

중성자는 원형 모음에 합하기 규칙을 적용한 기본자11자와 이를 활용한 합용자로 나뉜다. 기본자는 원형자, 초출자, 재출자로 나뉜다. 원형자는 말 그대로 천지인을 뜻하는 ·아래아와 ㅡ, ㅣ의 기본 모음이며, 초출자는 원형자 중 두 가지를 하나씩 배합해 만들어진 글자4자이고, 재출자는 두 가지 기본자 중 하나의 기본자를 두 번 내서 배합해 만든 글자 4자다. 합용자는 초출자와 재출자를 합쳐서 만든 글자다.

합용자는 다시 초출자는 초출자끼리, 재출자는 재출자끼리 활용한 네 글자의 동출합용자 4자와 ㅣ합용자로 나뉜다. ㅣ합용자는 하나의 중성자와 ㅣ가 합용된 ㅣ합용 일자중성자 10자와 두 개의 중성자와 ㅣ가 합용된 ㅣ합용 이자중성자4자로 다시 나뉜다. 이 글자를 모두 더하면 29자가 된다.

<표 16> 중성자 갈래

중성기본자			중성합용자		
일자중성자			이자상합자		삼자상합자
상형기본자	합성자		동출합용자	ㅣ 합용자	
	초출자	재출자		일자중성자와 ㅣ 의 합용자	동출합용자와 ㅣ 의 합용자
양성 ·	ㅗ ㅏ	ㅛ ㅑ	ㅘ ㅑㅏ	ㅓ ㅐ ㅖ ㅚ ㅚ	ㅙ ㅒㅐ
음성 ㅡ	ㅜ ㅓ	ㅠ ㅕ	ㅝ ㅖㅕ	ㅓ ㅔ ㅖ ㅟ ㅖ	ㅞ ㅖㅔ
중성 ㅣ					
3자	4자	4자	4자	10자	4자
11자			18자		
29자					

<표 16>을 보면 29자 모두를 확인할 수 있다. 또한 중성자가 단계별로 치밀하게 확대해 나간 것이며, ㅣ 자는 중성자의 제자 원리에 매우 중요한 구실을 하는 글자임을 알 수 있다. 재출자의 'ㅛ, ㅑ, ㅠ, ㅕ'는 'ㅣ'를 겸한다고 했는데 발음할 때 'ㅣ'에서 출발하여 각각 'ㅗ, ㅏ, ㅜ, ㅓ'로 끝나기 때문에 발음 특성을 정확하게 파악하여 만들었음을 알 수 있다. 합용자 가운데 'ㅣ'와 합친 중성자는 14자나 된다.

종성자

종성은 한 음절의 끝소리이며 그것을 적은 문자는 종성자 또는 받침이라 부른다. 종성 역시 한국어에서 유달리 발달하여 있는 부분이다. 종성자의 대원칙은 예의에서 '종성부 용초성', 곧 '종성자는 초성자를 다시 쓴다.'라는 간결한 문장으로 명쾌하게 규정하고 있다. 이 문장은 종성자의 제자 원리이자 받침 규정이다. 제자해에서는 종성자를 초성자로 다시 쓰는 이치와 배경을 순환이라는 자연 원리로 설명한다. 종성자의 주요 풀이는 〈표 17〉과 같다.

〈표 17〉 종성자 기본자 주요 풀이 모음

예의	끝소리글자(종성자)는 첫소리글자(초성자)를 다시 쓴다.
제자해	– 가운뎃소리가 깊고 얕고 오므라지고 벌림으로써 앞서 소리 나고, 첫소리가 오음의 맑고 흐림으로써 뒤따라 화답하여 첫소리가 되고 또한 끝소리가 된다. – 끝소리글자에 첫소리글자를 다시 쓰는 것은 움직여서 양인 것도 하늘이요, 고요해서 음인 것도 하늘이니, 하늘은 실제로는 음과 양을 구분한다 하더라도 임금(하늘)이 주관하고 다스리지 않음이 없기 때문이다. – 하나의 바탕 기운이 두루 흘러 다하지 않고, 사계절 바뀜이 돌고 돌아 끝이 없으니 만물의 거둠에서 다시 만물의 시초가 되듯 겨울은 다시 봄이 되는 것이다. 첫소리글자가 다시 끝소리글자가 되고 끝소리글자가 다시 첫소리글자가 되는 것도 역시 이와 같은 뜻이다.
중성해	– 끝소리는 첫소리·가운뎃소리를 이어서 음절을 이룬다. 이를테면 'ᅙ' 자의 끝소리글자는 ㄱ[윽]인데, ㄱ[윽]은 'ᅙ'의 끝에 놓여 'ᅙ'이 되는 것과 같다. – ㄱ ㆁ ㄷ ㄴ ㅂ ㅁ ㅅ ㄹ[기이디니비미시리]의 여덟 글자만으로도 끝소리글자를 적기에 충분하다.
합자해	끝소리글자는 첫소리글자·가운뎃소리글자 아래에 쓴다. 이를테면 '군' 자의 ㄴ[은]은 구 아래에 쓰고, '업' 자의 ㅂ[읍]은 어 아래에 쓰는 것과 같다.
용자례	끝소리글자 ㄱ[윽]은 "닥(닥나무), 독(독)"과 같이 쓴다. ㆁ[웅]은 "굼벙(굼벵이), 올창(올챙이)"과 같이 쓴다. ㄷ[읃]은 "갇(갓), 싣(신나무)"과 같이 쓴다.

글자를 만든 규정으로 보면 종성자는 새로 만들지 않고 초성자를 가져다 쓴 것임을 알 수 있다. 최소의 낱자로 많은 글자를 만들 수 있음을 보여 주는 것이다. 예를 들어 '각', '몸'과 같은 글자를 통해 쉽게 이해할 수 있다. 만약 종성자를 초성자와 다른 모양으로 만들었다면 글자 수가 너무 많아 사람들이 쉽게 배울 수 없었을 것이다.

용자례

용자례는 글자를 실제로 사용한 보기를 뜻한다. 해례본의 용자례는 초성자, 중성자, 종성자 세 갈래별로 각각 34개, 44개, 16개씩 모두 94개 낱말의 사용 예를 보여 준다. 왼쪽에 점을 찍어 사성 표시도 해 놓았다. '**콩** 콩'과 같이 점이 없으면 가장 낮은 소리인 평성이고, '**손** 손'과 같이 점이 하나면 가장 높은 소리인 거성, '**:셤**'과 같이 점이 둘이면 낮았다가 높아지는 상성을 뜻한다. 한 글자 낱말과 두 글자 낱말만으로 예를 든 것도 특이하다. 간단하면서도 쉬운 예를 들기 위함인 듯하다. 토박이말로만 예를 든 것 또한 주목할 만한 내용이다. 한자로는 그대로 적을 수 없어 말로만 하던 낱말이 새 문자로 인해 그 모습을 속살까지 드러낸 느낌을 준다.

초성자 용자례는 기본자 17자 가운데 실제로는 잘 안 쓰였던 ㆆ를 뺀 16자와 기본자는 아니지만 순우리말에도 쓰였던 순경음 비읍을 포함한 총 17자에 대한 사용법을 알려 준다. 글자마다 두 개씩의 낱말을 '아음-설음-순음-치음-후음-반설음-반치음' 순서대로 사용하는 예를 들어 총 34개의 낱말 용법을 확인할 수 있다. 이를 정리한 것이 〈표 20〉이다.

〈표 20〉을 보면 흥미로운 사실을 발견할 수 있다. 동물과 식물에 관한 말이 가장 많다는 점이다. 전체 34개 낱말 가운데 각각 10개, 16개나 된다. 다음으로 몸, 생활에 관한 낱말이 뒤를 이었다. 아마도 친근한 예를 들어 새 문자를 배우는 이들의 부담을 덜어 주려는 의도를 담은 듯하다. 마치 근엄한 할아버지가 한글을 처음 배우는 손주들에게 쉬운 일상어를 사용해 다정다감하게 새 문자의 쓰임새를 가르쳐 주는 느낌이 들기도 하는 낱말들의 모습이다.

중성자는 기본자 11자에 대해 제자 원리에 맞춰 '원형자-초출자-재출자'의 순서로 용례를 보여 준다. 글자마다 네 개씩 총 44개의 낱말을 보기로 들었다. 역시 소, 제비, 남생이, 사슴, 누에 등의 동물과 벼, 팥, 피 등의 식물, 그리고 벼루, 수건, 우산 등 일상에서 흔히 사용하는 다채로운 낱말을 선보였다. 베틀의 날실을 한 칸씩 걸러서 끌어 올리도록 맨 굵은 실을 가리키는 '잉아'처럼 당대에는 중요한 생활 용어였지만 지금은 이해하기 어려운 낱말도 있다. 중성자의 용자례는 〈표 18〉에서 확인할 수 있다.

종성자의 용자례는 실제 발음으로만 나는 8자에 대해 각각 두 개씩 모두 16개의 낱말을 보기로 들었다. 〈표 19〉와 같다.

<표 18> 초성자 용자례 모음

오음	초성자	용자례 1(현대말, 한자어)	용자례 2
어금닛소리(아음)	ㄱ	:감(감.柿)	·골(갈대.蘆)
	ㅋ	우·케(찧지 않은 벼.未舂稻)	콩(콩.大豆)
	ㆁ	러·울(너구리.獺)	서·에(성엣장.流澌)
혓소리(설음)	ㄷ	·뒤(띠.茅)	·담(담.墻)
	ㅌ	고·티(고치.繭)	두텁(두꺼비.蟾蜍)
	ㄴ	노로(노루.獐)	납(원숭이.猿)
입술소리(순음)	ㅂ	불(팔.臂)	:벌(벌.蜂)
	ㅍ	·파(파.葱)	·풀(파리.蠅)
	ㅁ	:뫼(산.山)	·마(마.薯藇)
	ㅸ	사·비(새우.蝦)	드·뵈(뒤웅박.瓠)
잇소리(치음)	ㅈ	·자(자.尺)	죠·히(종이.紙)
	ㅊ	·체(체.籭)	·채(채찍.鞭)
	ㅅ	·손(손.手)	:셤(섬.島)
목구멍소리(후음)	ㅇ	·비육(병아리.鷄雛)	·부얌(뱀.蛇)
	ㅎ	·부헝(부엉이.鵂鶹)	힘(힘줄.筋)
반혓소리(반설음)	ㄹ	·무뤼(우박.雹)	어·름(얼음.氷)
반잇소리(반치음)	ㅿ	아수(아우.弟)	:너시(너새.鴇)

<표 19> 종성자 용자례 모음

오음	종성자	용자례 1(현대말, 한자)	용자례 2
어금닛소리(아음)	ㄱ	·닥(닥나무.楮)	독(독.甕)
	ㆁ	·굼벙(굼벵이.蠐螬)	·올창(올챙이.蝌蚪)
혓소리(설음)	ㄷ	·갇(갓.笠)	싣(단풍.楓)
	ㄴ	·신(신.屨)	·반되(반디.螢)
입술소리(순음)	ㅂ	섭(섶.薪)	굽(굽.蹄)
	ㅍ	:범(범.虎)	:심(샘.泉)
혓소리(치음)	ㅅ	:잣(잣나무.海松)	·못(못.池)
반혓소리(반설음)	ㄹ	·돌(달.月)	:별(별.星)

종성자는 현재의 자음자 순서로 보면 'ㄱ, ㄴ, ㄷ, ㄹ, ㅁ, ㅂ, ㅅ, ㅇ'[윽은읃을음읍읏응]의 8자에 관한 낱말 보기만 들었다. 예의편에서 '종성부용초성'이라 하여 모든 초성자를 종성자로 쓸 수 있다고 했지만, 소리 나는 대로 적기 쉬운 8자만 예를 든 것이다.

새로운 문자를 만들어 처음 공표하는 까닭에 읽기보다 쓰기, 곧 소리를 적기에 집중했다. 그러다 보니 8개의 종성자만 제시한 것이다. 예시 낱말은 역시 범, 올챙이 같은 동물과 닥나무, 잣나무와 같은 식물, 그리고 갓, 신과 같은 일상어, 별, 달, 못 같은 자연어 등으로 구성했다.

용자례에 등장한 모든 보기 낱말을 주제별로 분류해 보면 〈표 20〉과 같다.

〈표 20〉《훈민정음》 해례본 〈용자례〉의 한글 표기 어휘 분야별 분류 *( ) 현대 대응어, [ ] 풀이

갈래	보기	어휘수
동물	·범(범/호랑이, 虎), 노로(노루, 獐), 사·ᄉᆞᆷ(사슴, 鹿), 쇼(소, 牛), 러울(너구리, 獺), 납(원숭이/잔나비, 猿), ·부얌(뱀, 蛇), 두텁(두꺼비, 蟾蜍), 굼벙(굼벵이, 蠐螬), ·비육(병아리, 鷄雛), ·올창(올챙이, 蝌蚪), ·반ᄃᆡ(반디/반딧불이, 螢), ·벌(벌/꿀벌, 蜂), ·풀(파리, 蠅), ·부헝(부엉이, 鵂鶹), 그력(기러기, 鴈), ·너ᅀᅵ(느시, 鴇), ·져비(제비, 燕), 사·비(새우, 蝦), 남샹(남생이, 龜), 약(거북이, 鼊龜), 누에(누에, 蠶), 고티(고치[벌레 집/곤충 알], 繭)	23
식물/열매	·감(감, 枾), 우케(우케[찧지 않은 벼], 未舂稻), 콩(콩, 大豆), ·ᄑᆞᆺ(팥, 小豆), ·마(마, 薯蕷), ·고욤(고욤[고욤나무 열매], 梬), 쟈감(메밀껍질, 蕎麥皮), 율미(율무, 薏苡), ·벼(벼, 稻), 뒤(띠[볏과 식물], 茅), ·피(피[볏과 풀], 稷), ·파(파, 葱), 삽됴(삽주[국화과 풀], 蒼朮菜), ·골(갈대, 蘆), ·ᄀᆞ래(가래나무, 楸), 닥(닥나무, 楮), 섭(섶나무/땔나무, 薪), 잣(잣나무, 海松), 버들(버들/버드나무, 柳), 싣(단풍/단풍나무/신나무, 楓) * 열매(콩, 팥)와 '파' 등은 먹거리로도 분류될 수 있음.	20
생활/도구	죠ᄒᆡ(종이, 紙), 채(채찍, 鞭), 드레(두레박, 汲器), 톱(톱, 鉅), 벼·로(벼루, 硯), 이·아(잉아[베틀용 굵은 실], 綜), 숫(숯, 炭), 구·리(구리, 銅), 브ᅀᅥᆸ(부엌, 竈), ·널(널/널판/널빤지, 板), 다·야(손대야, 匜), 슈·룸(우산, 雨繖), 쥬련(수건, 帨), 독(독/옹기, 甕), 갇([쓰는]갓, 笠), 신(신/신발, 屨), 체([거르는]체, 籭), 자([재는]자, 尺), 드뵈(뒤웅박, 瓠), 쥭(밥주걱, 東), ·밀(밀랍, 蠟)	21
자연/날씨/시간	:뫼(산, 山), 셤(섬, 島), 믈(물, 水), ·못(못/연못, 池), ·심(샘, 泉), 돌(달, 月), ·별(별, 星), 무뤼(우박, 雹), 서·리(서리, 霜), 서에(성엣장/유빙, 流澌), 어름(얼음, 氷)	11
몸	·ᄐᆞᆨ(턱, 頤), 손(손, 手), 불(팔, 臂), ·힘(힘줄, 筋), 발측(발뒤축, 跟), 굽(발굽, 蹄)	6
건축	뎔(절/사찰, 佛寺), 두리([건너는]다리, 橋), 담(담, 墙), 울(울타리, 籬)	4

농사	**논**(논, 水田), **호미**(호미, 鉬), **낟**(낫, 鎌), **키**(키[곡식 까부는 도구], 箕)	4
먹거리/식량	**밥**(밥, 飯), **·엿**(엿, 飴餹)	2
사람	**아수**(아우, 弟), **죵**(종/노비, 奴)	2
사물/행위/ 상태	**·깃**(둥지/보금자리, 巢)	1
합계		94

세종의 정음 사상과 정음 문자

《훈민정음》해례본은 새 문자에 대한 해설서이자 교육서이며 세종의 문자 사상서이기도 하다. 세종의 정음 사상은 가장 상식적이고 소박한 꿈이었다. 천하의 모든 소리를 바르게 적는 꿈, 그 바른 문자가 다시 바른 소리로 유통되어 누구나 서로 소통할 수 있는 문자에 대한 꿈이었다. 그 꿈을 이루고 보니 기적의 문자가 되었다.

"천지자연의 소리가 있으면 천지자연의 문자가 있다."라는 정음 사상은 세종만의 생각은 아니었다. 고대부터 전해 내려왔지만 실제로 구현하지 못한 사상이었다. 세종이 그것을 문자로 구현해 낸 것이다. 세종은 고대의 정음 사상을 더 완벽한 철학과 과학, 음악학, 언어학 등을 연구하여 실제 문자로 만들고 일상생활에서 사용하도록 만들었다. 이렇게 완벽한 천지자연의 소리문자를 만들고 보니 그 가치와 효용성은 실로 놀라운 것이었다.《훈민정음》해례본 집필에 참여한 신하들은 "어찌 천지자연의 혼령과 신령스러운 정령과 함께 정음을 쓰지 않겠는가?"라고까지 했다.

흔히 훈민정음을 과학의 문자라고 하지만 그것만으로는 훈민정음의 진정한 가치를 제대로 드러내기에 부족하다. 훈민정음은 과학의 문자 이전에 자연의 문자다. 자연의 문자를 만들기 위해 음악과 천문학을 연구해 기초를 닦았으며, 여기에 뛰어난 언어학 지식을 더하니 과학의 문자가 탄생한 것이다.

결국 말소리를 자연스럽게 적고자 하는 욕망이 15세기에 이르러서야 조선이라는 나라에서 새로운 소리 문자로 탄생한 것이다. 그것은 말소리를 제대로 적을 수 없는 한자의 절대 모순과 그로 인해 발달한 중국의 성운학을 바탕으로 생겨났지만, 당대의 문자와는 차원이 다른 독창적인 문자로 거듭난 것이다.

　세종 서문에는 '유통流通'이라는 말이 나온다. '유통'은 사람 사이의 소통뿐만 아니라 소리와 문자, 문자와 소리, 소리와 문자와 사람 등 관련된 요소들의 자연스러운 상생 관계를 의미한다. 유통의 관점에서 완성한 세종의 정음 문자관은 문자를 자연의 소리로서의 말소리를 있는 그대로 반영해야 한다는 소박한 상식에서 비롯된 것이다. 자연의 소리 이치에 따라 문자를 만들고자 하는 것을 가장 큰 목표와 이상으로 삼았기 때문이다. 이는 곧 '天地自然之聲, 則必有天地自然之文. 所以古人因聲制字, 以通萬物之情, 以載三才之道 천지자연의 소리가 있으면 반드시 천지자연의 문자가 있다. 그러므로 옛사람이 소리를 바탕으로 글자를 만들어서 만물의 뜻을 통하고, 천지인 삼재의 이치를 실었으니'라는 정인지 서문에서 극명하게 드러난다. 천지자연의 소리를 가장 정확하게 문자에 담아 소리와 문자가 자연스레 '유통'하게 하는 것은 오랜 역사이자 전통이라는 것이다. 그 결과 정음에는 하늘과 땅과 사람이 조화롭게 존재하고 생성되는 천지인의 삼재사상이 담겨 있다.

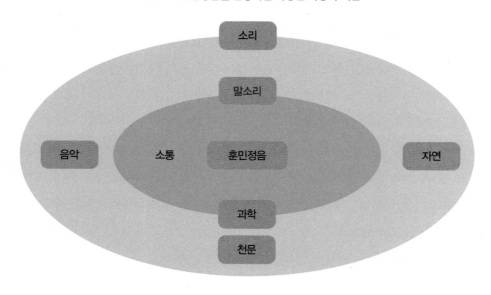

<그림 14> 훈민정음을 관통하는 다양한 사상과 이론

철학과 과학의 조화

세종 정음 사상의 핵심은 동양의 '음양오행 철학'과 실험과 경험을 바탕으로 하는 '과학'의
결합에 있다. 세종은 이러한 문자관을 반영해 〈그림 15〉처럼 중성의 대표 격인 '아래아 •'부
터 초성의 대표 격인 'ㅇ'까지 동양의 유기적 철학을 부여했다. 거시적인 하늘과 미시적인 사
람의 목에까지 음양오행의 논리를 적용해 천지자연의 질서를 반영한 것이다.

중성자의 경우 우리말의 가장 기본적인 모음의 특성인 음양의 원리를 반영했다. '•아래아'
는 현대 표준어에서 쓰이지 않지만 가장 기본적이면서 원초적인 발음임을 보여 준다.

〈그림 15〉 훈민정음의 자모음 기본자에 적용한 음양오행론

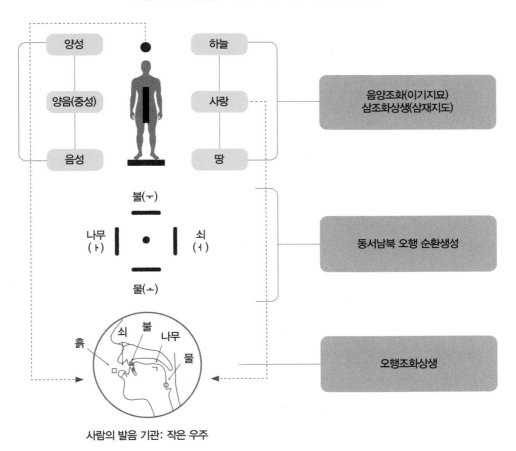

사람의 발음 기관: 작은 우주

초성자에도 자연과의 조화가 반영되어 있다. 'ㅇ'은 작은 우주의 중심인 사람, 그 가운데서도 말소리의 중심인 목구멍을 본떠 만들었다. 제자해에서는 '대저 사람의 말소리가 있는 것도 그 근본은 오행에 있는 것이다夫人之有聲本於五行.'라고 하면서 가장 먼저 목구멍소리의 특성을 설명한다. 그다음에 '어금닛소리–혓소리–잇소리–입술소리' 순으로 기술하고 있다.

이렇게 자연스러운 말소리 이치를 문자에 반영하다 보니 제자해에서는 '사람의 성음聲音에도 모두 음·양의 이치가 있는 것인데, 스스로 노력하면 찾을 수 있는 것을 사람들이 살피지 못했을 뿐'이라 했다.

세종은 자연주의 언어관에 따라 발음기관을 본떠 자음 기본자를 만들었고, 경험과 관찰에 의한 과학적 특성을 모음의 기본자에 반영했다. 이를 바탕으로 자음과 모음의 확장자를 만들어 냈고, 이들이 다시 합성이라는 규칙성을 갖게 되면서 훈민정음이 탄생했다. 단순한 문자를 넘어 과학과 융합한 훈민정음의 가치와 효용성은 극대화되었다.

그 결과 당시 황제의 나라였던 중국이 밝히지 못한 정음의 실체를 직접 확인할 수 있는 문자가 만들어졌다. 그 벅찬 기쁨을 신숙주는 다음과 같이 표현했다.

우리 세종대왕께서는 타고나신 성인으로 식견이 높고 널리 통달하여 깨우치지 아니한 바 없으시어 성운의 처음과 끝을 모조리 연구한 끝에 헤아려 옳고 그름을 정해서 칠운·사성의 가로세로로 하나의 줄이라도 마침내 바른 데로 돌아오게 하였으니, 우리 동방 천백 년에 알지 못하던 것을 열흘이 못 가서 배울 수 있으며, 진실로 깊이 생각하고 되풀이하여 이를 해득하면 성운학이 어찌 정밀하기 어렵겠는가. 옛사람이 말하기를, '산스크리트어가 중국에 행해지고 있지만, 공자의 경전이 인도로 가지 못한 것은 문자 때문이지, 소리 때문이 아니다.'라고 하였다. 대개 소리가 있으면 글자가 있는 법이니 어찌 소리 없는 글자가 있겠는가. 지금 훈민정음으로써 번역하여 소리가 운(韻)과 더불어 고르게 되면 음을 쓰는 음화(音和)·다른 부류의 음으로 대신 쓰는 유격(類隔)·순서대로 음을 쪼개는 정절(正切)·맥락에 따라 다르게 음을 쪼개는 회절(回切) 따위의 번거롭고 또 수고로울 필요가 없이 입만 열면 음을 얻어 조금도 틀리지 아니하니, 어찌 풍토가 똑같지 아니함을 걱정하겠는가.

_ 《홍무정운역훈》 서문

세종은 소리와 문자에 대한 과학적 분석을 통해 각 낱글자의 절대 음가를 구현했다. 동시에 그것이 빚어내는 다양한 말소리의 역동성도 함께 담아냄으로써 정음의 '바름'이 지향해야 하는 바른 세상의 길을 제시했다.

세종의 정음은 소리와 문자의 보편성을 바탕으로 사람 사이의 소통을 이뤄 낸 것이며, 음악과 과학의 방법론으로 소리와 문자의 바름과 표준이 가능하게 한 것이다. 정음 문자관은 문자 맥락을 구성하는 모든 요소가 자연스럽게 상생으로 융합되는 '유통' 정신으로 이루어졌다.

3부

《훈민정음》 해례본
내용 풀이

*

이 부분은 "문학의 집·서울" 요청으로 1년간 연재한 바 있다. 출처 서지정보는 다음과 같다.
〈문학의 집·서울〉 역사상 처음으로 연재 기회를 주신 김후란 이사장님께 감사드린다.

김슬옹(2022). 다시 읽는 〈세종 서문〉. 《문학의 집·서울》 243호(1월호). 〈문학의 집·서울〉. 4-5쪽.
김슬옹(2022). 세종의 28자 꿈, 백성이 별이 되게 하다. 《문학의 집·서울》 244호(2월호). 〈문학의 집·서울〉. 8-9쪽.
김슬옹(2022). 훈민정음 과학, 모두를 품다. 《문학의 집·서울》 245호(3월호). 〈문학의 집·서울〉. 8-9쪽.
김슬옹(2022). 훈민정음 자음에 서려 있는 음양오행 철학. 《문학의 집·서울》 246호(4월호). 〈문학의 집·서울〉. 10-11쪽.
김슬옹(2022). 훈민정음 모음에 서려 있는 음양오행 철학. 《문학의 집·서울》 247호(5월호). 〈문학의 집·서울〉. 8-9쪽.
김슬옹(2022). 훈민정음 받침 규정에 담긴 애민 사상. 《문학의 집·서울》 248호(6월호). 〈문학의 집·서울〉. 8-9쪽.
김슬옹(2022). 훈민정음 문자 오케스트라— 합자해의 무한생성 문자놀이. 《문학의 집·서울》 249호(7월호). 〈문학의 집·서울〉. 8-9쪽.
김슬옹(2022). 용자례 94개 낱말에 담긴 훈민정음의 꿈. 《문학의 집·서울》 250호(8월호). 〈문학의 집·서울〉. 8-9쪽.
김슬옹(2022). 7언시로 함께 나누는 훈민정음 해례본의 가치. 《문학의 집·서울》 251호(9월호). 〈문학의 집·서울〉. 8-9쪽.
김슬옹(2022). '자방고전'의 진실. 《문학의 집·서울》 252호(10월호). 〈문학의 집·서울〉. 8-9쪽.
김슬옹(2022). 「정인지서」의 진실과 감동을 나누자. 《문학의 집·서울》 253호(11월호). 〈문학의 집·서울〉. 8-9쪽.
김슬옹(2022). 『훈민정음』 해례본은 문학의 샘이자 문학의 집. 《문학의 집·서울》 254호(12월호). 〈문학의 집·서울〉. 8-9쪽.

| 1장 | 〈세종 서문〉- 한글, 세상의 빛이 되다 |

54자, 108자의 잔잔한 울림, 세상을 눈 밝히다

대한민국 고등학생이라면 누구나 배우는 세종 서문. 어제 서문은, 해례본 한문은 54자이고 언해본은 108자이다. 백성들의 종교요 문화요 생활이었던 불교에 기대 백성들이 한자·한문을 못하여 겪는 번뇌와 고통을 씻어주려는 세종대왕의 자비심을 담아 해례본에서는 54자요, 우리말로 번역한 언해본에서는 108자로 풀어, 서원하였다. 글자 하나하나에 나라와 백성을 위하는 마음을 담느라 밤잠을 설쳐가며 조율한 글자 수였다. 세종의 이런 마음, 훈민정음에 담긴 그 마음을 잇고자 필자도 현대 한국어로 108자 번역문으로 다듬어 보았다. 15세기 세종과 세종을 도왔던 이들의 간절한 마음을 어찌 후손으로서 잇지 못하겠는가?

세종 서문 표현은 담담하고 길이는 짧지만, 만백성의 눈을 밝히는 세종의 오랜 고뇌와 눈물이 서려 있는 글이다. 중국 황제에 대한 사대주의의 정점에 있는 조선의 임금이 감히 써야할 글은 아니었다.

훈민정음을 한문으로 해설한 해례본은 1446년에 간행됐고, 해례본 가운데 세종이 직접지은 부분을 훈민정음으로 번역하고 풀이한 언해본은 1459년세조 5년 기록이지만, 실제로는 1446년 12월말까지는 언해본이 나왔을 것이고, 1446년 모후 소헌왕후의 명복을 빌기 위해부왕 세종의 명을 받아 수양대군이 써서 번역·간행한 〈석보상절〉의 권두에 실려 있었을 것이다.

해례본이 나오기 2년 전에 세종은 가장 아끼던 다섯째 아들 광평대군1425~1444을 잃었고 1년 전에는 일곱째 아들 평원대군1427~1445을 가슴에 묻었다. 해례본이 나오기 6개월 전에는 소헌왕후1395~1446를 보내야 했다. 눈은 거의 보이지 않았고 몸은 한없이 무거웠다. 한 나라의 임금이 감당해야 할 마음의 무게는 온몸을 더욱 짓눌러왔다. 그러나 한자 모르는 백성들이 감내해야 하는 고통과 불편은 천년 이상을 내려온 겨레의 고통이었다. 양반들조차 한문책을 마음대로 읽고 그런 문장을 쓸 수 있는 이는 많지 않았다.

〈표 1〉 중성 기본자 11자의 글꼴과 예시

해례본의 세종서문의 한문 54자와 현대말 108자 번역	108자로 이루어진 언해본의 〈세종 서문〉(글씨: 문관효)
國之語音, 異乎中國, 與文字不相流通. 故愚民有所欲言, 而終不得伸其情者多矣. 予爲此憫然, 新制二十八字, 欲使人人易習便於日用耳. ― 〈세종 서문〉(해례본) 우리말이 중국말과 달라 한자와 서로 잘 통하지 않는다. 이런 까닭에 글 모르는 백성이 말하려는 것이 있어도 끝내 제 뜻을 펼치지 못하는 사람이 많다. 내가 이것을 가엾게 여겨 새로 스물여덟 글자를 만드니, 사람들이 쉽게 익혀 날마다 쓰는 데 편안하게 할 따름이다. ― 108자 현대 번역문, 김슬옹	

세종 서문에서 가장 감동스러운 말

세종 서문을 가르칠 때마다 묻는다. 어떤 말이 가장 가슴에 와 닿느냐고? 누구에게나 똑같은 정답이 있는 물음은 아니다. 그러나 내가 생각하는 정답은 있다. 언해본의 "어엿비", 한문본은 "憫然민연", 현대 번역문에서는 "가엾게"이다. 남을 불쌍하게 여기는, 맹자가 얘기한 '측은지심'이지만, 단순한 '측은지심'이 아니다. 이 말에 한자라는 절대적인 문자를 두고, 왜 훈민정음을 만들었는지가 다 녹아 있다. 한자·한문을 잘 못함으로써 맞을 수밖에 없는 백성들의 사회적 지위와 백성들의 고통, 한자를 빌려 억지로 우리말을 담아야 하는 문자 생활의 오랜 모순과 불편함, 그 모든 사실과 느낌이 응축된 말이다.

15세기는 임금이 새 문자를 만들었으니 쓰라고 하면 되는 세상이었다. 그런데 굳이 이런 표현을 직접 써가며 새 문자 반포에 대한 세종의 간절한 마음을 온전히 드러냈다. 고등학교 다닐 땐 이 말의 무게와 여기에 담긴 세종의 깊은 뜻을 알지 못했다. 그냥 권력 많고 똑똑한 한 임금이 베푸는 마음 정도로만 여겼다. 이해도 가벼웠고 느낌은 그냥 스쳐 가는 바람이었다. 누가 가르쳐 주지도 않았다. 사람들은 세종대왕은 흠모하지만, 그 마음과 이 말이 연결되지 않았다.

다음으로 다가오는 말은 "달아"언해본, 현대말 "달라", 한문본 "異이"다. 지금 대통령이 '중국말과 우리말이 다르다'라고 얘기하면, 이상한 눈으로 바라볼 것이다. 그러나 15세기에 세종의 이 말은 혁명적인 선언이었다. 황제가 있는 나라 중화중국와 같아지거나 닮으려고 해야지 다름을 생각해서도 꺼내서도 안 되는 시대였다.

중국말과 우리말은 달라도 너무 달랐다. 중국말은 영어와 같은 문장구조이니 문장 짜임새는 생판 다르고, 거기다가 중국말은 사성평성, 상성, 거성, 입성이 없으면 안 되는 말이고, 우리말은 중성과 종성을 따로 구별하지 않는 중국말과 달리 초성, 중성, 종성이 잘 구별되는 말이었다. 그러다 보니 한자를 이리저리 변형해 우리말을 적으려고 향찰, 이두와 같은 새로운 문자를 만드는 처절한 노력을 기울이기도 했다. 그러나 온전히 적을 수 없었고, 조선 시대에 와서 지식인과 지배층들은 중국말과 우리말이 다르다는 것을 알면서도 모른 척했다. 이런 터에 다름을 천명한 것이다. 지극히 상식적이고 당연한 과학 정신, 자주정신이 있었기에 새 문자는 탄생할 수 있었다.

다음으로 "伸其情신기정"이란 표현이다. "제 뜨들 펴디"언해본, 현대말 "제 뜻을 펼치지"다. 이때 '뜻'은 지식과 정보뿐만 아니라 마음과 감정까지 아우른다. '뜻[情]'은 '욕언欲言, 하고 싶은 말'이기도 하다. "而終不得伸其情者多矣이종부득신기정자다의"라는 표현은 하고 싶은 말이 있어도 한자를 모르거나 어렵기 때문에 '하고 싶은 말욕언'을 표현할 수 없었던 언어생활의 모순을 직설적으로 표현했다. 반대로 얘기하면, 모든 백성들이 자신의 감정, 뜻, 하고 싶은 말 등을 마음껏 펼칠 수 있도록伸其情 문자를 만들겠다는, 만들었다는 의미를 담고 있다.

하고 싶은 말을 맘껏 적을 수 있는 문자, 그런 문자는 단순한 말의 기호가 아니라 서로의 생각과 느낌을 맘껏 주고받을 수 있는 그런 문자였다. 그래서 우리말은 우리말답게 문학은 문학답게 표현될 수 있었고, 훈민정음은 사람다운 세상의 바탕이요 길이 되었다.

마지막으로 가슴 깊이 파고드는 말은 "易習이습", "수빙 니겨"언해본, "쉽게 익혀"현대말라는 말이다. 누구나 자신의 생각을 맘껏 펼치는 문자가 되기 위해서는 문자는 간결하고 쉬워야 했다. 서당에 갈 수 없는 평민이나 여성들도 집에서 쉽게 익히는 문자여야 했다. 문자 명칭이 '백성을 가르치는 바른 소리 문자', '훈민정음'이라 지은 뜻이 그대로 드러난 표현이었다. 그래서 모든 백성들이 편하게 일상에서 쓸 수 있는 문자 '언문'諺文, 諺=일상말 언이 되었다.

내가 만들었다

예사롭게 여기지 말아야 할 말이 또 있다. "내가 이것을 가엾게 여겨 새로 스물여덟 글자를 만드니予爲此憫然 新制二十八字"라는 표현이다. 당연히 가엾게 여긴 주체가 훈민정음을 만든 주체가 되어야 한다. 그렇다면 가엾게 만든 주체도 세종이고 새로 만든 주체도 세종임을 명명백백하게 밝히고 있다.

그런데 고등학교 때 모든 국민이 배우는 이 말을 부정하는 사람이 의외로 많다. 훈민정음은 공동 창제물이고 결국 세종의 이 말은 믿을 수 없다는 것이다. 진리를 추구하는 학자로서 통곡할 노릇이다. 집현전 학사든 다른 양반들이든 그 누구도 한자 모르는 우리의 언어모순을 인지하지 못했고, 한자 모르는 백성들을 아예 생각하지도 않았으니 가엾게 여기는 마음 또한 없고 창제를 같이할 필요도 없고 그럴 수 있는 세상도 아니었다.

날마다 쓰는 데 편안하게 할 따름

〈세종 서문〉은 훈민정음을 창제하고 반포한 이가 직접 쓴 글이라 그런지 쉽고도 간결하고도 명쾌하다. 군더더기가 없다. 무슨 위압적인 임금으로서의 위엄과 권위가 있는 글도 아니다. 우리말과 중국말이 다르다는 평범한 사실과 진리를 담담하게 말하면서, 새 문자를 만든 목적과 취지를 가장 평범한 말로 남기고 있다. 세종이 훈민정음을 만든 것은 무슨 특별한 정치적 의도가 아니었다. 모든 백성들이 '날마다 쓰는 데 편안하게 할 따름'이라는 것이다. 편리한 문자로 편안하게 쓸 수만 있다면 더 이상 바랄 것도 없다면서 백성들의 까막눈을 뜨게 하는 새 문자를 공표한 것이다. 물론 그 당시 눈으로 보면, 특별한 뜻이었고 엄청난 정치적 사건이었다. 이제 세종의 이 마음이 디지털 시대에 더욱 찬란하게 꽃을 피우고 있다. 한글은 편안함과 편리함을 넘어 경제 대국의 밑거름, 미래의 먹거리 기반으로, 4차 한류와 인공지능 시대를 이끌어가는 대한민국의 바탕틀·플랫폼이 되고 있다.

2장

세종의 28자 꿈, 백성이 별이 되게 하다
-《훈민정음》해례본, 정음편 이야기

ㄱ[기] 문자 혁명의 시작

《훈민정음》해례본에서 세종이 직접 지은 부분을 '정음편예의편'이라고 한다. 정음편에서 세종은 훈민정음 취지 세종 서문를 밝힌 뒤, 이른바 훈민정음 28자를 간결하게 설명했다. 28자 가운데 제일 먼저 나오는 글자는 ㄱ[기]이고 맨 마지막으로 나오는 글자는 ㅖ이다.

ㄱ[기], 수평선 ㅡ와 수직선 ㅣ의 만남, 경천동지할 인류의 위대한 문자 혁명은 지나치리만치 단순하고 간결했으며 밋밋하고 고요했다. 가장 단순한 도형, 수평선과 수직선이 짧게 만나 결합된 글자. 그래서 온 백성의 가슴으로 손으로 너무 쉽게 안긴 문자. 그래서 세종은 가장 존귀한 '임금 군君'자로 소리 예를 들었다.

ㄱ[기]는 어금닛소리(아음)이니 '군(君)'자의 처음 나는 소리(초성)와 같다. 나란히 쓰면 'ㄲ(虯)'자의 처음 나는 소리와 같다.

왜 하필 ㄱ이 들어간 수많은 말 가운데 '임금 군'의 예를 들었을까? "양반 사대부들이여! 이 글자는 임금인 내가 만든 문자니라. 너희들이 목숨처럼 여기는 한자가 아니라고 깔보지 말 것이며 배척하지 말지어다."라는 세종의 목소리가 들리는 듯하다.

※ 자음자 명칭은 세종 방식대로 '이'를 붙여 [기]라고 읽는다.

[사진 1] 'ㄱ'이 처음 나온《훈민정음》해례본 첫 장(두 쪽)

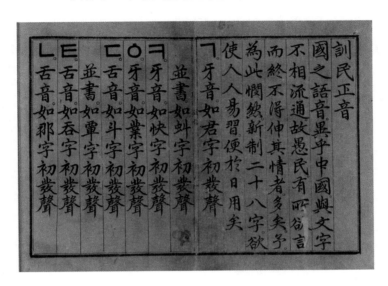

물론 ㄱ[기]가 맨 앞에 온 이유는 그림과 같이 오행목화토금수 분류에 따라 아음어금닛소리 이 제일 앞에 있기 때문이다.

〈표 2〉 초성 17자와 각자병서 6자의 글꼴과 예(전탁 글자는 드러나지는 않음)

갈래(오음과 오행)		전청(아주맑은소리)	전탁(아주흐린소리)	차청(버금맑은소리)	불청불탁 (맑지도흐리지도않은소리)
아음(어금닛소리)	목(나무)	ㄱ(君, 군)	ㄲ(虯, 뀨)	ㅋ(快, 쾌)	ㆁ(業, 업)
설음(혓소리)	화(불)	ㄷ(斗, 두)	ㄸ(覃, 땀)	ㅌ(呑, 튼)	ㄴ(那, 나)
순음(입술소리)	토(흙)	ㅂ(彆, 볃)	ㅃ(步, 뽀)	ㅍ(漂, 표)	ㅁ(彌, 미)
치음(잇소리)	금(쇠)	ㅈ(即, 즉) ㅅ(戌, 슏)	ㅉ(慈, 쯔) ㅆ(邪, 쌰)	ㅊ(侵, 침)	
후음(목구멍소리)	수(물)	ㆆ(挹, 흡)	ㆅ(洪, 뽕)	ㅎ(虛, 허)	ㅇ(欲, 욕)
반설음(반혓소리)					ㄹ(閭, 려)
반치음(반잇소리)					ㅿ(穰, 샹)

초성자의 경우 큰 배열은 '아음-설음-순음-치음-후음'으로 되어 있는데, 이것은 오행목
화토금수 순서를 따랐다. 이런 오행 차례는 언제부터 굳어졌는지 모르지만, 고대 천문학이 발
달한 시기에 이미 다음과 같이 해에서 가장 멀리 떨어진 곳부터 해에 가장 가까이 있는 별까
지의 차례가 형성된 듯하다.

[그림 1] 동양의 고대 음양오행도

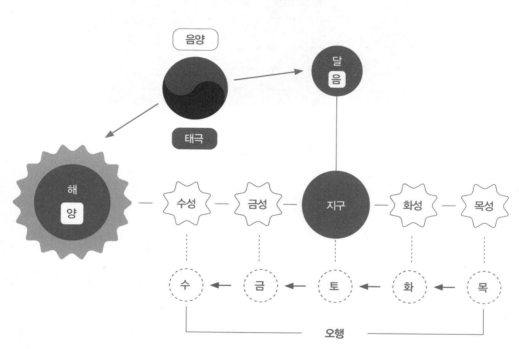

가로횡 소리 분류에서는 전청은 아주맑은소리로 오늘날의 예사소리평음이고 전탁은 아주
흐린소리로 오늘날의 된소리경음다. 차청은 버금맑은소리로 오늘날의 거센소리격음이다. 다
만 'ㆆ'은 'ㄱ+ㅎ→ㅋ'과 같이 거센소리를 만드는 음운이지만 그 자체는 예사소리로 본다. 불
청불탁은 맑지도 흐리지도 않은 소리로 오늘날의 울림소리유성음이다.

중성자는 하늘을 본뜬 글자 아래아 'ㆍ', 땅을 본뜬 글자 'ㅡ', 사람을 본뜬 글자 'ㅣ'를 앞세웠

다. 이를 상형기본자라고 한다. 세 글자를 한번 합성하여 '⊥ ㅏ ㅜ ㅓ' 네 글자를 만들었는데 이를 초출자라고 한다. 아래아가 위쪽과 오른쪽에 있으면 양성모음, 아래쪽과 안쪽에 있으면 음성모음이다. 그래서 양성모음 가운데 하늘과 땅이 만난 글자부터 배열하여 양성모음은 '⊥ ㅜ', 음성모음은 땅과 하늘이 만난 글자부터 배열하여 'ㅜ ㅓ'가 되었다. 그와 같은 이치로 하되 두 번 합친 재출자 '⊥ ㅑ ㅠ ㅕ' 배열방식도 같다.

〈표 3〉 중성 기본자 11자의 글꼴과 예시

갈래	음양	글꼴	발음과 예
상형기본자	양성	ㆍ	呑(ᄐᆞᆫ)
	음성	ㅡ	卽(즉)
	양음성 (중성)	ㅣ	侵(침)
초출자	양성	ㅗ	洪(ᅘᅩᆼ)
		ㅏ	覃(땀)
	음성	ㅜ	君(군)
		ㅓ	業(ᅌᅥᆸ)
재출자	양성	ㅛ	欲(욕)
		ㅑ	穰(샹)
	음성	ㅠ	戌(슏)
		ㅕ	彆(볃)

초성자 배열에서 오행식 배열과 '전청-전탁-차청-불청불탁' 차례는 중국운서에서 기본적 이론으로 정한 배열순서이지만, 세종의 '정음편'에서는 우리말 음가를 고려해 '전청-전탁-차청-불청불탁'으로 배열 순서를 바꾸어 제시한 것이다.

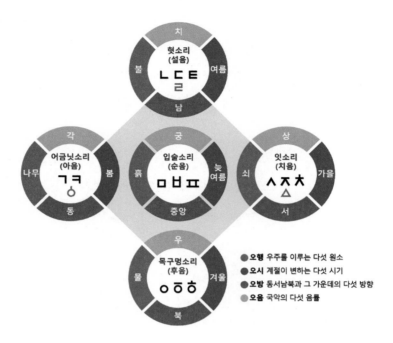

[그림 2] 자음과 오행도(15세기 방위)

- ● 오행 우주를 이루는 다섯 원소
- ● 오시 계절이 변하는 다섯 시기
- ● 오방 동서남북과 그 가운데의 다섯 방향
- ● 오음 국악의 다섯 음률

28자에 담긴 애민의 소망

그런데 초성자에서 '전탁'이라는 된소리글자는 문자 표기 자체는 나오지 않고 병서라 하여 한자 예만 들어 놓았다. 왜 그랬을까. 이 이유는 명쾌하다. 된소리글자를 노출시키면, 자음자가 여섯 자가 늘어 모음까지 합치면 모두 34자가 된다. 그러면 기본자 28자를 간결하게 보여주지 못하게 된다. 기본자 28자를 강조하기 위한 세종의 지혜였다.

실제 15세기 훈민정음 글자는 초성자 40자, 중성자 29자 모두 69자나 된다. 그런데도 28자라는 기본자를 강조한 것은 여러 가지 이유가 있겠지만, 백성들의 새 문자에 대한 부담감을 줄여주고 28자만 배우면 −나머지는 응용되는 글자이므로− 자신의 소망과 마음과 생각을 맘껏 담을 수 있도록 자모체계를 간략히 함으로써 학습효과가 아주 쉽고, 그 대신 운용 방법을 다양화 함으로써 여러 소리까지 확장해 나갈 수 있도록 절묘하게 고안한 것이다. 28은 15세기 하늘의 별자리 수이기도 하였으니 28자를 배운 백성이 하늘의 별처럼 빛나기를 바랐던 것은 아닐까?

훈민정음 과학, 모두를 품다
─직선 과학이 낳은 소리와 문자의 궁합

과학 평등주의로 한자의 어려움을 해결하다

세종대왕이 22세에 즉위한 지 8년째 되는 1426년, 28세의 젊은 임금의 시름은 깊어갔다. 유달리 책을 좋아했던 임금이기에 백성들에게 법률이며 농사짓는 지식이며 삼강오륜 윤리며 이 모든 것들을 책으로 알게 하고 싶었다. 그러나 모든 책이 한자나 한자를 변형한 이두로 되어 있었다. 양반들조차 한자로 적은 한문책이 어려워 제대로 읽고 쓰는 이가 많지 않았다. 이런 대왕의 고민이 세종실록 1426년 10월 27일자에 그대로 기록되어 있다.

어전회의 기록이 이때였으니 고민은 훨씬 오래전부터 시작되었을 것이다. 한문은 대략 일곱 살 때부터 배우기 시작해 족히 20년은 배워야 책을 제대로 읽고 쓸 수 있었다. 어렵기도 하거니와 우리말을 뜻만 겨우 옮기는 수준이었다. 닭 우는 소리, 개 짖는 소리도 소리답게 적을 수 없었고, 아가의 울음소리 시장 사람들의 수다도 제대로 적을 수 없었다.

우리말을 적기 위해 한자를 변형해 만든 이두와 구결·이두를 통합해 만든 향찰로까지 성공적으로 결실을 얻었으나 그 또한 한자로 되어 있으니 한자 못지않게 어려웠고 더욱이 적는 기준이 일정하지 않아 해례본의 정인지 말로는 난삽하여 만분의 일도 소통하기 어려웠다.

경험과학, 문자과학의 출발이 되다

대왕의 시름은 밤과 낮을 가리지 않았다. 그때 소헌왕후, 신빈 김씨, 어린 왕자 공주들의 말하는 모습을 유심히 살피기 시작했을 것이다. "그래 저렇게 말하는 원리를 간결한 문자로 만들면 되겠구나"라고 생각했을 것이다. 지금 학문 용어로 보면 음성과학이었고 경험과학이었으며 실험과학이었다. 그래서 창제 원리를 자세히 설명한 〈제자해〉 "정음 스물여덟 자는 각각 그 모양을 본떠서 만들었다."라고 선언할 수 있었다. 한자든 한글이든 기본적으로 똑같은 상형 문자다. 다만 그 격과 차원이 달랐다. 한자는 사물을 그대로 본뜨는 데서 출발했고 한글은 발음 작용과 원리를 따진 상형이었다.

> 첫소리글자는 모두 열일곱 자다. 어금닛소리글자 ㄱ은 혀뿌리가 목구멍을 막는 모양을 본떴다. 혓소리글자 ㄴ은 혀가 윗잇몸에 닿는 모양을 본떴다. 입술소리글자 ㅁ은 입 모양을 본떴다. 잇소리글자 ㅅ은 이 모양을 본떴다. 목구멍소리글자 ㅇ은 목구멍 모양을 본떴다.
> _ 제자해

이렇게 다섯 자를 만든 뒤 소리가 세짐에 따라 획을 더해 만드니 자음 17자가 짜임새 있게 완성됐다. 물론 이 가운데 'ㆁ옛이응, ㅿ반시옷, ㄹ'은 이체자라고 부른다. 가획자는 맞지만 다른 가획자는 소리가 세어져 획을 더했지만, 세 글자는 그런 이치에서 벗어나 이체자라고 하는 일종의 특별 가획자인 셈이다. ㅿ은 ㅅ보다 획은 더 많지만 소리는 더 약한 /Z/와 같은 울림소리다.

대왕은 자음과 모음의 차이를 현대 음성학자들보다 더 정확히 알고 있었다. 자음은 어딘가에 닿았다가 소리가 나니 그곳을 본떠 만들었다. 모음은 그러하지를 않으니 다른 전략을 썼다.

> 가운뎃소리 글자는 모두 열한 자이다. ㆍ는 혀가 오그라들어 소리가 깊어서, 둥근 글꼴은 하늘을 본떴다. ㅡ는 혀가 조금 오그라들어 소리가 깊지도 얕지도 않으므로, 평평한 글꼴은 땅을 본떴다. ㅣ는 혀가 오그라지지 않아 소리는 얕으니, 곧추선 글꼴은 사람을

본떴다.

_ 제자해

모음은 혀의 움직임과 그에 따른 목구멍의 상태가 중요하다. 거기다가 우리말은 음양의 기운이 들어 있어 'ㅗ ㅏ ㅛ ㅑ'는 양성모음, 'ㅜ ㅓ ㅠ ㅕ'는 음성모음이니 그런 특성을 반영하기 위해 가장 많이 오그라드는 소리인 ·아래아, 하늘아는 하늘 모양을 본뜨고, 양성의 의미를, 혀가 조금 오그라드는 소리인 'ㅡ'는 평평한 땅을, 혀의 움직임이 가장 오그라지지 않고 편한 소리인 'ㅣ'는 사람이 곧추선 모양을 본떴다.

세종은 처음 새 문자를 배우는 백성들을 위해 각 소리의 혀의 차이를 상대적으로 설명한 것이다. 모음은 입술 모양도 중요한데 각 소리의 차이를 다음과 같이 설명했다.

ㅗ는 ·와 같은 양성 가운뎃소리이나 입을 더 오므린다.
ㅏ는 ·와 같은 양성 가운뎃소리이나 입을 더 벌린다.
ㅜ는 ㅡ와 같은 음성 가운뎃소리이나 입을 더 오므린다.
ㅓ는 ㅡ와 같은 음성 가운뎃소리이지만 입을 더 벌린다.

이중모음 설명에서는 현대 음성학보다는 더 정확하고 쉽게 설명했다. 서양 음성학에서는 이중모음을 반모음이 들어간 모음이라고 설명하는데 사실 서양 언어학을 20년 이상 공부한 나도 쉽게 그 실체가 다가오지 않는다. 그런데 제자해에서는 "ㅛ는 ㅗ와 같은 양성 가운뎃소리이나 ㅣ에서 비롯된다. ㅑ는 ㅏ와 같은 양성 가운뎃소리이나 ㅣ에서 비롯된다. ㅠ는 ㅜ와 같은 음성 가운뎃소리이나 ㅣ에서 비롯된다. ㅕ는 ㅓ와 같은 음성 가운뎃소리이나 ㄱ에서 비롯된다."라고 설명했다. 실제 이중모음 'ㅛ ㅑ ㅠ ㅕㅛㅑㅠㅕ'는 모은 'ㅣ' 모음에서 출발한다. '이오'를 빨리 발음하면 '요'가 되고, '이아'를 빨리 발음하면 'ㅑ'가 되는 식이다.

가장 단순한 기하학, 모두가 쉬운 문자가 되게 하다

물론 경험과학, 실험과학으로 만들었다고 해서 누구나 쓰기 쉬운 문자가 되지는 않는다. 세종은 여기에 과학의 바탕인 수학을 적용했다. 가장 간결한 직선과 원만으로 본떴으니 그 도형은 지금의 기하학이었다. 과학과 수학의 결합, 그 결과는 놀라웠다. 그 어떤 소리든 간결한 도형으로 쓸 수 있었다. 혀끝이 윗잇몸에 닿는 모양을 본뜬 'ㄴ'을 만약 곡선으로 상형했다면 결코 쉬운 문자가 되지 않았다. 곡선은 누구나 똑같이 쓸 수 없기 때문이다. 대신 수평선과 수평선을 결합해 직선만으로 'ㄴ'라는 글자를 만들었기에 누구나 똑같이 쉽게 쓸 수 있는 문자가 되었다.

자음과 모음의 결합도 과학적이다. 모음이 수직선, 수평선으로 되어 있다 보니, 현대 글꼴로 본다면 'ㅎ'에다가 'ㅗ'를 90도씩 틀면 '호하후허'가 생성된다. 수학자들은 이를 위상수학이라 부른다. 최소의 문자를 최소의 움직임만으로 최대의 글자를 규칙적으로 생성해내는 원리다. 필자는 이런 한글의 과학성을 널리 알리기 위해 '김슬옹의 한글춤 하하호호'를 개발해 유튜브에 공개한 바 있다.

받침으로 쓰는 종성자는 초성자를 그대로 써서 최소의 낱자로 많은 글자를 만들어 쓸 수 있다. 만약 종성자를 다른 모양으로 만들었다면 글자 수가 많아져 복잡한 문자가 되어 배우기가 어려웠을 것이다.

한 글자는 하나의 소리로, 한 소리는 하나의 글자로 대부분 일치하게 만든 것도 과학적인 문자로서의 중요한 특징이다. 영어에서 'a' 글자는 여러 가지로 소리가 나지만 한글의 '아'는 '아버지', '아리랑'과 같이 '[아]' 소리는 'ㅏ' 글자로만 쓰이고, 'ㅏ' 글자는 '[아]' 소리로만 난다.

쉬움과 평등! 그렇다. 과학과 수학은 사람을 차별하지 않았으니 누구나 평등하고 쉽게 배울 수 있는 바탕이 되었고 기틀이 되었다. 그것이 하늘의 이치였으며 모든 백성을 품는 문자가 되었다. 직선과 원만 보면 눈물이 나오는 이유이기도 하다.

[그림 3] 모음 제자 원리와 기본 11자

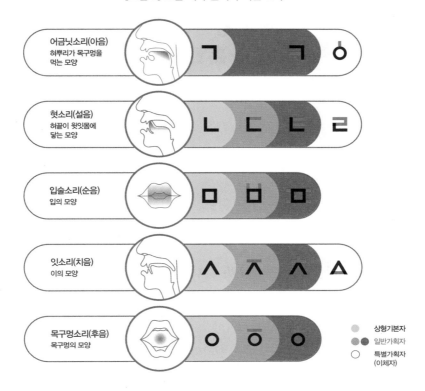

어금닛소리(아음) 혀뿌리가 목구멍을 먹는 모양	ㄱ	ㅋ	ㆁ
혓소리(설음) 혀끝이 윗잇몸에 닿는 모양	ㄴ	ㄷ	ㅌ ㄹ
입술소리(순음) 입의 모양	ㅁ	ㅂ	ㅍ
잇소리(치음) 이의 모양	ㅅ	ㅈ	ㅊ ㅿ
목구멍소리(후음) 목구멍의 모양	ㅇ	ㆆ	ㅎ

● 상형기본자
●● 일반가획자
○ 특별가획자
(이체자)

[그림 4] 자음 제자 원리와 기본 17자

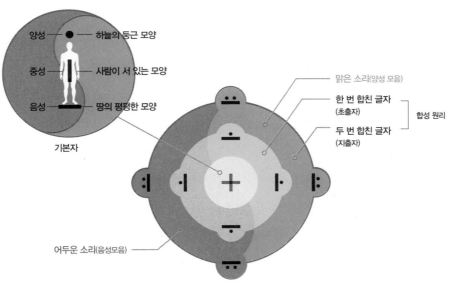

양성 ● 하늘의 둥근 모양
중성 ― 사람이 서 있는 모양
음성 ▬ 땅의 평평한 모양

기본자

맑은 소리(양성 모음)
한 번 합친 글자
(초출자)
두 번 합친 글자
(지출자)

합성 원리

어두운 소리(음성모음)

훈민정음 28자와 제자 원리(《누구나 알아야 할 훈민정음, 한글 이야기 28》(김슬옹 글/강수현 그림) 50, 54쪽.

4장

훈민정음에 서려 있는 음양오행 철학
– 훈민정음 쓰는 백성이 하늘이다

"천지자연의 이치는 오직 음양오행 하나뿐이다."

세종대왕이 직접 저술한 '정음편'을 8학사가 자세히 풀어쓴 '정음해례편' 제자해 첫 문장은 이렇게 시작하고 있다. 훈민정음 제자 원리의 바탕이자 핵심은 과학이기에 과학 특성을 앞서 설명했지만, 겉으로 드러낸 핵심 원리는 음양오행 이치요 철학이었다. 15세기 사대부들의 중심 철학이자 생각이기도 했다. 첫 문단을 그대로 읽어보자.

> 천지자연의 이치는 오직 음양오행 하나뿐이다. 곤괘(여성다움이 가장 센 상징 ䷁)와 복괘(싹이 트는 상징 ䷗)의 사이가 태극이 되고, 움직이고 고요함 뒤에 음양이 된다. 무릇 하늘과 땅 사이에 살아 있는 것들이 음양을 버리고 어디로 가겠는가? 그러므로 사람의 말소리(성음) 모두 음양의 이치가 있는 것인데, 생각해 보니 사람들이 살피지 못했을 뿐이다.

우주만물, 천지자연 모두 음양오행 이치에 의해 움직이는데 말소리도 천지자연을 구성하는 요소이니 말소리에도 음양오행 이치가 담겨 있다는 것이다. 그러한 음양오행 이치가 담겨 있는 말소리를 정확히 분석해서 그 이치대로 문자를 만들었더니 그 문자가 음양오행 이치가 완벽하게 담긴 문자가 되었다는 것이다. 기존의 한자 등은 그런 이치를 제대로 담지 못한 문자라는 것이다.

음양오행 사상을 우리는 흔히 동양철학이라 부른다. 철학이라는 말은 근대 이후에 생긴 말이므로 15세기에는 음양오행은 일종의 천문학이었다. 근대 이후에 학문의 갈래가 과학, 철학 등으로 분리된 것이지 이때는 천문학 범주 안에 철학과 과학이 융합되어 있다. 이해의 편의를 돕기 위해 동양철학과 음성과학으로 분리해 설명하는 것뿐이다.

훈민정음은 1차적으로 음성과학을 바탕으로 만들었지만, 동양철학 이치도 적용했고 더 나아가 음성과학과 동양철학을 철저히 융합했다는 것이 제자해의 핵심 요지다. 어떻게 융합했는지 보자.

음양오행은 우리가 지금 쓰고 있는 달력의 일주일에 다 들어 있다. 일요일과 월요일의 해와 달이 음양이고 나머지 화수목금토의 '불, 물, 나무, 쇠, 흙'이 오행이다. 음양을 생기게 한 것이 태극이고 결국, '태극 〈 음양 〈 4 괘 〈 8괘 〈 64괘' 식으로 만물은 생성 변화해 나가며 그렇게 이루어진 우주 만물을 이루고 있는 다섯 요소가 오행인 셈이다. 오행부터 어떻게 적용했는지 보자.

[그림 5] 초성(첫소리)의 오행 적용도

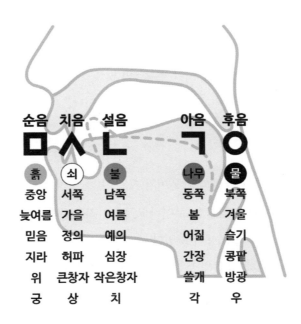

제자해에서는 음성과학이 바탕이므로 날숨과 들숨의 숨소리가 출발하는 허파를 기준으로 '목구멍 →어금니→혀→이→입술' 순서대로 설명하고 있다. 곧 후음목구멍소리을 가장 먼저 설명하고 다음으로 어금닛소리아음, 혓소리설음, 잇소리치음, 입술소리순음 순으로 설명을 했다.

발음나는 다섯 곳을 오행을 적용해 보면, 물기가 가장 많은 목구멍은 '물'이요, 그다음 '어금니'는 물을 먹고 자라는 '나무'요, 그다음 혀는 혀가 낼름거리듯 불길이 타오르는 '불'이요, 이는 쇠처럼 단단하니 '쇠'요 입술은 흙처럼 부드러우니 '흙'이다.

"목구멍은 깊숙하고 젖어 있으니 오행으로는 물이다. 말소리가 비어 있는 듯이 통하므로 이는 물이 투명하게 맑아 잘 흐르는 것과 같다. 계절로는 겨울이고, 음률로는 '우음계' 이다. '어금니'는 어긋나고 기니 오행으로는 나무이다. 어금닛소리는 목구멍소리와 비슷하나 목이 꽉 차므로 나무가 물에서 나되 형체가 있는 것과 같다. 계절로는 봄이고, 음률로는 '각음계'이다. 혀는 재빠르게 움직이니 오행으로는 불이다. 혓소리가 구르고 날리는 것은 불이 타올라 퍼지며 위아래로 오르내림과 같다. 계절로는 여름이고, 음률로는 '치음계' 이다. 이는 억세고 끊을 듯 날카로우니 오행으로는 쇠이다. 잇소리가 가루처럼 부서지고 걸리는 듯하게 나는 것은 쇠가 부스러졌다가 다시 불에 달구어 두드리면 단단해지는 것과 같다. 계절로는 가을이고, 음률로는 '상음계'이다. 입술은 모난 것이 나란히 합해지니, 오행으로는 땅이다. 입술소리가 머금으며 넓은 것은 땅이 만물을 머금으니 넓고 큰 것과 같다. 계절로는 늦여름이고, 음률로는 '궁음계'이다."

_《훈민정음》 제자해

여기에다가 제자해에서는 하늘의 기운이자 사람이 늘 지켜야 할 다섯 가지 가치인 오상五常인 '슬기, 어짊, 예의, 정의, 믿음'을 부여하고, 땅의 기운이자 몸의 핵심 기관, 오장五臟인 '콩팥, 간, 심장, 허파, 지라'를 적용하고 있다. 오부五腑는 해례본에 나오지 않지만 오장과 같이 붙어다니는 곳이니 함께 적용해 보면 표와 같다. 이 표를 자세히 살펴보면 음성과학조음 특성과 오행철학을 철저히 결합하여 설명하고 있음을 알 수 있다

<표 4> 15세기 자음의 조음 특성과 오행 특성(훈민정음 해례본 제자해)

소리 분류		발음 특성		오행 특성					
15세기	현대 용어	발음 기관 특성	소리(聲) 특성	오행	오시	오방	오음	오장/오부	오상
목구멍 소리(후음)	후음	깊숙하고 젖음 (邃而潤)	비어있는듯이 통하는 소리(虛而通)	수	겨울	북	우음	콩팥/방광	슬기
어금닛 소리(아음)	연구 개음	어긋나고 깊 (錯而長)	목구멍소리와 비슷하나 어딘가에 막혔다가 나는 소리(似喉而實)	목	봄	동	각음	간/쓸개	어짊
혓소리 (설음)	치조음 설단음	재빠르게 움직임(銳而動)	구르고 날리듯 나는 소리(轉而颺)	화	여름	남	치음	심장/대장	예의
잇소리 (치음)	치음	억세고 단단함 (剛而斷)	쇳가루 부서지듯 나는 소리로 걸리듯 소리남 (屑而滯)	금	가을	서	상음	허파/소장	정의
입술소리 (순음)	순음	모난 것이 합해짐(方而合)	머금듯이 넓게 나는 소리(含而廣)	토	늦은 여름	중앙	궁음	지라/위장	믿음

다음 그림은 이를 방위도에 따라 오방색을 적용해 필자가 직접 그린 것이다. 곧 물은 검정, 나무는 파랑, 혀는 빨강, 이는 하양, 입술은 노랑색이다. 15세기 방위도는 현대 방위도와 정반대였기에 두 가지 방위도를 함께 그린 것이다. 사람 몸은 하늘의 기운·오상과 땅의 기운·오장·오부이 함께 있으니 두 기운이 서려 있는 말과 문자를 쓰는 사람은 하늘과 땅의 기운을 실현하는 것이다. 넓은 뜻의 하늘은 땅을 포함하는 것이니 하늘의 이치를 완벽하게 적용한 이 문자를 쓰는 백성은 하늘의 백성이다. 누구나 배울 수 있는 누구나 배워야 하는 문자였으니 남녀노소, 양반이든 평민이든 이 문자를 쓰는 백성은 하늘의 백성이었다.

[그림 6] 자음자 오행 15세기 방위 분류도

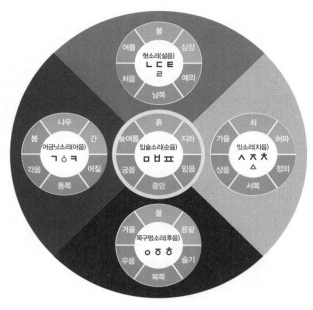

[그림 7] 자음자 오행 현대 방위 분류도

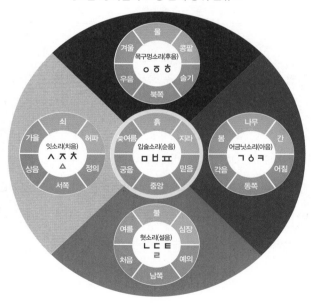

- ● 오행 우주를 이루는 다섯 원소
- ● 오장 다섯 가지 장기
- ● 오상 다섯 가지 덕목
- ● 오방 동서남북과 그 가운데의 다섯 방향
- ● 오음 국악의 다섯 음률
- ● 오시 계절이 변하는 다섯 시기

출처: 김슬옹 글/강수현 그림(2015), 〈누구나 알아야 할 훈민정음, 한글이야기 28〉, 글누림, 58쪽 보완

우주의 기운을 모음에 담다

훈민정음 자음 기본 5자 ㄱㄴㅁㅅㅇ는 작은 우주인 사람의 발음 기관을 본떠 만들었지만, 모음 3자 ·ㅡ ㅣ는 큰 우주의 삼요소인 천지인, 하늘·땅·사람의 삼태극을 담았다. 자음과 모음이 만나면 작은 우주와 큰 우주가 결합된 것이니 광대무변한 우주의 기운이 글자 하나하나에 층층이 서리게 된다. 이런 한글에 담긴 이치를 알고 쓰는 사람은 한국인이든 누구든 우주의 빛나는 존재가 된다.

음양의 기운은 당연히 문자에만 서려 있는 것이 아니고 말소리에, 말기운에 서려 있고 그 이치대로 문자를 만들다 보니 문자에도 그런 기운이 서려 있는 것이다. 모음을 만들 때 가장 기본이 되는 세 자에 대해《훈민정음》해례본, 제자해에서는 이렇게 설명하고 있다.

> · 는 혀가 오그라드니 소리가 깊어서, 하늘이 자시(밤 11시~1시)에서 열리는 것과 같다. 둥근 글꼴은 하늘을 본떴다. ㅡ는 혀가 조금 오그라드니 소리가 깊지도 얕지도 않으므로 땅이 축시(밤 1시~3시)에서 열리는 것과 같다. 평평한 글꼴은 땅을 본떴다. ㅣ는 혀가 오그라지지 않아 소리는 얕으니, 사람이 인시(새벽 3시~5시)에서 생기는 것과 같다. 곧추선 글꼴은 사람을 본떴다.
>
> _《훈민정음》해례본 제자해

흔히 '아래아'라고 부르는 '하늘 아'는 지금 표준어에서는 안 쓰고 있으니 발음하기가 쉽지 않다. 그러나 입술은 'ㅓ'처럼 하고 혀를 'ㅗ'처럼 뒤로 당기듯이 하면 성대 깊숙이 울려나오는 소리, 바로 '아래 아' 소리가 된다. 땅을 본뜬 'ㅡ'와 사람을 본뜬 'ㅣ'는 혀의 오그림 정도가 느껴질 것이다. 여기서 주목할 것은 열두 띠 시간 자축인묘진사오미신유술해 가운데 '자시 쥐때, 축시 소때, 인시 범때'에 각각을 비유했다는 점이다. 우주의 가장 깊은 근원인 출발은 첫 '자시밤 11-1'에 나머지는 그다음의 시간 비유를 통해 드러낸 것이다.

우리말에 담겨 있는 음양의 기운

모음자에 담긴 음양오행을 살피기 위해서는 우리말에 담겨 있는 음양의 기운을 이해해야 한다. 다음 [그림 8]을 보면 수직선 계열의 모음에서는 점 위치가 오른쪽 ㅏ, ㅑ이 양성, 왼쪽 ㅓ, ㅕ이 음성이 된다. 수평선 계열의 모음에서는 위쪽 ㅗ, ㅛ이 양성, 아래쪽 ㅜ, ㅠ이 음성이 된다. 그건 세종이 만든 것도 아니고 태고적부터 써오던 우리말 기운이 그래왔다는 것이다. 그래서 빨간색 양성모음의 말들은 능동성과 적극성을 띠는 말들에 쓰였고, 파란색 음성모음의 말들은 음의 기운이 느껴지는 말들에 쓰였다. 이런 말의 기운을 담기 위해 세종대왕은 직선과 점만으로 신의 한 수를 두었다.

한국어는 다른 언어에 비해 유달리 모음이 풍부하다. 다양한 모음을 적기 위해 세종은 도형 원리는 가장 간결하게 하면서 합성 방식으로 다양한 모음자를 만들어냈다. 그 아이디어의 바탕은 수직선, 수평선, 점이라는 기하학, 도형과학이지만 음양오행 철학은 중국의 하도 원리에서 가져왔다.

[그림 8] 한국어 모음에 담긴 음양오행도와 관련 낱말들

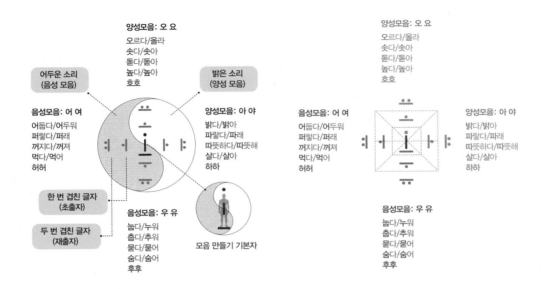

[그림 9] 하도의 원리와 훈민정음 모음 배치

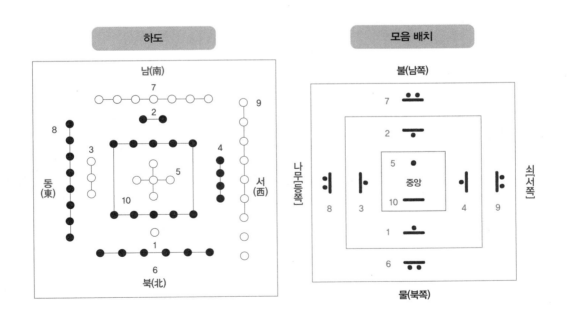

하도河圖는 중국 복희씨伏羲氏가 황하강黃河江에서 용마龍馬 등에 새겨진 점을 쉰다섯 점으로 체계화한 그림으로 동서남북 중앙 오방 가운데, 밑의 북쪽을 기준으로 점의 개수대로 '1북→2남→3동→4서' 5중앙, '6북→7남→8동→9서' 10중앙으로 배열되어 있다. 5, 10이 중앙 수이다. 짝수는 양이고 홀수는 음이다. 안쪽의 '1, 2, 3, 4, 5'를 생겨나는 생수, '6, 7, 8, 9, 10'은 성취되는 성수, 여기서 '생성'이란 말이 생겼다.

이러한 하도 원리에 따라 모음을 배치하면 [그림 9]의 오른쪽처럼 된다. 이를 해례본에서는 이렇게 설명하고 있다.

> ㅗ가 처음으로 하늘에서 생겨나니 하늘의 수로는 1이고 물을 낳는 자리다.
>
> ㅏ가 다음으로 생겨나 하늘의 수로는 3이고 나무를 낳는 자리다.
>
> ㅜ가 처음으로 땅에서 나니, 땅의 수로는 2이고 불을 낳는 자리다.
>
> ㅓ가 다음으로 생겨난 것이니 땅의 수로는 4이고 쇠를 낳는 자리다.
>
> ㅛ가 두 번째로 하늘에서 생겨나니 하늘의 수로는 7이고 불을 이루는 수이다.
>
> ㅑ가 다음으로 생겨나니 하늘의 수로는 9이고 쇠를 이루는 수다.
>
> ㅠ가 두 번째로 땅에서 생겨나니 땅의 수로는 6이고 물을 이루는 수다.
>
> ㅕ가 다음으로 생겨나니 땅의 수로는 8이고 나무를 이루는 수다.
>
> _ 《훈민정음》 해례본, 제자해

'하늘의 수'는 양성모음이라는 뜻이고 '땅의 수'는 음성모음이라는 뜻이다. 수리철학을 적용한 것은 모음을 체계적으로 연구해서 규칙적으로 모음자를 생성 배열하게 만들기 위해서였을 것이다.

이렇게 삼태극, 음양 원리를 담아 모음자를 만들었더니, 한자로 적기가 불가능한 "졸졸, 줄줄, 좔좔"과 같은 우리말의 다채로운 흉내말의성어, 의태어, 음성상징어들이 마치 소리 그림처럼 적히게 되었고 누구나 자신의 느낌과 생각을 맘껏 표현할 수 있게 되었다.

오행의 각 요소오방, 오음, 오상 등를 반영하여 지금과 정반대로 그렸던 15세기 방위와 지금 방위를 적용한 그림은 다음과 같다그림 10 .

[그림 10] **모음자 오행 15세기 방위 분류도**

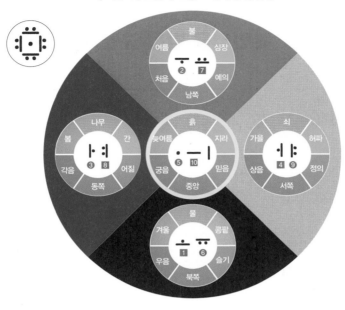

[그림 11] **모음자 오행 현대 방위 분류도**

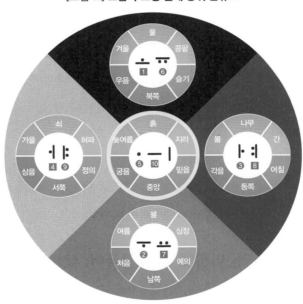

● 오행 우주를 이루는 다섯 원소　● 오방 동서남북과 그 가운데의 다섯 방향　□ 짝수:음성　○ 홀수:양성
● 오장 다섯 가지 장기　　　　　　● 오음 국악의 다섯 음률　　　　　　● 낳는 수:생수　● 이룬 수:성수
● 오상 다섯 가지 덕목　　　　　　● 오시 계절이 변하는 다섯 시기

출처: 김슬옹 글/강수현 그림(2015), 〈누구나 알아야 할 훈민정음, 한글이야기 28〉, 글누림. 58쪽 보완

받침글자를 따로 만들지 말라!

어린 시절 받아쓰기 추억이 없는 사람은 없을 것이다. 받아쓰기에서 자주 틀리곤 했던 '받침', 쉽다고 생각했던 한글이 갑자기 어렵게 느껴지게 했던 받침. 소리로는 '끝소리' 또는 '종성'이라 부르고, 글자로는 '끝소리글자' 또는 '종성자'라고 부르는 받침에 훈민정음의 과학성, 창제 정신, 세종의 온갖 고뇌가 서려 있는지를 모르는 분들이 꽤 많다.

한국어는 유달리 받침종성이 발달되어 있고 그 받침을 정확한 문자로 표기할 수 있게 한 이가 세종대왕이다. 이웃나라인 일본어는 거의 종성이 없고 중국어는 아예 종성에 대한 개념조차 없다. 중성과 종성을 하나의 단위운모로 인식하기 때문이다.

[그림 12] 중국어와 한국어 음절 짜임새 차이

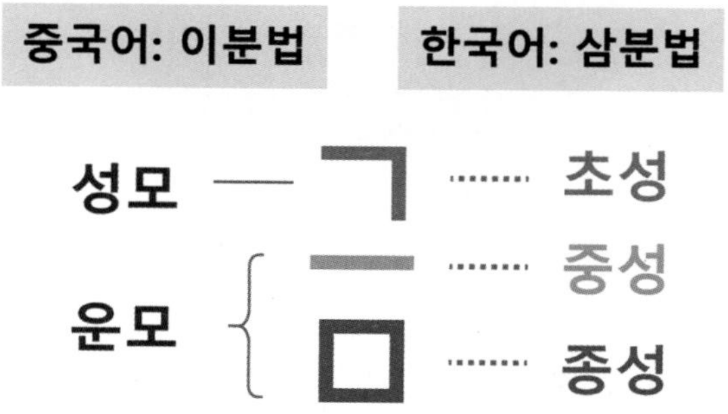

중국어: 이분법   한국어: 삼분법

성모 ─── ㄱ ······· 초성

운모 { ㅁ ······· 중성

······· 종성

유럽어도 이탈리아말은 일본말과 거의 비슷하게 받침이 거의 없고, 영어도 받침은 있지만 그것이 체계적인 문자나 표기법으로 되어 있지 않다.

한국어는 "가강/고공/과광" 등과 같이 받침이 있고 없고에 따라 다양한 소리, 글자를 만들어내니 그만큼 표현이 폭넓고 다채롭다. 세종은 이렇게 다채로운 받침을 적는 문자를 어떻게 만들까 고민에 고민을 거듭했을 것이다. 그러나 문자 차원의 결론은 간단했다. 《훈민정음》 해례본1446에서 세종이 직접 저술한 '정음편'에서 이렇게 한 문장으로 나타냈다.

終聲復用初聲 [정음3ㄴ:6_어제예의]
종 성 부 용 초 성
끝소리글자종성자는 첫소리글자초성자를 다시 쓴다.

끝소리글자를 따로 만들지 않고 첫소리를 그대로 쓴다는 것이다. 한글의 간결성과 과학성이 완성되는 순간이었다. 사실 소리로 보면 끝소리는 첫소리와 조금 다르다. '각'하면 똑같은 소리로 인식하지만, 사실은 첫소리 ㄱ[기]는 터져 나오는 소리이고 끝소리 ㄱ[윽]은 터졌다가 닫히는 소리이기 때문이다. 그래서 글자 모양을 얼마든지 다르게 할 수 있었을 것이고 그러기 위해 세종은 ㄱ[기]를 이리저리 변형하려 했을 것이다.

이리저리 고심하던 세종은 또 다른 우리말의 특성을 발견했다. 그것은 '각+이→가기'와 같이 모음이 붙으면 'ㄱ'이 다시 살아나는 특징이었다.

세종은 애초부터 하루아침에 배울 수 있는 쉬운 문자를 만들고자 했다. 그러기 위해서는 간결해야 했다. 받침글자를 따로 만들 경우 당연히 받침이 발달되어 있는 우리말의 특성상 복잡해질 수밖에 없다. 그래서 첫소리글자를 그대로 쓰자는 결단을 내린 것이다. 이것은 기적이었고 문자과학, 문자혁명의 완성이었다.

첫소리글자를 끝소리 글자에 모두 써라

"종성부용초성" 규정은 받침 문자 만들기에 대한 규정도 되지만, 받침을 어떻게 쓸 것인가에 대한 맞춤법 규정도 된다. 그러니까 두 가지 뜻을 가진 중의적인 규정이다. 현대 한글로 보면 첫소리에 쓰이는 19자가 끝소리에서도 모두 쓰이게 한 규정이다.

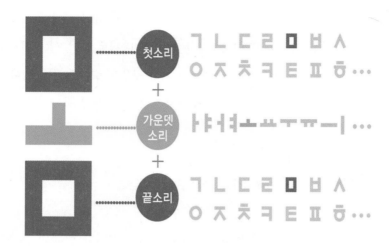

[그림 13] 첫소리를 끝소리로 다시 쓰기 현대 도형(김슬옹 글/강수현 그림, 《누구나 알아야 할 훈민정음 · 한글 이야기》 28, 68쪽)

이러한 받침 규정에 대해 세종과 해례본 지은이들은 만물이 순환하는 철학적, 생태학적 이치를 부여했다. 곧 하나의 바탕 기운이 두루 흘러 다하지 않고, 사계절 바뀜이 돌고 돌아 끝이 없으니 만물의 거둠에서 다시 만물의 시초가 되듯 겨울은 다시 봄이 되는 것과 같다는 것이다. 제자해 첫소리글자가 다시 끝소리글자가 되고 끝소리글자가 다시 첫소리글자가 되는 것도 역시 이와 같은 뜻이라는 것이다.

그런데 첫소리에 오는 모든 글자가 아니라 단 8자만 써도 된다는 규정이 신하들이 풀어쓴 '훈민정음 해례' 종성해에 다음과 같이 나온다.

然 ㄱㆁㄷㄴㅂㅁㅅㄹ 八字可足用也니라
연   팔 자 가 족 용 야
_ 정음해례18ㄱ:5-6_종성해

곧 'ㄱㆁ옛이응ㄷㄴㅂㅁㅅㄹ'의 여덟 글자만으로도 끝소리글자를 적기에 넉넉하다. 그래서 지금 표기로 하면 '배꽃'으로 적는 것이 원칙이지만, '배꼳15세기는 빗곶' 이렇게 발음나는 대로 적어도 괜찮다는 것이다. '높고'를 '놉고'로 적어도 좋다는 의미다. 일종의 허용 규정이다.

지금 만일 이런 받침 쓰기를 발음나는 대로 적으라고 하면 맞춤법의 근간이 흔들리고 표기법의 대혼란이 오게 된다. 사실 맞춤법은 쓰기 위주라기보다 읽기 위주다. 발음나는 대로 쓰게 되면 사람마다 다를 수 있고 같은 뜻을 유지하기 어렵다. 그래서 1933년에 제정된 한글 맞춤법은 이른바 원형 밝히기, 곧 형태음소 표기를 대원칙으로 정했다. '높고'에서 '높'이 소리음소로는 '놉'이지만 '높'이라는 원형대로 적어야 한다는 것이다.

이러한 원형 밝히기가 중요한 것은 소리나는 대로 적을 경우 가장 중요한 뜻 전달이 어려울 수 있다. 심한 경우 똑같은 뜻의 낱말 표기가 사람마다 달라져 큰 혼란이 올 수 있다.

그렇다면 세종대왕은 왜 원형 밝히기종성부용초성라는 대원칙을 누구보다 잘 알고 있고 그래서 그런 규정을 만들었음에도 신하들이 풀이한 곳에서는 그 원칙보다 발음 위주의 8종성법을 허용한 것일까?

그 이유는 물론 어디에도 나오지 않는다. 다만 필자가 추측컨대 그 이유는 하나밖에 없다. 백성들이 일단 쉽게 배우고 쉽게 쓸 수 있도록 배려한 것이다. 처음 문자를 만들었는데 만일 그 규정이 어렵거나 까다로우면 새 문자에 대한 진입 장벽은 당연히 높다. 새 문자를 빨리 보급하려는 애민 정신이 반영된 허용이라 할 것이다.

다만 세종은 언젠가는 원형 밝히기로 해야 함을 잘 알고 있었고, 직접 지은 《월인천강지곡》1449에서는 8종성법이 아닌 '종성부용초성종성자는 초성자를 다시 쓸 수 있다는 규정'의 예를 선보였던 것이다.

6장

훈민정음은 문자 오케스트라
- 합자해의 무한생성 문자과학

무한생성의 문자, 다채로운 오케스트라 연주가 되는 음표 같은 문자

《세종실록》 1443년 12월 30일자에 실려 있는 훈민정음 최초 기록을 글자 생성 내용만 압축해 보면 이런 내용이다.

> 이달에 임금이 친히 언문 28자를 지었는데, 초성·중성·종성으로 나누어 합한 연후에야 글자를 이루었다. 글자는 비록 간결하면서도 요점을 잘 드러내고, 전환하는 것이 무궁하니, 이것을 훈민정음이라고 일렀다.
>
> (上親制諺文二十八字, 分爲初中終聲, 合之然後乃成字, 字雖簡要, 轉換無窮, 是謂 '訓民正音')

실록에는 뜬금없이 이런 간결한 기록만 나오고 설명이 전혀 등장하지 않는다. 이 말의 실체는 1446년 훈민정음 해례본이 나와서야 자세히 알 수 있었다. 곧 해례본에서는 제자해 다음으로 첫소리글자에 대한 '초성해', 가운뎃소리글자에 대한 '중성해', 끝소리글자에 대한 '종성해'를 설명한 후 세 글자를 합하는 '합자해'를 설명하고 있다. 지금말로 하면 '음절자'를 만드는 방법을 설명한 것이 '합자해'이다.

여기서 주목할 말이 한문에서 '전환무궁轉換無窮'이란 말이다. 초성자, 중성자, 종성자를 합쳐서 끝이 없을 정도로 많은 글자를 만들어낸다는 뜻이다. 이를테면 'ㄱ'이란 자음자가 다

〈표 5〉 기적의 한글 음절표 5.0 (연습용)

1. 첫소리 글자

2. 가운뎃소리글자

	❶ ㅇ	❷ ㄱ g	❸ ㅋ k	❹ ㄲ kk	❺ ㄴ n	❻ ㄷ d	❼ ㅌ t	❽ ㄸ tt	❾ ㄹ r,l	❿ ㅁ m	⓫ ㅂ b	⓬ ㅍ p	⓭ ㅃ pp	⓮ ㅅ s	⓯ ㅈ j	⓰ ㅊ ch	⓱ ㅆ ss	⓲ ㅉ jj	⓳ ㅎ h
1 ㅣ i	이 i	기 gi	키 ki	끼 kki	니 ni	디 di	티 ti	띠 tti	리 ri	미 mi	비 bi	피 pi	삐 ppi	시 si	지 ji	치 chi	씨 ssi	찌 jji	히 hi
2 ㅏ a	아 a	가 ga	카 ka	까 kka	나 na	다 da	타 ta	따 tta	라 ra	마 ma	바 ba	파 pa	빠 ppa	사 sa	자 ja	차 cha	싸 ssa	짜 jja	하 ha
3 ㅑ ya	야 ya	갸 gya	캬 kya	꺄 kkya	냐 nya	댜 dya	탸 tya	땨 ttya	랴 rya	먀 mya	뱌 bya	퍄 pya	뺘 ppya	샤 sya	쟈 jya	챠 chya	쌰 ssya	쨔 jjya	햐 hya
4 ㅓ eo	어 eo	거 geo	커 keo	꺼 kkeo	너 neo	더 deo	터 teo	떠 tteo	러 reo	머 meo	버 beo	퍼 peo	뻐 ppeo	서 seo	저 jeo	처 cheo	써 sseo	쩌 jjeo	허 heo
5 ㅕ yeo	여 yeo	겨 gyeo	켜 kyeo	껴 kkyeo	녀 nyeo	뎌 dyeo	텨 tyeo	뗘 ttyeo	려 ryeo	며 myeo	벼 byeo	펴 pyeo	뼈 ppyeo	셔 syeo	져 jyeo	쳐 chyeo	쎠 ssyeo	쪄 jjyeo	혀 hyeo
6 ㅔ e	에 e	게 ge	케 ke	께 kke	네 ne	데 de	테 te	떼 tte	레 re	메 me	베 be	페 pe	뻬 ppe	세 se	제 je	체 che	쎄 sse	쩨 jje	헤 he
7 ㅐ ae	애 ae	개 gae	캐 kae	깨 kkae	내 nae	대 dae	태 tae	때 ttae	래 rae	매 mae	배 bae	패 pae	빼 ppae	새 sae	재 jae	채 chae	쌔 ssae	째 jjae	해 hae
8 ㅖ ye	예 ye	계 gye	켸 kye	꼐 kkye	녜 nye	뎨 dye	톄 tye	뗴 ttye	례 rye	몌 mye	볘 bye	폐 pye	뼤 ppye	셰 sye	졔 jye	쳬 chye	쎼 ssye	쪠 jjye	혜 hye
9 ㅒ yae	얘 yae	걔 gyae	꺠 kyae	꺠 kkyae	냬 nyae	댸 dyae	턔 tyae	떄 ttyae	럐 ryae	먜 myae	뱨 byae	퍠 pyae	뺴 ppyae	섀 syae	걔 jyae	챼 chyae	썌 ssyae	쨰 JJyae	햬 hyae
10 ㅡ eu	으 eu	그 geu	크 keu	끄 kkeu	느 neu	드 deu	트 teu	뜨 tteu	르 reu	므 meu	브 beu	프 peu	쁘 ppeu	스 seu	즈 jeu	츠 cheu	쓰 sseu	쯔 jjeu	흐 heu
11 ㅗ o	오 o	고 go	코 ko	꼬 kko	노 no	도 do	토 to	또 tto	로 ro	모 mo	보 bo	포 po	뽀 ppo	소 so	조 jo	초 cho	쏘 sso	쪼 jjo	호 ho
12 ㅛ yo	요 yo	교 gyo	쿄 kyo	꾜 kkyo	뇨 nyo	됴 dyo	툐 tyo	뚀 ttyo	료 ryo	묘 myo	뵤 byo	표 pyo	뾰 ppyo	쇼 syo	죠 jyo	쵸 chyo	쑈 ssyo	쬬 jjyo	효 hyo
13 ㅜ u	우 u	구 gu	쿠 ku	꾸 kku	누 nu	두 du	투 tu	뚜 ttu	루 ru	무 mu	부 bu	푸 pu	뿌 ppu	수 su	주 ju	추 chu	쑤 ssu	쭈 jju	후 hu
14 ㅠ yu	유 yu	규 gyu	큐 kyu	뀨 kkyu	뉴 nyu	듀 dyu	튜 tyu	뜌 ttyu	류 ryu	뮤 myu	뷰 byu	퓨 pyu	쀼 ppyu	슈 syu	쥬 jyu	츄 chyu	쓔 ssyu	쮸 jjyu	휴 hyu
15 ㅢ ui	의 ui	긔 gui	킈 kui	끠 kkui	늬 nui	듸 dui	틔 tui	띄 ttui	릐 rui	믜 mui	븨 bui	픠 pui	쁴 ppui	싀 sui	즤 jui	츼 chui	씌 ssui	쯰 jjui	희 hui
16 ㅚ oe	외 oe	괴 goe	쾨 koe	꾀 kkoe	뇌 noe	되 doe	퇴 toe	뙤 ttoe	뢰 roe	뫼 moe	뵈 boe	푀 poe	뾔 ppoe	쇠 soe	죄 joe	최 choe	쐬 ssoe	쬐 jjoe	회 hoe
17 ㅟ wi	위 wi	귀 gwi	퀴 kwi	뀌 kkwi	뉘 nwi	뒤 dwi	튀 twi	뛰 ttwi	뤼 rwi	뮈 mwi	뷔 bwi	퓌 pwi	쀠 ppwi	쉬 swi	쥐 jwi	취 chwi	쒸 sswi	쮜 jjwi	휘 hwi
18 ㅘ wa	와 wa	과 gwa	콰 kwa	꽈 kkwa	놔 nwa	돠 dwa	톼 twa	똬 ttwa	롸 rwa	뫄 mwa	봐 bwa	퐈 pwa	뽜 ppwa	솨 swa	좌 jwa	촤 chwa	쏴 sswa	쫘 jjwa	화 hwa
19 ㅝ wo	워 wo	궈 gwo	쿼 kwo	꿔 kkwo	눠 nwo	둬 dwo	퉈 two	뚸 ttwo	뤄 rwo	뭐 mwo	붜 bwo	풔 pwo	뿨 ppwo	숴 swo	줘 jwo	춰 chwo	쒀 sswo	쭤 jjwo	훠 hwo
20 ㅙ wae	왜 wae	괘 gwae	쾌 kwae	꽤 kkwae	놰 nwae	돼 dwae	퇘 twae	뙈 ttwae	뢔 rwae	뫠 mwae	봬 bwae	퐤 pwae	뽸 ppwae	쇄 swae	좨 jwae	쵀 chwae	쐐 sswae	쫴 jjwae	홰 hwae
21 ㅞ we	웨 we	궤 gwe	퀘 kwe	꿰 kkwe	눼 nwe	뒈 dwe	퉤 twe	뛔 ttwe	뤠 rwe	뭬 mwe	붸 bwe	풰 pwe	쀄 ppwe	쉐 swe	줴 jwe	췌 chwe	쒜 sswe	쮀 jjwe	훼 hwe

3. 끝소리 글자

❶ ㄱ k	❷ ㅋ k	❸ ㄴ n	❹ ㄷ t	❺ ㅌ t	❻ ㄹ l	❼ ㅁ m	❽ ㅂ p	❾ ㅍ p	❿ ㅅ t	⓫ ㅈ t	⓬ ㅊ t	⓭ ㅇ ng	⓮ ㅎ t
윽 euk	윽 euk	은 eun	읃 eut	읕 eut	을 eul	음 eum	읍 eup	읖 eup	읏 eut	읒 eut	읓 eut	응 eung	읗 eut

⓯ ㄳ k	⓰ ㄲ kk	⓱ ㄵ n	⓲ ㄶ n	⓳ ㄺ k	⓴ ㄻ m	㉑ ㄼ l	㉒ ㄽ l	㉓ ㄾ l	㉔ ㄿ m	㉕ ㅀ l	㉖ ㅄ p	㉗ ㅆ t
몫 mok	닭 dak	앉 an	많 man	닭 dak	닮 dam	넓 neol	곬 gol	핥 hal	읊 eup	싫 sil	없 eop	었 eot

양한 글자에 들어간 "가·감·고·곰·구·금"이란 예를 보면 ㄱ이 다른 중성자와 종성자를 만나 다양하게 '변환'되었고 다양한 글자가 '생성'되었다. 28자의 적은 글자로 끝이 없을 정도로 수많은 글자를 만들어내니 '무궁'이라 한 것이다.

이런 사관의 평가를 먼저 현대 글자를 통해 과학적으로 객관적으로 확인해보고 느껴보자.

하루아침에 빚어낸 정음, 밝은 지혜의 세상을 열다

필자가 직접 개발한 '기적의 한글음절표'를 보면 현대 한글에서 첫소리에 올 수 있는 자음자 수는 19이고 가운뎃소리글자는 21, 끝소리글자받침는 쌍받침, 겹받침 포함 27자이다. 그렇다면 낱자를 합성하여 만들어낼 수 있는 글잘 수는 얼마일까? 그렇다면 받침 없는 글자 수와 받침 있는 글자 수를 합하면 된다. 받침 없는 글자 수는 19×21=399자이다. 받침 있는 글자는 399×27=10,773자이다. 둘을 합하면 11,172자가 생성되는 셈이다.

15세기에는 기본자는 28자이지만, 실제로는 자음자 40자, 모음자 29자나 되었다. 현대의 11,172자와 비교할 수 없을 정도의 많은 글자를 생성해낼 수 있을 것이다. ㅄ과 같은 병서를 모든 자음자를 활용해 만들 수 있다는 가정을 세운다면 상상을 초월한 글자가 생성될 것이니 '전환무궁'이란 말이 결코 과장이 아님을 알 수 있다.

이는 마치 '도레미파솔라시도' 몇 개 안 되는 음표로 무한대의 음을 생성해내는 오케스트라 연주와 아주 딱 닮았다.

한정된 뜻글자로 어렵사리 우리말을 번역해 적던, 15세기 최고 지식인이었던 정인지를 비롯한 여덟 명은 이런 놀라운 새 글자의 효용성과 탁월함에 입을 다물지 못했다. 한자가 권력이었고 생명이었던 그들조차 놀라운 감정을 숨기지 않고 합자해 갈무리 시 마무리에서 이렇게 노래하고 있다.

一朝制作侔神工 / 大東千古開矇矓 [정음해례24ㄱ:7-8_합자해_결시]
일 조 제 작 모 신 공　　대 동 천 고 개 몽 롱

하루아침에 신과 같은 솜씨로 정음을 지어 내시니 / 우리 겨레 오랜 역사의 어둠을 비로소 밝혀 주셨네.

우리 겨레의 오랜 역사의 어둠을 밝혀, 밝은 지혜의 세상을 열게 되었다는 것이다. 한자는 위대한 문자이기는 하나 지식과 정보를 온전히 담을 수 없고 더욱이 누구나 평등하게 나눌 수 없다. 아무리 뛰어난 지식이라도 나누지 않으면 지혜가 되지 못한다. 누구나 쉽게 지식과 정보를 마음껏 표현하고 나눌 수 있는 문자가 나왔으니 이제 비로소 지혜의 세상이 열렸다는 것이다. 정인지는 해례본 끝마무리에서 "무릇 동방에 나라가 있은 지가 오래지 않음이 아니로되, 만물의 뜻을 깨달아 모든 일을 온전하게 이루게 하는 큰 지혜는 오늘을 기다리고 있었던 것이다."라고 말한 맥락과 같다.

합자 능력만 있으면 뽑게 하라

해례본이 나오고 나서 세달 뒤쯤인 1446년 12월 26일에 세종은 하급 관리 과거 시험의 훈민정음 관련 국가 지침을 "이제부터는 하급 관리 국가채용 시험 때에는 《훈민정음》도 아울러 시험해 뽑게 하되, 비록 뜻과 이치는 통하지 못하더라도 능히 합자하는 사람을 뽑게 하라."라고 이조에 지시를 내린다.

백성들의 삶과 직접 연결되는 하급 관리들한테 세종은 하루빨리 훈민정음을 보급하고 싶었던 것이다. 또한 새 문자에 대한 부담감, 진입 장벽을 낮추기 위해 초성자, 중성자, 종성자를 합해 글자음절자를 만들 수 있으면 무조건 합격시키라는 내용이다.

세종이 새 문자를 보급하기 위해 얼마나 많이 노심초사했는지를 알 수 있는 사건이요 기록이다. 이렇게 하여 무한생성의 문자는 널리 퍼졌고 백성들의 온갖 소리를 연주해주는 글자가 되었다.

| 7장 | 용자례 94개 낱말에 담긴 훈민정음의 꿈 |

훈민정음 창제 사실을 알린 지 얼마 되지 않은 1444년 2월. 세종이 아끼던 청백리 신하, 집현전 부제학 최만리 대감까지 나서 반대하자 세종은 충격을 받았다. 격한 논쟁을 벌인 끝에 감옥에 가두기까지 했을 정도였으니 말이다. 하루만에 석방하면서 세종은 대학자답게 학문적으로 설득하면서 가장 쉬운 설명서로 훈민정음을 임금의 문자가 아니라 백성들의 문자로 만들려는 결심을 세웠을 것이다. '제자해, 초성해, 중성해, 종성해, 합자해' 이렇게 글자 만든 원리부터 글자 순서를 차례대로 설명하고 나서 이제 실제 쓸 수 있게 하는 용자례를 어떻게 구성할 것인가로 숱한 고민을 이어갔을 것이다. 그러나 고민에 답은 단순하고 간결했다.

해례본은 위대한 학문서요, 철학서이지만, 어찌 보면 유아들에게 얼른 한글을 떼 주고 싶은 젊은 엄마·아빠표 한글 교육서 같다. 글자의 사용 보기를 든 용자례를 보면 더욱 그러하다. 만일 합자해까지 설명을 듣고도 반대하는 신하들이 있다면 "그대들이 〈콩〉을 적을 줄 아시오"라고 물었을 것이다. '됴콩 두'라고 적었다면 "그건 콩이라는 뜻은 있지만, 콩이라는 소리를 그대로 적은 것은 아니지 않소?" "콩은 좋아하시면서 콩을 적을 줄 모른단 말이오."라고 크게 되물었을 것이다.

그래서 용자례를 보면, 다음과 같이 94개의 낱말로 초성자, 중성자, 종성자의 쓰임새를 일상 낱말로 차분하게 예를 들어 보이고 있다.

〈표 6〉 훈민정음 해례본의 〈용자례〉 낱말 94

갈래	개수	토박이 낱말
초성자	34	**– 어금닛소리(아음)** ㄱ: **:감**(감, 柿), **·골**(갈대, 蘆) ㅋ: **우케**(우케[찧지 않은 벼], 未舂稻,), **콩**(콩, 大豆) ㆁ: **러·울**(너구리, 獺), **서에**(성에/성엣장[유빙]流澌) **– 혓소리(설음)** ㄷ: **뒤**(띠[볏과 식물], 茅), **담**(담, 墻) ㅌ: **고·티**(고치[벌레 집/곤충 알]繭), **두텁**(두꺼비, 蟾蜍) ㄴ: **노로**(노루, 獐), **납**(원숭이/잔나비, 猿) **– 입술소리(순음)** ㅂ: **볼**(팔, 臂), **:벌**(벌/꿀벌, 蜂) ㅍ: **파**(파, 葱), **·풀**(파리, 蠅), ㅁ: **:뫼**(산, 山), **·마**(마, 薯藇) ㅸ: **사·비**(새우, 蝦), **드·뵈**(뒤웅박, 瓠) **– 잇소리(치음)** ㅈ: **·자**([재는]자, 尺), **죠·히**(종이, 紙) ㅊ: **·체**([거르는]체, 籭), **·채**(채찍, 鞭) ㅅ: **·손**(손, 手), **:셤**(섬, 島) **– 목구멍소리(후음)** ㅎ: **·부형**(부엉이, 鵂鶹), **·힘**(힘줄, 筋) ㅇ: **비육**(병아리, 鷄雛), **·부얌**(뱀, 蛇) **– 반혓소리(반설음)** ㄹ: **무뤼**(우박, 雹), **어·름**(얼음, 氷) **– 반잇소리(반치음)** ㅿ: **아슨**(아우, 弟), **:너싀**(느시, 鴇)
중성자	44	**·: ·툭**(턱, 頤), **폿**(팥, 小豆), **두리**([건너는]다리, 橋), **·구래**(가래나무, 楸) **—: ·믈**(물, 水), **·발측**(발뒤축, 跟), **그력**(기러기, 鴈), **드레**(두레박, 汲器) **ㅣ: ·깃**(둥지/보금자리, 巢), **:밀**(밀랍, 蠟), **·피**(피[볏과 풀], 稷), **·키**(키[곡식 까부는 그릇], 箕) **ㅗ: ·논**(논, 水田), **·톱**(톱, 鉅), **호·미**(호미, 鉏), **벼·로**(벼루, 硯) **ㅏ: ·밥**(밥, 飯), **·낟**(낫, 鎌), **이·아**(잉아[베틀용 굵은 실], 綜), **사·슴**(사슴, 鹿) **ㅜ: 숫**(숯, 炭), **·울**(울타리, 籬), **누에**(누에, 蚕), **구·리**(구리, 銅) **ㅓ: 브섭**(부엌, 竈), **:널**(널/널판/널빤지, 板), **서·리**(서리, 霜), **버들**(버들/버드나무, 柳) **ㅛ: 죵**(종/노비, 奴), **·고욤**(고욤[고욤나무 열매], 梬), **쇼**(소, 牛), **삽됴**(삽주[국화과 풀], 蒼朮菜) **ㅑ: 남샹**(남생이, 龜), **약**(거북이, 鼅鼄), **다·야**(손대야, 匜), **쟈감**(메밀껍질, 蕎麥皮) **ㅠ: 율믜**(율무, 薏苡), **쥭**(밥주걱, 煑), **슈룹**(우산, 雨繖), **쥬련**(수건, 帨) **ㅕ: ·엿**(엿, 飴餹), **·뎔**(절/사찰, 佛寺), **·벼**(벼, 稻), **져비**(제비, 燕)

종성자	16	ㄱ: **닥**(닥나무, 楮), **독**(독/옹기, 甕) ㆁ: **굼벙**(굼벵이, 蠐螬), **·올창**(올챙이, 蝌蚪) ㄷ: **·갇**([쓰는]갓, 笠), **싣**(단풍/단풍나무/신나무, 楓) ㄴ: **·신**(신/신발, 屨), **·반되**(반디/반딧불이, 螢) ㅂ: **섭**(섶나무, 薪), **굽**(발굽, 蹄) ㅁ: **:범**(범/호랑이, 虎), **·심**(샘, 泉) ㅅ: **·잣**(잣나무, 海松), **·못**(못/연못, 池) ㄹ: **·돌**(달, 月), **·별**(별, 星)

마지막 종성자가 ㄹ이다 보니, 그 보기는 '달, 별'이 되었다.

이상의 94개 낱말을 주제별로 분류해 보면 다음과 같다.

〈표 7〉《훈민정음》해례본의 용자례 낱말 주제별 분류 *( ) 현대 대응어, [ ] 풀이, 영역 포함(빈도순)

갈래	보기	어휘수
동물	**:범**(범/호랑이, 虎), **노로**(노루, 獐), **사·슴**(사슴, 鹿), **쇼**(소, 牛), **러울**(너구리, 獺), **납**(원숭이/잔나비, 猿), **·부얌**(뱀, 蛇), **두텁**(두꺼비, 蟾蜍), **굼벙**(굼벵이, 蠐螬), **·비육**(병아리, 鷄雛), **·올창**(올챙이, 蝌蚪), **·반되**(반디/반딧불이, 螢), **·벌**(벌/꿀벌, 蜂), **·풀**(파리, 蠅), **·부형**(부엉이, 鵂鶹), **그력**(기러기, 雁), **·너시**(느시, 鴇), **져비**(제비, 燕), **사·비**(새우, 蝦), **남샹**(남생이, 龜), **약**(거북이, 龜鼈), **누·에**(누에, 蚕), **고·티**(고치[벌레 집/곤충 알], 繭)	23
생활/도구	**죠·히**(종이, 紙), **채**(채찍, 鞭), **드레**(두레박, 汲器), **톱**(톱, 鉅), **벼·로**(벼루, 硯), **이·아**(잉아[베틀용 굵은 실], 綜), **·숫**(숯, 炭), **구·리**(구리, 銅), **브·섭**(부엌, 竈), **·널**(널/널판/널빤지, 板), **다·야**(손대야, 匜), **슈·룹**(우산, 雨繖), **쥬·련**(수건, 帨), **독**(독/옹기, 甕), **·갇**([쓰는]갓, 笠), **·신**(신/신발, 屨), **체**([거르는]체, 籭), **·자**([재는]자, 尺), **드·뵈**(뒤웅박, 瓠), **쥭**(밥주걱, 菜), **·밀**(밀랍, 蠟)	21
식물/열매	**:감**(감, 柿), **우케**(우케[찧지 않은 벼], 未舂稻), **콩**(콩, 大豆), **꿋**(팥, 小豆), **·마**(마, 薯蕷), **고욤**(고욤[고욤나무 열매], 梬), **쟈감**(메밀껍질, 蕎麥皮), **율·믜**(율무, 薏苡), **·벼**(벼, 稻), **뒤**(띠[볏과 식물], 茅), **피**(피[볏과 풀], 稷), **파**(파, 葱), **삽됴**(삽주[국화과 풀], 蒼朮菜), **·골**(갈대, 蘆), **·그래**(가래나무, 楸), **닥**(닥나무, 楮), **섭**(섶나무/땔나무, 薪), **·잣**(잣나무, 海松), **버들**(버들/버드나무, 柳), **싣**(단풍/단풍나무/신나무, 楓) * 열매(콩, 팥)와 '파' 등은 먹거리로도 분류될 수 있음.	20
자연/날씨/시간	**:뫼**(산, 山), **:셤**(섬, 島), **·믈**(물, 水), **·못**(못/연못, 池), **·심**(샘, 泉), **·돌**(달, 月), **·별**(별, 星), **무뤼**(우박, 雹), **서·리**(서리, 霜), **서·에**(성엣장/유빙, 流澌), **어·름**(얼음, 氷)	11
몸	**·특**(턱, 頤), **·손**(손, 手), **볼**(팔, 臂), **·힘**(힘줄, 筋), **·발측**(발뒤축, 跟), **굽**(발굽, 蹄)	6
농사	**논**(논, 水田), **호·미**(호미, 鉏), **·낟**(낫, 鎌), **·키**(키[곡식 까부는 도구], 箕)	4

건축	**·뎔**(절/사찰, 佛寺), **두리**([건너는]다리, 橋), **담**(담. 墻), **울**(울타리, 籬)	4
먹거리/식량	**·밥**(밥, 飯), **·엿**(엿, 飴餹)	2
사람	**아우**(아우, 弟), **죵**(종/노비, 奴)	2
사물/행위	**·깃**(둥지/보금자리, 巢)	1
합계		94

동물(23)과 생활도구(21)와 식물(20)이 거의 같은 수로 가장 많다. 모두 무려 64개로 94개 가운데 68%나 된다. 음절 수로 분류하면 다음과 같다.

〈표 8〉《훈민정음》해례본의 용자례 낱말 음절 수 분류

갈래		수
1음절어	**:범**(범/호랑이, 虎), **쇼**(소, 牛), **납**(원숭이/잔나비, 猿), **·벌**(벌/꿀벌, 蜂), **·풀**(파리, 蠅,), **약**(거북이, 龜鼈), **채**(채찍, 鞭), **톱**(톱, 鉅), **숫**(숯, 炭), **·널**(널/널판/널빤지, 板), **독**(독/옹기, 甕), **·갇**([쓰는]갓, 笠), **·신**(신/신발, 屨), **체**([거르는]체, 籭), **자**([재는]자, 尺), **쥭**(밥주걱, 棗), **·밀**(밀랍, 蠟), **:감**(감, 柿), **콩**(콩, 大豆), **·꽃**(팥, 小豆), **·마**(마, 薯蕷), **·벼**(벼, 稻), **뒤**(띠[볏과 식물], 茅), **피**(피[볏과 풀], 稷), **·파**(파, 葱), **·골**(갈대, 蘆), **닥**(닥나무, 楮), **섭**(섶나무/땔나무, 薪), **잣**(잣나무, 海松), **신**(단풍/단풍나무/신나무, 楓), **:뫼**(산, 山), **:셤**(섬, 島), **·믈**(물, 水), **·못**(못/연못, 池), **·심**(샘, 泉), **·돌**(달, 月), **·별**(별, 星), **·툭**(턱, 頤), **·손**(손, 手), **불**(팔, 臂), **·힘**(힘줄, 筋), **굽**(발굽, 蹄), **·논**(논, 水田), **·낟**(낫, 鎌), **·키**(키[곡식 까부는 도구], 箕), **·뎔**(절/사찰, 佛寺), **담**(담, 墻), **울**(울타리, 籬), **·밥**(밥, 飯), **·엿**(엿, 飴餹), **죵**(종/노비, 奴), **·깃**(둥지/보금자리, 巢)	52 (55.3%)
2음절어	**노로**(노루, 獐), **사·ᄉᆞᆷ**(사슴, 鹿), **너울**(너구리, 獺), **·ᄇᆞ얌**(뱀, 蛇), **두텁**(두꺼비, 蟾蜍), **굼벵**(굼벵이, 蠐螬), **비육**(병아리, 鷄雛), **올창**(올챙이, 蝌蚪), **·반되**(반디/반딧불이, 螢), **·부헝**(부엉이, 鵂鶹), **그력**(기러기, 鴈), **너·ᅀᅵ**(느시, 鴇), **져비**(제비, 燕), **사·비**(새우, 蝦), **남샹**(남생이, 龜), **누·에**(누에, 蚕), **고·티**(고치[벌레 집/곤충 알], 繭), **죠·히**(종이, 紙), **드·레**(두레박, 汲器), **벼·로**(벼루, 硯), **이·아**(잉아[베틀용 굵은 실], 綜), **구·리**(구리, 銅), **브섭**(부엌, 竈), **다·야**(손대야, 匜), **슈·룸**(우산, 雨繖), **쥬련**(수건, 帨), **드·뵈**(뒤웅박, 瓢), **우·케**(우케[찧지 않은 벼], 未舂稻), **고욤**(고욤[고욤나무 열매], 梬), **쟈·감**(메밀껍질, 蕎麥皮), **율·믜**(율무, 薏苡), **삽됴**(삽주[국화과 풀], 蒼朮菜), **·ᄀᆞ래**(가래나무, 楸), **버·들**(버들/버드나무, 柳), **무뤼**(우박, 雹), **서·리**(서리, 霜), **서·에**(성엣장/유빙, 流凘), **어·름**(얼음, 氷), **발·측**(발뒤축, 跟), **호·미**(호미, 鉏), **두·리**([건너는]다리, 橋), **아우**(아우, 弟)	42 (44.7%)
합계		94

1음절어가 52개로 55.3%이고 2음절어는 42개로 44.7%이다. 3음절어는 아예 없다. 되도록 짧은 낱말로 부담 없이 새 문자를 익히게 하려는 의도가 담겨 있다.

용자례 94개로 좁혀 보면 현대말과 똑같은 꼴이 33개로 26.6%, 거의 같은 꼴이 45개로 36.3%, 비슷한 꼴이 25개로 20.2%, 아주 다른 꼴이거나 지금 안 쓰는 말이 21개로 16.9%이다. 용자례로 좁혀 보면, 83.1%가 같거나 비슷하다. 이는 오랜 역사 속에서 형성된 기본 어휘가 훈민정음으로 그대로 적히고 지금까지 그런 말들이 면면히 이어지고 있음을 보여 준다.

〈표 9〉《훈민정음》(1446) 해례본 용자례에 나오는 낱말과 현대말 비교

갈래	해례본 보기	개수	비율
현대말과 똑같은 꼴	누에(누에), :범(범), :감(감), 콩(콩), 파(파), 마(마), 잣(잣나무), 손(손), 굽(굽), 톱(톱), 신(신), 체(체), 자(자), 서·리(서리), 논(논), 밥(밥), ·엿(엿), 버들(버들), :별(별), 담(담), 피(피), 고욤(고욤), 벼(벼), 닥(닥나무), 구·리(구리), 키(키), :별(별)	27	28.7
거의 같은 꼴	낟(낫), 어름(얼음), :셤(섬), :믈(물), 독(독), 쇼(소), 져비(제비), 올창(올챙이), 굼벙(굼벵이), 반되(반디), 다야(손대야), 드레(두레박), ·못(못), 호미(호미), 섭(섶나무), 고티(고치), 노로(노루), 그력(기러기), 사·슴(사슴), 남샹(남생이), ·톡(턱), 숫(숯), 이·아(잉아), 꿋(팥), :쇰(샘), 돌(달), 뎔(절), 빗곳(배꽃), ·그래(가래), 두리(다리), 율믜(율무), 아슨(아우), 벼로(벼루), ·널(널판지), 갇(갓), 죵(종)	36	38.3
비슷한 꼴	두텁(두꺼비), ·부헝(부엉이), ·부얌(뱀), 골(갈대), :너시(느시), :밀(밀랍), 힘(힘줄), 볼(팔), 죠히(종이), 발측(발뒤축), 브섭(부엌), 울(울타리), 뒤(띠), 삽됴(삽주), 채(채찍), 풀(파리)	16	17
아주 다른 꼴이거나 지금 안 쓰는 말	러울(너구리), 납(원숭이), 사·비(새우), 약(거북이), 무뤼(우박), :뫼(산), :깃(보금자리), :싣(신나무), ·비육(병아리), 슈룹(우산), 쥬련(수건), 드뵈(뒤웅박), 쟈감(메밀), 쥭(밥주걱), 우케(우케),	15	16

모든 낱말이 일상어와 아이들이 좋아할 만한 동식물 관련 낱말들로만 구성되어 있다. 일상어와 쉬운 말로 새 문자 시범을 보여 모든 백성들이 빨리 익히도록 한 것이다. 《훈민정음》해례본은 비록 한문으로 되어 있어 양반 지식인들만이 읽을 수 있는 책이었으나 설명 내용은 양반 지식인들이 빨리 배워 일반 백성들한테 빨리 보급해 주길 바랐던 마음을 담아 실

제 방법과 보기를 들어주었다. 이 말들은 아마도 오랜세월 늘 써오던 말이었다. 늘 쓰는 말인데 지식인들은 괄호 한자처럼 한문으로 번역해 적었고 일반 백성들은 아예 적을 수 없었다. 그런데 훈민정음으로 소리가 눈에 보이는 것이었으니 그야말로 훈민정음 보이는 소리글자로 백성들의 소리와 마음을 온전히 드러내 주었다. 보이는 소리글자 훈민정음의 감동이었다.

《훈민정음》 해례본은 훈민정음 해설서이므로 딱딱한 내용으로 연상하기 마련이다. 물론 훈민정음의 학문 배경까지 기술되어 있으니 그렇게 보면 학술서에 가깝고 딱딱하다. 그러나 글자 만든 배경과 방법을 집중적으로 설명한 "제자해, 초성해, 중성해, 종성해, 합자해"의 경우는 긴 설명을 일곱 자 시노래로 압축해 다시 실어놓았다.

이 부분을 보통 '결시訣詩'라고 하는데 쉬운 말로 하면 '갈무리 시'이다. 곧 일곱 자로 이루어진 7언시, 마치 랩 가사와 같은 시가 실려 있다면 곧이 믿기 어려울 것이다. '갈무리시는 자세히 풀어쓴 것을 요약하여 그 의미나 가치를 잘 드러내는 것이므로 예를 나열한 용자례에는 없다.

이런 편찬 방식은 불교 경전에서 유래한 것으로 마치 부처님 말씀인 산문으로 된 '경經' 본문에 대하여 그 뒤에 운문으로 다시 요약·반복하고 있는 '중송重頌'과 비슷하다. '중송'은 "산문으로 된 경문經文 다음에 다시 그 뜻을 간결하게 묶어서 운문으로 보인 게송偈頌_표준국어대사전"으로 일종의 요약 노래 또는 요약 시다.

7언시는 두 행이 한 쌍으로 제자해의 첫 부분을 번역문과 함께 내보이면 다음과 같다.

\<제자해\> 갈무리시

天地之化本一氣

陰陽五行相始終 [정음해례9ㄱ:7-8_제자해_갈무리시]

物於兩間有形聲

元本無二理數通 [정음해례9ㄴ:1-2_제자해_갈무리시]

正音制字尙其象

因聲之厲每加畫 [정음해례9ㄴ:3-4_제자해_갈무리시]

하늘과 땅의 조화는 본디 하나의 기운이니

음양과 오행이 서로 처음이 되며 끝이 되네.

만물이 하늘과 땅 사이에서 꼴과 소리 있으나

근본은 둘이 아니니 이치와 수로 통하네.

정음 글자 만들 때 주로 그 꼴을 본뜨니

소리 세기에 따라 획을 더하였네.

이와 같은 형식으로 일반 요약 방식에 따라 본문 내용을 일부는 삭제하기도 하고 합치기
도 하고 재구성하기도 하면서 술술 읽히는 7언시로 정리해 놓았다.

물론 본문에 없는 표현도 들어가 있는 것도 있다. 갈무리시가 끝나는 합자해 마지막 부분
에서는 이런 감동을 담았다.

方言俚語萬不同

有聲無字書難通

一朝/制作侔神工

大東千古開矇曨

방언과 토박이말 다 다르니

말소리 있고 글자는 없어 글로 통하기 어렵더니

하루아침에 신과 같은 솜씨로 정음을 지어내시니

우리 겨레 오랜 역사의 어둠을 비로소 밝혀 주셨네.

이 갈무리시는 〈합자해〉 갈무리시의 마지막이지만 전체 갈무리시의 마지막이기도 하다. 〈합자해〉는 제자 원리를 바탕으로 초성자, 중성자, 종성자를 합쳐 실제 글자도 구현하는 그야말로 문자 탄생의 대미를 보여 주는 부분이다.

아마도 세종의 뜻에 따라 풀이를 마친 정인지, 최항, 박팽년, 신숙주, 성삼문, 강희안, 이개, 이선로 등은 벅찬 감정에 휩싸였을 것이다. 중국말의 방언 격인 우리말이 중국말과 다른 데다가 우리나라 말소리를 적을 수 있는 글자가 없어 오랫동안 진정한 지혜의 나라를 이루지 못하고 어둠 속에서 살았는데, 이제 그 말을 제대로 적을 수 있는 글자가 생겨 누구나 지혜를 가질 수 있는 세상이 되었다는 벅찬 느낌으로 새 문자의 놀라운 가치를 표현하고 있다.

해례본의 '갈무리시'는 그 자체가 독립된 텍스트이기도 하고 해례본의 가치를 더욱 잘 드러내고 전승해 주는 시 장치이기도 하다. 따라서 갈무리시는 훈민정음 보급의 주요 전략과 가치를 잘 드러내 준다.

세종은 훈민정음 창제 못지않게 보급하기 위한 치밀한 노력을 기울였다. 해례본은 그 대표적인 산물이며 갈무리시 또한 사대부를 설득하기 위한 주요 전략인 셈이다. 하층민의 문자 소통 문제가 훈민정음 창제의 핵심 동기였지만 실제 보급 과정에서는 양반은 교화 대상이기도 하지만 하층민 교화의 핵심 주체이기 때문이다.

갈무리시는 매우 치밀한 지적 담론의 결정체이다. 다섯 가지의 '해解–해설'을 단순히 줄여 놓은 것이 아니라 '5해五解'의 핵심 내용을 간결하게 잘 드러내고 그 내용 가치를 한층 더 끌어올렸다. 지적 소통과 읽기와 쓰기를 통한 표현의 핵심 과정과 결과를 그대로 보여 주고 있다. 이러한 갈무리시 자체를 이해하는 것 자체가 매우 중요한 교육적 가치가 있다.

갈무리시 전체를 한 번 읽어보자.

[붙임] 《훈민정음》 해례본 갈무리시(결시) 모음

<1> 제자해 갈무리 시

하늘과 땅의 조화는 본디 하나의 기운이니
음양과 오행이 서로 처음이 되며 끝이 되네.

만물이 하늘과 땅 사이에서 꼴과 소리 있으나
근본은 둘이 아니니 이치와 수로 통하네.

정음 글자 만들 때 주로 그 꼴을 본뜨니
소리 세기에 따라 획을 더하였네.

소리는 어금니·혀·입술·이·목구멍에서 나니
여기에서 첫소리글자 열일곱이 나왔네.

어금닛소리 글자는 혀뿌리가 목구멍을 막는 모양을 취하였는데
오직 ㆁ[이]만은 ㅇ[이]와 비슷하나 담은 뜻이 다르네.

혓소리글자는 혀가 윗잇몸에 닿는 모양을 본뜨고
입술소리 글자는 바로 입 꼴을 취하였네.

잇소리글자와 목구멍소리글자는 바로 이와 목구멍의 모양을 본떴으니
이 다섯 자 뜻을 알면 소리 이치는 절로 밝혀지리.

또한 반혓소리글자(ㄹ), 반잇소리글자(ㅿ)가 있는데
본뜬 것은 같은데 짜임새가 다르네.

"ㄴ[니], ㅁ[미], ㅅ[시], ㅇ[이]" 소리는 세지 않으므로
차례는 비록 뒤이나 꼴을 본뜨는 처음이 되네.

이것을 네 계절과 천지 기운에 맞추어 보니
오행과 오음계에 어울리지 않음이 없네.

목구멍소리는 '물'이 되니 '겨울'과 '우음계'요
어금닛소리는 '봄'이며 '나무'이니 그 소리는 '각음계'이네.

'치음계'에 '여름'이며 '불'인 것은 혓소리요
잇소리는 곧 '상음계'이며 '가을'이니 또한 '쇠'이네.

입술소리는 방위와 수가 본디 정해진 것이 없어도
'흙'이며 '늦여름'이니 '궁음계'가 되네.

말소리는 또한 스스로 맑고 흐림이 있으니
중요한 것은 첫소리 날 때에 자세히 헤아려 살펴야 하네.

아주 맑은소리 '전청'은 "ㄱ[기], ㄴ[디], ㄷ[비]"이며
"ㅈ[지], ㅅ[시], ㆆ[히]"도 또한 아주 맑은소리 '전청'이라네.

"ㅋ[키], ㅌ[티], ㅍ[피], ㅊ[치], ㅎ[히]"와 같은 것은
오음 각 하나씩의 덜 맑은소리 '차청'이 되네.

아주 흐린소리 '전탁'은 "ㄲ[끼], ㄸ[띠], ㅃ[삐]"에다
"ㅉ[찌], ㅆ[씨]"가 있고 또한 "ㆅ[혜]"가 있네.

아주 맑은소리 '전청' 글자를 나란히 쓰면 아주 흐린소리 '전탁' 글자가 되는데
다만 'ㆅ'[혜]만은 'ㅎ[히]'에서 나와 이것만 같지 않네.

"ㆁ[이], ㄴ[니], ㅁ[미], ㅇ[이]"와 "ㄹ[리], ㅿ[식]"는
그 소리 맑지도 또 흐리지도 않네.

ㅇ[이]를 입술소리에 이어 쓰면 입술가벼운소리가 되는데
목구멍소리가 많아지면서 입술을 살짝 다물어 주네.

가운뎃소리글자 열한 자 또한 꼴을 본떴는데
섬세한 뜻은 아직 쉽게 볼 수 없네.

• 는 하늘을 본떠 소리가 가장 깊으니
둥근 꼴이 총알 같네.

ㅡ소리는 깊지도 않고 얕지도 않아
그 평평한 꼴은 땅을 본떴네.

ㅣ는 사람이 선 모습을 본떠 그 소리 얕으니
하늘·땅·사람의 세 바탕 이치가 이에 갖추어졌네.

ㅗ는 하늘(·)에서 나서 입을 거의 닫으니

하늘의 둥   과 땅의 평평함을 아울러 담은 것을 본떴네.

ㅏ도 하늘에서 나와 입이 많이 열려 있으니

일과 사물에서 피어나 사람에서 이루어짐이네.

처음 생겨나는 뜻을 사용하여 둥근 점을 하나로 하였으니

하늘에서 나와 '양'이 되어 위와 밖에 놓이네.

ㅛ, ㅑ는 사람을 겸하여 '거듭 나온 것'이 되니

두 개의 둥근 꼴로 그 뜻을 보이네.

ㅜ와 ㅓ와 ㅠ와 ㅕ는 땅에서 나니

보기를 들면 저절로 알 것을 어찌 꼭 풀이를 해야 하랴

· 글자가 여덟 가운뎃소리글자에 두루 있음은

오직 하늘의 작용이 두루 흘러 다님이네.

네 소리(ㅛ ㅑ ㅠ ㅕ)가 사람[ㅣ]을 겸함도 또한 까닭이 있으니,

사람(ㅣ)이 하늘과 땅에 참여하는데 가장 신령하기 때문이네.

또 첫·가운데·끝 세 소리의 깊은 이치를 살피면,

단단함과 부드러움, 음과 양이 저절로 있네.

가운뎃소리는 하늘의 작용으로서 음양으로 나뉘고,

첫소리는 땅의 공로로 단단함과 부드러움을 나타내네.

가운뎃소리가 부르면 첫소리가 응하니
하늘이 땅보다 앞섬은 자연의 이치이네.

응하는 것이 첫소리도 되고 또 끝소리도 되니
만물이 땅에서 나서 다시 모두 땅으로 되돌아감이네.

음이 바뀌어 양이 되고 양이 바뀌어 음이 되니
한 번 움직이고 한 번 고요함이 서로 뿌리가 되네.

첫소리는 다시 피어나는 뜻이 있으니
양의 움직임으로 하늘의 임자 되네.

끝소리는 땅에 비유되어 음의 고요함이니
글자 소리가 여기서 그쳐 정해지네.

음절을 이루는 핵심은 가운뎃소리의 쓰임새에 있으니
사람이 능히 하늘과 땅의 마땅함을 도울 수 있기 때문이네.

양의 쓰임은 음에 통하니
이르러 펴면 도로 돌아오네.

첫소리글자와 끝소리글자가 비록 하늘과 땅으로 나뉜다고 하나
끝소리글자에 첫소리글자를 쓰는 뜻을 알 수 있네.

정음 글자는 스물여덟뿐이로되
심오하고 복잡한 걸 탐구하여 근본 깊이가 어떠한가를 밝혀낼 수 있네.

뜻은 멀되 말은 가까워 백성을 깨우치기 쉬우니

하늘이 주신 것이지 어찌 일찍이 슬기와 기교로 되었으리오.

\<2\> 초성해 갈무리 시

"ㄱ ㅋ ㄲ ㆁ[기키끼이]"는 어금닛소리글자이고

혓소리글자로는 "ㄷ ㅌ[디티]"와 "ㄸ ㄴ[띠니]"가 있네.

"ㅂ ㅍ ㅃ ㅁ[비피삐미]"는 곧 입술소리글자이고

잇소리글자로는 "ㅈ ㅊ ㅉ ㅅ ㅆ[지치찌시씨]"가 있네.

"ㆆ ㅎ ㆅ ㅇ[히히혀이]"는 곧 목구멍소리글자이고

ㄹ[리]는 반혓소리글자이고, △[시]는 반잇소리글자이네.

스물세 자가 첫소리글자가 되니

온갖 소리가 모두 다 여기에서 생겨나네.

\<3\> 중성해 갈무리 시

음절 소리마다 제각기 가운뎃소리가 있으니

모름지기 가운뎃소리에서 벌림과 오므림을 찾으라.

ㅗ와 ㅏ는 ·와 같은 양성 가운뎃소리이니 합하여 쓸 수 있고

ㅜ ㅓ는 ㅡ와 같은 음성 가운뎃소리이니 또한 합하여 쓸 수 있네.

ㅛ와 ㅑ, ㅠ와 ㅕ의 관계는

각각 따르는 곳이 있으니 그 뜻을 이루어 알 수 있네.

ㅣ 자의 쓰임새가 가장 많아서
열넷의 소리에 두루 서로 따르네.

<4> 종성해 갈무리 시

맑지도 흐리지도 않은 울림소리를 끝소리에 쓰니
평성, 상성, 거성이 되고 입성은 되지 않네.

아주 맑은소리, 덜 맑은소리, 그리고 아주 흐린소리는
모두 입성이 되어 소리가 매우 빠르네.

첫소리글자를 끝소리글자로 쓰는 이치가 본래 그러한데
다만 여덟 자만 가지고도 쓰임에 막힘은 없네.

오직 ㅇ[이] 자가 있어야 마땅한 자리라도
가운뎃소리만으로도 음절을 이루어 또한 통할 수 있네.

만일 '즉' 자를 쓰려면 'ㄱ[윽]'을 끝소리로 하고
"ᄒᆞᇰ, 볃"은 'ㆁ[웅]'과 'ㄷ[은]'을 끝소리로 하네.

"군, 업, 땀" 끝소리는 또한 어떨까
"ㄴ[은], ㅂ[읍], ㅁ[음]"으로 차례를 헤아려 보라.

여섯 소리(ㄱ ㆁ ㄷ ㄴ ㅂ ㅁ)[기이디니비미]는 한자말과 토박이말에 함께 쓰이되
ㅅ[읏]과 ㄹ[을]은 토박이말의 '·옷'과 '실'의 끝소리로만 쓰이네.

오음은 각각 느림과 빠름의 짝을 저절로 이루니

ㄱ[윽] 소리는 ㆁ[웅] 소리를 빠르게 낸 것이네.

ㄷ ㅂ[읃읍] 소리가 느려지면 ㄴ ㅁ[은음]가 되며

ㅿ[읗]과 ㅇ[웅]은 그것 또한 ㅅ ㆆ[읏읗]의 짝이 되네.

ㄹ[을]은 토박이말 끝소리 표기에는 마땅하나 한자말 표기에는 마땅하지 않으니

ㄷ[은] 소리가 가벼워져서 ㄹ[을] 소리가 된 것은 곧 일반 관습이네.

<5> 합자해 갈무리 시

첫소리글자는 가운뎃소리글자의 왼쪽과 위쪽에 쓰는데

'ㆆ[히]'와 'ㅇ[이]'는 토박이말에서는 서로 같이 쓰이네.

가운뎃소리글자 열하나는 첫소리글자에 붙이는데

둥근 것과 가로로 된 것은 첫소리글자 아래에 쓰고 세로로 된 것만 오른쪽에 쓰네.

끝소리글자를 쓰자면 어디에 쓰나

첫·가운뎃소리글자의 아래에 이어서 붙여 쓰네.

첫·끝소리글자를 각각 합쳐 쓰려면 나란히 쓰고

가운뎃소리글자도 나란히 쓰되 다 왼쪽부터 쓰네.

토박이말에선 사성을 어떻게 가리나

평성은 '활(활)'이요 상성은 '돌(돌)'이네.

'갈(칼)'은 거성이 되고 '붇(붓)'은 입성이 되니
이 네 갈래를 보아서 다른 것도 알 수 있네.

소리에 따라 왼쪽의 점으로 사성을 나누니
하나면 거성, 둘은 상성, 없으면 평성이네.

토박이말 입성은 정함이 없으나 평·상·거성처럼 점 찍고
한자말의 입성은 거성과 비슷하네.

방언과 토박이말 다 다르니
말소리 있고 글자는 없어 글로 통하기 어렵더니

하루아침에 신과 같은 솜씨로 정음을 지어 내시니
우리 겨레 오랜 역사의 어둠을 비로소 밝혀 주셨네.

9장 '정인지서(정인지 서문)'의 진실과 감동

인류 문명의 기적 훈민정음을 해설한 "훈민정음" 해례본은 세종과 8인의 공저이고 8인의 대표는 세종보다 한 살 많았던 정인지이다. 정인지는 세종의 신하였고, 학문의 동지였으며 당시 대제학으로 덕망 있는 사대부였다. 세종의 수학 스승이었을 만큼 수리, 천문, 음악 등 다양한 분야에 정통한 융합 학자이기도 했다. 그가 해례본에 마지막 부분에서 남긴 이른바 '정인지서(정인지 서문)'는 훈민정음의 감동과 진실을 가장 정확하면서 논리정연하게 풀어내고 있다. 나는 감히 이 서문을 단군 이래 최고의 명문으로 추켜세우고자 한다. 전문을 그대로 읽어보는 것이 중요하므로 해설은 최대한 줄이기로 한다.

정인지서는 주제로 보면 여덟 부분으로 이루어졌다. 첫 번째는 '천지자연의 소리와 문자의 가치'에 대해 "천지자연의 소리가 있으면 반드시 천지자연의 문자가 있다. 그러므로 옛사람이 소리를 바탕으로 글자를 만들어서 만물의 뜻을 통하고, 하늘·땅·사람의 세 바탕 이치를 실었으니 후세 사람들이 능히 글자를 바꿀 수가 없었다."라고 기술하고 있다. 무릇 진정한 문자는 천지자연의 소리와 그 이치를 그대로 담아야 한다는 것이다. 고대 문자가 그런 의도로 만들었지만 실제로는 그렇지 못함을 말소리의 다양성과 중국 한자를 빌려 쓰는 우리 문자생활의 모순을 통해 밝히고 있다.

"그러나 사방의 풍토가 구별되고 말소리의 기운 또한 다르다. 대개 중국 이외의 다른 나라 말은 그 말소리에 맞는 글자가 없다. 그래서 중국 글자를 빌려 소통하도록 쓰고 있는데, 이것은 마치 모난 자루를 둥근 구멍에 끼우는 것과 같으니, 어찌 제대로 소통할 때 막힘이 없겠는가? 중요한 것은 모두 각각 놓인 곳에 따라 자연스럽게 할 것이지, 억지로 같게 하여서는 안 될 것이다. 우리 동방의 예악과 문장이 중화[중국]와 같아 견줄 만하다. 다만 우리말은 중국말과 같지 않다. 그래서 한문으로 된 글을 배우는 이는 그 뜻을 깨닫기가 어려움을 걱정하고, 범죄 사건을 다루는 관리는 자세한 사정을 파악하기가 어려운 것을 근심했다."

우리말소리에 맞는 글자가 아닌 중국 글자[한자]를 빌려 쓰는 모순은 몹시도 커 글을 제대로 배울 수 없고, 범죄 사건의 속사정조차 제대로 기록할 수 없다. 제대로 우리말을 적고자 만든 이두는 모순을 더할 뿐임을 "옛날 신라의 설총이 이두를 처음 만들어서 관청과 민간에서 지금도 쓰고 있다. 그러나 모두 한자를 빌려 쓰는 것이어서 매끄럽지도 아니하고 막혀서 답답하다. 이두 사용은 오로지 몹시 속되고 일정한 규범이 없을 뿐이니, 실제 언어 사용에서는 그 만분의 일도 소통하지 못한다."라고 강조하고 있다.

정인지는 세종이 이런 문자 모순을 바로잡고자 1443년 12월에 창제를 마무리했다는 실록 기록을 그대로 재현하고 있다.

"계해년 겨울[1443년 12월]에 우리 임금께서 정음 스물여덟 자를 창제하여, 간략하게 설명한 '예의'를 들어 보여 주시며 그 이름을 '훈민정음'이라 하셨다. '상형' 원리로 만들어 글자는 옛 '전서체'를 닮았으되, 말소리에 따라 만들어 소리는 음률의 일곱 가락에도 들어맞는다. 하늘·땅·사람의 세 바탕 뜻과 음양 기운의 신묘함을 두루 갖추지 않은 것이 없다. 스물여덟 자로 끝없이 바꿀 수 있어, 간결하면서도 요점을 잘 드러내고, 정밀한 뜻을 담으면서도 두루 통할 수 있다. 그러므로 슬기로운 사람은 하루아침이 다 가기도 전에, 슬기롭지 못한 이라도 열흘 안에 배울 수 있다. 훈민정음으로 한문을 풀이하면 그 뜻을 알 수 있다. 훈민정음으로 소송 사건을 기록하면, 그 속사정을 이해할 수 있다."

1443년 실록 기록을 거의 그대로 전달하면서 훈민정음이 천지자연의 이치를 그대로 담았으면서도 학문의 문자로도 실생활의 문자로도 매우 뛰어남을 강조하고 있다. 왜 이렇게 뛰어난 문자 기능을 가졌는지 '훈민정음의 효용성'이 곧바로 이어진다.

"글자 소리로는 맑고 흐린 소리를 구별할 수 있고, 음악 노래로는 노랫가락을 어울리게 할 수 있다. 글을 쓸 때 글자가 갖추어지지 않은 바가 없으며, 어디서든 뜻을 두루 통하지 못하는 바가 없다. 비록 바람소리, 두루미 울음소리, 닭소리, 개 짖는 소리라도 모두 적을 수 있다."

그럼 이런 놀라운 새 문자를 백성에게 어떻게 알리고 가르칠 수 있을까? 해례본의 편찬 동기가 이어진다. "드디어 임금께서 상세한 풀이를 더하여 모든 사람을 깨우치도록 명하시었다. 이에 신이 집현전 응교 최항과 부교리 박팽년과 신숙주, 수찬 성삼문과 돈녕부 주부 강희안, 행 집현전 부수찬 이개와 이선로 등과 더불어 삼가 여러 가지 풀이와 보기를 지어서, 그것을 간략하게 서술하였다. 바라건대 이 책을 보는 사람은 스승 없이도 스스로 깨치도록 하였다."

이렇게 해례본의 저술을 마치게 되었으니 훈민정음 창제자, 해례본 저술의 책임자인 세종에게 헌사를 바치지 않을 수 없다.

"훈민정음의 근원과 정밀한 뜻은 신묘하여 신하 된 자들로서는 감히 밝혀 보일 수 없다. 공손히 생각하옵건대 우리 전하는 하늘이 내리신 성인으로서 지으신 법도와 베푸신 업적이 모든 임금들을 뛰어넘으셨다."

여기서 충격적인 고백이 노출된다. 세종을 하늘이 내린 성인이요 모든 임금을 뛰어넘는다고 했다. 중국 황제에게만 할 수 있는 말을 거리낌 없이 했다. 우리 임금보다 중국 황제를 더 받들어야 하는 당시 사대 문화에서는 매우 충격적인 헌사이다. 이런 헌사를 바칠 수밖에 없는 이유가 이어진다.

"정음 창제는 앞선 사람이 이룩한 것에 따른 것이 아니요, 자연의 이치를 따른 것이다. 참으로 그 지극한 이치가 없는 곳이 없으니, 사람의 힘으로 사사로이 한 것이 아니다. 무릇 동방에 나라가 있은 지가 오래지 않음이 아니로되, 만물의 뜻을 깨달아 모든 일을 온전하게 이루게 하는 큰 지혜는 오늘을 기다리고 있었던 것이다."

하늘의 뜻을 받은 세종이 자연의 이치에 따라 만든 훈민정음! 이 문자로 인해 이제 진정한 지혜의 세상이 열리게 되었다는 가슴 벅찬 선언으로 정인지서의 감동 서사는 마무리된다.

지식은 나누고 실천할 때 지혜가 된다. 한자와 한문으로 기록된 지식은 훌륭하나 평등하게 두루두루 나눌 수 없으니 진정한 지혜가 되는 지식이 되지 못한다. 이제 훈민정음으로 인해 진정한 지혜의 세상을 열게 되었다는 이 감동. 이것이 인류 문명의 큰 기적이 아니면 무엇이 기적이며 이런 감동을 기술한 "훈민정음" 해례본이 인류 최고의 고전이 아니면 무엇이 고전이겠는가?

정인지는 당시 사대 정치 문화에 따라 중국 연호로 "정통 11년 세종 28년, 1446년 9월 상순.

자헌대부 예조판서 집현전 대제학 지춘추관사 세자우빈객 정인지는 두 손 모아 머리 숙여 삼가 쓰옵니다."와 같이 마무리하고 있지만, 중국 황제를 뛰어넘는 우리 임금, 세종에 대한 무한한 존경을 숨기지 않았을 것이다.

'자방고전'의 진실

세종실록1443.12.30.과 훈민정음 해례본1446에 나오는 '자방고전'이라는 말 때문에 훈민정음의 독창성을 부정하는 온갖 설이 난무한다. 파스파 문자, 산스크리트 문자, 가림토 문자단군 시대의 문자를 모방한 것이라느니 소전체를 모방한 것이라느니 하는 주장들이 그렇다. 이는 모두 역사 기록의 맥락을 제대로 살피지 않고 《훈민정음》 해례본을 제대로 읽지 않은 낭설에 지나지 않는다.

1443년 음력 12월 30일 자 세종실록 기록에 느닷없이 훈민정음 창제 사실이 등장한다. 사관은 담담한 어조로 간결하게 세종이 친히 언문 28자를 만들었다는 것과 그 놀라운 효용성까지 기록해 놓았고, 한문이다 보니 그 훈민정음 글자체는 단 한 글자도 드러나지 않았다. 그런데 이 글 속에 '字倣古篆자방고전'이란 말이 나온다. "글자문자는 옛 전자를 닮았다."라는 뜻이다. 흔히 "글자는 옛 전자를 모방했다."라고 알려진 내용이다.

> 이달에 임금이 친히 언문 28자를 지었는데, 그 글자가 옛 전서체를 닮았고, 초성·중성·종성으로 나누어 합한 연후에야 글자를 이루었다. 무릇 한자에 관한 것과 우리말에 관한 것을 모두 쓸 수 있고, 글자는 비록 간결하면서도 요점을 잘 드러내고, 전환하는 것이 무궁하니, 이것을 훈민정음이라고 일렀다.(是月, 上親制諺文二十八字, 其字倣古篆, 分爲初中終聲, 合之然後乃成字, 凡干文字及本國俚語, 皆可得而書, 字雖簡要, 轉換無窮, 是謂 '訓民正音')

여기서 '倣'을 처음으로 현대말로 번역한 이가 '모방'이라 하는 바람에 마치 훈민정음이 옛 글자를 '표절'한 것처럼 알려진 내용이다. '倣'은 '닮았다'라는 뜻이 기본이니 '닮았다'로 번역하면 된다. 모방이든 닮은 것이든 사실은 그렇지 않다는 주장이 최만리 등 7인의 반대 상소에 나온다. '자방고전'의 진실은 창제 두 달 때쯤 뒤인 1444년 2월 20일에 올라오는 반대 상소문에 등장한다. "倣古之篆文방고지전문"이라 하여 표현은 조금 달라졌지만 같은 내용이고 바로 '자방고전'을 가리킨다.

> 우리 조선은 조상 때부터 내려오면서 지성스럽게 대국을 섬기어 한결같이 중화의 제도를 따랐습니다. 이제 문자(한문)도 같고 법과 제도도 같은 시기에 언문을 창제하신 것은 보고 듣기에 놀라움이 있습니다. 설혹 말하기를 "언문은 모두 옛 글자(전자)를 본뜬 것이고 새로 된 글자가 아니라."라고 하지만, 글자의 형상이 비록 옛날의 전자를 닮았을지라도 음을 쓰고 글자를 합치는 것은 모두 옛것에 반대되니 사실 근거가 없사옵니다. 만일 이 사실이 중국에라도 흘러 들어가서 혹시라도 비난하여 말하는 자가 있사오면 어찌 대국을 섬기고 중화를 사모하는 데에 부끄러움이 없사오리까.(我朝自祖宗以來, 至誠事大, 一遵華制, 今當同文同軌之時, 創作諺文, 有駭觀聽. 儻曰諺文皆本古字, 非新字也, 則字形雖倣古之篆文, 用音合字, 盡反於古, 實無所據. 若流中國, 或有非議之者, 豈不有愧於事大慕華?)

곧 글꼴자형이 옛 글자전자를 닮았다고 하지만 실제로는 닮은 근거 또는 모방 근거는 없고 훈민정음언문은 매우 독창적인 문자라는 것이 반대자들의 입에서 나왔고 실제 그러함은 훈민정음 창제 배경과 목적, 원리 등이 자세하게 나오는 《훈민정음》1446 해례본에 나온다.

그렇다면 '자방고전'이라는 말을 왜 했을까? 사관은 기록만 했을 뿐 실제 세종이 이 말을 했을 것임은 최만리 등의 반대 상소문의 맥락에 드러나 있다.

위대한 것일수록 새로 만든 것을 드러내거나 자랑하는 것이 순리인데 세종은 왜 그 반대로 옛 글자를 닮았다고 했을까? 그 답은 《훈민정음》 해례본에서 '정인지'의 입으로 해명이 된다.

> '상형' 원리로 만들어 글자는 옛 '전서체'를 닮았으나, 말소리에 따라 만들었으니 글자는 음률의 일곱 가락에도 들어맞는다.(象形而字倣古篆 因聲而音叶七調˚. [정음해례27ㄴ:6-8_정인지서])

글꼴은 옛 전서체를 닮았으나, 실제 문자 기능 곧 소리를 나타는 음소 문자자모 문자로서의 기능은 옛 전서체와 질적으로 다르다는 것이다. 이는 최만리 등 7인의 훈민정음 반대 상소에서 그대로 나온다.

> 설혹 말하기를 "언문은 모두 옛 글자를 본뜬 것이고 새로 된 글자가 아니라."라고 하지만, 글자의 형상이 비록 옛날의 전자를 닮았을지라도 소리를 적고 글자를 합치는 것은 모두 옛것에 반대되니 사실 근거가 없사옵니다.(儻曰諺文皆本古字, 非新字也, 則字形雖倣古之篆文, 用音合字, 盡反於古, 實無所據.)

'자방고전'은 글꼴에 관한 것임을 밝히면서 비록 글꼴자형이 옛 전서체와 닮았을지라도 소리를 적고 음소 문자를 합해 글자를 합자하는 것은 옛 전서체와 질적으로 다르다는 것이다. 옛전서체와 닮았다는 것이 '상형'이라 보면 얘기는 단순해진다. 한자도 상형 문자이고 한글도 상형문자이기 때문이다. 다만 무엇을 어떻게 상형했는지가 다를 뿐이다.

곧 훈민정음은 옛 전서체와 같은 상형 문자이지만, 말소리 이치에 따라 만들어 음률의 일곱 가락에도 들어맞는 마치 음표와 같은 문자이니 옛 전서체와 질적으로 다른 문자임을 밝히고 있다.

이 번역을 좀 더 풀어보면, "훈민정음의 글꼴 모양으로는 중국의 상형 문자처럼 상형 원리로 만들었으니 옛 전서체초기 상형문자를 닮았으나, 그러나 말소리 이치를 적용하였으니 한자 상형문자와는 달리 음률의 일곱 가락을 그대로 드러내는 소리문자이다."라는 의미다.

사실 모든 문자는 한자와 같은 뜻글자이든, 일본의 가나 문자이든 소리를 적기 위해 만든 것이므로 그런 맥락에서 훈민정음이 옛 문자의 전통을 따른 것임은 분명하니 '자방고전'이란 말을 쓴다고 해서 새 문자의 가치가 훼손되는 것은 아니다.

실제로 정인지는 '정인지서정인지 서문' 앞부분에서 "그러므로 옛사람이 소리를 바탕으로 글자를 만들어서 만물의 뜻을 통하고, 천지인 삼재의 이치를 실었으니 후세 사람들이 능히 글자를 바꿀 수가 없었다."라고 하여 초기 상형문자도 소리를 닮기 위해 만든 것이라는 '인성因聲'이라는 말을 언급하고 있다. 정인지서 첫 문장 자체가 "천지자연의 소리가 있으면 반드시 천지자연의 문자가 있다."라는 것인데, 옛사람들이 만든 문자가 그런 차원에서 나왔는데 실제로 소리를 제대로 적는 문자가 아니었고 훈민정음에 이르러서야 비로소 그런 인류의 오랜 문자의 꿈을 이루게 되었다는 것이다.

따라서 '자방고전'에서 기존 번역은 '倣'을 지금의 통념으로 '모방'이라고 번역하면서 많은 오해를 낳았다. 여기서는 그냥 '닮았다, 비슷하다'라는 뜻이므로 오해를 막기 위해서라도 '닮았다'라는 뜻으로 번역하는 것이 옳다.

참고로 한자 서체 변천은 "고대 상형문자 → 갑골문甲骨文 → 주대周代의 금문金文 → 춘추전국시대의 대전大篆과 고문古文 → 진秦나라의 소전小篆 → 한대漢代 이후 예서隸書. 해서楷書. 초서草書. 행서行書" 등으로 잡는 것이 일반적이다.

'篆전'은 주로 소전체나 대전체를 가리키지만, 여기에 '古'자가 붙었으니 훨씬 그 이전의 고대 문자갑골문 수준 또는 그 이전의 상형문자, 갑골문은 세종 때 발견되지 않음를 가리킨다.

해례본 제자해에서 왜 만들었고, 어떻게 만들었는지 아주 자세하게 밝혔으므로 그것이 1차 근거가 되어야 하는데 한자 모방설, 가림토 문자 모방설은 이를 무시하였으니 낭설이라는 것이고 해례본의 위 문장을 정확히 번역하고 해석하지 않았으니 그 또한 낭설이라는 것이다.

그리고 위 문장은 정치적 의도도 깔려 있다. 세종은 끊임없이 혁신을 하면서도 집현전 학사들의 옛 제도 연구를 반드시 거쳤다. 고제를 따르겠다는 의도보다는 변혁만을 시도할 경우에 생기는 반발과 부작용을 사전에 차단하는 놀라운 정치적 수완을 발휘한 것이다. 물론 뿌리 깊은 근거를 통해 변혁의 정당성을 확고히 하려는 의도도 있다.

따라서 내세종가 만든 새 문자가 옛 성인들의 문자관을 따랐으니 한자 절대주의자들인 사대부들은 더 시비걸지 말라는 것이다.

가림토 문자 모방설이 성립할 수 없는 것은 가림토 문자는 1911년 계연수가 편찬한 〈한단고기〉에 의한 것인데, 고려 때 이암이 지은 〈단군세기〉에 있는 글자임을 계연수가 환단고기에서 밝힌 것이다. 그런데 가림토문자 38자는 훈민정음 28자 체계를 거의 그대로 수용하고 있으므로 만일 가림토 문자를 근거로 만들었다면 모방이라는 말 자체를 쓸 수 없고 '개량'이나 '보완' 정도의 말을 써야 했다.

이 또한 최만리 등 7인의 반대 상소에 나온다.

만약 우리나라가 원래부터 한자를 알지 못하여 끈을 매듭지어 글자 대신 쓰는 세상이라면 우선 언문을 빌려서 한때 이용하는 것도 좋을 것입니다.(若我國, 元不知文字, 如結繩之. 則姑借諺文, 以資一時之用猶可.)

　최만리 등은 언문이 신묘하다고 하면서도 세종이 새로 만든 훈민정음언문을 조롱하듯 비하하고 있다. 끈을 매듭지어 글자를 쓰는 세상이라면 바로 단군 시대를 가리키는데 그때라면 혹시 한자를 본격 사용하기까지만이라도 임시 써 줄만하다는 것이다. 세종이 가림토문자를 모방해 만들었다면 이런 말을 할 리가 없었을 것이다.

　훈민정음이 그 이전의 어떤 문자와도 다른 매우 독창적인 것임은 "훈민정음" 해례본에서 낱낱이 밝혀졌다. 그렇다면 '자방고전'의 진실이나 맥락적 의미도 해례본에 근거해 생각하고 추론해야 한다. 이를 벗어난 모든 주장은 사실이 아니거나 진실이 아니다.

10장

《훈민정음》 해례본은 문학의 샘이자 문학의 집

우리 겨레가 우리 민중들이 오랫동안 부르고 보듬어온 이야기와 노래와 시가 있었다. 수많은 전설과 설화가 그렇고 백제 가요가 그렇고 신라의 향가, 고려 말에 형성된 시조가 그랬다. "아리아리 아라리요." "얄리얄리 얄라" 등등. 헤아릴 수 없는 많은 소리들이 세종대왕이 한글훈민정음, 언문을 반포할 때까지 집글을 찾지 못해 입에서 입으로 떠돌았다. 입으로 떠돌고 입으로 나누기에 깔 맞춤한 소리요 말이지만, 머물 집이 없으니 때로는 허공 중에 사라져 갔다. 대다수는 살기 바빠 사라져간 줄도 몰랐다.

일부는 한문으로 번역해 적기도 하고 일부는 한자의 훈과 음을 빌려 어거지로 적기도 하였으나 온전치 못했다. 우리 집이 없으니 진정한 우리 문학이 있을 리 없었다. 일부 상류층은 아예 중국식으로 이야기를 짓고 시를 지어 한문학을 즐겼다. 이 또한 우리나라 사람이 지었으니 우리 문학임은 분명하지만, 당연히 진정한 우리 문학이라 할 수 없었다. 우리의 소리가 우리의 느낌과 이 땅의 섬세한 감성들을 반은 빼버린 반쪽 문학이기 때문이다.

사실 우리나라 사람들이 지은 한문학, 이를테면 박지원이 지은 〈열하일기〉, 〈양반전〉 등이 국문학이냐 아니냐 논쟁이 있었으나 부질없는 논쟁이다. 우리나라 사람이 우리나라 정서를 바탕으로 지었으니 그것이 중국식 한문으로 적혀 있다고 해서 우리 문학이 아닌 것은 아니다. 그러나 그것은 중국어한문로 번역된 번역문학으로서의 국문학일 뿐이다. 훈민정음 반포 이전에 한문으로 문학 활동을 한 것은 지극히 당연한 일이지만, 박지원 같은 대문호가

18-19세기에 우리 글이 있는데 굳이 모든 작품을 중국어로 번역하여 문학 활동을 한 것이 아쉬울 뿐이다.

훈민정음 해례본의 문학 가치는 크게 세 가지로 짚어볼 수 있는데 첫 번째는 바로 훈민정음이라는 우리다운 문자로 우리말과 소리를 온새미로 적게 하여 온전한 문학이 가능하게 한 것이다. 그래서 사라져갈 뻔한 신라 향가, 백제 노래, 고려 가요 등이 안다미로 살아남았을 뿐 아니라 더욱 오달지게 꽃피게 되었다.

둘째는 완벽한 소리문자, 음소문자로 누구나 문학 활동을 하게 만들었다는 것이다. 춘향전에서 이몽룡이 지은 "金樽美酒 千人血금준미주 천인혈"로 시작하는 한시를 양반들이 즐겼다고 하나 그런 시를 실제 지을 수 있는 이는 과거 시험을 볼 수 있는 극히 일부에 지나지 않았다. 훈민정음 해례본에는 지금 말로 하면 "사랑하고괴여, 사랑받아괴여", "콩, 뱀, 범" 등 맛깔스럽고 감칠맛 나는 우리 일상어가 124개조사 포함 126개가 실려 있다. 당연히 남녀노소 우리 겨레가 몇천 년 어쩌면 몇만 년 써온 말들이다. 누구나 문학가가 되는 길이 열린 것이다. 물론 소설 같은 경우는 타고난 재주가 있어야겠지만 시나 수필은 타고난 재질이 없어도 노력으로 창작이 가능하다. 문학을 즐기는 것이 어찌 창작에만 있을쏜가. 읽고 나누는 문학 활동이야말로 누구나 함께 즐기고 나누는 것이니 그 또한 소중하지 아니한가. 타고난 재주에 따

[사진 2] 필자가 훈민정음에 나오는 낱말로 개발한 한글옷
(배경은 해례본 낱말 124개의 청농 문관효 한글서예가 글씨)

라 문학을 갈라치기로 하자는 것은 아니라 누구나 문학이라는 달보드레한 감성 세계에 참여할 수 있다는 평등과 민주스러운 문학 활동. 이 얼마나 가슴 벅찬 일인가.

셋째는 해례본 표현 자체가 문학적 수사로 가득 차 있다는 점이다. 물론 새 문자를 해설하다 보니 기존의 한문으로 적힐 수밖에 없는 점은 양해가 필요하다.

(1) 吞擬於天聲最深
　　탄 의 어 천 성 최 심

　　所以圓形如彈丸 [정음해례12ㄱ:1-2_제자해_결시]
　　소 이 원 형 여 탄 환

• 는 하늘을 본떠 소리가 가장 깊으니
둥근 꼴이 총알 같네.

(2) ㄱ木之成質, ㅋ木之盛長 ㄲ木之老壯 故至此乃皆取象於牙也. [정음해례4ㄱ:5-7_제자해]
　　목 지 성 질　　목 지 성 장　　목 지 로 장 고 지 차 내 개 취 상 어 아 야

ㄱ[기]는 나무가 바탕을 이룬 것이고, ㅋ[키]는 나무가 무성하게 자란 것이고, ㄲ[끼]는 나무가 오래되어 굳건해진 것이니, 이는 한결같이 모두 어금니를 본뜬 데서 비롯된 것이다.

(1)은 한시 형식인 7언시로 아래아하늘아 글자를 총알에 비유한 표현이다. 해례본은 주요 문장은 오늘날 에세이중수필/논술문, 칼럼 형식으로 기술해 놓았고, 또한 주요 해설 부분인 '제자해, 초성해, 중성해, 종성해, 합자해'는 본문 해설을 칠언시 형식으로 노래했다.

(2)는 제자해 설명 부분인데 예사소리, 거센소리, 된소리의 모양새를 나무에 빗대 찰진 문학 표현으로 기술해 같은 곳에서 소리나는 글자의 짜임새와 생김새를 비유적으로 표현해 놓았다. 획을 더한 거센소리 글자는 나뭇가지가 무성한 나무요 탁한 된소리는 고목같은 굳건한 나무라 하였으나 이보다 더 멋진 표현이 어디 있을까?

해례본은 모두 366문장으로 이루어졌다. 우연인지는 모르나 고대 역학에서 1년을 366일로 보았으므로 아마도 봄·여름·가을·겨울 순환의 이치가 온전히 담긴 1년의 의미와 가치를 부여해 일부러 366문장으로 맞춘듯하다.

그래서인지 366번째 마지막 문장이 가슴 벅찬 감흥으로 다가온다.

夫東方有國不爲不久 而開物成務之大智 盖有待於今日也歟 [정음해례29ㄱ:5-7_정인지서]
부 동 방 유 국 불 위 불 구 이 개 물 성 무 지 대 지 개 유 대 어 금 일 야 여

무릇 동방에 나라가 있은 지가 오래지 않음이 아니로되, 만물의 뜻을 깨달아 모든 일을
온전하게 이루게 하는 큰 지혜는 오늘을 기다리고 있었던 것이다.

문학은 배달문학을 연구하고 꽃피우셨던 김수업 선생님 말씀처럼 말꽃이다. 말이 말답게
꽃을 피우게 한 훈민정음! 그래서 우리의 소리와 이 땅의 모든 풍경, 토박이들의 그 풍성한
감성들과 울고 웃는 애환들, 우주를 품을 수 있는 이야기와 그 이야기의 꽃이 된 상상들이
글꽃을 피우게 되었으니 그것이 어찌 큰 지혜의 누리가 아니던가? 문학 없이 사람다운 누리
를 가꾸고 보듬을 수 없다. 문학이 있어 우리의 삶은 살가운 삶이 되고 사랑을 나눌 수 있고
사람다운 삶을 살 수 있다.

시옷이란 글자는 날카로운 직선 ∧으로 우리 곁에 왔으나 그것은 "사람, 사랑, 삶"과 같은 말들을 누
구나 쉽게 적으며 서로를, 그리고 지식과 지혜를 사랑하며 살라는 세종대왕의 백성사랑애민과 백성존중존민
의 간곡한 정성이 깃든 직선이었다. 문학은 직선을 바탕으로 직선의 가치를 곡선의 아름다움
으로 표현하고 나누는 일이다.

4부

《훈민정음》해례본 번역

일러두기

1. 이 번역은 "김슬옹 2015. 《훈민정음 해례본: 한글의 탄생과 역사》간송본 복간본 해제. 교보문고. 138~157쪽한국어, 158~182쪽영문"에 실린 것을 수정한 "김슬옹 2017/2023: 5쇄. 《훈민정음해례본 입체강독본》. 박이정. 291~308쪽한국어, 333~364쪽영문"을 재수록한 것이다.

2. 현대 한국어 번역에서 자음자 명칭을 "훈민정음" 언해본 방식대로 초성자는 'ㄱ[기]'와 같이 'ㅣ'를 붙여 읽도록 했고, 종성자는 'ㄱ[윽]'과 같이 'ㅡ'를 붙여 읽도록 했다.

3. 영어 번역문에서 자음과 모음의 음가 표시는 다음과 같다.

〈표 1〉《훈민정음》해례본의 초성자(자음) 국제 음운 표시

기본자				확장자			
		가획자		병서			
상형기본자		일반 가획	이체자	각자병서	합용병서		연서
					두 자	세 자	
아음	ㄱ/k/	ㅋ/kʰ/	ㆁ/ŋ/	ㄲ/k'/			
설음	ㄴ/n/	ㄷ/t/ ㅌ/tʰ/	ㄹ/ɾ/	ㄸ/t'/			(ᄛ)/ɾ/ *이 글자는 언급만 되고 실제 표기로는 나오지 않음
순음	ㅁ/m/	ㅂ/p/ ㅍ/pʰ/		ㅃ/p'/	ㅄ/pts/	ㅴ/psk/, ㅵ/pst/	ㅸ/β/
치음	ㅅ/s/	ㅈ/ts/ ㅊ/tsʰ/	ㅿ/z/	ㅆ/s'/ ㅉ/ts'/	ㅼ/st/		
후음	ㅇ/ɦ/	ㆆ/ʔ/ ㅎ/h/		ㆅ/x/ ㆀ/h:/ (사용 예로만 나옴)			

5자	9자	3자	7자	4자	2자
기본자 17자			병서 11자(ᅇ포함)		연서 2자(ᄛ_ 포함)
			확장자 13자		
초성 23자(24자, ᅇ포함)				6자	
모두 30자					

〈표 2〉《훈민정음》 해례본 중성자(모음) 국제 음운 표시

기본자(기본 중성자)				합용자(합용 중성자)		
				두 자 상합자		세 자 상합자
상형기본자		합성자		동출합용자	ㅣ 합용자	
		초출자	재출자		기본 중성자와 ㅣ 의 합용자	동출합용자와 ㅣ 의 합용자
양성	· /ʌ/	ㅗ /o/ ㅏ /a/	ㅛ /jo/ ㅑ /ja/	ㅘ /wa/ ㅙ /joja/	ㆎ /ʌj/ ㅚ /oj/ ㅐ /aj/ ㆅ / joj/ ㅒ /jaj/	ㅙ /waj/ ㅙ /jojaj/
음성	― /ɨ/	ㅜ /u/ ㅓ /ə/	ㅠ /ju/ ㅕ /jə/	ㅝ /wə/ ㅞ /jujə/	ㅢ /ɨj/ ㅟ /uj/ ㅔ /əj/ ㅟ /juj/ ㅖ /jəj/	ㅞ /wəj/ ㅖ /jəj/
양음성	ㅣ /i/			* 특이 ㅣ합용자(ㆍ /jʌ/ ㅗ /jɨ/)		
3자		4자	4자	4자	10자	4자
기본 중성자 11자				18자		
29자 / 31자(특이 ㅣ합용자 ㆍ ㅗ 포함)						

《훈민정음》 해례본 차례

1부 정음[바른소리 글자]
어제 세종 서문
예의

2부 정음해례[바른소리 글자 풀이]
제자해
초성해 첫소리풀이
중성해 가운뎃소리풀이
종성해 끝소리풀이
합자해 글자합치기풀이
용자례 글자쓰기예
정인지서

* '어제 서문, 예의, 정인지서'의 제목이 원문에 있지는 않음.

1. 현대 한국어 번역

1부 · 정음[바른소리 글자]

우리나라말이 중국말과 달라 한자와는 서로 잘 통하지 않는다. 그러므로 글 모르는 백성이 말하려는 것이 있어도, 끝내 제 뜻을 능히 펼치지 못하는 사람이 많다. 내가 이것을 가엾게 여겨 새로 스물여덟 자를 만드니, 사람마다 쉽게 익혀 날마다 씀에 편안케 하고자 할 따름이다.

ㄱ[기]는 어금닛소리이니, '군君' 자의 처음 나는 소리 초성와 같다. 나란히 쓰면 '끃虯' 자의 처음 나는 소리와 같다. ㅋ[키]는 어금닛소리이니, '쾡快' 자의 처음 나는 소리와 같다.

ㆁ[이]는 어금닛소리이니, '업業' 자의 처음 나는 소리와 같다.

ㄷ[디]는 혓소리이니, '둫斗' 자의 처음 나는 소리와 같다. 나란히 쓰면 '땀覃' 자의 처음 나는 소리와 같다. ㅌ[티]는 혓소리이니, '튼吞' 자의 처음 나는 소리와 같다. ㄴ[니]는 혓소리이니, '나那' 자의 처음 나는 소리와 같다.

ㅂ[비]는 입술소리이니, '볋彆' 자의 처음 나는 소리와 같다. 나란히 쓰면 '뽀步' 자의 처음 나는 소리와 같다. ㅍ[피]는 입술소리이니, '표漂' 자의 처음 나는 소리와 같다. ㅁ[미]는 입술소리이니, '미彌' 자의 처음 나는 소리와 같다.

ㅈ[지]는 잇소리이니, '즉即' 자의 처음 나는 소리와 같다. 나란히 쓰면 '쯔慈' 자의 처음 나는 소리와 같다. ㅊ[치]는 잇소리이니, '침侵' 자의 처음 나는 소리와 같다. ㅅ[시]는 잇소리이니, '슗戌' 자의 처음 나는 소리와 같다. 나란히 쓰면 '쌰邪' 자의 처음 나는 소리와 같다.

ㆆ[히]는 목구멍소리이니, '흡挹' 자의 처음 나는 소리와 같다. ㅎ[히]는 목구멍소리이니, '허虛' 자의 처음 나는 소리와 같다. 나란히 쓰면 '薴洪' 자의 처음 나는 소리와 같다. ㅇ[이]는 목구멍소리이니, '욕欲' 자의 처음 나는 소리와 같다.

ㄹ[리]는 반혓소리이니, '려閭' 자의 처음 나는 소리와 같다. △[시]는 반잇소리이니, '샹穰' 자의 처음 나는 소리와 같다.

ㆍ는 '튼呑' 자의 가운뎃소리중성와 같다. ㅡ는 '즉即' 자의 가운뎃소리와 같다. ㅣ는 '침侵' 자의 가운뎃소리와 같다.

ㅗ는 '薴洪' 자의 가운뎃소리와 같다. ㅏ는 '땀覃' 자의 가운뎃소리와 같다. ㅜ는 '군君' 자의 가운뎃소리와 같다. ㅓ는 '업業' 자의 가운뎃소리와 같다.

ㅛ는 '욕欲' 자의 가운뎃소리와 같다. ㅑ는 '샹穰' 자의 가운뎃소리와 같다. ㅠ는 '슗戌' 자의 가운뎃소리와 같다. ㅕ는 '별彆' 자의 가운뎃소리와 같다.

끝소리글자종성자는 첫소리글자초성자를 다시 쓴다.

ㅇ[이]를 입술소리 글자 아래 이어 쓰면 입술가벼운소리순경음가 된다. 첫소리글자초성자를 합쳐서 쓰려면 나란히 쓰고, 끝소리글자종성자도 첫소리글자초성자와 마찬가지다. ㆍ ㅡ ㅗ ㅜ ㅛ ㅠ는 첫소리글자 아래에 붙여 쓴다. ㅣ ㅏ ㅓ ㅑ ㅕ는 첫소리글자의 오른쪽에 붙여 쓴다. 무릇 낱글자는 반드시 합하여야만 음절이 이루어진다. 음절자 왼쪽에 한 점을 더하면 거성높은 소리이고, 점이 둘이면 상성낮았다 높아지는 소리이고, 점이 없으면 평성낮은 소리이다. 입성빨리 끝나는 소리은 점을 더하는 것은 평·상·거성과 같으나 빠르다.

2부 · 정음해례[바른소리 글자 풀이]

1. 제자해 글자 만든 풀이

천지자연의 이치는 오직 음양오행 하나뿐이다. 곤괘여성다움이 가장 센 상징 ▤▤와 복괘싹이 트는 상징 ▤▤의 사이가 태극이 되고, 움직임과 멈춤 작용으로 음양이 된다. 무릇 하늘과 땅 사이에 살아 있는 것들이 음양을 버리고 어디로 가겠는가? 그러므로 사람의 말소리성음 모두 음양의 이치가 있는 것인데, 생각해 보니 사람들이 살피지 못했을 뿐이다.

이제 정음이 만들어지게 된 것도 애초부터 지혜를 굴리고 힘들여 찾은 것이 아니고, 단지 말소리의 이치를 끝까지 파고들었을 뿐이다. 그 이치가 이미 둘이 아니니, 어찌 천지자연의 혼령과 신령스러운 정령과 함께 정음을 쓰지 않겠는가?

정음 스물여덟 자는 각각 그 모양을 본떠서 만들었다. 첫소리글자는 모두 열일곱 자다. 어금닛소리글자 ㄱ[기]는 혀뿌리가 목구멍을 막는 모양을 본떴다. 혓소리글자 ㄴ[니]는 혀가 윗잇몸에 닿는 모양을 본떴다. 입술소리글자 ㅁ[미]는 입 모양을 본떴다. 잇소리글자 ㅅ[시]는 이 모양을 본떴다. 목구멍소리글자 ㅇ[이]는 목구멍 모양을 본떴다.

ㅋ[키]는 ㄱ[기]에 비해서 소리가 조금 세게 나는 까닭으로 획을 더하였다. ㄴ[니]에서 ㄷ[디], ㄷ[디]에서 ㅌ[티], ㅁ[미]에서 ㅂ[비], ㅂ[비]에서 ㅍ[피], ㅅ[시]에서 ㅈ[지], ㅈ[지]에서 ㅊ[치], ㅇ[이]에서 ㆆ[히], ㆆ[히]에서 ㅎ[히]가 됨도 그 소리로 말미암아 획을 더한 뜻은 같다. 다만 ㆁ[이]만은 다르다. 반혓소리글자 ㄹ[리], 반잇소리글자 ㅿ[싀]도 또한 혀와 이의 모양을 본떴으나, 그 짜임새를 달리해서 만들었기에 획을 더한 뜻은 없다.

무릇 사람의 말소리는 오행에 뿌리를 두고 있다. 그러므로 사계절에 합하여도 어그러짐이 없으며, 오음계와 맞추어 봐도 잘 어울리고 틀리지 않는다.

목구멍은 깊숙하고 젖어 있으니 오행으로는 물이다. 말소리가 비어 있는 듯이 통하므로 이는 물이 투명하게 맑아 잘 흐르는 것과 같다. 계절로는 겨울이고, 음률로는 '우음계'이다.

'어금니'는 어긋나고 기니 오행으로는 나무이다. 어금닛소리는 목구멍소리와 비슷하나 목이 꽉 차므로 나무가 물에서 나되 형체가 있는 것과 같다. 계절로는 봄이고, 음률로는 '각음계'이다.

혀는 재빠르게 움직이니 오행으로는 불이다. 혓소리가 구르고 날리는 것은 불이 타올라 퍼지며 위아래로 오르내림과 같다. 계절로는 여름이고, 음률로는 '치음계'이다.

이는 억세고 끊을 듯 날카로우니 오행으로는 쇠이다. 잇소리가 가루처럼 부서지고 걸리는 듯하게 나는 것은 쇠가 부스러졌다가 다시 불에 달구어 두드리면 단단해지는 것과 같다. 계절로는 가을이고, 음률로는 '상음계'이다.

입술은 모난 것이 나란히 합해지니, 오행으로는 땅이다. 입술소리가 머금으며 넓은 것은 땅이 만물을 머금으니 넓고 큰 것과 같다. 계절로는 늦여름이고, 음률로는 '궁음계'이다.

물은 만물을 낳는 근원이요, 불은 만물을 이루어지게 하는 작용이므로 오행 가운데서 물·불이 으뜸이다. 목구멍은 소리가 나오는 문이요, 혀는 소리를 가려내는 악기이므로 오음 가운데서, 목구멍소리와 혓소리가 으뜸이 된다.

목구멍은 안쪽에 있고 어금니는 그 앞에 있으므로 북쪽과 동쪽의 방위이다. 혀와 이가 또한 그다음에 있으니 남쪽과 서쪽의 방위이다. 입술은 끝에 있으니, 오행의 흙이 일정한 방위가 없이 네 계절에 기대어 네 계절을 왕성하게 함을 뜻한다. 이런즉 첫소리 속에도 자체의 음양오행과 방위의 수가 있는 것이다.

또 말소리를 '맑음과 흐림청탁'으로 말해 보자. ㄱㄷㅂㅈㅅㆆ[기디비지시히]는 아주 맑은소리 '전청'이 된다. ㅋㅌㅍㅊㅎ[키티피치히]는 덜 맑은소리 '차청'이 된다. ㄲㄸㅃㅉㅆ ㆅ[끼띠삐찌씨혜]는 아주 흐린소리 '전탁'이 된다. ㆁㄴㅁㅇㄹㅿ[이니미이리싀]는 맑지도 흐리지도 않은 '불청불탁[울림소리]'이 된다.

ㄴㅁㅇ[니미이]는 소리가 가장 세지 않으므로, 차례로는 비록 뒤에 있으나, 모양을 본떠 글자를 만드는 시초가 된다. ㅅ[시]와 ㅈ[지]는 비록 다 아주 맑은소리 '전청'이지만 ㅅ[시]는 ㅈ[지]에 비하여 소리가 거세지 않으므로 글자를 만드는 데 시초가 되었다. 오직 어금닛소리의 ㆁ[애]는 비록 혀뿌리가 목구멍을 막아서 코로 소리 기운이 나가지만 ㆁ[이]의 소리는 ㅇ[이]와 비슷해서 중국 한자음사전운서에서도 ㆁ[이]와 ㅇ[이]가 많이 혼용된다. 이제 ㆁ[이]는 목구멍을 본떠 만들었으되, 어금닛소리 글자를 만드는 시초로 삼지 않았다. 대개 목구멍은 물에 속하고 어금니는 나무에 속하는 까닭에 ㆁ[애]는 비록 어금니에 속해 있으면서도

ㅇ[이]와 비슷하여 마치 나무의 싹이 물에서 나와 부드러우며 오히려 물기가 많은 것과 같기 때문이다.

ㄱ[기]는 나무가 바탕을 이룬 것이고, ㅋ[키]는 나무가 무성하게 자란 것이고, ㄲ[끼]는 나무가 오래되어 굳건해진 것이니, 이는 한결같이 모두 어금니를 본뜬 데서 비롯된 것이다.

아주 맑은소리 '전청' 글자를 나란히 쓰면 아주 흐린소리 '전탁'이 되는 것은 아주 맑은소리가 엉기면 아주 흐린소리가 되기 때문이다. 다만, 목구멍소리만은 덜 맑은소리 '차청'이 아주 흐린소리 '전탁'이 되는데, 그것은 대개 ㆆ[히]는 소리가 깊어서 엉기지 않고, ㅎ[히]는 ㆆ[히]에 비하여 소리가 얕아서 엉기어 아주 흐린소리 '전탁'이 되기 때문이다.

ㅇ[이]를 입술소리 글자 아래에 이어 쓰면 곧 입술가벼운소리순경음가 되는데, 이러한 입술가벼운 소리는 입술이 살짝 다물어지면서 목구멍소리가 많아지기 때문이다.

가운뎃소리글자는 모두 열한 자이다. •는 혀가 오그라드니 소리가 깊어서, 하늘이 자시밤 11시~1시에서 열리는 것과 같다. 둥근 글꼴은 하늘을 본떴다. ㅡ는 혀가 조금 오그라드니 소리가 깊지도 얕지도 않으므로 땅이 축시밤 1시~3시에서 열리는 것과 같다. 평평한 글꼴은 땅을 본떴다. ㅣ는 혀가 오그라지지 않아 소리는 얕으니, 사람이 인시새벽 3시~5시에서 생기는 것과 같다. 바로 선 글꼴은 사람을 본떴다.

다음 여덟 가운뎃소리는 어떤 것은 거의 닫히고 어떤 것은 열린다.

ㅗ는 •와 같은 가운뎃소리[양성모음]이나 입을 더 오므리며 그 모양이 •가 ㅡ와 합해서 이루어진 것은 하늘과 땅이 처음으로 사귄다는 뜻을 담았다. ㅏ는 •와 같은 가운뎃소리[양성모음]이나 입을 더 벌리며 그 모양은 ㅣ와 •가 서로 합하여 이루어진 것으로, 하늘과 땅의 쓰임이 일과 사물에서 나타나서 사람을 기다려 이루어진다는 뜻을 담은 것이다. ㅜ는 ㅡ와 같은 가운뎃소리[음성모음]이나 입을 더 오므리며 그 모양이 ㅡ가 •와 합해서 이루어진 것은 역시 하늘과 땅이 처음으로 사귄다는 뜻을 담았다. ㅓ는 ㅡ와 같은 가운뎃소리[음성모음]이나 입을 더 벌리니 그 모양은 •와 ㅣ합해서 이루어진 것이며, 역시 하늘과 땅의 쓰임이 일과 사물에서 나타나되 사람을 기다려서 이루어진 뜻을 담은 것이다.

ㅛ는 ㅗ와 같은 가운뎃소리[양성모음]이나 그 소리는 ㅣ에서 비롯된다. ㅑ는 ㅏ와 같은 가운뎃소리[양성모음]이나 그 소리는 ㅣ에서 비롯된다. ㅠ는 ㅜ와 같은 가운뎃소리[음성모음]이나 그 소리는 ㅣ에서 비롯된다. ㅕ는 ㅓ와 같은 가운뎃소리[음성모음]이나 그 소리는

ㅣ에서 비롯된다.

ㅗㅏㅜㅓ는 하늘과 땅에서 비롯된 것이라 '처음 나온 것초출자'이다. ㅛㅑㅠㅕ는 ㅣ에서 비롯되어 사람ㅇ을 겸하였으므로 '거듭 나온 것재출자'이다. ㅗㅏㅜㅓ에서 둥근 것 ·을 하나로 한 것은 '처음 생긴 것초생자'이라는 뜻을 담았다. ㅛㅑㅠㅕ에서 그 둥근 것 ·을 둘로 한 것은 '다시 생겨난 것재생자'이라는 뜻을 담은 것이다.

ㅗㅏㅛㅑ의 둥근 것 ·이 위와 밖에 놓인 것은 하늘 ·에서 나와 양성이 되기 때문이다. ㅜㅓㅠㅕ의 둥근 것 ·이 아래쪽과 안쪽에 있는 것은 땅—에서 나와 음성이 되기 때문이다.

·가 여덟 가운뎃소리글자에 두루 다 있는 것은 마치 양성이 음성을 거느리고 만물에 두루 흐름과 같다. ㅛㅑㅠㅕ가 모두 사람을 뜻하는 ㅣ소리가 들어 있는 것은 사람이 만물의 영장으로 능히 하늘양과 땅음이 하는 일에 참여할 수 있기 때문이다.

가운뎃소리글자들은 하늘 ·, 땅—, 사람ㅣ을 본뜬 것을 가졌으니, 삼재하늘·땅·사람 이치가 갖추어졌다. 그러므로 하늘·땅·사람의 삼재가 만물의 우선이 되고, 하늘이 삼재의 시작이 되는 것과 같이 ·—ㅣ 석 자가 여덟 가운뎃소리글자의 머리가 되고 또한 · 자가 석 자의 으뜸이 됨과 같다.

ㅗ가 처음으로 하늘에서 생겨나니 하늘의 수로는 1이고 물을 낳는 자리다. ㅏ가 다음으로 생겨나 하늘의 수로는 3이고 나무를 낳는 자리다. ㅜ가 처음으로 땅에서 나니, 땅의 수로는 2이고 불을 낳는 자리다. ㅓ가 다음으로 생겨난 것이니 땅의 수로는 4이고 쇠를 낳는 자리다.

ㅛ가 두 번째로 하늘에서 생겨나니 하늘의 수로는 7이고 불을 이루는 수이다. ㅑ가 다음으로 생겨나니 하늘의 수로는 9이고 쇠를 이루는 수다. ㅠ가 두 번째로 땅에서 생겨나니 땅의 수로는 6이고 물을 이루는 수다. ㅕ가 다음으로 생겨나니 땅의 수로는 8이고 나무를 이루는 수다.

물ㅗㅠ과 불ㅜㅛ은 아직 기를 벗어나지 못하고 음과 양이 서로 사귀어 어울리는 시초이기 때문에 입을 거의 오므린다. 나무 ㅏㅕ와 쇠 ㅓㅑ는 음과 양의 바탕을 바로 고정한 것이기 때문에 입을 벌린다.

·는 하늘의 수로는 5이고 흙을 낳는 자리다. —는 땅의 수로는 10이고 흙을 이루는 수다. ㅣ만 홀로 자리와 수가 없는 것은 대개 사람은 곧 끝없는 태극의 참과 음양과 오행의 정기가

묘하게 어울리고 엉기어서, 진실로 자리를 정하고 수를 이루는 것을 밝힐 수 없기 때문이다. 이런즉 가운뎃소리중성 속에도 또한 저절로 음양과 오행, 방위의 수가 있는 것이다.

첫소리와 가운뎃소리를 맞대어 말해 보자. 가운뎃소리의 음성과 양성은 하늘의 이치다. 첫소리의 단단함과 부드러움은 땅의 이치이다. 가운뎃소리는 어떤 것은 깊고 어떤 것은 얕고, 어떤 것은 오므리고 어떤 것은 벌리니, 이런즉 음양이 나뉘고, 오행의 기운이 갖추어지니 하늘의 작용이다.

첫소리는 어떤 것은 비고[목구멍소리], 어떤 것은 막히고[어금닛소리], 어떤 것은 날리고[혓소리], 어떤 것은 걸리고[잇소리], 어떤 것은 무겁고[입술무거운소리], 어떤 것은 가벼우니[입술가벼운소리], 이런즉 곧 단단하고 부드러운 것이 드러나서 여기에 오행의 바탕이 이루어진 것이니 땅의 공이다.

가운뎃소리가 깊고 얕고 오므라지고 벌림으로써 앞서 소리 나고, 첫소리가 오음의 맑고 흐림으로써 뒤따라 화답하여 첫소리가 되고 또한 끝소리가 된다. 또한 이는 만물이 땅에서 처음 생겨나서, 다시 땅으로 돌아가는 것으로 볼 수 있다.

첫소리, 가운뎃소리, 끝소리가 합하여 이루어진 글자를 말할 것 같으면, 또한 움직임과 고요함이 서로 뿌리가 되어 음과 양이 서로 바뀌는 뜻이 있다. 움직이는 것은 하늘이요, 고요한 것은 땅이다. 움직임과 고요함을 겸한 것은 사람이다. 대개 오행이 하늘에서는 신우주의 운행이며, 땅에서는 바탕을 이루는 것이요, 사람에서는 어짊·예의·믿음·정의·슬기가 신작은 우주의 운행이요, 간장·염통심장·지라비장·허파폐장·콩팥신장이 바탕을 이루는 것이다. 첫소리는 움직여 피어나는 뜻이 있으니, 하늘의 일이다. 끝소리는 정해져 멈추는 뜻이 있으니, 땅의 일이다. 가운뎃소리는 첫소리가 생겨난 것을 이어서, 끝소리가 이루어지게 이어 주니 사람의 일이다. 대개 글자 소리의 핵심은 가운뎃소리에 있으니, 첫소리·끝소리와 합하여 음절을 이룬다. 또 오히려 하늘과 땅이 만물을 생겨나게 해도, 그것이 쓸모 있게 돕는 것은 반드시 사람한테 힘입음과 같다.

끝소리글자에 첫소리글자를 다시 쓰는 것은 움직여서 양인 것도 하늘이요, 고요해서 음인 것도 하늘이니, 하늘은 실제로는 음과 양을 구분한다 하더라도 임금하늘이 주관하고 다스리지 않음이 없기 때문이다. 하나의 바탕 기운이 두루 흘러 다하지 않고, 사계절 바뀜이 돌고 돌아 끝이 없으니 만물의 거둠에서 다시 만물의 시초가 되듯 겨울은 다시 봄이 되는 것이다. 첫소리글자가 다시 끝소리글자가 되고 끝소리글자가 다시 첫소리글자가 되는 것도 역시 이와 같은 뜻이다.

아! 정음이 만들어져 천지 만물의 이치가 모두 갖추어졌으니, 그 정음이 신묘하다. 이는 틀림없이 하늘이 성왕세종의 마음을 일깨워, 세종의 손을 빌려 정음을 만들게 한 것이로구나!

갈무리시

하늘과 땅의 조화는 본디 하나의 기운이니
음양과 오행이 서로 처음이 되며 끝이 되네.

만물이 하늘과 땅 사이에서 꼴과 소리 있으나
근본은 둘이 아니니 이치와 수로 통하네.

정음 글자 만들 때 주로 그 꼴을 본뜨니
소리 세기에 따라 획을 더하였네.

소리는 어금니·혀·입술·이·목구멍에서 나니
여기에서 첫소리글자 열일곱이 나왔네.

어금닛소리 글자는 혀뿌리가 목구멍을 막는 모양을 취하였는데
오직 ㆁ[이]만은 ㅇ[이]와 비슷하나 담은 뜻이 다르네.

혓소리글자는 혀가 윗잇몸에 닿는 모양을 본뜨고
입술소리글자는 바로 입 꼴을 취하였네.

잇소리글자와 목구멍소리글자는 바로 이와 목구멍의 모양을 본떴으니
이 다섯 자 뜻을 알면 소리 이치는 절로 밝혀지네.

또한 반혓소리글자(ㄹ), 반잇소리글자(△)가 있는데
본뜬 것은 같은데 짜임새가 다르네.

"ㄴ[니], ㅁ[미], ㅅ[시], ㅇ[이]" 소리는 세지 않으므로
차례는 비록 뒤이나 꼴을 본뜨는 처음이 되네.

이것을 네 계절과 천지 기운에 맞추어 보니
오행과 오음계에 어울리지 않음이 없네.

목구멍소리는 '물'이 되니 '겨울'과 '우음계'요
어금닛소리는 '봄'이며 '나무'이니 그 소리는 '각음계'이네.

'치음계'에 '여름'이며 '불'인 것은 혓소리요
잇소리는 곧 '상음계'이며 '가을'이니 또한 '쇠'이네.

입술소리는 방위와 수가 본디 정해진 것이 없으니
'흙'이며 '늦여름'이니 '궁음계'가 되네.

말소리는 또한 스스로 맑고 흐림이 있으니
중요한 것은 첫소리 날 때에 자세히 헤아려 살펴야 하네.

아주 맑은소리 '전청'은 "ㄱ[기], ㄷ[디], ㅂ[비]"이며
"ㅈ[지], ㅅ[시], ㆆ[해]"도 또한 아주 맑은소리 '전청'이라네.

"ㅋ[키], ㅌ[티], ㅍ[피], ㅊ[치], ㅎ[히]"와 같은 것은
오음 각 하나씩의 덜 맑은소리 '차청'이 되네.

아주 흐린소리 '전탁'은 "ㄲ[끼], ㄸ[띠], ㅃ[삐]"에다
"ㅉ[찌], ㅆ[씨]"가 있고 또한 "ㆅ[혀]"가 있네.

아주 맑은소리 '전청' 글자를 나란히 쓰면 아주 흐린소리 '전탁' 글자가 되는데
다만 'ㆅ'[혀]만은 'ㅎ[히]'에서 나와 이것만 같지 않네.

"ㆁ[이], ㄴ[니], ㅁ[미], ㅇ[이]"와 "ㄹ[리], ㅿ[ㅅ|]"는
그 소리 맑지도 또 흐리지도 않네.

ㅇ[이]를 입술소리 글자에 이어 쓰면 입술가벼운소리가 되는데
목구멍소리가 많아지면서 입술을 살짝 다물어 주네.

가운뎃소리글자 열한 자 또한 꼴을 본떴는데
섬세한 뜻은 아직 쉽게 볼 수 없네.

• 는 하늘을 본떠 소리가 가장 깊으니 둥근 꼴이 총알 같네.
ㅡ 소리는 깊지도 않고 얕지도 않아 그 평평한 꼴은 땅을 본떴네.

ㅣ 는 사람이 선 모습을 본떠 그 소리 얕으니
하늘·땅·사람의 세 바탕 이치가 이에 갖추어졌네.

ㅗ는 하늘(•)에서 나와서 입을 거의 닫으니
하늘의 둥긂과 땅의 평평함을 아울러 담은 것을 본떴네.

ㅏ도 하늘에서 나와 입이 많이 열려 있으니
일과 사물에서 피어나 사람에서 이루어짐이네.

처음 생겨나는 뜻을 사용하여 둥근 점을 하나로 하였으니
하늘에서 나와 '양'이 되어 위와 밖에 놓이네.

ㅛ, ㅑ는 사람을 겸하여 '거듭 나온 것'이 되니
두 개의 둥근 꼴로 그 뜻을 보이네.

ㅜ와 ㅓ와 ㅠ와 ㅕ는 땅에서 나니
보기를 들면 저절로 알 것을 어찌 꼭 풀이를 해야 하랴

• 글자가 여덟 가운뎃소리글자에 두루 있음은
오직 하늘의 작용이 두루 흘러 다님이네.

네 소리(ㅛ ㅑ ㅠ ㅕ)가 사람[ㅣ]을 겸함도 또한 까닭이 있으니
사람(ㅣ)이 하늘과 땅에 참여하는데 가장 신령하기 때문이네.

또 첫·가운데·끝 세 소리의 깊은 이치를 살피면
단단함과 부드러움, 음과 양이 저절로 있네.

가운뎃소리는 하늘의 작용으로서 음양으로 나뉘고
첫소리는 땅의 공로로 단단함과 부드러움을 나타내네.

가운뎃소리가 부르면 첫소리가 응하니
하늘이 땅보다 앞섬은 자연의 이치이네.

응하는 것이 첫소리도 되고 또 끝소리도 되니
만물이 땅에서 나와 다시 모두 땅으로 되돌아감이네.

음이 바뀌어 양이 되고 양이 바뀌어 음이 되니
한 번 움직이고 한 번 고요함이 서로 뿌리가 되네.

첫소리는 다시 피어나는 뜻이 있으니
양의 움직임으로 하늘의 임자 되네.

끝소리는 땅에 비유되어 음의 고요함이니
글자 소리가 여기서 그쳐 정해지네.

음절을 이루는 핵심은 가운뎃소리의 쓰임새에 있으니
사람이 능히 하늘과 땅의 마땅함을 도울 수 있기 때문이네.

양의 쓰임은 음에 통하니
이르러 펴면 도로 돌아오네.

첫소리글자와 끝소리글자가 비록 하늘과 땅으로 나뉜다고 하나
끝소리글자에 첫소리글자를 쓰는 뜻을 알 수 있네.

정음 글자는 스물여덟뿐이로되
심오하고 복잡한 걸 탐구하여 근본 깊이가 어떠한가를 밝혀낼 수 있네.

뜻은 멀되 말은 가까워 백성을 깨우치기 쉬우니
하늘이 주신 것이지 어찌 일찍이 슬기와 기교로 되었으리오.

2. 초성해 첫소리글자 풀이

정음의 첫소리는 곧 한자음 사전운서에서 한 음절의 첫소리성모이다. 말소리가 이에서 비롯되므로 이르기를 '어미모'라 한 것이다.

어금닛소리글자는 '군' 자의 첫소리글자인 ㄱ[기]인데, ㄱ[기]가 ᅟᅮᆫ과 어울려 '군'이 된다. '쾌' 자의 첫소리글자는 ㅋ[키]인데, ㅋ[키]가 ᅟᅫ와 합하여 '쾌'가 된다. '뀨' 자의 첫소리글자는 ㄲ[끼]인데, ㄲ[끼]가 ᅟᅲ와 합하여 '뀨'가 된다. ᅌᅥᆸ의 첫소리글자는 ㆁ[ᅌᅵ]인데, ㆁ[ᅌᅵ]가 ᅟᅥᆸ과 합하여 'ᅌᅥᆸ'이 되는 따위와 같다. 혓소리글자의 "ㄷ ㅌ ㄸ ㄴ[디티띠니]", 입술소리글자의 "ㅂ ㅍ ㅃ ㅁ[비피삐미]", 잇소리글자의 "ㅈ ㅊ ㅉ ㅅ ㅆ[지치찌시씨]", 목구멍소리글자의 "ㆆ ㅎ ㆅ ㅇ[ᅙᅵ히ᅘᅵ이]", 반혓소리·반잇소리글자의 "ㄹ ㅿ[리ᅀᅵ]"도 모두 이와 같다.

갈무리시

"ㄱ ㅋ ㄲ ㆁ[기키끼ᅌᅵ]"는 어금닛소리글자이고
혓소리글자로는 "ㄷ ㅌ[디티]"와 "ㄸ ㄴ[띠니]"가 있네.

"ㅂ ㅍ ㅃ ㅁ[[비피삐미]"는 곧 입술소리글자이고
잇소리글자로는 "ㅈ ㅊ ㅉ ㅅ ㅆ[지치찌시씨]"가 있네.

"ㆆ ㅎ ㆅ ㅇ[[ᅙᅵ히ᅘᅵ이]"는 곧 목구멍소리글자이고
ㄹ[리]는 반혓소리글자이고, ㅿ[ᅀᅵ]는 반잇소리글자이네.

스물세 자가 첫소리글자가 되니
온갖 소리가 모두 다 여기에서 생겨나네.

3. 중성해 가운뎃소리글자 풀이

가운뎃소리는 한 음절소리자운의 가운데에 있으니 첫소리, 끝소리와 합하여 음절을 이룬다. '툰' 자의 가운뎃소리글자는 · 인데, · 가 ㅌ[티]와 ㄴ[은] 사이에 있어 '툰'이 된다. '즉' 자의 가운뎃소리는 ㅡ인데, ㅡ는 ㅈ[지]와 ㄱ[윽] 사이에 놓여 '즉'이 된다. '침' 자의 가운뎃소리글자는 ㅣ인데, ㅣ가 ㅊ[치]와 ㅁ[음] 사이에 있어 '침'이 되는 것과 같다. "蘋·땀·군·엽·욕·샹·슗·볋"에서의 "ㅗㅏㅜㅓㅛㅑㅠㅕ"도 모두 이와 같다.

두 글자를 합쳐 쓴 것으로, ㅗ와 ㅏ가 똑같이 ·와 같은 양성 가운뎃소리이므로 합하여 ㅘ가 된다. ㅛ와 ㅑ는 ㅣ에서 비롯되므로 합하면 ퟈가 된다. ㅜ와 ㅓ가 똑같이 ㅡ와 같은 음성 가운뎃소리이므로 합하여 ㅝ가 된다. ㅠ와 ㅕ가 또한 똑같이 ㅣ에서 비롯되므로 합하여 ᆏ가 된다. 이런 합용자들은 같은 것에서 나와 같은 부류가 되므로, 서로 합해도 어그러지지 않는다.

한 낱글자로 된 가운뎃소리글자가 ㅣ와 서로 합한 것이 열이니 "ㅓ ㅢ ㅚ ㅐ ㅟ ㅔ ㅒ ㅖ ㅞ ㅖ"가 그것이다. 두 낱글자로 된 가운뎃소리글자가 ㅣ와 서로 합한 것은 넷이니 "ㅙ ㅞ ퟋ ᆒ"가 그것이다. ㅣ가 깊고, 얕고, 닫히고, 열리는 소리에 두루 능히 서로 따를 수 있는 것은 'ㅣ'소리가 혀가 펴지고 소리가 얕아서 입을 열기 편하기 때문이다. 또한 사람 ㅣ이 만물을 여는 데에 참여하고 도와서 통하지 않는 것이 없음을 볼 수 있다.

갈무리시

음절 소리마다 제각기 가운뎃소리가 있으니
모름지기 가운뎃소리에서 벌림과 오므림을 찾아야 하네.

ㅗ와 ㅏ는 ·에서 나왔으니[양성모음] 합하여 쓸 수 있고
ㅜ ㅓ는 ㅡ에서 나왔으니[음성모음] 또한 합하여 쓸 수 있네.

ㅛ와 ㅑ, ㅠ와 ㅕ의 관계는
각각 따르는 곳이 있으니 그 뜻을 이루어 알 수 있네.

ㅣ자의 쓰임새가 가장 많아서

열넷의 소리에 두루 서로 따르네.

4. 종성해 끝소리글자 풀이

끝소리는 첫소리·가운뎃소리를 이어서 음절을 이룬다. 이를테면 '즉' 자의 끝소리글자는 ㄱ[윽]인데, ㄱ[윽]은 '즈'의 끝에 놓여 '즉'이 되는 것과 같다. '뽕' 자의 끝소리는 ㆁ[웅]인데, ㆁ[웅]은 뽀의 끝에 놓여 뽕이 되는 것과 같다. 혓소리글자, 입술소리글자, 잇소리글자, 목구멍소리글자도 모두 같다.

소리에는 느리고 빠른 차이가 있으니, 평성·상성·거성 음절의 끝소리는 입성 음절 끝소리가 매우 빠른 것과 같은 부류가 아니다. 울림소리 '불청불탁' 글자는 그 소리가 세지 않으므로 끝소리로 쓰면 평성·상성·거성에 마땅하다. 아주 맑은소리 전청, 덜 맑은소리 차청, 아주 흐린소리 전탁 글자는 그 소리가 세므로 끝소리로 쓰면 입성에 마땅하다. 그래서 ㆁㄴㅁㅇ ㄹㅿ[이니미이리ᅀᅵ]의 여섯 글자가 끝소리로 쓰이는 음절은 평성과 상성과 거성이 되고, 나머지 글자가 끝소리로 쓰이는 음절은 모두 입성이 된다. 그렇지만 ㄱㆁㄷㄴㅂㅁㅅㄹ[기이디니비미시리]의 여덟 글자만으로도 끝소리글자를 적기에 충분하다. "빗곶 배꽃"이나 "영의갗 여우 가죽"에서처럼 ㅅ[읏] 자로 두루 쓸 수 있어서 오직 ㅅ[읏] 자를 쓰는 것과 같다.

또 ㅇ[이]는 소리가 맑고 비어서 반드시 끝소리로 쓰지 않더라도 가운뎃소리만으로 음절을 이룰 수 있다. ㄷ[디]는 '별'의 끝소리 ㄷ[읃]이 되고, ㄴ[니]는 '군'의 끝소리 ㄴ[은]이 되고, ㅂ[비]는 '업'의 끝소리 ㅂ[읍]이 되며, ㅁ[미]는 '땀'의 끝소리 ㅁ[음]이 되고, ㅅ[시]는 토박이말인 '옷'의 끝소리 ㅅ[읏]이 되며, ㄹ[리]는 토박이말인 '실'의 끝소리 ㄹ[을]이 된다.

오음의 느리고 빠름이 또한 각각 스스로 짝이 된다. 이를테면 어금닛소리의 ㆁ[웅]은 ㄱ[윽]과 짝이 되어 ㆁ[웅]을 빨리 발음하면 ㄱ[윽]음으로 바뀌어 빠르고, ㄱ[윽]음을 느리게 내면 ㆁ[웅]음으로 바뀌어 느린 것과 같다. 혓소리의 ㄴ[은]음과 ㄷ[읃]음, 입술소리의 ㅁ[음]음과 ㅂ[읍]음, 잇소리의 ㅿ[읏]음과 ㅅ[읏]음, 목구멍소리의 ㅇ[웅]음과 ㆆ[읗]음도 그 느리고 빠름이 서로 짝이 되니 이와 같다.

또 반혓소리글자인 ㄹ[을]은 마땅히 토박이말에나 쓸 것이며 한자어에는 쓸 수 없다. 입성의 '彆 볃' 자와 같은 것도 끝소리글자로 마땅히 ㄷ[읃]를 써야 할 것인데 세속 관습으로는 한자어 종성을 ㄹ[을] 음으로 읽으니 대개 ㄷ[읃] 음이 바뀌어 가볍게 된 것이다. 만일 ㄹ[을]을 '彆[볃]' 자의 끝소리글자로 쓴다면 그 소리가 펴지고 늘어져 입성이 되지 못한다.

갈무리시

맑지도 흐리지도 않은 울림소리를 끝소리에 쓰니
평성, 상성, 거성이 되고 입성은 되지 않네.

아주 맑은소리, 덜 맑은소리, 그리고 아주 흐린소리는
모두 입성이 되어 소리가 매우 빠르네.

첫소리글자를 끝소리글자로 쓰는 이치가 본래 그러한데
다만 여덟 자만 가지고도 쓰임에 막힘은 없네.

오직 ㅇ[이] 자가 있어야 마땅한 자리라도
가운뎃소리만으로도 음절을 이루어 또한 통할 수 있네.

만일 '즉' 자를 쓰려면 'ㄱ[윽]'을 끝소리로 하고
"홍, 볃"은 'ㆁ[응]'과 'ㄷ[읃]'을 끝소리로 하네.

"군, 업, 땀" 끝소리는 또한 어떨까 하니
"ㄴ[은], ㅂ[읍], ㅁ[음]"을 차례대로 헤아려 보네.

여섯 소리(ㄱ ㆁ ㄷ ㄴ ㅂ ㅁ/윽응읃은읍음)는 한자말과 토박이말에 함께 쓰이되
ㅅ[읏]과 ㄹ[을]은 토박이말의 '·옷'과 '실'의 끝소리로만 쓰이네.

오음은 각각 느림과 빠름의 짝을 저절로 이루니
ㄱ[윽] 소리는 ㆁ[읭]소리를 빠르게 낸 것이네.

ㄷㅂ[읃/읍] 소리가 느려지면 ㄴㅁ[은/음]가 되며
ㅿ[읒]과 ㅇ[응]은 그것 또한 ㅅㆆ[읏읗]의 짝이 되네.

ㄹ[을]은 토박이말 끝소리 표기에는 마땅하나 한자말 표기에는 마땅하지 않으니
ㄷ[읃] 소리가 가벼워져서 ㄹ[을] 소리가 된 것은 곧 일반 관습이네.

5. 합자해 글자합치기 풀이

첫소리·가운뎃소리·끝소리 세 낱글자가 합하여 글자를 이룬다. 첫소리글자는 가운뎃소리글자 위에 쓰기도 하고, 가운뎃소리글자의 왼쪽에 쓰기도 한다. 이를테면 '군' 자의 ㄱ[기]는 ㅜ의 위에 쓰고, '업' 자의 ㆁ[이]는 ㅓ의 왼쪽에 쓰는 것과 같다.

가운뎃소리글자는 둥근 것 · 과 가로로 된 것 ㅡ은 첫소리글자 아래에 쓰니 "ㆍㅡㅗㅛㅜㅠ"가 이것이다. 세로로 된 것은 첫소리글자의 오른쪽에 쓰니 "ㅣㅏㅑㅓㅕ"가 이것이다. 이를테면 'ᄐᆞᆫ' 자의 ㆍ는 ㅌ[티] 아래에 쓰고, '즉' 자의 ㅡ는 ㅈ[지] 아래에 쓰며, '침' 자의 ㅣ는 ㅊ[치] 오른쪽에 쓰는 것과 같다.

끝소리글자는 첫소리글자·가운뎃소리글자 아래에 쓴다. 이를테면 '군' 자의 ㄴ[은]은 구 아래에 쓰고, '업' 자의 ㅂ[읍]은 어 아래에 쓰는 것과 같다.

첫소리글자에서 서로 다른 두 개의 낱글자 또는 세 개의 낱글자를 나란히 쓰는 '병서'는 이를테면 토박이말의 "ᄯᅡ땅, ᄧᅡᆨ외짝, ᄢᅳᆷ틈" 따위와 같은 것이다. 같은 낱글자를 나란히 쓰는 각자병서는 이를테면 토박이말에서 "혀"는 입속의 혀이지만 "ᅘᅧ"는 '당겨'를 나타내며, "괴여"는 '내가 남을 사랑한다'는 뜻이지만 "괴ᅇᅧ"는 '남에게서 내가 사랑받는다'는 뜻이 되고, "소다"는 '무엇을 뒤집어 쏟아'라는 뜻이지만 "쏘다"는 '무엇을 쏘다'라는 뜻이 되는 따위와 같은 것이다.

가운뎃소리글자를 두 개의 낱글자, 세 개의 낱글자를 합쳐 쓰는 것은 이를테면 토박이말의 "과[거문고 줄을 받치는 기둥]", "홰[횃불]" 따위와 같이 쓰는 것과 같다.

끝소리글자를 두 개의 낱글자, 세 개의 낱글자를 합쳐 쓰는 것은 이를테면 토박이말의 "ᅙᆰ[흙]", "낛[낚시], ᄃᆞᆲ빼[닭때, 유시]" 따위와 같이 쓰는 것과 같다. 이들 합용병서는 왼쪽에서 오른쪽으로 쓰며 첫소리글자, 가운뎃소리글자, 끝소리글자 모두 같다.

한자와 한글을 섞어 쓸 때는 한자음에 따라서 한글의 가운뎃소리글자나 끝소리글자를 보충하는 일이 있으니, 이를테면 '孔子 ㅣ 魯ㅅ:사ᄅᆞᆷ공자가 노나라 사람' 따위와 같이 쓰는 것과 같다.

토박이말의 평성·상성·거성·입성의 예를 들면, "활[활]"은 평성이고, "돌[돌]"은 상성이며, "갈[칼]"은 거성이요, "붇[붓]"은 입성이 되는 따위와 같다. 무릇 글자의 왼쪽에 한 점을 찍은 것은 거성이고, 두 점을 찍은 것은 상성이며, 점이 없는 것은 평성이다.

한자말의 입성은 거성과 서로 비슷하다. 토박이말 입성은 한결같지 않아서, 때로는 평성과 비슷한 "긷[기둥], 녑[옆구리]"과 같은 경우도 있고, 상성과 비슷한 "ᅌᅡᆨ[곡식], ᅌᅵᆸ[비단]"과 같은 경우도 있고 거성과 비슷한 "몯[못], 입[입]"과 같은 경우도 있다. 입성에서 점을 찍는 것은 평성 · 상성 · 거성의 경우와 같다.

평성은 편안하면서도 부드러워 봄에 해당되니 이는 만물이 편안한 것과 같다. 상성은 부드러움에서 거세져 여름이니, 이는 만물이 점점 무성해지는 것과 같다. 거성은 거세면서도 굳세어 가을이니 만물이 무르익는 것과 같다. 입성은 말소리가 빠르고 막히어 겨울이니 만물이 닫히고 갈무리되는 것과 같다.

첫소리의 ᅙ[히]와 ㅇ[이]는 서로 비슷해서 토박이말에서는 두루 쓰일 수 있다.

반혓소리에는 가볍고 무거운 두 소리가 있다. 그러나 중국 한자음 사전운서의 음절 첫소리에서는 오직 하나뿐이며, 또 우리나라 말에서는 비록 가볍고 무거운 것을 구별하지 않더라도 모두 소리를 낼 수 있다. 만약 갖추어 쓰고자 한다면 입술가벼운소리 글자[순경음자 ᄫ]의 예에 따라 'ㅇ[이]'를 'ㄹ[리]' 아래 이어 쓰면 반혀가벼운소리글자[반설경음자ᄛ]가 되니, 혀를 윗잇몸에 살짝 댄다.

• ─가 ㅣ에서 시작되는 소리는 중앙말에 쓰이지 않는다. 아이들 말이나 변두리 시골말에는 드물게 있으니, 마땅히 두 글자를 합하여 나타내려 할 때에는 "ᄀᆜ ᄁᆜ" 따위와 같이 쓴

다. 이것은 세로로 먼저 긋고 가로로 나중에 쓰는 것으로 다른 글자와 같지 않다.

갈무리시

첫소리글자는 가운뎃소리글자의 왼쪽과 위쪽에 쓰는데
'ㆆ[히]'와 'ㅇ[이]'는 토박이말에서는 서로 같이 쓰이네.

가운뎃소리글자 열하나는 첫소리글자에 붙이는데
둥근 것과 가로로 된 것은 첫소리글자 아래에 쓰고 세로로 된 것만 오른쪽에 쓰네.

끝소리글자를 쓰자면 어디에 쓰는가 하니
첫·가운뎃소리글자의 아래에 이어서 붙여 쓰네.

첫·끝소리글자를 각각 합쳐 쓰려면 나란히 쓰고
가운뎃소리글자도 나란히 쓰되 다 왼쪽부터 쓰네.

토박이말에선 사성을 어떻게 구별하는가 하니
평성은 '활(활)'이요 상성은 '돌(돌)'이네.

'갈(칼)'은 거성이 되고 '붇(붓)'은 입성이 되니
이 네 갈래를 보아서 다른 것도 알 수 있네.

소리에 따라 왼쪽의 점으로 사성을 나누니
하나면 거성, 둘은 상성, 없으면 평성이네.

토박이말 입성은 정함이 없으나 평·상·거성처럼 점 찍고
한자말의 입성은 거성과 비슷하네.

지역말과 토속말은 다 다르니

말소리 있고 글자는 없어 글로 통하기 어려웠네.

하루아침에 신과 같은 솜씨로 정음을 지어 내시니

우리 겨레 오랜 역사의 어둠을 비로소 밝혀 주셨네.

6. 용자례 낱글자 사용 보기

♣ 첫소리글자 사용 보기

ㄱ[기]는 "감[감], 골[갈대]"과 같이 쓴다. ㅋ[키]는 "우케[우케/찧지 않은 벼], 콩[콩]"과 같이 쓴다. ㆁ[이]는 "러울[너구리], 서에[성엣장]"와 같이 쓴다.

ㄷ[디]는 "뒤[띠], 담[담]"과 같이 쓴다. ㅌ[티]는 "고티[고치], 두텁[두꺼비]"과 같이 쓴다. ㄴ[니]는 "노로[노루], 납[원숭이]"과 같이 쓴다.

ㅂ[비]는 "불[팔], 별[벌]"과 같이 쓴다. ㅍ[피]는 "파[파], 풀[파리]"과 같이 쓴다. ㅁ[미]는 "뫼[산], 마[마]"와 같이 쓴다. ㅸ는 "사비[새우], 드뵈[뒤웅박]"와 같이 쓴다.

ㅈ[지]는 "자[자], 죠히[종이]"와 같이 쓴다. ㅊ[치]는 "체[체], 채[채찍]"와 같이 쓴다. ㅅ[시]는 "손[손], 셤[섬]"과 같이 쓴다.

ㅎ[히]는 "부헝[부엉이], 힘[힘줄]"과 같이 쓴다. ㅇ[이]는 "비육[병아리], 부얌[뱀]"과 같이 쓴다. ㄹ[리]는 "무뤼[우박], 어름[얼음]"과 같이 쓴다. ㅿ[시]는 "아수[아우], 너싀[느시]"와 같이 쓴다.

♣ 가운뎃소리글자 사용 보기

•는 "톡[턱], 풋[팥], 두리[다리], ᄀᆞ래[가래]"와 같이 쓴다. ㅡ는 "믈[물], 발측[발꿈치, 발의 뒤축], 그력[기러기], 드레[두레박]"와 같이 쓴다. ㅣ는 "깃[둥지], 밀[밀랍], 피[피], 키[키]"와 같이 쓴다.

ㅗ는 "논[논], 톱[톱], 호미[호미], 벼로[벼루]"와 같이 쓴다. ㅏ는 "밥[밥], 낟[낫], 이아[잉

아], 사숨[사슴]"과 같이 쓴다. ㅜ는 "숫[숯], 울[울타리], 누에[누에], 구리[구리]"와 같이 쓴다. ㅓ는 "브섭[부엌], 널[널판], 서리[서리], 버들[버들]"과 같이 쓴다.

ㅛ는 "죵[종, 노비], 고욤[고욤], 쇼[소], 삽됴[삽주]"와 같이 쓴다. ㅑ는 "남샹[남생이], 약[바다거북], 다야[손대야], 쟈감[메밀껍질]"과 같이 쓴다. ㅠ는 "율믜[율무], 쥭[밥주걱], 슈룹[우산], 쥬련[수건]"과 같이 쓴다. ㅕ는 "엿[엿], 뎔[절], 벼[벼], 져비[제비]"와 같이 쓴다.

♣ 끝소리글자 사용 보기

ㄱ[윽]은 "닥[닥나무], 독[독]"과 같이 쓴다. ㆁ[은]은 "굼벙[굼벵이], 올창[올챙이]"과 같이 쓴다. ㄷ[읃]은 "갇[갓], 싣[신나무]"과 같이 쓴다. ㄴ[은]은 "신[신 신발], 반되[반디]"와 같이 쓴다. ㅂ[읍]은 "섭[섶나무], 굽[발굽]"과 같이 쓴다. ㅁ[음]은 "범[범], 심[샘]"과 같이 쓴다. ㅅ[읏]은 "잣[잣], 못[연못]"과 같이 쓴다. ㄹ[을]은 "돌[달], 별[별]" 따위와 같이 쓴다.

7. 정인지서 _{정인지 모리말}

천지자연의 소리가 있으면 반드시 천지자연의 문자가 있다. 그러므로 옛사람이 소리를 바탕으로 글자를 만들어서 만물의 뜻을 통하고, 하늘·땅·사람의 세 바탕 이치를 실었으니 후세 사람들이 능히 글자를 바꿀 수가 없었다.

그러나 사방의 풍토가 구별되고 말소리의 기운 또한 다르다. 대개 중국 이외의 다른 나라 말은 그 말소리에 맞는 글자가 없다. 그래서 중국 글자를 빌려 소통하도록 쓰고 있는데, 이것은 마치 모난 자루를 둥근 구멍에 끼우는 것과 같으니, 어찌 제대로 소통할 때 막힘이 없겠는가? 중요한 것은 모두 각각 놓인 곳에 따라 자연스럽게 할 것이지, 억지로 같게 하여서는 안 될 것이다.

우리 동방의 예악과 문장이 중화[중국]와 같아 견줄 만하다. 다만 우리말은 중국말과 같지 않다. 그래서 한문으로 된 글을 배우는 이는 그 뜻을 깨닫기가 어려움을 걱정하고, 범죄 사건을 다루는 관리는 자세한 사정을 파악하기가 어려운 것을 근심했다.

옛날 신라의 설총이 이두를 처음 만들어서 관청과 민간에서 지금도 쓰고 있다. 그러나 모두 한자를 빌려 쓰는 것이어서 매끄럽지도 아니하고 막혀서 답답하다. 이두 사용은 오로지 몹시 속되고 일정한 규범이 없을 뿐이니, 실제 언어 사용에서는 그 만분의 일도 소통하지 못한다.

계해년 겨울1443년 12월에 우리 임금께서 정음 스물여덟 자를 창제하여, 간략하게 설명한 '예의'를 들어 보여 주시며 그 이름을 '훈민정음'이라 하셨다. 훈민정음은 꼴을 본떠 만들어 글꼴은 옛 '전서체'와 비슷하지만, 말소리에 따라 만들어 그 소리는 음률의 일곱 가락에도 들어맞는다. 하늘·땅·사람의 세 바탕 뜻과 음양 기운의 신묘함을 두루 갖추지 않은 것이 없다. 스물여덟 자로 끝없이 바꿀 수 있어, 간결하면서도 요점을 잘 드러내고, 정밀한 뜻을 담으면서도 두루 통할 수 있다.

그러므로 슬기로운 사람은 하루아침이 다 가기도 전에, 슬기롭지 못한 이라도 열흘 안에 배울 수 있다. 훈민정음으로 한문을 풀이하면 그 뜻을 알 수 있다. 훈민정음으로 소송 사건을 기록하면, 그 속사정을 이해할 수 있다.

글자 소리로는 맑고 흐린 소리를 구별할 수 있고, 음악 노래로는 노랫가락을 어울리게 할 수 있다. 글을 쓸 때에 글자가 갖추어지지 않은 바가 없으며, 어디서든 뜻을 두루 통하지 못하는 바가 없다. 비록 바람소리, 두루미 울음소리, 닭소리, 개 짖는 소리라도 모두 적을 수 있다.

드디어 임금께서 상세한 풀이를 더하여 모든 사람을 깨우치도록 명하시었다. 이에 신이 집현전 응교 최항과 부교리 박팽년과 신숙주, 수찬 성삼문과 돈녕부 주부 강희안, 행 집현전 부수찬 이개와 이선로 등과 더불어 삼가 여러 가지 풀이와 보기를 지어서, 그것을 간략하게 서술하였다. 바라건대 이 책을 보는 사람은 스승 없이도 스스로 깨치도록 하였다.

그 근원과 정밀한 뜻은 신묘하여 신하 된 자들로서는 감히 밝혀 보일 수 없다. 공손히 생각하옵건대 우리 전하는 하늘이 내리신 성인으로서 지으신 법도와 베푸신 업적이 모든 임금들을 뛰어넘으셨다. 정음 창제는 앞선 사람이 이룩한 것에 따른 것이 아니요, 자연의 이치를 따른 것이다. 참으로 그 지극한 이치가 없는 곳이 없으니, 사람의 힘으로 사사로이 한 것이 아니다. 무릇 동방에 나라가 있은 지가 꽤 오래 되었지만, 만물의 뜻을 깨달아 모든 일을 온전하게 이루게 하는 큰 지혜는 오늘을 기다리고 있었던 것이다.

정통 11년세종 28년, 1446년 9월 상순. 자헌대부 예조판서 집현전 대제학 지춘추관사 세자 우빈객 정인지는 두 손 모아 머리 숙여 삼가 쓰옵니다.

2. 영어 번역

Correct Sounds for the Instruction of the People

Hunminjeongeum

Written by King Sejong et al 8
Translated by: Jordan Deweger·Kim Seul-ong

Part 1. Correct Sound

1. Preface by King Sejong

The spoken language of our country is different from Chinese and as a result does not coordinate well with written Chinese characters. Therefore, even if the ignorant masses have something to say, there are many people who are unable to express it in writing. Finding this pitiful, I have created new twenty-eight letters, no more than to make it convenient for all people to easily learn and use them in their daily life.

2. Definition and Examples of the basic Consonants and Vowels

⟨1⟩ The initial consonant letter font and pronunciation

ㄱ/k/ Molar sound velar consonant, like the first sound of the character '군君'/kun/. When written consecutively it is like the first sound of the character '끃虯'/k'ju/.

ㅋ/kʰ/ Molar sound velar consonant, like the first sound of the character '쾌快'/kʰwaj/.

ㆁ /ŋ/ Molar sound^{velar consonant}, like the first sound of the character '업業'/ŋəp/.

ㄷ /t/ Lingual sound^{alveolar consonant}, like the first sound of the character '두斗'/tu/.

When written consecutively it is like the first sound of the character '땀覃'/t'am/.

ㅌ /tʰ/ Lingual sound^{alveolar consonant}, like the first sound of the character '툰呑'/tʰʌn/.

ㄴ /n/ Lingual sound^{alveolar consonant}, like the first sound of the character '나那'/na/.

ㅂ /p/ Lip sound^{labial consonant}, like the first sound of the character '볃彆' /pjət/.

When written consecutively it is like the first sound of the character '뽀步' /p'o/.

ㅍ /pʰ/ Lip sound^{labial consonant}, like the first sound of the character '표漂'/pʰjo/.

ㅁ /m/ Lip sound^{labial consonant}, like the first sound of the character '미彌'/mi/.

ㅈ /ts/ Teeth sound^{alveolar consonant}, like the first sound of the character '즉即'/tsɨk/.

When written consecutively it is like the first sound of the character '쪼慈'/ts'ʌ/.

ㅊ /tsʰ/ Teeth sound^{alveolar consonant}, like the first sound of the character '침侵'/tsʰim/.

ㅅ /s/ Teeth sound^{alveolar consonant}, like the first sound of the character '슏戌'/sjut/.

When written consecutively it is like the first sound of the character '쌰邪'/s'ja/.

ㆆ /ʔ/ Guttural sound^{laryngeal consonant}, like the first sound of the character '흡挹'/ʔɨp/.

ㅎ /h/ Guttural sound^{laryngeal consonant}, like the first sound of the character '허虛'/hə/.

When written consecutively it is like the first sound in the character '뽕洪'/xoŋ/.

ㅇ /ɦ/ Guttural sound^{laryngeal consonant}, like the first sound of the character '욕欲'/ɦjok/.

ㄹ /ɾ/ Semi-lingual sound^{lateral consonant}, like the first sound of the character '려閭'/ɾjə/.

ㅿ /z/ Semi-teeth^{semi-alveolar consonant}, like the first sound of the character '샹穰'/zjaŋ/.

〈2〉 The middle vowel letter font and pronunciation

• /ʌ/ Like the middle sound of the character '툰呑'/tʰʌn/.

ㅡ /ɨ/ Like the middle sound of the character '즉即'/tsɨk/.

ㅣ /i/ Like the middle sound of the character '침侵'/tsʰim/.

ㅗ /o/ Like the middle sound of the character '뽕洪'/xoŋ/.

ㅏ /a/ Like the middle sound of the character '땀覃'/t'am/.

ㅜ/u/ Like the middle sound of the character '군 君'/kun/.

ㅓ /ə/ Like the middle sound of the character '업 業'/ŋəp/.

ㅛ/jo/ Like the middle sound of the character '욕 欲'/ɦjok/.

ㅑ/ja/ Like the middle sound of the character '샹 穰'/zjaŋ/.

ㅠ/ju/ Like the middle sound of the character '슗 戌'/sjut/.

ㅕ /jə/ Like the middle sound of the character '볋 瞥'/pjət/.

〈3〉 Writing the final consonant letter

The final consonant letters are the same as those used for the initial consonant letters.

〈4〉 Writing the light labial sound

If ㅇ /o/ is written immediately after a lip sound^{labial consonant}, it becomes a light lip sound^{light labial consonant}.

〈5〉 Writing the consonant characters laterally attached

If initial consonant letters are combined, they are written side by side, the same goes for final consonant letters.

〈6〉 Writing the middle vowel attached

" • /ʌ/ ― /ɨ/ ㅗ/o/ ㅜ/u/ㅛ/jo/ㅠ/ju/" are attached below initial consonant letters.

" ㅣ /i/ ㅏ /a/ ㅓ /ə/ ㅑ /ja/ ㅕ /jə/" are written to the right of initial consonant letters.

〈7〉 Combining to form syllables

In general, letters must always be combined to form syllables.

〈8〉 Drawing a dot on the left indication tone

One dot on the left of the character indicates a high tone, two dots indicate a rising tone, and no dots indicate an even tone. As for the falling tone, the dots have the same meaning, but the pronunciation is faster.

Part 2. Explanation and Examples of the "The Correct Sounds for the Instruction of the People"

1. Explanation of the Designs of the Letters

⟨1⟩ The Way of Heaven, Earth and the principle of the speech sounds

The Way of Heaven and Earth is only one, that of the interacting principles of Yin陰, shadow and Yang陽, light and the Five Elements. In between Gon☰☰, Terra and Bok☰☰, Return there is the Great Absolute, and motion and stillness are followed by the formation of Yin and Yang. Out of all the living things, what can exist without Yin and Yang? Accordingly, the speech sounds of humans are also governed by Yin and Yang, though people do not take careful notice of this. The creation of this Jeongeum "Correct Sounds" has not arisen from a difficult task requiring wisdom, rather it is simply the result of persistent research of the principle of the speech sounds. The principle is not two, but one; thus, it must be used by both spirits of Heaven and of Earth.

⟨2⟩ Creating principle of 17 initial consonant letters

All of the 28 letters are made according to the shape of their respective sound. There are 17 initial consonant letters. The molar sound velar consonant letter ㄱ/k/ resembles the blocking of the throat with the back of the tongue. The lingual sound letter ㄴ/n/ resembles the tongue touching the upper gums teeth-ridge. The lip sound labial consonant letter ㅁ/m/ resembles the shape of the mouth. The teeth sound alveolar consonant ㅅ/s/ resembles the shape a tooth. The guttural sound laryngeal consonant ㅇ/ɦ/ the shape of the throat.

The sound of ㅋ/kʰ/ is more strongly pronounced than ㄱ/k/ so one more stroke is added to the character. According to this system ㄷ/t/ comes from ㄴ/n/, ㅌ/tʰ/ comes from ㄷ/t/, ㅂ/p/ from ㅁ/m/, ㅍ/pʰ/ from ㅂ/p/, ㅈ/ts/ from ㅅ/s/, ㅊ/tsʰ/, from ㅈ/ts/, ㆆ/ʔ/ from

ㅇ/h/ and ㆅ/h/ from ㆆ/ʔ/, as a stroke is added to signify stronger pronunciation, with the exception of ㆁ/ŋ/.

The semi-lingual sound^{semi-alveolar consonant} ㄹ/r/ and the semi-teeth sound^{semi-alveolar consonant} △/z/ are made to resemble the shape of the tongue and tooth respectively, so the meaning of adding one stroke does not apply because it follows a different system of forming characters than the above system.

⟨3⟩ The initial consonant letter's phonetic science and properties of the Yin—Yang and Five—Elements

Generally speaking the sounds of humans are based on the Five Elements^{Water, Fire, Earth, Metal, Wood}. Therefore, they are in accordance with the four seasons and the Eastern pentatonic scale.

The throat is deep and moist, thus as one of the Five Elements it is regarded as Water. Just as water is clear and flows freely, the sound that comes from the throat is free and unhindered. As one of the seasons it is winter, and is the octave of "U" on the Eastern pentatonic scale.

Molar teeth are long and uneven, and are thus recognized as Wood among the Five Elements. The molar sound^{velar consonant} is similar to the guttural sound but is fuller and has form, like a tree which arises from water. As a season it is spring, and is the octave of 'Gak' on the Eastern pentatonic scale.

The tongue moves quickly and is thus regarded as Fire among the Five Elements. The sound of the tongue rolls and flies like a fire blazes and flares up. As a season it is summer, and is the octave of "Chi" on the Eastern pentatonic scale.

Teeth are strong and edged, and are regarded as Metal as one of the Five Elements. The teeth sound^{alveolar consonant} is high and compressed just as metal is crushed and remade. As a season it is fall, and is the octave of "Sang" on the Eastern pentatonic scale.

The lips are square and joined, and are regarded as Earth as one of the Five Elements.

The lip sound^{labial consonant} is full and broad just as the Earth is, which contains all things. As a season it is late summer, and is the octave of "Gung" on the Eastern pentatonic scale.

〈4〉 Properties of the vocal organs and the Yin–Yang and Five–Elements

Water is the source of all life and fire is the process by which things are created. As such, they are the most important of the Five Elements. The throat is the gate from which all sounds come and the tongue is the organ which distinguishes sounds, thus making the guttural and lingual sounds^{alveolar consonant} the most important among the five sounds. The throat is the furthest back, followed by the molars; they are the North and East. The tongue and teeth are next; they are the South and West. The lips are final; Earth does not have any fixed direction but it contributes to the flourishing of the four seasons. Thus, each initial consonant has its own directional number and corresponds to the Five Elements and Yin Yang.

〈5〉 Classification and properties from the perspective of sound quality of the initial consonant letter

Also, let's say about sounds as clarity and thickness. "ㄱ/k/ㄷ/t/ㅂ/p/ㅈ/ts/ㅅ/s/ㆆ/ʔ/" are completely clear, whereas "ㅋ/kʰ/ㅌ/tʰ/ㅍ/pʰ/ㅊ/tsʰ/ㅎ/h/" are partially clear and "ㄲ/k'/ㄸ/t'/ㅃ/p'/ㅉ/ts'/ㅆ/s'/ㆅ/h'/" are extremely thick. "ㆁ/ŋ/ㄴ/n/ㅁ/m/ㅇ/ɦ/ㄹ/r/ㅿ/z/" are neither clear nor thick.

ㄴ/n/ㅁ/m/ㅇ/ɦ/ are the least strong of the sounds and even though they are at the back of the order but they come first when forming letters. ㅅ/s/ and ㅈ/ts/ are completely clear but ㅅ/s/ is less strong compared to ㅈ/ts/ and thus comes first when forming letters.

In regards to the molar sound^{velar consonant} ㆁ/ŋ/, the back of the tongue blocks the throat so sound is produced through the nose, but the ㆁ/ŋ/ sound and the ㅇ/ɦ/ sound are similar so the Rhyming Dictionary often confuse the two sounds. ㆁ/ŋ/ is designed after the shape of the throat so it is not used for the beginning of molar sounds^{velar consonant}

letters.

The throat correlates to Water and the molar teeth correlate to Tree. ㆁ/ŋ/ is a molar soundᵛᵉˡᵃʳ ᶜᵒⁿˢᵒⁿᵃⁿᵗ that is similar to ㅇ/ɦ/, just as tree sprouts which grow from water are soft and remain full of water.

Since ㄱ/k/ is based on the substance of a Tree, ㅋ/kʰ/ is like a tree which has flourished and grown dense, and ㄲ/k'/ is like a Tree that has fully matured and grown strong. All of these letters are formed according to the shape of the molars.

When completely clear letters are written side by side they become completely thick, meaning that the completely clear sounds become completely thick when coalesced. However, for partially clear letters, only the guttural soundsˡᵃʳʸⁿᵍᵉᵃˡ ᶜᵒⁿˢᵒⁿᵃⁿᵗˢ become completely thick, this is because the sound of ㆆ/ʔ/ is too deep and cannot coalesce, whereas the sound of ㅎ/h/ is lighter and thus coalesces and becomes a completely thick sound.

⟨6⟩ Properties of the labial sound

When ㅇ/ɦ/ is written below a lip soundˡᵃᵇⁱᵃˡ ᶜᵒⁿˢᵒⁿᵃⁿᵗ it becomes softer. This is because the guttural soundˡᵃʳʸⁿᵍᵉᵃˡ ᶜᵒⁿˢᵒⁿᵃⁿᵗ is strong so the lips are momentarily closed.

⟨7⟩ Properties of the 17 middle vowel letters phoneme and the Yin–Yang and Five–Elements

As for middle vowel letters, there are eleven letters. As for ㆍ/ʌ/, the tongue contracts and the sound is deep, like when Heaven opens at the hour of the Rat¹¹ᵖᵐ⁻¹ᵃᵐ. The round shape of the character represents heaven.

ㅡ/ɨ/ is pronounced by slightly contracting the tongue, thus it is neither deep nor shallow, like when the earth opens at the hour of the Ox¹ᵃᵐ⁻³ᵃᵐ. The shape of the flat character is made to resemble the flatness of the earth.

As for 'ㅣ/i/', the tongue is not contracted so the sound is light, like when humans are born during the hour of the Tiger³ᵃᵐ⁻⁵ᵃᵐ. The vertical shape of the character resembles a human standing upright.

The following eight sounds are either nearly closed or wide open.

ㅗ/o/ is the same middle vowel[positive vowels] as ·/ʌ/, but pronounced with pursed lips, the reason why the shape of · and —/ɨ/ are combined, because the shape resembles Heaven and Earth as they first interact.

ㅏ/a/ is the same middle vowel[positive vowels] as ·/ʌ/, but pronounced with a wide open mouth, the reason why the shape is formed by joining ㅣ/i/ and ·/ʌ/, meaning that all things come from Heaven and Earth, but wait upon humans for their completion.

ㅜ/u/ is the same middle vowel[negative vowels] as —/ɨ/, but pronounced with pursed lips, the reason why the shape is formed by joining —/ɨ/ and ·/ʌ/ which also represents the first interaction of Heaven and Earth.

ㅓ/ə/ is the same middle vowel[negative vowels] as —/ɨ/, but pronounced with a wide open mouth, the reason why the shape is formed by joining ·/ʌ/ and ㅣ/i/ which again means that all things begin with Heaven and Earth, but wait upon humans for their completion.

〈8〉 Properties of primary vowel letters(monophthongs) and secondary vowel letters(diphthongs).

ㅛ/jo/ is the same middle vowel[positive vowels] as ㅗ/o/, but is pronounced by starting with ㅣ/i/. ㅑ/ja/ is the same middle vowel[positive vowels] as ㅏ/a/, but is pronounced by starting with ㅣ/i/. ㅠ/ju/ is the same middle vowel[negative vowels] as ㅜ/u/, but is pronounced by starting with ㅣ/i/. ㅕ/jə/ is the same middle vowel[negative vowels] as ㅓ/ə/, but is pronounced by starting with ㅣ/i/.

ㅗ/o/ ㅏ/a/ ㅜ/u/ ㅓ/ə/ originate from Heaven and Earth and are thus primary letters. ㅛ/jo/ ㅑ/ja/ ㅠ/ju/ ㅕ/jə/ begin with ㅣ/i/, and thus correspond to humans, making them secondary. ㅗ/o/ ㅏ/a/ ㅜ/u/ ㅓ/ə/ have one dot, meaning they were created first and are the primary letters. ㅛ/jo/ ㅑ/ja/ ㅠ/ju/ ㅕ/jə/ have two dots, meaning they were created second and are secondary letters.

The dots of ㅗ /o/ ㅏ /a/ ㅛ /jo/ ㅑ /ja/ are on the upper side or outside, meaning they come from Heaven and are equated with Yang. The dots of ㅜ /u/ ㅓ /ə/ ㅠ /ju/ ㅕ /jə/ are on the bottom or inside, meaning they come from Earth and are equated with Yin.

• /ʌ/ is part of all eight letters just like Yang leading Yin and going through all things. ㅛ /jo/ ㅑ /ja/ ㅠ /ju/ ㅕ /jə/ are all combined through humans ㅣ, who being lord over all things are capable of participating with Yin and Yang.

〈9〉 Numbering properties of the middle vowel letter and the Yin-Yang and Five-Elements

Because these letters ' • , ㅡ, ㅣ ' are created from the forms of Heaven, Earth and Humans, they contain the principle of the Three Elements. Therefore, just as the Tree Elements are the source of all things, and Heaven is first among the Three Elements • /ʌ/ ㅡ /ɨ/ ㅣ /i/ are the head of the eight letters, with • /ʌ/ as first among the three.

ㅗ /o/ was first to come from Heaven, the number of Heaven is 1 from which Water comes. ㅏ /a/ follows, and the number of Heaven is 3 from which Tree comes. Next ㅜ /u/ is which first comes from Earth, and Two is the number of Earth from which Fire comes. ㅓ /ə/ comes next, and Four is the number of Earth from which Metal comes. Next ㅛ /jo/ comes a second time from Heaven, and the number of Heaven is 7, at which Fire is made complete. ㅑ /ja/ is next, and 9 is the number of Heaven at which Metal is made complete. ㅠ /ju/ comes a second time from Earth, and 6 is the number of Earth at which Water is made complete. Next is ㅕ /jə/, and 8 is the number of Earth at which Tree is made complete.

Because Water ㅗ /o/ ㅠ /ju/ and Fire ㅜ /u/ ㅛ /jo/ cannot be separated from the spirit and are at the interacting origin of Yin and Yang, they are almost closed. Because Tree ㅏ /a/ ㅕ /jə/ and Metal ㅓ /ə/ ㅑ /ja/ are firmly fixed on the foundation of Yin and Yang, they are open.

• /ʌ/ the number of Heaven is 5 and the place from which Earth comes. ㅡ /ɨ/ the number of Earth is 10, at which Earth is made complete. Only ' ㅣ /i/' has no place or number because for people in general limitless truth, the vital energy of Yin and Yang, and the Five Elements are coalesced and in marvelous harmony, so their place and number cannot be ascertained.

Accordingly, the middle sounds naturally contain Yin and Yang, the Five Elements and directional numbers.

〈10〉 Comparing the middle vowel letter and the initial consonant letter

Let's compare initial consonants and middle vowels. The Yin and Yang of the middle vowels are the way of Heaven. The hardness and softness of the initial consonants are the way of the Earth. If one of the middle vowels is deep then the other is shallow, if one is pursed then the other is open, as this follows the division of Yin and Yang and the provision of the force of the Five Elements is the function of Heaven.

As for the initial consonants, some are empty and some are solid, some are blown and some are blocked, and as some are heavy others are light. Thus, exactly like initial consonants, hardness and softness is made evident so the completion of the foundation of the Five Elements is the achievement of Earth.

As middle vowels are deep or shallow and pursed or expressed they come out first, and as the Five Sounds of initial consonants are clear or unclear they follow as both initial and again as end consonants. This is indicated from how all things are born from the Earth and all things return to the Earth.

〈11〉 Meaning of the combining writing the Initial consonant letter, middle vowel letter, final consonant letter

Like the combination of initial, middle and final letters to make characters, motion and stillness become mutual roots with the meaning of Yin and Yang which are mutually transforming.

Movement is Heaven, stillness is Earth. Movement and stillness together are humans. Generally, the Five Elements are the movement of the cosmos in Heaven, the fulfillment of substance on Earth, and for humans they are benevolence, courtesy, sincerity, righteousness, and wisdom as the movement of the cosmos and the liver, heart, spleen, lung and kidney as the fulfillment of substances.

The initial consonants hold the meanings of movement and prospering, thus they are the work of Heaven. The final consonants hold the meaning of fixation and stillness and thus they are the work of Earth. As for the middle vowels, they follow the emergence of the initial consonants and the completion of the final consonants, thus combined, they are the work of humans.

The middle vowels are the most important since they join the initial consonants and final consonants to form syllables. Likewise, all things are born of and built upon Heaven and Earth but making them useful and mutually beneficial depends entirely on humans.

As for the use of initial letters again as final consonants, Yang is dynamic so it is Heaven, Yin is static so it is also Heaven, and Heaven, though in reality is actually divided between Yin and Yang because it is the sovereign which presides and rules over all things.

The spirit flows universally and endlessly; the four seasons are in an endless cycle, the end of all things is again the start of all things, just as spring comes again from winter. In the same way, initial consonants again become final consonants and final consonants again become first consonants.

〈12〉 Admiration of Hunminjeongeum's principles and praise for King Sejong the Great, who created Hunminjeongeum

Ah, the creation of Jeongeum contains the principles of all the things of Heaven and Earth; Jeongeum is so mysterious. It is certainly as if the mind of King Sejong the Great was opened by Heaven; it is clear that Heaven has lent a helping hand.

〈13〉 Summarizing verse for Explanation of the Designs of the Letters

The harmony of Heaven and Earth is originally the spirit of one

Yin-Yang and the Five Elements mutually become the beginning and the end.

All things between Heaven and Earth have form and sound

As for the origin, it is not both but through principle and number.

When the characters for Jeongeum were made, they were made according to their form

Following the intensity of the sound one more stroke is added.

The sounds come from the molars, tongue, mouth, teeth, and throat

From here seventeen initial sound letters come.

The molar sound character follows the appearance of the back of the tongue blocking the throat

Only ㆁ/ŋ/ and ㅇ/ɦ/ are similar but assume different meanings.

The lingual sound character follows the shape of the tongue touching the upper teeth ridge

The labial sound character assumed the shape of the mouth.

The teeth sound^{alveolar consonant} character and the guttural sound follows the shape of the teeth and throat

If one knows the meaning of these five letters the principle behind these sounds are revealed.

There are also semi-lingual^{semi-alveolar} sound ㄹ and the semi-teeth^{semi-alveolar} sound △ letters

The imitations are similar but their structure is seemingly different.

The sounds of "ㄴ/n/ㅁ/m/ㅅ/s/ㅇ/ɦ/" are not strong

Even though final in order, they are first when forming characters.

Matching these letters with the four seasons and the force of Heaven and Earth

There is nothing that does not harmonize with the Five Elements and Five Sounds.

The guttural sound is Water as one of the Five Elements, winter as a season, and "U" as one of the sounds on the Eastern pentatonic scale

The molar sound velar consonant is Tree as one of the Five Elements, spring as a season, and "Gak" as one of the sounds on the Eastern pentatonic scale.

The lingual sound is "Chi" as one of the sounds on the Eastern pentatonic scale, summer as a season and Fire as one of the Five Elements

The teeth sound alveolar consonant is "Sang" on the Eastern pentatonic scale, winter as a season and Metal as one of the Five Elements.

While the labial sound originally does not have a determined direction or number

It is Earth as one of the Five Elements, late summer as one of the seasons and "Gung" as one of the sounds on the Eastern pentatonic scale.

The sounds of speech are naturally both clear and thick

The important thing is when the first sound comes out they must be carefully observed and considered.

As "ㄱ/k/ㄷ/t/ㅂ/p/" are completely clear sounds

So too the sounds of "ㅈ/ts/ㅅ/s/ㆆ/ʔ/" are completely clear sounds.

The similar thing for "ㅋ/kʰ/ㅌ/tʰ/ㅍ/pʰ/ㅊ/tsʰ/ㅎ/h/" is that
Of the five sounds each one is a slightly less clear sound.

As "ㄲ/k'/ㄸ/t'/ㅃ/p'/" are completely thick sounds
So too are "ㅉ/ts'/ㅆ/s'/" and "ㆅ/x/".

If completely clear letters are written side by side they become completely thick letters
But 'ㆅ/x/' which comes from 'ㅎ/h/' is different.

As for "ㆁ/ŋ/ㄴ/n/ㅁ/m/ㅇ/ɦ/"and "ㄹ/ɾ/ㅿ/z/"
Their sound is neither clear nor thick.

If ㅇ/ɦ/ is written underneath a labial sound letter, it becomes a light labial sound
The guttural sound becomes stronger and the lips come together lightly.

There are 11 middle vowels and they are also modeled after their form
Their deep meaning cannot be inferred easily yet.

• /ʌ/ is modeled after heaven and the sound is the deepest
Its round form is like a bullet.

—/ɨ/ is not deep nor light
Its flat shape is modeled after the earth.

ㅣ/i/ is modeled after a standing person so its sound is light
Herein the principle of the Three Elements is present.

ㅗ/o/ comes from Heaven • /ʌ/ so it is almost closed

Its shape follows the roundness of Heaven's harmony with the flatness of Earth.

ㅏ /a/ again comes from Heaven so it is opened wide

As all things come to life, they are made complete by humans.

The single round dot means original birth

Coming from Heaven it is Yang, so it is placed on the topside and the outside.

As ㅛ/jo/ ㅑ /ja/ unites humans they become another again

One can see this meaning in the shape of the two round dots.

As ㅜ/u/ and ㅓ /ə/ and ㅠ/ju/ and ㅕ /jə/ come from Earth

As can be understood from the examples, why then explain something that is naturally understood.

As • /ʌ/ is found in all 8 letters

Only the action of Heaven universally flows to all places.

The four sounds(ㅛ/jo ㅑ /ja/ㅠ/ju/ ㅕ /jə/) contain humans and there is reason

Humans(ㅣ /i/) take part in Heaven and Earth as they are supreme.

Also, if one observes the profound principle of the three sounds_{initial, middle and final}

Hard and soft, Yin and Yang are naturally present.

The middle vowels according to the action of Heaven are divided into Yin and Yang

The initial sounds represent hardness and softness which are the merits of Earth.

If a middle sound is called an initial sound answers in kind

The existence of Heaven before Earth is the principle of nature.

The thing that answers may be an initial sound or a final sound

All things come from Earth and again return to the Earth.

If Yin changes it becomes Yang and if Yang changes it becomes Yin

Movement and stillness become the root of each other.

As initial sounds have the meaning of coming back to life

They become the movement of Yang and so become the governor of Heaven.

As the final sound is compared with Earth, it means the motionlessness of Yin

The sound of the letter ceases here and so is fixed.

The making of rhyme is the essence of the function of the middle sound

Because humans' capability can aid the justification of Heaven and Earth.

The operation of Yang is through Yin

When it is fully complete and unfolds it returns again.

Even as the initial sound and final sound are divided into Heaven and Earth

One can know the meaning of using the initial sound as a final sound.

Jeongeum only has 28 letters

Yet as one studies their deepness and complexity they can uncover the key point.

The meaning is profound yet the language is accessible so the common people can be taught easily

As a gift from Heaven by what wisdom and skill has this been done?

2. Explanation of Initial Sounds

〈1〉 Meaning of the initial consonant letter and examples

The initial consonants of Jeongeum are namely the mother-sounds of the Rhyming Dictionary. As a result of this the voice became the base, thus being referred to as the mother.

In regards to the molar sound^{velar consonant}, ㄱ/k/ is the initial sound of the letter '군'/kun/, so 'ㄱ' /k/ and ㅜ/un/ join to become '군'/kun/. The initial sound of '쾌'/kʰwaj/ is ㅋ /kʰ/, so ㅋ/kʰ/ and ㅙ/waj/ join to become 쾌/kʰwaj/. The initial sound of '뀨' /k'yu/ is ㄲ /k'/, so ㄲ/k'/ and ㅠ/ju/ are joined, becoming 뀨/k'ju/. ㆁ/ŋ/ is the initial sound of 업/ŋəp/, which is the same as ㆁ/ŋ/ and ㅓ/əp/ are joined, becoming 업/ŋəp/.

The lingual sounds "ㄷ/t/ㅌ/tʰ/ㄸ/t'/ㄴ/n/", the labial sounds "ㅂ/p/ㅍ/pʰ/ㅃ/p'/ㅁ/m/", the teeth^{alveolar} sounds "ㅈ/ts/ㅊ/tsʰ/ㅉ/ts'/ㅅ/s/ㅆ/s'/" and the guttural sounds "ㆆ/ʔ/ㅎ/h/ㆅ/x/ㅇ/ɦ/" as well as the semi-lingual and the semi teeth^{alveolar} sounds "ㄹ/ɾ/ㅿ/z/" all have the same principle.

〈2〉 Summarizing verse for Explanation of Initial Sounds

The sounds of "ㄱ/k/ㅋ/kʰ/ㄲ/k'/ㆁ/ŋ/" are the molar sounds^{velar consonants}

The lingual sounds are "ㄷ/t/ㅌ/tʰ/" and "ㄸ/t'/ㄴ/n/".

"ㅂ/p/ㅍ/pʰ/ㅃ/p'/ㅁ/m/" are namely the labial sounds

Of the teeth^{alveolar} sounds there are "ㅈ/ts/ㅊ/tsʰ/ㅉ/ts'/ㅅ/s/ㅆ/s'/".

"ㆆ/ʔ/ ㅎ/h/ ㆅ/x/ ㅇ/ɦ/" are namely the guttural sounds

ㄹ/ɾ/ is a semi-lingual, ㅿ/z/ is semi-teeth^{alveolar}.

Twenty three letters become the initial sound

The existence of every sound is based on them.

3. Explanation of the Middle Sounds

⟨1⟩ Function of the middle vowel letter and Example

The middle sounds are the sounds in the middle of a character so the initial sound and final sound are joined to form syllables. The middle sound of 'ᄐ'/tʰʌn/ is • /ʌ/, so • /ʌ/ between ㅌ/tʰ/ and ㄴ/n/ becomes 'ᄐ/tʰʌn/'.

The middle sound of 'ᅳᆨ/tsɨk/' is —/ɨ/, so when —/ɨ/ is placed between ㅈ/ts/ and ㄱ/ k/ it becomes 'ᅳᆨ/tsɨk/'. The middle sound of '침'/tsʰim/ is ㅣ/i/, which is the same as ㅣ/i/ between ㅊ/tsʰ/ and ㅁ/m/ becomes '침/tsʰim/'. "ㅗ/o/ ㅏ/a/ ㅜ/u/ ㅓ/ə/ ㅛ/jo/ ㅑ/ja/ ㅠ /ju/ ㅕ/jə/" of "薨/xoŋ/ 땀/t'am/ 군/kun/ 업/ŋəp/ 욕/jok/ 샹/zjaŋ/ 슏/sjut/ 볃/pjət/" all follow this same principle.

⟨2⟩ Writing laterally attached the middle vowel letters

When two letters are combined and written, ㅗ/o/ and ㅏ/a/ equally come out of • /ʌ/ [positive vowels], so they are joined to become ㅘ/wa/. ㅛ/jo/ and ㅑ/ja/ come from ㅣ/i/, so they combine to form ㅛㅑ/joja/. ㅜ/u/ and ㅓ/ə/ equally come from —/ɨ/ and are joined to form ㅝ/wə/. ㅠ/ju/ and ㅕ/jə/ also come from ㅣ/i/ and combine to form ㅠㅕ/jujə/. Since these letters are of the same kind from the same thing, they go well together without discord.

〈3〉 The middle vowel letter, Combining with 'ㅣ'

"·ㅣ/ʌj/ ㅢ/ɨj/ ㅚ/oj/ ㅐ/aj/ ㅟ/uj/ ㅔ/əj/ ㅛ/joj/ ㅒ/jaj/ ㆌ/juj/ ㅖ/jəj/" are the ten single middle sounds that are formed into one character by combining with ㅣ/i/. Among the double letters, "ㅙ/waj/ ㅞ/wəj/ ㅙ/jojaj/ ㅙ/jujəj/" are the four which are formed by combining with ㅣ/i/.

ㅣ/i/ is able to differentiate deep, shallow, closed, and open sounds as the tongue flattens out and the sound is shallow so the mouth is opened easily. Likewise humans(ㅣ/i/) participate and contribute in all things so there is nothing that cannot be understood.

〈4〉 Summarizing verse for Explanation of the Middle Sounds

For every syllabic sound there is a middle sound

Openness and closedness must be found in the middle sounds.

ㅗ/o/ and ㅏ/a/ come from ·/ʌ/[positive vowels], so they be joined together

ㅜ/u/ and ㅓ/ə/ come from —/ɨ/[negative vowels], so they may be joined as well.

ㅛ/jo/ and ㅑ/ja/, ㅠ/ju/ and ㅕ/jə/

Each one follows a way so one can infer and understand the meaning.

The letter ㅣ/i/ is used the most so

14 sounds are modelled after it.

4. Explanation of the Final Sounds

⟨1⟩ Meaning of the final consonant letter and examples

The final sounds along with the initial and middle sounds form syllabic characters. For example, the final sound of the character 즉/tsɨk/ is ㄱ/k/, which is the same as ㄱ/k/ is placed at the end of 즈/tsɨ/, becoming 즉/tsɨk/. The final sound of the character '葱'/xoŋ/ is ㆁ/ŋ/, which is the same as ㆁ/ŋ/ is placed at the end of 호/xo/, becoming 葱/xoŋ/. The same goes with the lingual sound, labial sound, teeth^alveolar sound and guttural sound.

⟨2⟩ Properties of the final consonant letter and tone connection

Because there is a difference between fast and slow sounds, the even, rising and high tones' final sound is different than the extremely fast falling tone. Sounds which are neither clear nor thick are not strong so when used as a final sound they rightly become the even, rising, and high tones. The letters with extremely clear, slightly less clear, and extremely thick sounds have a strong sound so when used as a final sound they rightly become falling tones. Accordingly, the six letters of ㆁ/ŋ/ㄴ/n/ㅁ/m/ㅇ/ɦ/ㄹ/l/△/z/ become the final sound for the even, rising, and high tones and the rest all become the final sound for the falling tone.

⟨3⟩ Using only 8 final consonant letters as every final consonants

But the eight letters of ㄱ/k/ㆁ/ŋ/ㄷ/t/ㄴ/n/ㅂ/p/ㅁ/m/ㅅ/s/ㄹ/l/ are sufficient to use. As an example, like in "빗곶 Pear blossom,/pʌjskots/" or "엿의갗 Fox pelt,/hjəzɦikatsʰ/" ㅅ/s/ can be used without exception so it is simply like using ㅅ/s/ on its own. The sound of ㅇ/ɦ/ is clear and empty so even if it is not used as a final sound the middle sound itself can still produce a syllable.

〈4〉 The quickness and slowness of the final consonant letter

The final sound of '볃/pjət/' is ㄷ/t/, the final sound of '군/kun/' is ㄴ/n/, the final sound of '엽/ɾɐp/' is ㅂ/p/, the final sound of '땀/tʼam/' is ㅁ/m/, ㅅ/s/ is the final sound of the native Korean '·옷/ot/', and ㄹ/l/ is the final sound of the native Korean '실/sil/'

The slow and fast of the Five Sounds have their complementary partners. For example, the molar sound ㆁ/ŋ/ with ㄱ/k/ becomes a complement so when ㆁ/ŋ/ is pronounced quickly it changes to ㄱ/k/ which is pronounced forcefully, and when ㄱ/k/ is pronounced slowly it changes to ㆁ/ŋ/ and becomes more relaxed. The lingual sounds of ㄴ/n/ and ㄷ/t/, the labial sounds of ㅁ/m/ and ㅂ/p/, the teeth^{alveolar} sounds of △/z/ and ㅅ/s/, and the speed and slowness of the guttural sounds of ㅇ/ɦ/ and ㆆ/ʔ/ are complementary partners.

〈5〉 Usage of semi-lingual ㄹ/l/

Semi-lingual^{lateral consonant} ㄹ/l/ is appropriately used for native Korean words but not for Chinese words. For the character '彆 볃 /pjət/' of the falling tone, ㄷ/t/ should be used as the final letter but through common use it has come to be pronounced as ㄹ/l/ which then becomes a lighter sound. If ㄹ/l/ is used as the final sound of the character '별[彆, /pjət/]' then the sound is smoother and extended so it can no longer be a falling tone.

〈6〉 Summarizing verse for Explanation of the Final Sounds

If sounds that are neither clear nor thick are used as final sounds
They can be even, rising, and high tones but not falling tones.

Completely clear, slightly less clear, and completely thick sounds
Are all falling tones, so the pronunciation is extremely quick.

When the initial letter is used as a final letter the principle is naturally the same

All eight letters can be used without any problem.

ㅇ/ɦ/ is the only one that can be omitted

Only using middle sounds one can form syllables without final sounds.

If one writes the character '즉/tsɨk/' then ㄱ/k/ is used as the final sound

ㆁ/ŋ/ and ㄷ/t/ are used as the final sounds for "蜂/xoŋ/, 볃/pjət/".

What are the final sounds of "군/kun/, 엽/ŋəp/, 땀/t'am/"?

They are "ㄴ/n/, ㅂ/p/, ㅁ/m/" respectively.

The six sounds ㄱ/k/ ㆁ/ŋ/ ㄷ/t/ ㄴ/n/ ㅂ/p/ ㅁ/m/ can be used for both Chinese

characters and native Korean

ㅅ/s/ and ㄹ/l/ are used as the final sounds for only '옷/ot/' and '실/sil/' in native Korean.

The Five Sounds are each naturally from the counterparts of slow and fast

The sound of ㄱ/k/ is the quicker pronunciation of ㆁ/ŋ/.

The sounds of ㄷ/t/ ㅂ/p/ become ㄴ/n/ ㅁ/m/ when pronounced slowly

ㅿ/z/ and ㅇ/ɦ/, as well as ㅅ/s/ and ㆆ/ʔ/ are counterparts.

As for ㄹ/l/, it is the appropriate mark for a final sound of native Korean but not for

Chinese characters

ㄷ/t/ is pronounced lightly to become ㄹ/l/, which has become colloquial.

5. Explanation of Combining Letters

⟨1⟩ The structure of the syllable and Writing

The initial, middle, and final letters are combined to make syllables. The initial consonants are written above and to the left of the middle vowels. For example, in the character '군/kun/,' ㄱ/k/ is written above ㅜ/u/ and for the character '업/ŋəp/,' ㆁ/ŋ/ is written to the left of ㅓ/ə/.

⟨2⟩ The position of The initial consonant letter by the properties of the middle vowel letter

For middle letters which are round and horizontal · /ʌ/ ㅡ/ɨ/ ㅗ/o/ ㅛ/jo/ ㅜ/u/ ㅠ/ju/, they are written below the initial consonant. The vertical initial consonants, ㅣ/i/ ㅏ/a/ ㅑ/ja/ ㅓ/ə/ ㅕ/jə/ are written to the right of the initial consonants. For example, in the character 'ᄐᆞ/tʰʌn/,' · /ʌ/ is written below ㅌ/tʰ/, ㅡ/ɨ/ of the character '즉/tsɨk/' is also written below 'ㅈ/ts/,' and 'ㅣ/i/' of the character '침/tsʰim/' is written to the right of ㅊ/tsʰ/.

⟨3⟩ The position of the final consonant letter

Final consonants are written below the initial and middle sounds. For example, in the character of '군/kun/,' 'ㄴ/n/ is written below 구/ku/, and for the character '업/ŋəp/,' ㅂ/p/ is written below 어/ŋə/.

⟨4⟩ Writing the initial consonant letters laterally attached

In the initial letters two or three different initial letters can be combined and written side by side, as in the examples of the native Korean words "ᄯᅡ the earth /sta/, ᄧᅡ an odd member of a pair /ptsak/, and ᄢ gap /pskim/." The same letters can be combined and written side by side. For example, in native Korean "혀/hjə/" means tongue while "ᅘᅧ/xjə/" means pull, "괴여/koj-hjə/" means 'I love another' but "괴ᅇᅧ/koj-ɦ'jə/" means 'I am loved by another,' and "소다/so-da/" means to pour something but also "쏘다/s'o-da/" means to shoot something, and so on.

⟨5⟩ Writing the middle vowel letters laterally attached

The combination and use of two or three middle vowels can be seen in the example of the native Korean word "과/kwa/" which means the bridge of a Korean harp, and "홰/hwaj/" which means torch.

⟨6⟩ Writing the final consonant letters laterally attached

The combination and use of two or three final consonants in one character can be seen in the examples of native Korean words such as "훍 흙, earth/dirt,/hʌlk/", "낛 fishing,/naks/", and "둛빼 the hour of the Chicken, 5-7pm,/tʌrks-pstaj/".

⟨7⟩ Writing the letters laterally attached

These combined letters are written from left to right, as are all initial, middle, and final letters.

⟨8⟩ A notation that mixes Chinese characters and native Korean characters

When Chinese characters and Hangeul ^native Korean script^ are mixed the sounds of the Chinese characters are followed by the addition of the middle or final sounds of Hangeul, for example '孔子ㅣ/i/ 魯ㅅ/s/ 사룸 ^Confucius is a person of "Lu"^, /sarʌm/' and so on.

⟨9⟩ Tone of the native word

The four tones of native Korean ^even, rising, high, and falling^ can be seen through the examples of "활 arrow, /hwal/" as the even tone, "돌 stone, /tol/" as the rising tone, "갈 knife, /kal/" as the high tone, and "붇 brush, /put/" as the falling tone.

⟨10⟩ Writing dots the left for tones

As a general rule, one dot placed to the left of a letter indicates a high tone, two dots indicate a rising tone, and no dots indicate an even tone.

⟨11⟩ The falling tone

The falling tone of Chinese characters is similar to the high tone. The falling tone of native Korean is not fixed so it can become similar to the even tone as in "긷 pillar, /kit/, 녑 flank, /njəp/", similar to the rising tone as in "낟 grain, /nat/, :깁 silk /kip/", and similar to the high tone as in "몯 nailn /mot/, ·입 mouth, /hip/". The use of dots in the falling tone is the same as in the case of even tone, rising tone, and high tone.

⟨12⟩ Comparison of tone characteristics in the four seasons

The even tone is easy and soft so it corresponds to Spring as everything spreads and prospers. The rising tone is soft and rises so it corresponds to Summer as all things gradually become thick and dense. The high tone is raised and robust so it corresponds to Autumn as all things become ripen and mature. The falling tone is fast and constricted so it corresponds to Winter as all things are closed and come to completion.

⟨13⟩ The initial sounds ㆆ /ʔ/ and ㅇ /ɦ/

The initial sounds ㆆ /ʔ/ and ㅇ /ɦ/ are similar so they can be used interchangeably in native Korean.

⟨14⟩ Writing the semi-lingual sound

The semi-lingual sound lateral consonart contains both light and heavy sounds. In the Rhyming Dictionary there is only one sound. While in native Korean light and heavy sounds are not distinguished, both sounds can be made. If one wants to distinguish between them, following the example of a light labial sound, if 'ㅇ /ɦ/' is written consecutively under "ㄹ /ɾ/" then it becomes a semi-lingual sound, as the tongue lightly touches the upper teeth ridge.

⟨15⟩ Writing method of combining ｜ and ‧ , ｜ and ― vertically

‧ /ʌ/ ― /ɨ/ emerging from ｜ /i/ are not used in native Korean. However, they do occur rarely in children's language and the dialects of outlying villages, and when they are properly combined and expressed they are written together as "ㆎ /kjʌ/, ㅢ /kjɨ/" This is different from other letters since vertical strokes must be written first and horizontal strokes are written second.

⟨16⟩ Summarizing verse for Explanation of Combining Letters

Initial consonant letters are written above and to the left of middle vowel letters
'ㆆ /ʔ/' and 'ㅇ /ɦ/' are used interchangeably in native Korean.

The eleven middle vowel letters are attached to the initial consonant letters
The round and horizontal strokes are written below and the vertical strokes are written on the right.

Where does one write the final consonant letters?
They are attached below the initial consonant letters and middle vowel letters.

If the initial and final consonant letters are respectively combined and written then they are written side by side
The middle vowel letters are also all written side by side from the left.

How are the four tones distinguished in native Korean?
The even tone is '활 /hwal/ᵃʳʳᵒʷ and the rising tone is '돌 /tol/ˢᵗᵒⁿᵉ'.
'갈 /kal/ᵏⁿⁱᶠᵉ' becomes the high tone and '붇 /put/ᵇʳᵘˢʰ' becomes the falling tone
Looking at these four types one can understand other things as well.

To distinguish between sounds, dots on the left divide the four tones

One means the high tone, two means the rising tone, and none means the even tone.

The falling tone of native Korean is not determined so like the even, rising, and high tones dots are added

The falling tone of Chinese characters is similar to the high tone.

Regional dialects and native Korean are all different

If there are sounds but no letters for them, it is difficult to communicate in writing.

One morning, with divine-like ability the King created Jeongeum

Our great nation has been enlightened from the long darkness of our history.

6. Examples of the Use of Letters

〈1〉 Examples of the Use of the initial Letters

① Examples of the Use of the Molar sound velar consonant

The initial letter ㄱ/k/ is used with "·감 persimmon, /kam/, ·ᄀᆞᆯ reed, /kʌl/". ㅋ/kʰ/ is used with "우케 unhusked rice, /ɦukʰəi/, 콩 bean, /kʰoŋ/". ㆁ/ŋ/ is used with "러울 raccoon, /rəŋul/, 서에 floating ice, /səŋəj/".

② Examples of the Use of Lingual sound alveolar consonant

ㄷ/t/ is used with "·뒤 cogon grass, /tuj/, 담 wall, /tam/". ㅌ/tʰ/ is used with "고티 cocoon, /kotʰi/, 두텁 toad, /tutʰəp/". ㄴ/n/ is used with "노로 roe deer, /noro/, 납 monkey, /nap/".

③ Examples of the Use of Lip sound labial consonant

ㅂ/p/ is used with "·볼 arm, /pʌl/, :벌 bee, /pəl/". ㅍ/pʰ/ is used with "·파 spring onion, /pʰa/, ·폴

fly, /pʰʌl/". ㅁ /m/ is used with "ː뫼 mountain, /moj/, ·마 yam, /ma/".

④ Examples of the Use of Light lip sound^{light labial consonant}

ㅸ /ß/ is used with "사·ᄫᅵ shrimp, /saßi/, 드·뷔 calabash, /tißɨj/".

⑤ Examples of the Use of Teeth·^{Alveolar} sound

ㅈ /ts/ is used with "자 measuring ruler, /tsa/, 죠·히 paper, /tsjohʌj/". ㅊ /tsʰ/ is used with "체 sieve, /tsʰəj/, ·채 whip, /tsʰaj/". ㅅ /s/ is used with "·손 hand, /son/, ː셤 island, /sjəm/".

⑥ Examples of the Use of Guttural sound^{laryngeal consonant}

ㅎ /h/ is used with "·부헝 owl, /puhəŋ/, ·힘 sinew, /him/". ㅇ /ɦ/ is used with "·비육 chick, /piɦjuk/, ·ᄇᆞ얌 snake, /pʌɦjam/".

⑦ Examples of the Use of Semi-lingual sound^{lateral consonant}

ㄹ /ɾ,] / is used with "무뤼 hail, /muɾuj/, 어·름 ice, /ɦəɾim/".

⑧ Examples of the Use of Semi-teeth sound^{Semi-alveolar consonant}

ㅿ /z/ is used with "아ᅀᆞ younger brother, /ɦazʌ/, ː너ᅀᅵ bustard bird, /nəzi/".

⟨2⟩ Examples of the Middle vowel letters

① Examples of the Use of ' · , ㅡ, ㅣ '

The middle vowel ᄋ is used in characters like "·ᄐᆞᆨ chin, /tʰʌk/, ·ᄑᆞᆺ red bean, /pʰʌs/, ᄃᆞ리 bridge, /tʌɾi/, ·ᄀᆞ래 walnut tree, /kʌɾai/". ㅡ /ɨ/ is used in characters like "·믈 water, /mil/, ·발·측 heel, /paltsʰik/, 그력 wild goose, /kiɾjək/, 드·레 well bucket, /tiɾʌj/". ㅣ /i/ is used with "·깃 nest, /kis/, ·밀 beeswax, /mil/, ·피 millet, /pʰi/, ·키 winnow, /kʰi/".

② Examples of the Use of 'ㅗ /o/, ㅏ /a/, ㅜ /u/, ㅓ /ə/'

ㅗ /o/ is used with "논 rice paddy, /non/, 톱 saw, /tʰop/, 호ᄆᆡ hoe, /homʌj/, 벼로 inkstone, /pjəɾo/". ㅏ /a/ is used with "밥 cooked rice, /pap/, 낟 sickle, /nat/, 이·아 heddle loom part, /hiŋa/, 사·ᄉᆞᆷ deer, /sasʌm/". ㅜ /u/ is used with "숫 charcoal, /sus/, 울 fence, /ɦul/, 누·에 silkworm, /nuɦej/, 구·리 copper, /kuɾi/". ㅓ /ə/ is used with "브ᅀᅥᆸ kitchen, /pɨzəp/, ·널 plank, /nəl/, 서·리 frost, /səɾi/, 버·들 willow, /pətɨl/".

③ Examples of the Use of 'ㅛ /jo/, ㅑ /ja/, ㅠ /ju/, ㅕ /jə/'

·ㅛ /jo/ is used with "죵 servant, /tsjoŋ/, ·고욤 lotus persimmon, /koɦjom/, ·쇼 cow, /sjo/, 삽됴 Ovate-leaf atractylodes, /saptjo/". ㅑ /ja/ is used with "남샹 terrapin, /namsjaŋ/, 약 turtle, /ɦjak/, 다·야 washbowl, /taja/, 쟈감 buckwheat husks, /tsjakam/". ㅠ /ju/ is used with "율믜 adlay, /ɦjulmɨi/, 쥭 rice spatula, /tsjuk/, 슈·룹 umbrella, /sjuɾup/, 쥬·련 towel, /tsjuɾjən/". ㅕ /jə/ is used with "·엿 taffy, /ɦjəs/, ·뎔 temple, /tjəl/, ·벼 rice, /pjə/, 져비 barn swallow, /tsjəpi/".

〈3〉 Examples of the Use of the final cosonants

The final consonant ㄱ /k/ is used with characters like "닥 paper mulberry, /tak/, 독 pot, /tok/". ○ /ŋ/ is used with "굼벙 maggot, /kumpəŋ/, ·올창 tadpole, /ɦoltsʰaŋ/", ㄷ /t/ is used with "갇 gat, Korean traditional hat, /kat/, 싣 Amur maple tree, /sit/". ㄴ /n/ is used with "·신 shoes, /sin/, ·반되 firefly, /pantoj/. ㅂ /p/ is used with "섭 fire wood, /səp/, 굽 hoof, /kup/", ㅁ /m/ is used with ":범 tiger, /pəm/, ·ᄉᆡᆷ spring of water, /sʌjm/", ㅅ /s/ is used with "잣 pine nut, /tsas/, 못 pond, /mos/". ㄹ /l/ is used with characters like "·ᄃᆞᆯ moon, /tʌl/, ·별 star, /pjəl/" and so on.

7. Preface by Jeong Inji

〈1〉 The value of the sounds and characters of nature

If there are sounds natural to Heaven and Earth there must be letters natural to Heaven and Earth. Therefore, people long ago created characters based on sounds so that the meaning of all things was expressed and the purpose of the Three Elements was found. Thus, thereafter people were unable to change these letters.

⟨2⟩ Diversity of speech sounds and contradiction in borrowing Chinese characters

However, the natural features of all places are all different so the spirit of speech sounds are also different. Besides China, other countries do not have letters^{writing} that correctly represent their sounds^{language}. Therefore, these countries borrow Chinese characters in order to communicate through writing. This is like trying to put a square handle into a round hole; how can one communicate properly without any problems? The important thing is that all things get along well in their proper place and cannot be forced to be uniform.

The arts, music, and writing of Korea is similar to those of China, only our language is different. Therefore, it is difficult to understand the meaning of Chinese classics and the officials who deal with criminal cases have anxiety due to the difficulty of understanding the details of the situation.

⟨3⟩ Idu history and limitations of using Idu

Ancient Silla Seol-Chong first made 'Idu'^{method to write Korean through Chinese characters} during the ancient Silla period, which the government and people still use today, but these borrowed Chinese characters are often awkward, obstructive, and frustrating to use. The use of Idu is extremely coarse and has no systematic method, it is impossible to communicate even one ten thousandth of the characters when using language.

⟨4⟩ History of creation of Hunminjeongeum and excellence of Hunminjeongeum

In the winter of the Year of the Swine^{December 1443}, our King created the 28 letters of Jeongeum and provided simple and concise examples and explanations. He named them "Hunminjeongeum^{The Correct Sounds for the Instruction of the People}." These letters, like the ancient seal characters, are modelled after the shape of things, but it is made according to the sound, so it fits the seven pitches of Eastern music. There is nothing that does not possess the principle of harmony of the Three Elements and Yin and Yang. The 28 letters are used in infinite combinations, while simple they express what is vital, while precise they can be easily communicated.

Therefore, wise people can learn them within one morning and even those who are not wise can learn them within ten days. When written in these characters one can understand the meaning of the Chinese classics. Moreover, using these characters when dealing with lawsuit cases allows one to understand the real situation.

⟨5⟩ Efficacy of Hunminjeongeum

The rhyme of the letters can distinguish between clear and thick sounds and in music, melody are filled with them. The use of letters provides for all conditions; in any situation there is nothing where the meaning cannot be expressed. Whether the sound of wind, the cry of the crane, the cluck of the chicken, or the bark of the dog, all sounds can be written down.

⟨6⟩ Origin of Compilation of Hunminjeongeum Haeryebon

Finally, the King ordered the addition of detailed explanations in order to instruct the people. Thereupon, I, along with the Eunggyo[1] of Jiphyeonjeon Hall of Worthies Choe Hang[2], Bugyori[3] Bak Park Paeng-nyeon[4] and Shin Suk-ju[5], Suchan[6] Seong Sam-mun[7] and Gang

---

[1]   Eunggyo[應敎]. Regular 4th official grade of Jiphyeonjeon.
[2]   Choe Hang(崔恒, 1409–1474).
[3]   BuGyori[副敎理]. Deputy 5th official grade of Jiphyeonjeon.
[4]   Bak Paengnyeon(朴彭年, 1417–1456).
[5]   Shin Sukju(申叔舟, 1417–1475).
[6]   Suchan[修撰]. Regular 6th official grade of Jiphyeonjeon.
[7]   Seong Sammun(成三問, 1418–1456).

Hui-an[8], Jubu[9] of Donnyeongbu[10], and acting Busuchan[11] of Jiphyeonjeon Lee Gae[12] and Lee Seon-ro[13] together prudently drafted several different explanations and examples and described them in a simple manner. They were written in such a way that the average person could learn them on their own without an instructor.

⟨7⟩ A tribute to the greatness of the creator of Hunminjeongeum

The deep origin and precise meaning is mysterious and the subjects cannot presume to reveal it clearly. The courteous consideration of His Royal Highness comes from Heaven so the institutions he created and the contributions he has bestowed have surpassed all other kings. The creation of Jeongeum is not the achievement of anyone who came before, rather it is the principle of nature. In truth, this profound principle is everywhere, it is not the result of a person's private efforts. This country of the East is ancient, however the meaning of all things is generally comprehensible so the great wisdom that keeps all things intact and completes them has led to the long-awaited day for the proclamation of the Jeongeum.

⟨8⟩ The date of publication of the Hunminjeongeum Haeryebon and the author Jeong In−Ji

In the beginning of Sejong's 28th year, 1446 AD. Jaheondaebu[14], Yejopanseo[15],

---

8   Gang Hui−an(姜希顔, 1417−1464).

9   Jubu[注簿]. Vice 6th official grade of Donnyeongbu

10   Donnyeongbu[敦寧府]. Office of Royal Household dealing with the affairs of friendship and solidarity among the royal family and its relatives.

11   Busuchan[副修撰]. Vice 6th official grade of Jiphyeonjeon.

12   Yi Gae(李塏, 1417−1456)

13   Yi Seonro(李善老, 14?−14?)

14   Jaheondaebu[資憲大夫]. Regular 2nd official grade.

15   Yejopanseo[禮曹判書]. Regular 2nd official grade in charge of the Ministry of Rituals[禮書. one of six ministries of the Joseon Dynasty] dealing with rites and ceremonies, music, protocol, diplomacy, schools, civil service examinations, etc.

Daejaehak[16] of Jiphyeonjeon, Jichunchu gwansa[17], Ubingaek[18] of the crown prince, his subject JeongInji[19] with both hands held out and head bowed humbly submits this preface.

---

16   Daejehak[大提學]. Regular 2nd official grade.

17   Jichunchu gwansa(知春秋館事). The regular 2nd official grade post in the office of Chunchugwan春秋館, 'Office of Chronicles') in charge of recording current affairs of the administration.

18   世子右賓客, The regular 2nd official grade post in the office of 世子侍講院 [Academy for Tutoring the Crown Prince].

19   Jeong Inji(鄭麟趾. 1396—1478)

5부

≪훈민정음≫ 언해본
해제

1. 머리말

《훈민정음》 언해본이하 '언해본'은 《훈민정음》 해례본 1446 이하 '해례본' 가운데 세종대왕이 직접 저술한 정음편인 서문과 예의 부분의 한문본을 한글로 음을 달고 특정 글자와 낱말 주석을 한 뒤 언해번역하고 한자음 윗잇소리 치두음와 아랫잇소리 정치음의 정음 표기법을 덧보태어 간행한 것이다.

[그림 1] 훈민정음 언해본 위치도 (김슬옹 글/강수현 그림 2015: 37쪽)

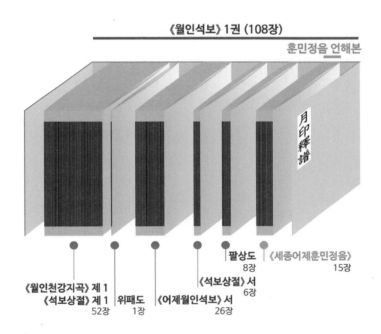

언해본은 해례본에 뿌리를 둔 해례본의 종속 문헌이면서도 내용과 유통 방식에서 독자성을 갖는 문헌이기도 하다. 현재 전하는 언해본은 해례본에 뿌리를 둔 것은 너무도 분명하지만 그렇다고 완전한 종속문헌이라고 할 수 없다. 이른바 해례본에 없는 '한음 치성' 부분이

더 보태졌기 때문이다. 이런 이유 때문에 '훈민정음 정음편 언해본'이라고 부를 수도 없고 기존 관례대로 '훈민정음 언해본'이라 부르기로 한다.

언해본은 훈민정음으로 편찬한 불경 앞에 실었기에 훈민정음 불경을 보급하기 위한 보조 문헌이면서도 세종의 훈민정음 반포 의도를 최대한 살린 문헌이기도 하다.

언해본의 정확한 현대어식 제목은 "세종어제훈민정음世宗御製訓民正音", 원 표기법으로는 "世솅宗종御엉製젱訓훈民민正정音흠"방점 생략이다. 이 언해본은 세종대왕 때에 나왔을 것으로 추정하고 있지만 언제 누가 번역했는지는 알 수 없다. 세종대왕 운명 후, 세조는 세종대왕이 지은, 한자보다 한글 표기를 앞세운 《월인천강지곡》을 한자 표기를 앞세운 체제로 바꾸고 그의 《석보상절》을 합본한 뒤 권1·2 앞에 이 언해본을 붙여 세조 5년 1459년에 《월인석보》라는 제목으로 간행하였다. 《훈민정음》1446 해례본은 한문본이라 한자한문를 모르는 백성들은 읽을 수 없었고 또한 일찍 희귀본이 되었으므로 언해본을 통해 훈민정음 보급과 확산이 이루어졌을 것임은 명확해 보인다. 언해본은 해례본의 한자가 그대로 병기되었으므로 한문 문해력이 뛰어난 양반들조차도 해례본보다는 언해본을 통해 훈민정음을 익혔을 확률이 높다.

2. 언해본 짜임새의 특징과 의미, 그리고 명칭 문제

언해본은 다음과 같이 세겹 짜임새삼중 구조 로 되어 있으므로 이에 대한 적절한 명칭이 연구나 교육 차원에서 매우 필요하다.

(1) 國·귁之징語 :엉音흠·이 _[정음1ㄱ: 4] **1**

(2) 國·귁·은나·라히·라之징·는·입·겨지·라 語:엉·는 :말·쓰미·라 _[정음1ㄱ: 4]

(3) 나·랏 :말쏘·미 _[정음1ㄱ: 5]

(1)은 해례본 한자에 음과 토입곗, 구결를 단 것이고, (2)는 글자 또는 단어에 대해 뜻풀이를 한 것이며, (3)은 언문으로 번역한 언해 부분이다. 세 부분을 각각 '음토부, 주석부, 언해부'로 일컫는다. 줄여서 '음토, 주석, 언해'라고 부를 수 있다. 해례본 부분과 함께 다시 제시해 보면 다음과 같다.

[원문] 國之語音 _[정음1ㄱ:2_어제서문]

[음토부(음토)] 國·귁之징語 :엉音흠·이 _[정음1ㄱ: 4]

[주석부(주석)] 國·귁·은나·라히·라之징·는·입·겨지·라 語:엉·는 :말·쓰미·라 _[정음1ㄱ: 4]

[언해부(언해)] 나·랏 :말쏘·미 _[정음1ㄱ: 5]

이러한 삼중 구조는 매우 중요한 의미를 지닌다. 첫째는 언해가 매우 차분하고 치밀하게

---

1 김영배(2000: 166)에서 "해례본의 내용을 인용하는 경우, 출전을 밝힘에 있어서, 대체로 '制字解,   初聲解…' 등으로만 적고 장차는 밝히지 않은 것이 예사였는데, 初聲解·中聲解·終聲解 등은 분량이 많지 않아서 무방할지 모르나, 制字解는 14장 28면이나 되므로, 이는 판심제와 장차를 "ㅇ連書脣音之下 則爲脣輕音者 _正音解例 4 ㄴ"와 같이 분명히 밝히는 것이 바람직하다."라고 일찍이 지적한 바 있다. 필자는 이런 뜻을 살려 김슬옹의 《훈민정음 해례본 입체 강독본》(박이정, 2018)"에서 행까지 밝히는 표준 출처 방식을 제안한 바 있다. 언해본 역시 표준 출처 방식을 제시하였다.

이루어졌음을 알 수 있다. 원문 한자에 음을 달고 개별 한자나 단어에 주석을 달고 그리고 언해를 했다. 주석은 쌍행으로 최종 언해는 한 칸 아래 배치해 삼중 구조의 짜임새를 한 눈에 파악할 수 있도록 편집의 묘미도 살렸다.

언해본이 중요한 것은 새 문자 훈민정음이 한자나 한문이란 권위적인 문자의 기능을 충분히 대체함과 동시에 자세히 풀어낼 수 있는 메타언어적 기능을 갖고 있음을 입증해 보인 것이다. 이는 해례본의 다음과 같은 내용을 입증해 보인 사례이기도 하다.

> 以是解書, 可以知其義. [정음해례28ㄱ:3-4_정인지서]
> (훈민정음으로) 한문을 풀이하면 그 뜻을 알 수 있다.
> 無所用而不備, 無所往而不達. [정음해례28ㄱ:6-7_정인지서]
> 글을 쓰는 데 글자가 갖추어지지 않은 바가 없으며, 어디서든 뜻을 두루 통하지 못하는 바가 없다.
> _《훈민정음》 해례본 정인지 서.

이런 취지에 대해 최현배 1942에서 다음과 같이 평가하고 있다.

> 이제 그 서술의 체재를 보면, 전편을 통하여, 먼저 한문에 한글 토를 단 국한문체로써 설명하고, 다시 그것을 일일이 순 배달말체로 새기었다. 그리하여, "訓民正音"은 두 겹으로 되어 있는 셈이다. 그리고 모든 한자는 낱낱이 배달말로 그 뜻을 새기어 놓았다. 여기에서 우리는 한글로써 저 빌어온 글자, 한자를 완전히 대신하게 하시려는 세종 대왕의 먼 혜아림의 계셨음을 살필 수가 있다고 생각한다. 따는 그렇다. 한글의 첫시험으로 지은 "龍飛御天歌"에서는, 한글의 노래를 먼저하고 다음에 한자 뒤친 노래를 붙였으며, 세종의 몸소 지은 "月印千江之曲"에도 이와 같이 한글을 먼저 쓰고 그 다음에 한자를 달았으니, 이는 실로 특히 깊이 마음에 새겨 둘만한 글자사실이다.
> _ 최현배(1942/1970: 고친판: 349-350)

언해본의 이러한 삼중 언해 구조가 이후 각종 언해본의 표준이 됨으로써 훈민정음과 훈민정음으로 쓰여진 각종 지식 확산의 모범 틀이 되었다는 점에서 매우 중요하다.

각 이본의 명칭은 문화재청2007 보고서 명칭을 따르되 맥락에 따라 약칭을 사용하기로 한다.

[사진 1] 훈민정음 언해본의 언해 짜임새

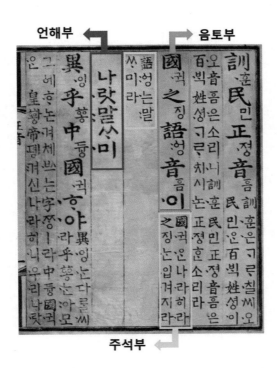

3. 글자 수와 세종 서문 108자 의미

언해본은 모두 15엽 30쪽으로 이루어졌다. 각 쪽별 글자 수는 앞뒤 제목을 포함하여 다음과 같다.

〈표 1〉 언해본 쪽별 글자 수

쪽		총 글자수	한자	한글	
				한자음 표기 한글	순우리말 표기 한글
1엽	1ㄱ	172	41	41	90
	1ㄴ	126	29	29	68
2엽	2ㄱ	139	27	27	85
	2ㄴ	98	17	17	64
3엽	3ㄱ	148	28	28	92
	3ㄴ	112	25	25	62
4엽	4ㄱ	90	14	14	62
	4ㄴ	95	27	27	41
5엽	5ㄱ	90	14	14	62
	5ㄴ	99	27	27	45
6엽	6ㄱ	93	14	14	65
	6ㄴ	98	27	27	44
7엽	7ㄱ	89	14	14	61
	7ㄴ	102	26	26	50
8엽	8ㄱ	95	23	23	49
	8ㄴ	89	18	18	54
9엽	9ㄱ	86	18	18	49
	9ㄴ	85	20	20	45
10엽	10ㄱ	79	16	16	47
	10ㄴ	78	19	19	40
11엽	11ㄱ	92	21	21	50
	11ㄴ	94	23	23	48

12엽	12ㄱ	119	17	17	85
	12ㄴ	92	13	13	66
13엽	13ㄱ	89	12	12	65
	13ㄴ	103	22	22	59
14엽	14ㄱ	111	28	28	55
	14ㄴ	98	28	28	42
15엽	15ㄱ	110	11	11	88
	15ㄴ	68	19	19	30
총계		3,039	638	638	1,763

총 글자수는 3,039자이고 한자는 638자 한글은 2,401자이다.

이 가운데 세종 어제 서문만의 글자 수가 108자라는 것은 김광해[1987], 김광해[1989]에 의해 널리 알려졌다. 〈표 2〉는 108자가 잘 드러나도록 12×9 배열표로 필자가 재구성한 것이다.

〈표 2〉 언해본 세종 서문 108자 (12×9 배열표)

1	2	3	4	5	6	7	8	9	10	11	12
나	·랏	:말	ᄊ	·미	中듕	國·귁	·에	달	·아	文문	字·ᄍ
13	**14**	**15**	**16**	**17**	**18**	**19**	**20**	**21**	**22**	**23**	**24**
·와	·로	서	ᄅ	ᄉ	몯	·디	아	·니	홀	·씨	·이
25	**26**	**27**	**28**	**29**	**30**	**31**	**32**	**33**	**34**	**35**	**36**
런	젼	·ᄎ	·로	어	·린	百·빅	姓·셩	·이	니	ᄅ	고
37	**38**	**39**	**40**	**41**	**42**	**43**	**44**	**45**	**46**	**47**	**48**
·져	·홇	·배	이	·셔	·도	ᄆ	·ᄎᆞᆷ	:내	제	·ᄠ	·들
49	**50**	**51**	**52**	**53**	**54**	**55**	**56**	**57**	**58**	**59**	**60**
시	·러	펴	·디	:몯	홇	·노	·미	하	·니	·라	·내
61	**62**	**63**	**64**	**65**	**66**	**67**	**68**	**69**	**70**	**71**	**72**
·이	·ᄅᆞᆯ	爲·윙	·ᄒᆞ	·야	:어	엿	·비	너	·겨	·새	·로
73	**74**	**75**	**76**	**77**	**78**	**79**	**80**	**81**	**82**	**83**	**84**
·스	·믈	여	·듧	字·ᄍ	·ᄅᆞᆯ	밍	·ᄀᆞ	노	·니	:사	ᄅᆞᆷ
85	**86**	**87**	**88**	**89**	**90**	**91**	**92**	**93**	**94**	**95**	**96**
:마	·다	:히	·ᅇᅧ	:수	·ᄫᅵ	니	·겨	·날	·로	·ᄡᅮ	·메
97	**98**	**99**	**100**	**101**	**102**	**103**	**104**	**105**	**106**	**107**	**108**
便뼌	安한	·킈	ᄒᆞ	·고	·져	홇	ᄯᆞ	ᄅᆞ	·미	니	·라

한문본에 대해서는 "한문본의 글자수가 백 여덟 글자의 꼭 절반인 오십넉 자_김광해, 1987: 61"라고 밝혔다. 세종 서문이 108자라는 것은 그것이 우연이 아니라면 불교적 의미를 부여할 수 있으나 한문본 세종 서문이 54라는 것은 불교적 의미를 부여하기에는 무리가 따른다. 한문본이 언해본보다 먼저 나온 책이라 108을 염두에 두고 반으로 나눴다는 건 지나친 추리일 수 있다. 문효근 2015: 360-361에서는 54자의 유래를 설문해자의 기본 부수 540자와 연계된 것으로 보고 있다. 양효를 상징하는 9와 음효를 상징하는 6을 곱한 숫자라는 것이다.

그런데 언해본보다 먼저 나온 해례본의 정음편 한자의 단순 출현 글자 수도 108자라는 사실이다. 박병천:2016

<표 3> 정음편 단순 출현 한자 108자 9*12 배열표(괄호는 빈도)

1	2	3	4	5	6	7	8	9	10	11	12
訓(1)	字(37)	終(3)	新(1)	用(3)	快(1)	齒(4)	穰(2)	成(1)	民(2)	不(2)	得(1)
13	14	15	16	17	18	19	20	21	22	23	24
制(1)	耳(1)	業(2)	卽(2)	復(1)	左(1)	正(1)	相(1)	伸(1)	二(2)	矣(1)	舌(4)
25	26	27	28	29	30	31	32	33	34	35	36
慈(1)	連(1)	加(2)	音(22)	流(1)	其(1)	十(1)	牙(3)	斗(1)	侵(2)	下(2)	一(1)
37	38	39	40	41	42	43	44	45	46	47	48
國(2)	通(1)	情(1)	八(1)	如(34)	覃(2)	戌(2)	則(5)	點(2)	之(3)	故(1)	者(1)
49	50	51	52	53	54	55	56	57	58	59	60
使(1)	君(2)	呑(2)	邪(1)	輕(1)	去(1)	語(1)	愚(1)	多(1)	人(2)	初(26)	那(1)
61	62	63	64	65	66	67	68	69	70	71	72
喉(3)	合(2)	上(1)	異(1)	有(1)	予(1)	易(1)	發(23)	脣(5)	挹(1)	同(2)	無(1)
73	74	75	76	77	78	79	80	81	82	83	84
乎(1)	所(1)	爲(2)	習(1)	聲(43)	彆(2)	虛(1)	附(2)	平(1)	中(12)	欲(4)	此(1)
85	86	87	88	89	90	91	92	93	94	95	96
便(1)	並(7)	步(1)	洪(2)	右(1)	入(1)	與(1)	言(1)	憫(1)	於(2)	書(10)	漂(1)
97	98	99	100	101	102	103	104	105	106	107	108
半(2)	凡(1)	促(1)	文(1)	而(3)	然(1)	日(1)	虯(1)	彌(1)	閭(1)	必(1)	急(1)

문제는 불교적 의도가 반영된 것이라면 왜 108이냐는 것이다. 그것은 김광해1987에서 지적했듯이 108이 불교를 상징해주는 대중적인 숫자이기 때문일 것이다. 15세기에도 불교 신도가 아니더라도 108은 불교의 108번뇌로 각인 되었을 것이고 지식 중심의 이해와 표현에서 일반 백성들의 문자 번뇌나 한자로 인해 교화 정책을 맘껏 펼칠 수 없는 세종의 번뇌는 같았을 것이다. 108은 이런 번뇌에서 헤어 나오게 하려는 염원을 담은 숨겨진 상징 기호이지는 않았을까 역시 조심스러운 추론을 해본다.

4. 언해본 간행 시기와 언해본 역사

4.1. 언행본 간행 시기

《훈민정음》 해례본의 앞부분인, 세종 서문과 예의만을 언해한 언해본이 단독으로 간행된 책은 발견되지 않았다. '해례본'에 준해 '언해본'이라 부르지만 15세기에 단행본으로 간행된 기록은 그 어디에도 없다.[2] 박승빈본 1932이 단행본처럼 되어 있지만 이는 '월인석보권두본'을 따로 제본한 것이니 실제 단행본은 아닌 셈이다. 단 해례본이 간행된 지 13년만인 세조 5년 1459에 《월인석보》 앞머리에 실렸음이 1972년 월인석보 1,2권이 발견되어 알게 되었다.[3]

월인석보 권두본 자체가 이질적인 세 권의 책의 합본인데다가 훈민정음 해례본 가운데 세종이 직접 저술한 부분이기도 하고 훈민정음 보급에 결정적인 역할을 한 언해가 해례본 간행 13년 뒤에나 했다는 것은 납득하기 어려우므로 세종 시대에 언해가 이루어졌을 것이라는 견해가 지배적이었고 그 시기 추정이 매우 중요하게 되었다.

최초의 시기 추정 논저를 국어사학회/문화재청 2007: 48에서 최현배 1942로 잡고 있으나 시기 추정 논의가 문헌상으로 처음 이루어진 것은 홍기문 1940에서이다. 최현배 1942도 사실상 1940년에 집필이 끝난 것이므로 비슷한 시기에 추정 논의가 있었던 셈이다. 이러한 논의는 김민수 1957:68-69, 안병희 1972:309~311, 김동언 1985를 거쳐 정우영 2000, 정우영 2005에서 깊이 있는 추정이 이루어졌고 이를 바탕으로 세종 때의 재구정본이 국어사학회/문화재청 2007

---

2 이런 맥락 때문에 "이상규 주해(2016: 735)"에서의 지적처럼 '언해본'이란 용어로 부르는 것에 대해 의문이 제기되기도 한다.

3 이 책의 서강대 소장 경위에 대해서는 "이 책은 지난 1월 26일 경(頃) 시내 통문관(通文館)으로부터 구입되었고, 이어서 3월 3일께 도하(都下) 신문(新聞) 각지(各紙)에 취재(取材)되어 그 중요점만이 크게 소개되었다. 다시 이어서 6월 7일자 본교 《서강타임즈》」에 안병희 교수의 정확한 해제가 발표되었던 것이다." _정연찬(1972: 373) 참조.

으로 빛을 보게 되었다. 이를 비롯한 그간의 주요 논자별 논의를 정리해 보면 다음과 같다.[4]

〈표 4〉 훈민정음 언해본 세종 시대 간행 시기 추론 모음

논저	추론 시기와 근거
홍기문(1940)	추정 : 세종 정묘년(1447, 세종 29) 이후 추정 •근거 ① 언해본과 월인석보가 동시 저작이 아니라는 가정 ② 치두, 정치 규정을 통해 ③ '세종어제'라는 말에 관계 없이 세종 당시로 보기 어려움
최현배 (1942/1961 : 194~195)	•추정 : 《동국정운》(1448)에서 한자 음운 연구와 규정이 끝난 뒤, 《홍무정운통고》(홍무정운역훈)가 간행된 단종 3년 또는 그 뒤 •근거 : 훈민정음 원본(해례본)에서 불비한 것을 홍무정운통고에서 보완
김민수(1957:68~69)	*추정 : 《사성통고》가 간행된 단종 3년(1455) 이후
안병희 (1972 : 309~311)	•추정 : 세종 28(1446)년 해례본 간행 이후부터 《석보상절》이 이루어진 1447년 7월 사이, 《석보상절》의 권두에 그 국역본이 있었을 것 •근거 ① 內題인 '世宗御製訓民正音'이 있는 제1장에 약간의 변개가 가해진 것으로 생각된다. ② 치두정치음의 규정은 이 책이 해례본보다 늦게 이루어진 것을 말한다. 제1장의 변개는 이 책 이전의 새로운 국역본이 있었음을 말한다.
김동언 (1985 : 123~146)	•추정 : 한문본의 '본문'에 한음치성 규정을 함께 묶어서 1447년 7월 「석보상절서」보다 앞서 1446년(세종 28년)쯤에 번역되었을 것 •근거 ① 《훈민정음》 본문과 《홍무정운》을 역훈하면서 필요하게 된 치음 규정을 함께 묶어 번역 ② 최초의 국역본은 월인석보 권두본에서 제1쪽 4행의 약간의 변화가 있는 것 외에는 같았을 것
임용기(1991 : 687~694)	안병희(1972 : 309~311) 동의

---

4 이상규 주해(2016:739)에서도 예의편의 번역이 이루어진 시기는 늦어도 1447년 4월 이전 시기, 한음치성 삽입: 훈민정음 반포 후 《석보상절》(1447) 간행보다는 앞선 시기에 고안된 것으로 추정하고 그 근거로 "① '한음 치성'이 삽입된 언해본이 불경판 권두본에 실린 이유도 진언의 표기를 위한 특수 목적을 가진 것, ② 《석보상절》에는 진언(眞言) 표기에 정치·치두가 분명히 사용" 등의 근거를 들었다.

정우영(2000)	• 추정① : 정음편 번역 시기: '훈민정음' 한문본과 '용비어천가' 한글가사보다는 늦게, '동국정운음'이 확정된 이후 • 근거 : '언해본'의 한자 주음은 'ㆆ·ㅸ·ㆅ'이 확정되어 있음 외 • 추정② : 형태: '석보상절·월인석보' 같은 문헌의 권두에 붙여 간행한 것만이 아니라, 필요에 따라 단행본 자료로도 나왔을 가능성
정우영(2005)	• 추정 (1) 1차: 훈민정음(訓民正音)한문본의 '본문'만을 대상으로, 1446년(세종28년) 9월이후 1446년 12월말까지, 늦어도 1447년 4월 이전에는 우리 말글로 번역이 이루어져 단행본으로 간행되었을 것 (2) 2차: 1447년 7월 「석보상절서」와 같은 시기에 제1차 언해본에다 '한음치성(漢音齒聲)' 부분을 첨가·번역하여 석보상절(권1) 권두에 실어 간행하였을 것 (3) 3차: 현재 전해지는 1459년의 월인석보(권1,2) 권두본으로서, 세종의 승하로 권두서명 〈訓·훈民민正·졍音흠〉 앞에《世·솅宗종御·엉製·졩》를 더 붙이고, 그에 따른 협주를 추가함으로써 제1장 앞면의 제1행~4행이 현재 전해지는 자료처럼 고쳐지게 된 것 • 근거: 표기법, 1443년 창제 후부터 1459년까지의 훈민정음 관련 각종 자료의 역사적 맥락 외
문화재청 보고서(2007)	• 추정 : 예의편의 '본문' 부분의 언해가 먼저 이루어진 뒤에 '한음치성' 부분은 그 후에 이루어진 다음 첨가 • 근거/실제: 정우영(2000) 등을 핵심 근거로 실제 재구 정본 제시

이들 논의의 핵심은 시기 추정만 조금씩 다를 뿐 어떤 방식으로든 언해본이 세종 때에 존재했다는 것을 인정했다는 것이다. 그렇다면 가장 심도 높은 추정 근거를 제시한 정우영 2005에서 언해본이 단계별로 증보를 했다는 논의가 설득력이 있다. 그래서 국어사학회 차원에서 공론화 과정을 거쳐 실제 재구정본2007이 제시되었으므로 결정적인 다른 근거가 발견되지 않는 한 더 이상의 시기 추정 논의는 의미가 없어 보인다.

이러한 언해본의 재구정본이 나오기까지 결정적인 역할을 한 정우영2000, 2005과 국어사학회/문화재청2007의 업적은 복원 그 자체도 중요하지만, 훈민정음 보급의 초기 역사를 복원한 더 큰 의미와 가치가 있다.

그렇다면 이런 언해본의 역사성에서 읽어낼 수 있는 의미는 분명해 보인다. 월인석보로 언해본이 수용된 그 자체가 대단히 중요한 의미를 지닌다. 그래서 1568년 사찰희방사에서 복각도 가능했던 것이고 이렇게 불경과의 결합이 안 되었다면 아마도 해례본 못지않은 희귀본이

훈민정음 해례본과 언해본의 탄생과 역사

되었을 확률이 높다.

이런 유통 과정이 중요한 것은 해례본이 최세진의 훈몽자회1527에서조차 해례본을 보았다는 증거가 없을 정도로 일찍 희귀본이 되었으므로 언해본이 훈민정음 보급 발전에 절대적인 구실을 한 문헌이기에 더욱 중요하다.

이런 세종 때 언해본 추정에서 충분하게 논의가 안 된 것은 누가 언해를 주도했는가이다. 그것은 세조 곧 수양대군이 거의 확실하다. 1459년의 월인석보 발간 주체가 세조일 뿐 아니라 세조는 세종의 명으로 석보상절을 지었으므로 훈민정음 반포 이후 이를 적용한 최초의 개인 저술자다. "용비어천가"는 여러 명의 공저인데다가 125수 시가에 국한문 혼용으로 훈민정음을 적용했을 뿐 사실 90% 이상이 한문으로 된 책이다. 본격적으로 훈민정음을 적용한 최초의 책은 "석보상절"이고 이를 단독 저술한 세조의 역할은 초기 훈민정음 보급사에서 결코 가볍지 않다.

또한 세조는 임금이 된 뒤에도 불경언해를 국가 차원에서 '간경도감'을 설치하여 추진하였을 뿐 아니라 훈민정음을 이용한 구결 작업에 직접 참여할 정도였다. 더욱이 왕자 시절부터 불교 신자와 다름없었다는 것이 불교계의 중론이다. 어제 서문을 108자로 하여 불교적 의도를 반영할 수 있는 실질적인 주체였던 셈이다. 물론 세조가 주도 했더라도 그와 가까웠던 신미 대사와 같은 불교계 인사가 도와 주었을 것이지만 그런 도움이 아니더라도 세조는 그런 불교적 기획을 주도할 만한 충분한 위치에 있었다.

4.2. 일제강점기 때의 언해본 인식과 연구사적 의미

일제 강점기 때의 언해본 인식과 영인 등, 관련 논의는 여기저기 많이 논의되어 왔으나 권덕규1923에 대한 논의는 배제되는 등 몇 가지 문제가 있어 다시 그 흐름을 연구사와 결합해 재구성해 보기로 한다.

언해본의 실체가 공적 학술서로 처음 언급된 것은 권덕규1923: 194에서이다.[5]

> 요사이에 訓民正音 原本을 얻어 이 原本 文套 그대로 쓰었으니 넑는이는 斟酌할지며 더
> 욱 注意할바는 ㄱ 짝소리를 ㅠ(ㅓ) 첫소리와 같다 함과 글字의 높낮이, 길짧이를 똑똑이
> 說明한 것이라 잘 넑어 많은 얻음이 있기를 바라노라.
> ＿ 權悳奎(1923).《朝鮮語文經緯》, 廣文社. 194쪽. * 책 그대로의 표기법임

[사진 2] 박승빈본 정음1ㄱㄴ(1932, 동광당서점, 솔무리 편(1992)에서 재영인)

이때의 '훈민정음 원본'이 무엇을 가리키는지는 이 책 자체에는 나오지 않지만 서술 맥락
과 1927년 한글 동인지 수록 이른바 '훈민정음 원본'에서의 권덕규 역할로 보아, 언해본임이
분명하다. 권덕규는 정음편 번역문을 권덕규1923: 191-193에서 부록으로 싣고 이와 같은 짧
은 논평을 남긴 것이다.

---

5 권덕규(1923)를 집중 조명한 논저로는 "이명재(2008). 「《朝鮮語文經緯》를 중심으로 한 권덕규의 국어학적 업적 연
구」(공주대학교 대학원 석사학위 논문)"가 있으나 여기서는 언해본 관련 논의는 다루지 않았다. 그 동안의 일제 강점
기의 언해본 관련 논의에서 권덕규(1923)에 주목한 논저를 미처 찾지 못했다.

訓民正音

나라말이 中國과 달아 그글씨와로 서르사뭇지 아니할새 무식한 百姓이 말하고저함이 있어도 제뜻대로 못하는이가 하니라. 내 이를 딱하게녀기어 새로스물여듧글씨를 맨드노니 사람마다 쉬이닉이어 날로씀에 便ᄒ게하고저 할따름이니라

ㄱ는 엄니ㅅ소리니 군(君)'자의 첫소리와 같으니 갋아쓰면 뀨(虯) 첫소리와 같으니라.

ㅋ는 엄니ㅅ소리니 쾌(快) 첫소리와 같으니라.

ㆁ는 엄니ㅅ소리니 업(業) 첫소리와 같으니라.

ㄷ는 혀ㅅ소리니 두(斗)자 첫소리와 같으니라. 갋아쓰면 땀(覃)자 첫소리와 같으니라.

ㅌ는 혀ㅅ소리니 툰(呑)'자 첫소리와 같으니라.

ㄴ는 혀ㅅ소리니 나(那)자 첫소리와 같으니라.

ㅂ는 입시울ㅅ소리니 '별(彆)'자의 처음 나는 소리와 같다. 나란히 쓰면 '뽀'자의 첫소리와 같으니라.

ㅍ는 입시울ㅅ소리니 '표(漂)'자의 첫소리와 같으니라.

ㅁ는 입시울ㅅ소리니 '미(彌)'자의 첫소리와 같으니라.

ㅈ는 잇소리(치음)이니 '즉(卽)'자의 첫소리와 같으니라. 나란히 쓰면 '쯔'자의 첫소리와 같으니라.

ㅊ는 잇소리이니 '침(侵)'자의 첫소리와 같으니라.

ㅅ는 잇소리니 '술(戌)'자의 첫소리와 같으니라. 나란히 쓰면 '싸(邪)'자의 첫소리와 같으니라.

ㆆ는 목구멍소리(후음)이니 '흡(挹)'자의 첫소리와 같으니라.

ㅎ는 목구멍소리이니 '허(虛)'자의 첫소리와 같으니라. 나란히 쓰면 '뽕(洪)'자의 첫소리와 같으니라.

ㅇ는 목구멍소리이니 '욕(欲)'자의 첫소리와 같으니라.

ㄹ는 반혓소리(반설음)이니 '려(閭)' 자의 첫소리와 같으니라.

ㅿ는 반잇소리(반치음)이니 '샹(穰)'자의 첫소리와 같으니라.

·는 툰(呑) 가온대ㅅ소리와 같으니라.

ㅡ는 즉(卽)가온대ㅅ소리와 같으니라.

ㅣ는 침(侵)가온대ㅅ소리와 같으니라.

ㅗ는 뽕(洪)가온대ㅅ소리와 같으니라.

ㅏ는 땀(覃)가온대ㅅ소리와 같으니라.

ㅜ는 군(君)가온대ㅅ소리와 같으니라.

ㅓ는 업(業)가온대ㅅ소리와 같으니라.

ㅛ는 욕(欲)가온대ㅅ소리와 같으니라.

ㅑ는 샹(穰)가온대ㅅ소리와 같으니라.

ㅠ는 슐(戌)가온대ㅅ소리와 같으니라.

ㅕ는 별(彆)가온대ㅅ소리와 같으니라.

乃終소리는 다시첫소리를 쓰느니라.

ㅇ를 입시울ㅅ소리알에 넛어쓰면 입시울가븨얍은소리가 되느니라

첫소리를 어울어쓸지면 갋아쓰라 乃終소리도 한가지라

·와ㅡ와ㅗ와ㅜ와 ㅛ와ㅠ와란 첫소리알에 붙여쓰고 ㅣ와 ㅏ와ㅓ와ㅑ와ㅕ와란 옳은녁에 붙여쓰라.

믈읫字ㅣ글ㅣ모로매 어울어서 소리일나니 왼녁에 한點을더으면 맞높은소리(去聲)요

點이둘이면 처섬이낮갑고 乃終이높은소리(上聲)요 點이없으면 맞낮갑은소리(平聲)요 빨이 긑닫는소리(入聲)는點더음은한가지로되 빠르느니라.

_ 권덕규(1923: 191-193) *표기법 그대로

이때는 이미 훈민정음 해례본의 정음편은 《배자예부운략》排字禮部韻略, 숙종4년/1678 , 《경세훈민정음도설》經世訓民正音圖說, 숙종, 최석정 , 《해동역사》海東繹史, 조선 후기, 한치윤, 《오주연문장전산고》五洲衍文長箋散稿, 이규경, 1788~?, 《증보문헌비고》增補文獻備考, 1903년-1908년 편찬 간행 , 《열성어제》列聖御製, 인조-숙종, 이우 외 등을 통해 유통되고 있었다. 결국 16세기 이후의 조선 학자들에게는 빨리 희귀본이 된 해례본보다 실록본의 한문본이나 언해본이 더 영향을 끼쳤을 것이고 아무래도 한문 문화권이다 보니 지식인들한테는 언해본보다 실록 한문본이 더 영향을 끼쳤을 것이다.

또한 근대 활자본이 〈표 5〉의 주시경 저술을 비롯해 널리 알려져 있었지만 그런 한문본을 언해보다 2차 텍스트로 생각한 것이다.

주시경의 정음편 재수록은 그의 시대적 영향력으로 볼 때 여러 가지 의미가 있다. 유열 1950: 91에 보면 간송본 보사본 어제서문 마지막 글자에 대하여 보사자 이용준의 형 이석범의 다음과 같은 증언 내용이 잘못되었음을 알 수 있다.

> 한글 뜻으로 보든지, 이조실록에 있는 것이 박승빈님이 간직한 언해본이나, 희방사본의 월인석보의 책 머리에 있는 훈민정음 언해본을 보아도 모두, "使人人易習便於日用耳"로 되었건만, 이 訓民正音 원본에는 '便於日用矣'로 된 것은 후촌 선생이 주시경님의 내신 책에서 보고 베끼 났던 그 원고에 의지한 때문에 틀리게 되었다 함.
>
> _ 유열(1950: 91)

〈표 5〉 훈민정음 정음편이 수록되어 있는 주시경의 주요 저술과 특징

출처	현대 활자 재현(어제 서문, 예의 생략)	주요 특징
쥬시경(1906). 《대한국어문법》(油印). 역대문법대계 영인본 ①07	訓民正音 御製 國之語音異乎中國 與文字不相流通故愚民有所欲言而終不得伸其情者多矣予爲此憫然新制二十八字欲使人∥易習便於日用耳	• 본문 세로짜기 필사 • 문장부호 없음 • ∥:반복 표시(人人) • 맨끝 종결어미 : 耳
주시경(1908). 《말》(筆寫). 역대문법대계 영인본 ①08	正音親序 國之語音이異乎中國ᄒ여 與文字(卽漢文字)不相流通이라故로愚民은有所欲言而終不得伸其情者ㅣ多矣라予ㅣ爲此憫然ᄒ여新制二十八字ᄒ니欲使人∥易習ᄒ고便於日用이로라ᄒ시니라	• 토달기 • '문자' 작은 글씨 주석 달기(한문자) • ∥:반복 표시(人人) • 맨 끝 종결사 耳 생략
주시경(1909). 《高等國語文法》(油印). 역대문법대계 영인본 ①09	1章 訓民正音 第1課 御製訓民正音 訓民正音 御製 國之語音異乎中國 與文字不相流通故愚民有所欲言而終不得伸其情者多矣予爲此憫然新制二十八字欲使人∥易習便於日用耳	주시경(1906)과 같으나 '1장 훈민정음 1과 어제훈민정음'이라는 제목이 색다름

주시경(1910). 《國語文法》. 역대문법대계 영인본 ①11	訓民正音 御製 國之語音異乎中國 與文字不相流通故 愚民有所欲言而終不得伸其情者多矣予爲此 憫然新制二十八字欲使人Ⅱ易習便於日用耳	
주시경(1910). 《國語文法》. 역대문법대계 영인본 ①11	訓民正音 御製 國之語音異乎中國 與文字不相流通故 愚民有所欲言而終不得伸其情者多矣予爲此 憫然新制二十八字欲使人人易習便於日用耳	같은 방식으로 제시
주시경(1913). 《朝鮮語文法》. 역대문법대계 영인본 ①12		

주시경(1914).
《말의 소리》(石版).
역대문법대계
영인본 ①13
	國之語音異乎漢土 與文字不相流通故愚民有
	所欲言而終不得伸其情者多矣予此憫然新
	制二十八字欲使人人易習便於日用耳
		• 부록형식으로 실음
		• 세종서문 '中國'을 '漢土'로 바
		  꾼 '내장본' 수록
		• 부록에는 훈몽자회 범례, 용비
		  어천가 2장, 정인시서도 실림

여기서 후촌은 발견자 이용준의 아버지 이한걸의 호로 보사 작업을 이한걸이 주도한 것으로 증언하고 있는데 이와 같은 내용 오류로 보아 사실성은 낮아 보인다. 1940년 발견 당시까지 나온 한문본 계열과 언해본 계열 그 어디에도 어제 서문 마지막 글자가 '-矣'인 것은 없는 것으로 보아 보사자의 단순 실수로 보인다.

18, 19세기의 실학자들도 해례본의 실체조차 제대로 몰랐던 듯 싶다.

훈민정음 몰이해

훈민정음을 세간에서는 언문(諺文)이라 불렀고, 부인이나 하층민들이 많이 사용했는데 잘못 사용하기 일쑤였다. 박식하고 교양 있다고 하는 선비라도 훈민정음 자모(字母)의 의의를 아는 이는 드물다. 따라서 불경언해나 《노걸대(老乞大)》, 《박통사(朴通事)》 등의 책에 나오는 ㅈㅊㅉㅅㅆ/ㅈㅊㅉㅅㅆ 다섯 음의 좌장(左長)·우장(右長)과 'ㅁ'. 'ㅂ' 두 음을 종성(終聲)으로 취한 것을 보고 훈민정음 옛 판본이 본디 그렇다고 여긴다. 하지만 나는 그렇지 않다고 생각한다. 이것은 신숙주가 저술한 《사성통고(四聲通攷)》에 있는 글자이지 실제로는 훈민정음의 옛 글자가 아니다. 음운학에 뜻을 둔 사람이라면 반드시 먼저 《사성통고》가 세종 때의 옛 판본이 아니라는 점을 분명히 이해해야 오류를 면할 수 있을 것이다.

_ 정동유(조선) / 안대회 옮김(2016)

정동유가 언급한 훈민정음 옛 판본이 있다면 그것이 언해본보다 더 빠른 원본이 될 것이라는 것을 1920년때까지만 해도 학자들은 몰랐다.

권덕규1923에서 언급한 원본의 실체는 4년 뒤에 발간되는 1927년 '한글' 동인지 창간호에서 박승빈 소장본임이 밝혀진다.6 조선어연구회는 《한글》 동인지 창간호에 영인본에 대한 간략한 해제를 다음과 같이 싣고 있다. 신명균이라는 실명을 밝힌 것은 아니지만 여러 맥락으로 신명균임은 분명해 실명을 밝혔다. 그 당시 표기법 그대로 하되, 띄어쓰기만 현재 방식으로 인용해 보면 다음과 같다. 언해본 연구사에서 매우 중요한 텍스트이므로 전문을 인용한다.

訓民正音創刊에 際하야
_ 신명균(1927). 訓民正音創刊에 際하야. 《한글》 創刊號. 한글社. 5~7쪽.

本社에서는 本誌 創刊을 機會하여 訓民正音 元版을 寫眞版으로 製作하여 本誌에 실어 가지고 讀者 여러분과 한 가지 읽어보는 것이 매우 意味가 있는 일이겠기로 그의 原本을 廣求한 結果 朴勝彬씨 所藏인 單本의 訓民正音 木刻版과 光文會의 所藏인 月印千江 卷首에 符合된 역시 木刻版과 魚允迪氏의 所藏인 日本宮內省의 藏本의 抄本 三種을 얻어보게 되었다.

이 三種을 對照한 結果 朴氏本과 魚氏本이 同一하고 또 이 兩本은 光文會本과 第一葉 表裏兩面만이 다르고 그外에는 三本이 全部가 同一한 것을 알게 되었다. 그러면 이 三本이 字体나 配字數가 모두 大同한 中에서 朴氏本이 單本인 것과 또는 字體같은 것이 楷

---

6   《한글》 동인지 창간호(1927)와 《한글》 창간호(1932)는 다르므로 구별해야 한다. 조선어학회는 《한글》을 창간하기 전에 동인지를 1927년 2월부터 1928년 10월까지 9호를 발간한다. 동인지 제호도 《한글》이다.

正함을 보아서 眞本에 갓가운 듯 하며 光文會本은 第六葉 裏面 第二行의 發ᄉ字音이 성으로 誤印된 것을 보면 原本의 飜刻임을 얼른 알 수 있다. 그런데 朴氏本은 第一葉이 脫落되어서 手筆로 抄寫한 것인데다가 거기에 적힌 原文의 句讀뗀것과 註釋의 疏略함과 發音과 語法의 不精함이 他葉에 比하여 不一한 点이 많다. 이로 말미암아 吾人의 推測으로는 그것이 元本의 抄寫함이 안이오 後人 누가 任意로 修補한 것인 듯하다.

그런데 그것과 꼭 같은 日本宮城內省藏本도 역시 第一葉이 抄出한 것이 안인가 아즉 質正하여 보지못하였음은 좀 未洽한 일이다.

朴氏本도 第一葉만은 眞本안인 거이 分明한즉 吾人은 또다시 光文會本의 第一葉을 考察하지 않을 수 없다. 그래서 거기도 冒頭에 世宗御製이란 大王의 廟號가 쓰인 것과 또는 그 本의 第一葉처음 四行만이 他行에 比하여 配字數가 特別히 많은 것을 보고 새로운 疑心을 가지게 되었다. 그래서 다시 吟味한 結果 이 月印千江之曲이란 冊은 世祖四年에 刊行한 것이므로 父王의 製述임을 表示하기 爲하야 의 世宗 御製의 四字와 이에 關한 註釋을 添入한 것인줄 알았다. 다시 말하면 그것을 刊行할 때에 새로 版을 만들지 않고 舊版을 飜刻하면서도 原形을 保存하기 爲하야 처음 四行 안에다 配字를 密接히 하여서 이를 揷入한 것인줄 알았다. 그것을 除去하고 본즉 配字數가 他葉他行과 꼭 同一하게 一行小字十八字이던 것을 十六字로 複寫하야 寫眞版을 만들었다. 그리하자니 自然 字體같은 것은 元本보다 多少의 흘림이 없을 수 없으나 舊面目으로 還元된 元本인것만은 揷疑할 餘地가 없다. 그리고 吾人은 疑心을 疑心대로 傳하는 古人의 본을 받아 朴氏本의 第一葉과 光文會本의 第一葉 四行도 元型을 그대로 박어 讀者 여러분의 參考를 사고자 한다.

今番 이 考據에 對하여는 우리 同人 權悳奎氏의 用心이 많음을 여러분 中에 他本을 眞藏하신이가 게시거든 그를 公開하여주시면 그런 多幸이 없을 줄 안다.

신명균은 비슷한 논지의 칼럼을 같은 해 동아일보에 발표했다.

今年 2月에 朝鮮語研究雜誌《한글》을 發行하고 이 機會를 타서 訓民正音原版 全部를 寫眞版으로 製作하여 離誌에 실허가지고 여러 調者와 한가지 읽어보기로 되어 그의 原

本을 廣求한 結果 朴勝彬氏 所藏인 單本의 訓民正音木刻版과 光文會의 所藏인 月印千江之曲 卷首에 合付된 亦是 木刻版과 魚允迪氏의 所藏인 日本 宮內省 藏本의 抄本 세 가지를 엇게 되엿다. 이 세 本을 對照한 結果 朴氏本과 魚氏本이 同一하고 또 이 兩本은 光文會本과 第一葉 表裏兩面만이 다르고 그 外에는 三本이 全部가 가튼 것을 알게 되엿다. 그러면 이 三本이 字體나 配字數가 모두 大同한 中에서 朴氏本이 單本인 것과 또는 字體가튼 것이 楷正함을 보아셔 眞本에 갓가운 듯하며 - 뒤줄임

_ 동아일보 1927.10.24.

신명균이 썼지만 영인본의 고증에 권덕규가 애쓴 것임을 밝히고 있다.

이 동인지는 "조선어문에 관한 과학적연구와 실제문제를 해결하기 위하야_편집실에서, 65쪽" 낸 잡지로 동인은 "권덕규, 이병기, 최현배, 정열모, 신명균" 등 5인이다. 간지에 단체 이름 조선어연구회은 안 나와 있다.

언해본이 '世宗御製訓民正音原本'이란 이름으로 영인되어 있다. 이때만 해도 언해본을 세종실록 1446년 9월 29일 기사에 의한 훈민정음 원본으로 여기는 것이 일반적이었다.[7] 영인 서문에 의하면 이 언해본은 박승빈 소장본, 광문회 소장본, 어윤적 소장본 일본궁내성소장본의 소장본을 동일본으로 보아 사진본으로 영인한 것이다. 정확히 어떤 본을 사진을 찍었는지가 나와 있지 않지만 전후 맥락으로 보아 박승빈본을 기준으로 삼은 듯하다. 다만 박승빈본 맨 앞장이 후대에 고친 것이므로 이 부분만 광문회본을 따랐다고 하였다. 문화재청에서 국어사학회와 함께 2007년에 펴낸 재구정본의 원조격인 셈이다〈표10〉.[8]

---

[7] 박승빈은 직접 영인해 펴낸 1932년 영인본 간행사에서 이 점을 분명히 밝히고 있다.

[8] 국어사학회와 문화재청은 현존 최고(最古)의 언해본보다 앞서 제작된 최초의 언해본을 상정하여 재구(再構)한 원본인 '재구 정본(부록 3에서는 '정본'이라고 씀)'을 만들었다. 세조 때 나온 언해본 원본은 권두서명이 "世·솅宗종御·엉製·젱訓·훈民민正·졍音흠"이고, 재구한 정본(定本)은 세종 때이므로, "訓·훈民민正·졍音흠"이다. 자세한 비교 설명은 《훈민정음 언해본 이본 조사 및 정본 제작 연구》(문화재청, 2007)에 나와 있다. 이 책 부록 3에서는 《월인석보》(서강대 도서관 소장본) 언해본의 사진본과 《훈민정음 언해본 이본 조사 및 정본 제작 연구》의 재구 정본을 입체적으로 비교할 수 있도록 원본 크기의 약 25퍼센트(판면 기준)로 함께 실었다.

<表 6> 언해본 '정음1ㄱ'의 한글 동인지(1027)와 국어사학회/문화재청(2007) 재구정본

한글동인지(1927) : 광문회본 (·입:겨지·라 → ·임:겨지·라) 바탕 재구정본(권덕규)	국어사학회/문화재청(2007) 재구정본
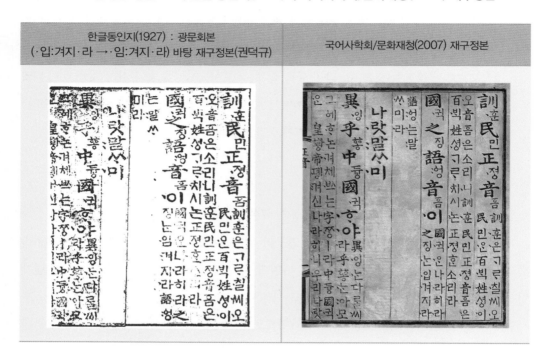	

국어사학회/문화재청 2007: 44에서 재구정본을 내면서 1927년의 재구본에 대해 "약간의 잘못이 없지 않지만, 이른 시기에 언해본의 정본을 수립하려는 노력이 있었다"고 평가한 것은 매우 적절하였다.[9]

이때는 해례본의 실체를 전혀 모르던 상황이어서 박승빈이 원본이라는 핵심 증거로 단본단행본임을 들고 있다. 더 자세한 영인 내막은 "밀아생 1935, 「訓民正音 原本에 싸고도는 問題」, 《한글》 22 조선어학회, 103-105쪽"에 나와 있다. 이 글에 의하면 동인지 영인본은 많은 인기를 끌어 수천 부를 발행했을 뿐만 아니라 아예 단행본처럼 다시 간행하기까지 했다고 한다.[10]

---

9   약간의 잘못이란 제3행을 16자가 아닌 17자로 구성한 것을 말한다.

10   '밀아생'은 익명으로 글 내용이 박승빈에 대한 혹독한 비판을 담고 있어 익명으로 처리한 듯하다. 이에 대한 격렬한 비판은 박승빈이 간행하는 '정음'지에 "박수남(1935). 훈민정음 탄신을 당하야 蜜啞生에 일봉을 가함. 《정음》 10. 조선어학연구회. 58-60쪽."에 실려 있다.

이러한 흐름에 문제를 느낀 박승빈은 한글동인지 영인본이 나온 지 5년만이 1932년에 소장본을 그대로 영인하게 된다. 박승빈본이 최초로 영인이 된데다 단행본 형식의 최초 영인인지라 박승빈은 무척 감격해 하고 그 느낌을 영인본 간행사에 그대로 담았다박승빈본의 역사에 대해서는 "시정곤2015 .《박승빈훈민정음을 사랑한 변호사》. 박이정. 534-538쪽"에서 자세히 다룸.

"어드운 밤에는 幽靈이 잇다. 太陽이 소슨 다음에 보면 或 나무이오 或 돌이오 或 꽃떨기이니라. 訓民正音은 輯購語音을 記寫할 朝鮮文字가 創製된 그 글이라. 故로 朝鮮語의 音理를 考察하랴 할에는 이 글에 當한 工夫를 等閑히 하디 못 할 바임은 勿論이오. 가갸 나냐를 닐그며 쓰며 하는 사람으로서는 누구이든지 다 이 冊 한 卷을 아니 가지디 못 할 것이라. 그러나 現在한 그 刊行本은 매우 稀貴하야서 그 글을 親히 보디 못 한 사람이 甚히 만흐며 或 어더볼 機會는 이서써도 이것을 熱語할 方便을 어듬이 極히 어려윗다 近來에 訓民正音의 論解에 關하야 荒誕誤謬의 說이 流行되는 일이 자못 만흠은 이 글에 當한 考察이 오히려 昏暗中에 이슴에 因함이라. 이제 이冊이 刊行됨에 依하야 사람사람이 다 이글에 遊泳함을 어드리니 어드운 밤에 생각하든 幽靈은 사라디고 光明한 해ㅅ빛에 비추이는 燦爛한 꽃떨기가 나타나리로다. 訓民正音의 重刊이여 어찌 徒然함이랴."

이러한 기쁨은 박승빈본이 원본이라는 믿음에서 온 것이다. 동아일보에서도 그 감격을 이렇게 보도하고 있다.

"이번에 世宗大王當時에 製版頻布된 原本이 發見된 것은 實로 우리 學界에서 貴重하고 慶賀할 만한 事實이다. 該冊子는 다만 史學上 重寶가 될 쑨 아니라 바야흐로 朝陣言文의 硏究가模索期로부터 그 本舞臺로 들려 하는 째 이러한 眞本이 世上光明을 보게 됨은 우리 言文의 將來를 寫하야 莫大한 吉兆라 하겟다. 原來『訓民正音』은 朝鮮文의 根源이라. 이 正本으로 말미암아 漢然하야 應妹한 學說이 一補되고 그 正確合理의 길을 어들 基因이 될 것으로 信賴되는 點에 잇서도 얼마나 큰 意義와 使命을 가질 것 인지 알 수 잇는 것이다."

_ 동아일보 1932.5.14

박승빈이 주도하여 펴낸 잡지인《정음》4호 1934.9에서 1932년 영인본을 다시 실었는데 첫 표지가 역시 훈민정음 반포할 때의 원본임을 강조하는 것이다.

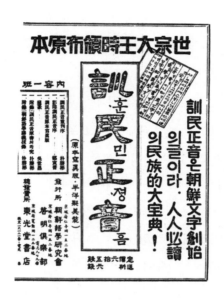

[사진 3] 정음 4호(1934) 박승빈본 영인본 잡지 홍보

이러한 언해본에 근거한 원본 논쟁은 결국 1940년에 해례본 원간본이 발견되면서 마무리되었다. 언해본 그 자체에 대한 이본 중심의 논쟁은 1972년에《월인석보》1, 2권이 발견되면서 여러 정황이 밝혀지면서이다.

이런 유통 과정이 중요한 것은 해례본이 최세진의 훈몽자회 1527에서조차 해례본을 보았다는 증거가 없을 정도로 일찍 희귀본이 되었으므로 언해본이 훈민정음 보급 발전에 절대적인 구실을 한 문헌이기에 더욱 중요하다.

5. 이본 비교와 영인본 간행의 문제

5.1. 이본 비교

이본의 명칭은 국어사학회2007에서 정리한 것을 따르기로 한다. 〈표 7〉는 여기에다 일반적인 약칭을 더 보탠 표이다.

〈표 7〉 국어사학회(2007). 《훈민정음 언해본 이본 조사 및 정본 제작 연구》 이본 명칭과 약칭
(약칭만 일반관례)

이본	약칭
서강대 소장 월인석보 권두본	서강대본
고려대 아세아문제연구소 육당문고본	고려대본 또는 박승빈본
희방사판 월인석보 권두본	희방사본
일본 궁내성본	일본 궁내성본
일본 고미자와대학 탁족문고본	일본 고마자와대본

국어사학회2007에서 밝힌 언해본 이본 조사 결과는 다음과 같다.

〈표 8〉 국어사학회(2007), 《훈민정음 언해본 이본 조사 및 정본 제작 연구》, 93-100쪽

이본	서지정보
서강대 소장 월인석보 권두본	• 보물 745-1호로 지정된 월인석보(권1·2)의 권두에 실려 있음. • 1459년(세조 5) 간행의 목판본. • 책크기: 32.5×22.5cm. • 판식: 사주쌍변, 유계 7행 16자 주쌍행. • 반곽크기: 22.3×18cm(바깥쪽), 21.6×17.1cm(안쪽)

고려대학교 아세아문제연구소 육당문고본	•박승빈(朴勝彬) 구장본. •1459년(세조 5) 간행의 월인석보 권두본을 따로 제책한 것. •첫 장이 원본과 다르게 보사(補寫)되고, 제2장 이하도 부분적으로 보사됨. •남학명(南鶴鳴, 1654~1722)의 장서인으로 보아 숙종 대에 보사된 것으로 추정됨. •인쇄면은 지질(紙質)과 인면(印面) 등에서 서강대 소장 원간본과 같음. •책크기: 30.3×21.5cm. •판식: 사주쌍변, 유계 7행 16자 주쌍행. •반곽크기(4a): 22.2×17.8(바깥쪽), 21.5×17.4cm(안쪽).
희방사판 월인석보 권두본	•1568년(선조 1) 풍기 희방사에서 원간본을 복각(覆刻)하여 간행한 책. •기관 및 개인 소장으로 다수 전하나, 대부분은 1920~30년대에 인출한 후쇄본임. •판새김이 거칠고 오각(誤刻)이 많음. •책크기: 31.8×21.9cm(서울대학교 규장각 소장본). •판식: 사주쌍변(단변), 유계 7행 16자 주쌍행. •반곽크기: 21×17.9cm(바깥쪽), 20.9×17.5cm(안쪽).
일본 궁내성본	•일본 궁내청(宮內廳) 서릉부(書陵部)에 소장되어 있는 필사본. •영조·정조 연간(18세기)에 필사된 것으로 추정됨. •박승빈 구장본과 보사(補寫)된 첫장 부분까지 일치함. •책크기: 31.6×20.6cm. •필사면: 오사란(烏絲欄), 21.9×17.6cm(쌍변 안쪽).
일본 고미자와대학 탁족문고본	•가나자와 쇼사부로(金澤庄三郎) 구장(舊藏)의 필사본. •1824년(순조 24) 행지(行智)가 구창원(久昌院) 소장본을 필사한 것이라 함. •내용은 서강대 소장의 월인석보(원간본) 권두본에 일치. •책크기: 28cm.
한국학중앙연구원 장서각 소장본	•안춘근(安春根) 구장(舊藏)의 필사본. •이동(以東) 이진환(李震桓)이 월인석보(희방사판) 권두본을 1920년대에 필사한 책. •판각을 위해 정성들여 쓴 판하본(版下本)으로 추정됨. •책크기: 34.3×24cm. •필사면: 烏絲欄, 8행 18자 주쌍행.
서울대 규장각 일사문고본	•일사(一簑) 방종현(方鍾鉉) 구장의 필사본. •20세기 전반에 월인석보 권두본을 필사한 책. •내용면에서 육당문고본과 전반적으로 일치하나 일부 차이도 있음. •권말에 적상산 사고본을 서상집(徐相集, 1865~1897)이 베껴 온 것을 저본으로 필사하였다는 기록이 있음. •책크기: 30.2×20.7cm. •필사면: 10행 24자 주쌍행.

일본 궁내성본은 박승빈본 계열이고 일본 고마자와대본은 서강대본 계열이고 나머지도 그에 준하므로 훈민정음 언해본은 크게 세 가지 계열의 이본이 있다. 이본에 대해 홍기문1940, 최현배1942, 홍기문1946, 박종국1984, 이현희1991, 임용기1991, 정우영2000, 세종대왕기념사업회2003, 이상규2016 등에서 집중 소개돼 왔지만 영인에 따른 변개로 이본을 포함한 이본 정리는 충분히 이루어지지 못했다.

세조 5년1459에 나온《월인석보》가 1972년에 발견되어 서강대 인문과학연구소는 1972년에 영인본을 발행했다. 서강대에서 유출한 이 영인본조차 세 종류가 있다는 것이 그동안 지적되어 오지 못했다.

서강대 최초 영인본은 흑백으로 상당 부분 손상된 사진 그대로인 영인본이다. 그에 반해 두 번째 것은 〈표 9〉 사진과 같이 변개했다. 세 번째 것은 칼라 원본 사진본이다.

〈표 9〉 서강대 소장 월인석보 권두본 비교

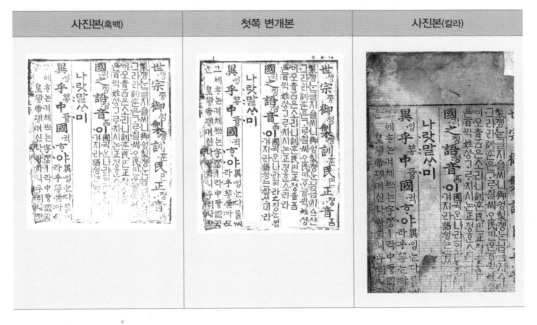

사진본(흑백)	첫쪽 변개본	사진본(칼라)

서강대본 책자 영인본의 해제자인 정연찬1972에서는 그 의미를 다음과 같이 기술하고 있다.

우리는 이제 비로소 확실한 세조 때의 원간 초쇄 교정본 「월인석보(月印釋譜)」를 가지게 되었으며, 그 중에서도 가장 귀중한 그 맨처음 일책, 제일·제이권을 가지게 된 것이다. 「월인석보(月印釋譜)」 제일·제이에 관한 한, 우리는 이 교정본보다 더 오랜 판본이 있을 수 없음을 알게 되었고, 이보다 더 정제되고, 이보다 더 완전한 판본의 현전(現傳)을 듣지 못하였으니, 그야말로 국내 유일본이요, 더하여 선본(善本)인 것이다. 즉 「월인석보(月印釋譜)」 제일·제이권으로서는 이 책이 최고 유일선본일 수밖에 없는 것이다.

_ 정연찬(1972: 374)

세 이본박승빈본, 희방사본, 궁내성본에 대한 체계적인 비교 분석은 홍기문1946에서 처음 이뤄졌다. 이 뒤로 다양한 비교 조사가 이루어졌으므로 여기서 홍기문1946의 비교 자료 소개는 생략하기로 한다.

서강대본이 1972년에 발견된 이래 희방사본과의 차이가 조명되었는데 정연찬1972, 안병희1976, 박종국1984, 정우영2000 등에서 집중 논의되었다. 이를 종합하고 분야별로 나눠 제시하면 다음과 같다. '1ㄱ-3:좌10'은 '정음1ㄱ 3행의 쌍행 가운데 왼쪽 10번째 글자'라는 의미다.

〈표 10〉 희방사본과 서강대본 비교(김슬옹 재분류)

구분		출처: ('좌우'는 쌍행 위치)	서강대본(1459년) 문화재청·국어사학회 복원본(2007)	서강대본(1459년) 인문과학연구소본	희방사본 (1568년)	희방사본 설명
방점 다름	1	1ㄱ_3:좌10	ㄱ·르·치시·논	ㄱ·르·치시·논	-논	'논' 앞에 거성 빠짐
	2	1ㄱ_4:우2	國·귁	國·귁	-귁-	'귁' 앞에 거성 빠짐
	3	1ㄱ_4:좌6	語:엉·는	語:엉·는	語:엉는	'는' 앞에 거성 빠짐
	4	3ㄱ_6:우9	·ㅎ논·겨체	·ㅎ논·겨체	ㅎ-	'ㅎ'앞에 거성 빠짐
	5	3ㄱ_6:좌6	·나리·라	·나리·라	나-	'나'앞에 거성 빠짐
	6	3ㄴ_6:좌15	·쓸·씨·라	·쓸·씨·라	쓸-	'쓸'앞에 거성 빠짐
	7	4ㄱ_3:2	·처섬	·처섬	처-	'처'앞에 거성 빠짐
	8	9ㄴ_1:15	ㅎ·니·라	ㅎ·니·라	-라	'라'앞에 거성 빠짐
	9	9ㄴ_6:6	字·쫑	字·쫑	-쫑	쫑'앞에 거성 빠짐

	10	13ㄱ_1:좌4	녀·기·라	녀·기·라	−라	‘라’앞에 거성 빠짐
	11	13ㄱ_2:2	ㅣ·와	ㅣ·와	−와	‘와’앞에 거성 빠짐
	12	13ㄱ_5좌:2	모·로·매	모·로·매	−매	‘매’앞에 거성 빠짐
	13	13ㄴ_7:좌7	소·리·라	소·리·라	소·리라	‘라’앞에 거성 빠짐
	14	14ㄱ_2:4	無뭉則·즉	無뭉則·즉	無뭉則즉	‘즉’앞에 거성 빠짐
	15	14ㄱ_6좌:6	急·급·은	急·급·은	−급−	‘급’앞에 거성 빠짐
	16	14ㄴ_4좌:4	글·힐·씨·라	글·힐·씨·라	−씨−	‘씨’앞에 거성 빠짐
방점 다름	17	1ㄱ_4:좌1	·입·겨지·라	·임·겨지·라	·임:겨−	‘겨’ 앞에 거성→상성
	18	1ㄱ_7:좌15	·우·리나·랏	·우·리나·랏	− :탓	‘랏’이 ‘탓’으로 오기, 거성→상성
	19	13ㄴ_2좌:12	·믓노·푠	·믓노푠	:믓−	‘믓’앞에 거성→상성
	20	2ㄱ_5:우14	情쪙	情쪙	− ·쪙	‘쪙’앞에 평성→거성
	21	3ㄴ_6:좌4	·펴·아·나는	·펴·아·나는	− ·는	‘는’앞에 평성→거성
	22	3ㄴ_6:좌5	소·리·라	소·리·라	·소−	‘소’앞에 평성→거성
	23	13ㄱ_1:우2	右:울	右:울	− ·울	‘울’앞에 상성→거성
	24	3ㄱ_4:좌4	·ᄒᆞ논:마	·ᄒᆞ논:마	− ·마	‘마’앞에 상성→거성
	25	1ㄱ_6:좌5	:아·모	:아·모	·아−	‘아’앞에 상성→거성
	26	1ㄱ_4:6	語:엉音홈·이	語:엉音홈·이	−語::엉	:엉→엉[옛이응ㆁ→ㅇ]*협주에는 옛이응으로 되어 있음
	27	1ㄱ_4:우11	·입·겨지·라	·임·겨지·라	·임·겨−	입→임
	28	1ㄱ_7:좌15	·우·리나·랏	·우·리나·랏	− :탓	−랏 → −탓
	29	3ㄴ_6:좌1	·펴·아·나는	·펴·아·나는	·ㅍ−	·펴 → ·ㅍ
	30	3ㄴ_6:좌11	쀏書셩·는	쀏書셩·는	−셩−	셩 → 셩
한글	31	4ㄱ_6:8	快·쾡ㅎ字	快·쾡ㅎ字	−·쾡−	쾡 → 괭
	32	4ㄴ_3:14	·펴·아·나는	·펴·아·나는	−·이−	아 → 이
	33	6ㄴ_2:3	初총發·벓聲셩	初총發·벓聲셩	初총發·셩聲셩	發·벓 → 發·셩
	34	6ㄴ_4:1	·펴·아·나는	·펴·아·나는	·ㅍ−	·펴 → ·퍼
	35	8ㄱ_5:6	ᅘᅧ·면	ᅘᅧ·면	ㅎ−	ㅎ → ㆅ
	36	10ㄴ_7:12	聲셩	聲셩	−셩	셩 → 셩, 받침 ㆁ→ㅇ
	37	14ㄱ_4:2	點:뎜	點:뎜	− :뎜−	뎜 → 뎜
	38	15ㄴ_2:6	唇쓘	唇쓘	− 쓘	쓘 → 순

이제까지의 자료 비교 연구 성과를 집약해 보면 희방사 복각본이 월인석보 권두본과 다른 것은 모두 38개로 이중 사성점이 25군데 한글이 13군데이다. 사성점은 거성 빠진 곳이 16군데로 가장 많고 서로 다른 사성점으로 표기한 곳이 9군데이다. 빠진 사성점이 거성에만 몰려 있는 것은 방점 가운데 거성이 가장 많아서이기도 하고 16세기 당시 복각에 쓴 월인석보 권두본이 뚜렷하지 않아서일 수도 있을 것이다. 한글의 경우는 "發·벐 → 發·성정음 6ㄴ_2:3" 와 같은 명백한 오각 실수도 있지만 대부분 단순 실수로 보인다. 이런 실수가 희방사본의 가치를 내려깎을 수 없을 만큼 역사적, 국어사적 가치는 아주 크다.

지방의 작은 사찰에서 임진왜란을 4년 앞두고 해낸 언해본 복각 사업은 희귀본으로 꺼져 가던 해례본과 언해본의 불씨를 다시 살려낸 의미가 있다.

희방사본은 선조 1년 1568에 복각한 책판에서 1차적인 의의를 찾아야 한다. 언해본이 1459년에 최초 간행된 이래 50년만에 복각이 이루어졌다. 이로 인해 언해본이 더욱 널리 퍼지는 계기가 되었음은 두말 할 필요가 없다. 전국 주요 도서관에 희방사본 후쇄본이 많이 남아 있을 정도로 이 책판을 통해 수많은 언해본이 퍼져 나간 셈이다. 불경 보급뿐만 아니라 훈민정음 보급에 결정적인 역할을 했음을 알 수 있다.

두루 알려져 있듯이, 훈민정음은 조선시대에 1895년 근대식 교과서가 나오기 전까지 공식 교육이 이루어지지 않았으며 공식 교재가 있지도 않았다. 언해본이 그런 준교과서 구실을 한 셈이다. 또한 불교를 통해 훈민정음 저변 확대를 노린 세종의 훈민정음 문자 정책이 성공을 거두었음을 의미한다. 필자가 김슬옹 2012 의 《조선시대의 훈민정음 발달사》에서 밝혔듯이 비주류 문자가 비주류 종교와 결합하여 오히려 보급에 성공한 역사의 역설이기도 하다.

따라서 이런 책판이 442년 동안 유지되었다는데 두 번째 의의를 찾아야 한다. 일제 강점기를 견딘 책판이 동족간 전쟁 중에 불타 없어진 것은 안타깝고도 부끄러운 일이었다. 그로부터 68년만에 희방사가 가까운 안동시에서 다시 복각을 한 것은 1508년의 복각의 의미를 되살려 내는 것이며 더 나아가 언해본 최초 초간본의 의미를 현대에 되살리는 것이며 끝내는 1446년 훈민정음 반포의 의미를 더욱 드높이는 것이다. 희방사본보다 더 정확한 서강대본이 있음에도 희방사본을 복각한 의의가 중요하다는 것이다.

5.2. 언해본 영인본 간행의 핵심 문제

한글동인지 창간호 1927에서 잡지 수록 영인본이 최초 간행된 이래 다양한 방식의 영인이 이루어져왔다. 영인의 일반적인 문제에 대해서는 "김영배 2000. 연구 자료의 영인：훈민정음의 경우.《새국어생활》10권 3호. 국립국어연구원. 161-169쪽."와 허경무 2010를 비롯하여 기존 여러 논저에서 지적해 온 바이므로 여기서는 주요 흐름만 짚어보기로 한다.

김영배 2000에서는 영인본 22책에 대해 다음과 같이 지적하고 있다.

> 현재까지 유일한 원본인 서강대본을 영인한 서강대(1972)와 희방사본을 저본으로 한 8책을 제외하면 14책 모두가 서강대(1972)를 재복사한 영인본으로 필자는 판단하고 있다. 이 중에서도 서강대(1972)를 충실히 그대로 복사한 것은 4책 정도이고, 나머지는 서강대(1972)를 저본으로 하면서도 첫장 하단의 불분명한 부분을 모두 붓글씨로 수정해서 영인한 수정 재복사판으로 본다. 그런데 이 수정에 있어서 저본을 잘 보고 제대로 했으면 모르겠으나, '지스샨'을 .지스신'으로, '-온'을 '-읍'으로 잘못 수정을 해 놓아서 잘못이 이중으로 되어버렸으니 답답한 일이 아닐 수 없다.
>
> _ 김영배(2000: 167)

이와 같은 지적이 있었지만 영인 유통 방식은 크게 개선되지 않았다. '지스신' 본은 "한국고전총서간행위원회 편 1973.《訓民正音》. 대제각."에서 비롯된 것으로 다음과 같이 최근까지도 재생산되고 있기 때문이다.

한국고전총서간행위원회 편(1973).《訓民正音》. 대제각.

서병국(1975).《新講 訓民正音》. 경북대 출판부.

유창균(1977).《訓民正音》(문고본). 형설출판사.

권재선·이현규 공편(1982).《고어자료선》. 학문사.

박은용·김형수 공편(1984).《國語資料 古文選》. 형설출판사.

정영주 편(1987).《옛글모음》. 풍림문화사.

강길운(1992). 《訓民正音과 音韻體系》. 형설출판사.

유창균(1993). 《訓民正音 譯註》. 형설출판사.

박은용·김형수(1994). 《국어자료 고문선》. 형설출판사.

조배영(1994). 《반 천년을 간직한 훈민정음의 신비》. 발행처 표기 없음(연세대 도서관 소장).

이근수(1995). 《訓民正音 新研究》. 보고사.

강규선 편(1998). 《월인석보》 권1·2. 보고사.

조규태(2000). 《번역하고 풀이한 훈민정음》. 한국문화사.(조규태(2007), 《번역하고 풀이한 훈민정음(수정판)》에서는 서강대본으로 함)

강규선(2001). 《訓民正音 研究》. 보고사.

나찬연(2016). 《쉽게 읽는 월인석보 서─訓民正音·釋譜詳節 序·月印釋譜 序》. 경진. 13─73쪽.

영인본이 아니더라도 언해본 첫쪽을 인용할 경우 "류성기 2001. 『초등 국어지식 교육론』. 박이정. 14쪽"에서와 같이 이 계열의 영인본이 인용되고 있다.

또한 영인 출처와 방식을 아예 밝히지 않거나 다음처럼 정확한 출처를 안 밝히는 경우가 대부분이다.

> 1장(어제 서문)의 앞면은 원본의 끝 부분이 훼손되어 잘 보이지 않으므로 이를 복원한 것을 이용하였다.
> _ 이승희·이병기·이지영(2013/2018). 《국어사 자료 강독(개정판)》. 사회평론아카데미. 머리말.

지금까지의 영인본은 크게 세 가지 계열이 있다. 박승빈본 계열은 일제 강점기 논의에서 이루어진 것이므로 생략한다. 현대의 박승빈본 최근 영인본은 "글무리 편 1992. 《訓훈民민正졍音흠》. 솔터., 세종대왕기념사업회 편 2003. 《훈민정음》. 세종대왕기념사업회."등이 있다.

결국 영인본의 계열은 서강대본 1972을 기점으로 생각해 볼 필요가 있다. 다음은 희방사본 영인본을 사용한 논저 목록이다.

(1) 김민수(1957). 《注解 訓民正音》. 통문관.

국어학회 편(1971).《국어학자료 선집》Ⅱ. 일조각.

(2) 강신항(1974).《訓民正音》(문고본). 신구문화사.

박병채(1976).《(譯解) 訓民正音》(문고본). 박영사.

박기완 역(Bak. Giuan. 1989).《Esperantigita Hun Min Gong U에스페란토로 옮긴 훈민정음)》. 한글학회

이성구(1998).《訓民正音 硏究》. 애플기획.

박창원(2005).《훈민정음》. 신구문화사

반재원·허정윤(2007).《한글 창제 원리와 옛글자 살려 쓰기 : 한글 세계 공용화를 위한 선결 과제》. 역락

박종국(2007).《훈민정음 종합연구》. 세종학연구원.

(3) 세종대왕기념사업회 편(1996).《세종학 연구》11. 세종대왕기념사업회.

세종대왕기념사업회 편(2003).《훈민정음》. 세종대왕기념사업회.

(1)의 경우는 서강대본 발견 전이므로 희방사본을 사용한 것의 문제는 없다. 그러나 (2)의 경우는 서강대본 발견 후이므로 학술적인 목적을 밝히든가 (3)처럼 복수 영인본 차원에서만 영인해야 한다. 언해본 초간본이 발견된 이후에도 학술적 목적으로서가 아니라 관습적으로 희방사본을 영인본으로 사용하는 경우가 많다. (3)의 경우는 다음과 같이 해례본과 더불어 언해본의 주요 영인본을 모았다.

1. 서강대학본 : 서강대학교 도서관 소장본. 2. 박승빈본 : 고려대학교 도서관 소장본. 3. 희방사본 : 세종대왕기념사업회 소장본. 4. 일본 궁내성본 : 서울대학교 도서관 소장본._세종대왕기념사업회 편(2003).《훈민정음》. 세종대왕기념사업회.

교육적인 측면에서 좀 더 효율적인 방식은 김슬옹 2010/2011에서 처음 시도한 여러 영인을 입체적으로 보여주는 입체 영인본 방식이다. 이때는 흑백으로 처리해 아쉬움이 있었는데 김슬옹 2017/2018에서는 칼라로 영인했다.

이런 방식은 중요 영인본을 한 눈에 보게 하는 방식인데 이것이 여의치 않다면 여러 영인을 모

아 놓은 "세종대왕기념사업회 편2003 . 《훈민정음》. 세종대왕기념사업회."와 같은 방식을 적극 활용할 필요가 있다.

서강대본 영인의 경우도 서강대본 자체가 다음 세 가지 유형이 있고 영인본도 첫쪽을 어떻게 처리했느냐에 따라 다양한 영인본 계열이 존재한다.

〈표 11〉 서강대 언해본의 세 가지 유형

서강대 인문과학연구소 편(1972ㄱ).《월인석보(月印釋譜)》권1·2. 서강대학교.	손상된 첫쪽(정음1ㄱ) 그대로 영인한 것(흑백)		
서강대 인문과학연구소 편(1972ㄴ).《월인석보(月印釋譜)》권1·2. 서강대학교.	서강대 인문과학연구소 편(1972ㄱ) 첫쪽만 변개	임:겨지·라 (정음1ㄱ: 4)	희방사본을 잘못 변개. 원래 잘 보이는 거성글자 '·거'를 희방사본대로 상성(:겨)으로 하고 희방사본의 '·입'을 '·임'으로 오기
서강대 도서관 파일본(1972)	원본 천연색 그대로의 파일		

6. 현대어 번역론

언해본 전문을 번역하거나 역주한 논저를 발표순으로 보면 다음과 같다.

홍기문(1946), 《正音發達史》 상·하 합본, 서울신문사 출판국.

김민수(1957), 《注解 訓民正音》, 통문관, 69~89쪽.

박병채(1976). 『(역해) 훈민정음』. 박영사.

유창균(1977), 《訓民正音》(문고본), 형설출판사, 113~124쪽.

강신항(1987/2003), 《훈민정음연구(수정증보판)》, 성균관대학교출판부, 180~195쪽

박종국 역주(1992), 세종어제훈민정음, 《역주 월인석보 제1·2권》, 세종대왕기념사업회, 9~19쪽.

권재선(1988/1995), 《훈민정음 해석연구(깁고 고친판)》, 우골탑. 242~284쪽.

박창원(2005), 《훈민정음》, 신구문화사, 175-190쪽.

조규태(2007), 《번역하고 풀이한 훈민정음(수정판)》, 한국문화사, 61~83쪽.

박종국(2007), 《훈민정음 종합연구》, 세종학연구원, 196~235쪽.

나찬연(2016), 《쉽게 읽는 월인석보 서 −訓民正音·釋譜詳節 序·月印釋譜 序》, 경진, 13~73쪽.

이상규(2017), 《직서기언》, 경진, 107~128쪽.

홍기문1946에서는 전문 번역을 제시하지는 않았으나 최초로 체계적인 분석과 해설을 제시해 역주의 바탕을 제공했다. 언해본 전문 번역은 김민수1957에서 처음 이루어졌고 자세한 역주는 유창균1977, 강신항1987/2003, 박종국 역주1992, 박창원2005 등에서 이루어졌다. 역주와 번역을 함께 종합한 것은 권재선1988/1995, 조규태2007, 박종국 역주1992는 박종국 2007에 재수록되었다. 최근에는 나찬연2016, 이상규2017 등에서 번역과 역주가 종합되었다.

체계적인 번역을 위해서는 언해본의 구조에 따른 접근이 필요하다. 특히 언해 부분은 한

성치음만 제외하고는 해례본 번역에서 충분히 다룬 것이므로 핵심 쟁점만 소개한다.

주석은 제목포함 총 51개의 의미 단위 가운데 28개의 의미단위에 대해 두 줄 협주 방식으로 이루어졌다.

협주의 품사 분류에 대해서는 권재선 1988/1998, 안병희 1990: 21-33 11, 강신항 2003: 180, 이근열 2012 등에서 논의한 바 있다. 강신항 2003: 180, 주석 235에서는 "협주가 상당히 정밀한 체계속"에서 이루어진 것으로 보고 "대상의 품사적 성격이나 언해문에서의 쓰임에 따라 풀이의 방식이 다르기 때문"으로 보고 다음과 같이 유형을 정리한 바 있다.

체언: A는 B이라.

용언: A는 B홈이라.

부사: A는 B호논 뜨디라.

조사: A는 입겨지라/-하는 겨체 쓰는 字ㅣ라.

위와 같은 분류는 대체로 맞지만 일부 다른 측면도 있으므로 좀 더 세밀하게 나누고 분석해보기로 한다. 품사 기준이 아닌 협주 방식대로 하면 6가지 형식이 있는 셈이다. 이중 설명 방식은 해례본 정음편 언해에 나중에 추가된 부분이므로 이를 제외하면 다섯 가지 형식으로 이루어졌다.

여기서의 쟁점은 '입겿' 또는 '겿'을 어떻게 현대어로 옮길 것인가이며 언해본처럼 '입겿'과 '겿'을 구별해 번역할 것인가이다. 그동안은 둘다 '토'나 '구결'이라고 번역해 왔다. 옛말인 '입겿'을 그대로 사용하는 것은 옳지 않다. 그렇다고 '토'로 번역하면 "한문의 구절 끝에 붙여 읽는 우리말 부분_표준국어대사전"과 혼동을 일으키므로 적절하지 않다.

---

11   재수록1: 안병희(1992: 196-207), 재수록2 : 안병희(2007: 91-105)

<표 12> 언해본 주석 방식 유형

갈래	용례	개수
입겿	之징, 而싱, 矣·읭	3
겨체 ·쓰는 字·쯩	與·영 乎뽕 於엉 下:빵	4
뜻	不·붏 相샹 情쪙 予영 耳:잉 復·뽛 同똥 凡뻠 必·빓	9
씨	製·졩, 訓·훈, 異·잉, 愚·웅, 有·울, 欲·욕, 得·득, 多당, 伸신, 言언, 習·씹, 便뼌, 用·용, 如셩, 爲·윙, 易·잉, 連련, 輕켱, 合·뺩, 附·뽕, 成쎵, 加강, 無뭉, 別·볋,	24 (낱글자)
	流룷通통, 憫:민然션, 並·뼝書셩, 促·쵹急·급	4(낱말)
-(이)라	民민, 音흠, 語·엉, 國·귁, 文문, 故·공, 所:송, 終즁, 其끵, 者:쟝, 此:충, 新·신, 制·졩, 使:송, 人신 日·싫, 舌·쎯, 唇쓘, 齒:칭, 喉؟, 中듕, 右·울, 左:장, 一·힗, 二·싱, 頭뚷, 御·엉製·졩, 訓·훈民민正·졍音흠, 中듕國·귁, 皇뢍帝·뎽, 皇뢍帝·뎽, 二·싱十·씹八·밣, 初총發·벓聲셩, 去·컹聲셩, 上:썅聲셩, 平뼝聲셩, 入·십聲셩, 漢·한音흠,	
설명	·이 소·리·는 ·우·리나·랏 소·리예·셔 두터·브·니 ·혓 ·그·티 아·랫·닛므유메 다·쏘·니·라 ·이 소·리·는 ·우·리나·랏 소·리예·셔 열·브·니 ·혓 ·그·티 옷 ·닛머·리·예 다쏘·니·라_	2

<표 13> 주석의 '입겿'으로 풀이한 글자 모음

원문	번역
之징·는 ·입·겨지·라_[정음1ㄱ: 4]	'之(지)'는 어조사다.
而싱·는 ·입·겨지·라_[정음2ㄱ: 6]	'而(이)'는 어조사다.
矣·읭·는 :말 뭇는 ·입·겨지·라_[정음2ㄱ: 6-2ㄴ:1]	'의(矣)'는 말을 마치는 어조사다.

<표 14> 주석의 '겿'으로 풀이한 글자 모음

원문	번역
乎뽕·는 :아·모그에 ·호논 ·겨체 ·쓰는 字·쯩ㅣ·라_[정음1ㄱ: 6-7]	' '乎(호)'는 '어떠한 곳에' 하는 어조사에 사용하는 글자다.
與·영·는 ·이·와 ·뎌·와 ·호논 ·겨체 ·쓰논 字·쯩ㅣ·라_[정음1ㄴ: 4]	'與(여)'는 '이것과 저것과'라고 하는 어조사에 사용하는 글자다.
於엉·는 :아·모그에 ·호논 ·겨체 ·쓰는 字·쯩ㅣ·라_[정음3ㄱ: 6]	'於(어)'는 '어떠한 곳에' 하는 어조사에 사용하는 글자다.
則·즉·은 :아·무리 ·호·면 ·호논 ·겨체 ·쓰논 字·쯩ㅣ·라 _[정음12ㄱ: 1]	'則·(즉)'은 '아무리 하면' 하는 어조사에 사용하는 글자다.

之語音이

　곧 '-이'가 일반적으로 토인데 '之'도 토라고 하면 구별이 안 되는 문제가 있다. 곧 한
문 구조 안에서의 토를 가리키므로 한문법 테두리에서 부르는 것이 옳으므로 어조사라
고 번역하기로 한다. 심경호 2007.《한학입문》. 황소자리. 127쪽에 의하면 '구결'은 불경
의 원문을 이해하기 쉽게 구두의 부분에 어조사를 사용한 데서 구결이라는 용어가 생겼
다고 한다.

　그렇다면 언해본에서는 어떻게 '입겿'과 '겿'을 구분했느냐이다. '입겿'과 '겿'의 차이에 대
해서는 박지홍 1981: 491에서 다음과 같이 구별한 바 있다.

[그림 2] 토씨 갈래 (박지홍, 1981: 491)

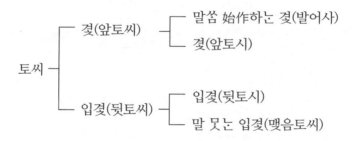

　'토씨'는 보통 '어조사'라 하는 것으로 앞토씨는 전치사, 윗토씨는 후치사라고 한다. 모두
어조사로 묶을 수 있는 것인데 차이를 둔 맥락을 쓰임새로만 본다면 '입겿'은 허사로서의 성
격이 강해 실질 의미로 보면 생략해도 되는 어조사들이고 '겿'이 붙은 어조사는 실사와 비슷
한 의미 기능이 강한 한자들이다. 그렇다고 '전치사'와 '후치사'와 같이 구별하는 것이 문맥
전달에 도움을 주는 것은 아니므로 모두 '어조사'로 번역하기로 한다.

〈표 15〉 주석 '-ᄒᆞ논 ᄠᅳᆮ' 유형으로 풀이한 글자 모음

원문	번역
不·붏·은 아·니 ·ᄒᆞ논 ·ᄠᅳ디·라 [정음1ㄴ: 4–5]	'不(불)'은 '아니' 하는 뜻이다.
相샹·은 서르 ·ᄒᆞ논 ·ᄠᅳ디·라 [정음1ㄴ: 5]	'相(상)'은 '서로' 하는 뜻이다.
予영·는 ·내 ·ᄒᆞᆸ·시논 ·ᄠᅳ·디시·니·라 [정음2ㄴ: 4–5]	'子(여)'는 '내' 하시는 뜻이다.
耳:ᅀᅵᆼ·ᄂᆞᆫ ᄰᅮ르·미·라 ·ᄒᆞ논 ·ᄠᅳ디·라 [정음3ㄱ: 6–7]	'耳(이)'는 '따름이다' 하는 뜻이다.
復뿔·는 다·시 ·ᄒᆞ논 ·ᄠᅳ디·라 [정음11ㄴ: 3]	'부(後)'는 '다시' 하는 뜻이다.
同똥·은 ᄒᆞᆫ가·지·라 ·ᄒᆞ논 ·ᄠᅳ디·라 [정음12ㄱ: 7]	'同(동)'은 '한가지다' 하는 뜻이다.
凡뺨·은 믈읫 ·ᄒᆞ논 ·ᄠᅳ디·라 [정음13ㄱ: 5]	'凡(범)'은 '무릇' 하는 뜻이다.
必·빓·은 모·로·매 ·ᄒᆞ논 ·ᄠᅳ디·라 [정음13ㄱ: 5]	'必(필)'은 '모름지기' 하는 뜻이다.

원문에서는 대상말과 풀이말에 부호가 없지만 따옴표로 묶어 가독성을 높이는 방식이 좋을 것이다. 한자를 풀이하는 것이므로 번역 대상말에서도 한자를 앞세우고 현대음은 괄호에 넣는다. 현대어에서는 '–라고 하는 뜻이다'는 식으로 '–라고–'를 넣으면 더 자연스럽지만 풀이말을 따옴표로 묶으면 '–라고'를 안 붙여 원문의 구조를 그대로 살릴 수 있다.

여기서 제일 문제 되는 것은 "予영·는 ·내 ·ᄒᆞᆸ·시논 ·ᄠᅳ·디시·니·라" 표현이다. '子'가 임금세종을 가리키다 보니 '·ᄒᆞᆸ·시논'과 '·ᄠᅳ·디시·니·라' 각각 주체 높임 선어말 어미 '–시–'가 들어갔다. 문제는 '–ᄉᆞᆸ시–'를 극존칭으로 볼 것인가 '–ᄉᆞᆸ–'을 객체높임으로 볼 것인가가 맞서있다. 극존칭으로 본 이는 강신항1974, 박창원2005 등 이고 객체높임으로 본 이는 조규태2007, 나찬연2016 등이다. 극존칭이든 객체높임이듯 임금을 높이기 위한 것이므로 번역에 영향을 미치지는 못한다.

목적어나 부사어에 등장하는 대상을 높이는 객체 높임 선어말어미 'ᄉᆞᆸ'이 들어간 것은 임금을 대상화하여 극존칭으로 높이기 위한 표현이다. 따라서 조규태2007: 63, 주석 85에서 생략된 표현을 살려 "님금겨옵셔 ᄌᆞ갸롤 내 ᄒᆞᆸ시논 ᄠᅳ디라.임금께서 자기 자신을 '내'라고 하시는 뜻이다.'라고 분석한 것이 적절하다.

<표 16> 주석 '-라' 유형으로 풀이한 낱글자 모음

원문	번역
語·영·는 :말·ᄊᆞ미·라_[정음1ㄱ: 4]	'語(어)'는 말이다.
國·귁·온 나·라히·라_[정음1ㄱ: 4]	'國(국)'은 나라다.
文문·은 ·글·와리·라_[정음1ㄴ: 4]	'文(문)'은 글월이다.
故·공·는 젼·ᄎᆞ·라_[정음2ㄱ: 1]	'故(고)'는 까닭이다.
所·송·는 ·배·라_[정음2ㄱ: 1]	'所(소)'는 'ㅡ바'이다.
終즁·은 ᄆᆞ·ᄎᆞ미·라_[정음2ㄱ: 6]	'終(종)'은 마침이다.
其끵·는 :제·라_[정음2ㄱ: 7]	'其(기)'는 저다.
情쪙·은 ᄠᅳ디·라_[정음2ㄱ: 7]	'情(정)'은 뜻이다.
者:쟝·는 노미·라_[정음2ㄱ: 7]	'者(자)'는 사람이다.
此:ᄎᆞ·는 ·이·라_[정음2ㄴ: 5]	'此(차)'는 '이'다.
新·온 ·새·라 _[정음2ㄴ: 7–3ㄱ: 1]	'신(新)'은 새것이다.
使·ᄉᆞ·는 :히·여 ·ᄒᆞ논 :마리·라 _[정음3ㄱ: 4–5]	'使(사)'는 '하여금'이라고 하는 말이다.
人ᅀᅵᆫ·온 :사·ᄅᆞ미·라_[정음3ㄱ: 5]	'人(인)'은 사람이다.
日ᅀᅵᇙ·온 ·나리·라_[정음3ㄱ: 6]	'日(일)'은 날이다.
舌·쎯·은 ·혜·라_[정음4ㄴ: 7]	'舌(설)'은 혀다.
唇쓘·은 입시·우리·라_[정음5ㄴ: 7]	'唇(순)'은 입술이다.
齒:칭·는 ·니·라_[정음6ㄴ: 7]	'齒(치)'는 이다.
喉ᅘᅮᇢ·는 모·기·라_[정음8ㄱ: 1]	'候(후)'는 목구멍이다.
中듕·은 가·온·ᄃᆡ·라_[정음9ㄴ: 2]	'中(중)'은 가운데다.
下:ᅘᅡᆼ·는 아·래·라_[정음12ㄱ: 1]	'下(하)'는 아래다.
右:ᅌᅮ·는 ·올훈 녀·기·라_[정음13ㄱ: 1]	'右(우)'는 오른쪽이다.
左:장·는 :왼녀·기·라_[정음13ㄴ: 2]	'左(좌)'는 왼쪽이다.
一ᅙᅵᇙ·은 ᄒᆞ나·히·라_[정음13ㄴ: 2]	'一(일)'은 하나다.
二·ᅀᅵᆼ·는 :둘히·라_[정음13ㄴ: 6]	'二(이)'는 둘이다.
頭뚷·는 머·리·라_[정음14ㄴ: 3–4]	'頭(두)'는 머리다.

〈표 17〉 주석 '-라' 유형으로 풀이한 낱말 모음

원문	번역
御·엉製·졩·는 :님·금 :지스·샨 ·그·리·라_[정음1ㄱ: 2]	'御製(어제)'는 임금께서 지으신 글이다.
訓·훈民민正·졍音음·은 百·빅姓·셩 ㄱ로·치시·논 正·졍ㅎ 소·리·라_[정음1ㄱ: 3]	'훈민정음'은 백성 가르치시는 바른 소리다.
中듕國·귁·은 皇勢帝·뎽 :겨신 나·라히·니 ·우·리나·랏 常쌍談땀·애 江강南남·이·라 ·ㅎ·ᄂ·니·라_[정음1ㄱ: 7]	'中國(중국)'은 황제 계신 나라이니, 우리나라 일상말에 강남(江南: 양쯔강 남쪽)이라고 한다.
二·싱十·씹八·밣·은 ·스·믈여·듧비·라_[정음2ㄴ: 7–3ㄱ: 1]	'二十八(이십팔)'은 스물여덟이다.
初총發벓聲셩·은 ·처엄 ·펴·아 ·나는 소·리·라_[정음3ㄴ: 6]	'初發聲(초발성)'은 처음 펴 나는 소리다.
去·켱聲셩·은 ·뭇노·픈 소·리·라_[정음13ㄴ: 2–3]	'去聲(거성)'은 가장 높은 소리다.
上·썅聲셩·은 ·처서·미 ·놋:갑고 乃:냉終즁·이 노·픈 소·리·라_[정음13ㄴ: 6–7]	'上聲(상성)'은 처음이 낮고 나중이 높은 소리다.
平뼝聲셩·은 ·뭇 ·놋가·ᄫᆞᆫ 소·리·라_[정음14ㄱ: 2–3]	'平聲(평성)'은 가장 낮은 소리다.
入·십聲셩·은 ·썰·리굿돋는소·리라_[정음14ㄱ: 6]	'入聲(입성)'은 빨리 끊어지는 소리다.
漢·한音음·은 中듕國·귁 소·리·라_[정음14ㄴ: 3]	'漢音(한음)'은 중국 소리다.

〈표 18〉 주석 '-씨' 유형으로 풀이한 낱글자 모음

원문	번역
製·졩·는 글 지·슬 ·씨·니_[정음1ㄱ: 2]	'製(제)'는 글을 짓는 것이니,
訓·훈·은 ㄱ로·칠 ·씨·오_[정음1ㄱ: 2]	'訓(훈)'은 가르치는 것이요,
異·잉·는 다롤 ·씨·라_[정음1ㄱ: 6]	'異(이)'는 다르다는 것이다.
愚응·는 어·릴 ·씨·라_[정음2ㄱ: 1]	'愚(우)'는 어리석다는 것이다.
有·울·는 이실 ·씨·라_[정음2ㄱ: 1]	'有(유)'는 있다는 것이다.
欲·욕·은 ㅎ·고·져 홀 ·씨·라_[정음2ㄱ:1–2]	'욕(欲)'은 하고자 한다는 것이다.
得·득·은 시·를 ·씨·라_[정음2ㄱ: 6–7]	'得(득)'은 얻는다는 것이다.
多당·는 할 ·씨·라_[정음2ㄱ: 7]	'多(다)'는 많다는 것이다.
伸신·은 펼 ·씨·라_[정음2ㄱ: 7]	'伸(신)'은 편다는 것이다.
言언·은 니를 ·씨·라_[정음2ㄴ: 1–2]	'言(언)'은 말한다는 것이다.

원문	번역
制·졩·논 밍·ㄱ·ㄹ실 ·씨·라 [정음3ㄱ: 1]	'制(제)'는 만드신다는 것이다.
易·잉·논 :쉬블 ·씨·라 [정음3ㄱ: 4-7]	'易(이)'는 쉽다는 것이다.
習·씹·온 니·길 ·씨·라 [정음3ㄱ: 5]	'習(습)'은 익힌다는 것이다.
便·뼌·은 便安한홀 ·씨·라 [정음3ㄱ: 5-6]	'便(편)'은 편안하다는 것이다.
用·용·은 ·쁠 ·씨·라 [정음3ㄱ: 6]	'用(용)'은 사용한다는 것이다.
如셩·는 ·ㄱ툴 ·씨·라 [정음3ㄴ: 6]	'如(여)'는 같다는 것이다.
爲윙·논 두욀 ·씨·라 [정음12ㄱ: 1-2]	'爲(위)'는 되는 것이다.
連련·은 니·슬 ·씨·라 [정음11ㄴ: 7-12ㄱ: 1]	'連(연)'은 잇는다는 것이다.
輕켱·은 가·비야·볼 ·씨·라 [정음12ㄱ: 2]	'輕(경)'은 가벼운 것이다.
合·햡·온 어·울·씨·라 [정음12ㄱ: 6-7]	'合(합)'은 어울리는 것이다.
附·뿡·는 브·틀 ·씨·라 [정음12ㄴ: 4]	'附(부)'는 붙는다는 것이다.
成쎵·은 :일·씨·라 [정음13ㄱ: 5]	'成(성)'은 이루어진다는 것이다.
加강·논 더을 ·씨·라 [정음13ㄴ: 2]	'加(가)'는 더하는 것이다.
無뭉·는 :업슬 ·씨·라 [정음14ㄱ: 2]	'無(무)'는 없다는 것이다.
別·볋·은 굴·힐 ·씨·라 [정음14ㄴ: 4-5]	'別(별)'은 구별하는 것이다.

〈표 19〉 주석 '-씨' 유형으로 풀이한 낱말 모음

원문	번역
流륳通통·은 흘·러 수모·촐 ·씨·라 [정음1ㄴ: 5]	'流通(유통)'은 흘러 통한다는 것이다.
憫:민然션·은 :어엿·비 너·기실 ·씨·라 [정음2ㄴ: 5]	'憫然(민연)'은 가엾게 여기신다는 것이다.
並·뼝書셩·는 굴·바 ·쓸 ·씨·라 [정음3ㄴ: 6-7]	'並書(병서)'는 나란히 쓴다는 것이다.
促·쵹急·급·은 섈롤 ·씨·라 [정음14ㄱ: 6]	'促急(촉급)'은 빠르다는 것이다.

'-ㄹ씨라'는 일반 관례대로 'ㅅ 의존명사+이 서술격조사+라 종결어미'로 분석되며, '것이다'로 번역할 수 있다.

이러한 유형 분석을 바탕으로 한 종합 번역은 부록 판독문과 번역문으로 갈음한다.

7. 맺음말

이상 논의에서 정리한 내용을 간추려 보면 다음과 같다.

1 언해본의 세겹 짜임새에 따른 명칭 부여가 중요한데 각각 음토부, 주석부, 언해부'하고 줄여서 '음토, 주석, 언해'라고 부를 수 있다.

2 언해본의 글자 수를 쪽별로 최초로 밝혔으며 김광해1987, 1989에서 밝힌 언해본의 어제 서문만의 글자 수가 108자는 것은 해례본의 정음편에서 단순 한자 수 108자가 뿌리다.

3 세종 때 존재했을 것으로 추정되는 언해본의 최초 논의는 홍기문1940이며, 월인석보 권 두본, 희방사 복각본의 의미는 세종이 불교를 통해 훈민정음을 보급하려는 문자 정책의 의도와 성공을 보여준다.

4 언해본의 재구정본이 나오기까지 결정적인 역할을 한 정우영2000, 2005과 국어사학회/ 문화재청2007의 업적은 복원 그 자체도 중요하지만 훈민정음 보급의 초기 역사를 복원 한 더 큰 의미와 가치가 있다.

5 일제강점기 때 언해본 연구와 영인본 역사에서 권덕규1923의 업적과 역할이 더 조명되 어야 한다. 또한 해례본이 1940년에 발견되기 전까지의 원본을 둘러싼 논쟁은 해례본 과 언해본이 조선 시대 때 희귀본이 된 것과 비주류 공식 문자로서의 훈민정음이 갖고 있는 역사의 실체적 진실을 반영하고 있다.

6 희방사 복각본1586이 월인석보 권두본과 다른 것은 모두 38개로 이중 사성점이 25군데 한글이 13군데이다. 명백한 오각 실수도 있지만 이런 실수가 희방사본의 가치를 내려깎 을 수 없을 만큼 역사적, 국어사적 가치는 아주 크다. 지방의 작은 사찰에서 임진왜란을 4년 앞두고 해낸 언해본 복각 사업은 희귀본으로 꺼져 가던 해례본과 언해본의 불씨를 다시 살려낸 의미가 있다.

7 영인본의 역사에서는 김영배2000: 167에서 지적한 문제가 개선되지 않고 있으며 여기서 지적한 '지스신' 본은 한국고전총서간행위원회 편1973.《訓民正音》. 대제각."에서 비롯

된 것으로 최근까지도 재생산되고 있다. 이와 더불어 출처 없이 관습적으로 영인되는 문제를 짚었다. 또한 서강대본1972 자체가 첫장 변개가 이루어져 다양한 이본을 양산해 왔다.

부록

서강대본 판독문과 번역

[부록] 훈민정음 언해본 판독문과 번역

《훈민정음》 언해본이 단독으로 간행된 책은 발견되지 않았다. 세조 5년 1459에 나온 《월인석보》 앞머리에 실린 '월인석보권두본'이 유일하다. 서강대 소장 '월인석보권두본'은 1972년에 영인, 출판되었다. 국어사학회와 문화재청은 2007년에 현존 가장 오래된 언해본보다 앞서 제작된 최초의 언해본을 상정하여 재구再構한 원본인 '재구 정본'을 만들었다.

세조 때 나온 언해본 원본은 권두서명이 "世·솅宗종御·엉製·졩訓·훈民민正·졍音흠"이고, 재구한 정본定本은 세종 때이므로, "訓·훈民민正·졍音흠"이다. 세조 때 언해본은 세종 때 언해본 가운데 맨앞 장인 '정음ㄱ'이 변개된 셈이다. 세조 때 언해본이 세종 때 언해본을 변개했다는 결정적인 증거는 바로 맨 뒤 권미제 제목이다. 권미제는 세조 때 나온 언해본도 "訓·훈民민正·졍音흠"이기 때문이다.

이번 언해본 복간본은 세종 때 나왔을 것으로 추정되는 재구 정본으로 제작하였다. 언해본이 세조 때 나왔다는 일반적인 오해를 바로잡기 위해서이다. 문화재청국어사학회 2007 재구 정본은 원본서강대 소장본 반곽 크기정음1ㄱ 기준: 바깥22.3cm×18cm, 안21.6cm×17.1cm의 약 63퍼센트바깥13.8cm×11.3cm, 안13.4cm×11cm로 제시하였는데 이번 복간본은 훈민정음 해례본 간송본 크기와 외형을 같게 하였으므로 원본 크기의 반곽 기준정음1ㄱ기준: 바깥20.7cm×16.8cm, 안20.3cm×16.4cm 약 94퍼센트로 제작하였다.

판독문과 번역문은 월인석보 권두본서강대 소장의 문화재청 복원본 2007을 바탕으로 제시하였다.

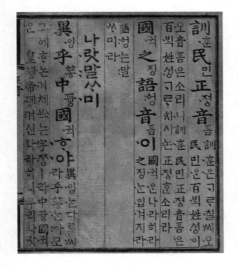

世·솅宗종御·엉製·졩訓·훈民민正·졍音ᅙᅳᆷ

製·졩ᄂᆞᆫ글지·ᅀᅥ시니·니御·엉製·졩ᄂᆞᆫ님금지·ᅀᅵ샨
·그리·라訓·훈·ᄋᆞᆫ·ᄀᆞᄅᆞ·칠·씨·오民민·ᄋᆞᆫ百·빅姓·셩
이·오音ᅙᅳᆷ·ᄋᆞᆫ소·리·니訓·훈民민正·졍音ᅙᅳᆷ
·ᄋᆞᆫ百·빅姓·셩ᄀᆞᄅᆞ·치·시논正·졍흔소·리·라

國·귁之징語:ᅌᅥ音ᅙᅳᆷ·이國·귁·ᄋᆞᆫ나·라히·라之징·ᄂᆞᆫ·입
:겨지·라語:ᅌᅥ·ᄂᆞᆫ:말ᄊᆞ미·라

나·랏:말ᄊᆞ·미
異·잉乎ᅘᅩ中듕國·귁·ᄒᆞ·야

異·잉·ᄂᆞᆫ다ᄅᆞᆯ·씨
·라乎ᅘᅩ·ᄂᆞᆫ아·모
그·ᅌᅦ·ᄒᆞ논겨·체쓰·ᄂᆞᆫ字·ᄍᆞ ᅵ·라中듕國·귁
·ᄋᆞᆫ皇ᅘᅪᆼ帝·뎽겨·신나·라히·니우·리나·랏

정음 1ㄱ

판독문

● 世·솅宗香御·엉製·졩訓·훈民민正·졍音흠

★ 製·졩·눈 ·글 지·슬 ·씨·니 御·엉製·졩 ·눈 :님·금 :지스·샨
·그리·라 訓·훈 ·은 ㄱ르·칠 ·씨·오 民민·은 百·빅姓·셩 ·이·오
音흠·은 소·리·니 訓·훈民민正·졍音흠·은 百·빅姓·셩 ㄱ르·치시·논
正·졍훈 소·리·라

● 國·귁之징語·엉音흠·이

★ 國·귁·은 나·라히·라 之징·눈 ·입·겨지·라 語·엉·는 :말·쓰미·라

→ 나·랏 :말쓰·미

● 異·잉乎홍中듕國·귁·호·야

★ 異·잉·눈 다룰 ·씨·라 乎홍·눈 :아·모그에 ·호논 ·겨체 ·쓰는
字·쫑ㅣ·라 中듕國·귁·은 皇蚃帝·뎽 :겨신 나·라히·니 ·우·리나·랏

번역문

● 世宗御製訓民正音
　세 종 어 제 훈 민 정 음

★ '製(제)'는 글을 짓는 것이니, '御製(어제)'는 임금께서 지으신
글이다. '訓(훈)'은 가르치는 것이요, '民(민)'은 백성이요, '音(음)'은
소리니, '훈민정음'은 백성 가르치시는 바른 소리다.

● 國之語音이
　국 지 어 음

★ '國(국)'은 나라다. '之(지)'는 어조사다. '語(어)'는 말이다.

→ 우리나라 말이

異乎中國하여
이 호 중 국

★ '異(이)'는 다르다는 것이다. '乎(호)'는 '어떠한 곳에' 하는 어조사에
사용하는 글자다. '中國(중국)'은 황제 계신 나라니, 우리나라

常쌍談땀애江강南남이라ᄒᆞᄂᆞ니라

中듕國귁에달아

與영文문字ᄍᆞ로不붏相샹流륭通통ᄒᆞᆯ

씨與영는이와뎌와ᄒᆞᄂᆞᆫ겨체ᄡᅳᄂᆞᆫ字ᄍᆞ

씨라文문은글와리라不붏은아니ᄒᆞ

논ᄠᅳ디라相샹ᄋᆞᆫ서르ᄒᆞᄂᆞᆫᄠᅳ디

라流륭通통ᄋᆞᆫ흘러ᄉᆞᄆᆞᆺ출씨라

文문字ᄍᆞ와로서르ᄉᆞᄆᆞᆺ디아니ᄒᆞᆯ쌔

故공로愚ᅌᅮ民민이有ᅌᅱᆼ所송欲욕言언

정음 1ㄴ

판독문

常쌍談땀 ·애 江강南남 ·이 ·라 ·ᄒ ·ᄂ니 ·라

→ 中듕國 ·귁 ·에 달 ·아

● 與 :영文문字 ·ᄍ ·로 不 ·붏相샹流률通통홀 ·씨

★ 與 :영 ·는 ·이 ·와 ·뎌 ·와 ·ᄒ논 ·겨체 ·쓰ᄂ 字 ·ᄍ ㅣ ·라 文문 ·은 ·글 ·와리 ·라 不 ·붏 ·은아 ·니 ·ᄒ논 ·ᄠ디 ·라 相샹 ·온 서르 ·ᄒ논 ·ᄠ디 ·라 流률通통 ·온 흘 ·러 ᄉ뭇 ·츌 ·씨 ·라

→ 文문字 ·ᄍ ·와 ·로 서르 ᄉ뭇 ·디 아 ·니홀 ·씨

● 故 ·공 ·로 愚웅民민 ·이 有 :ᅌᅮᆯ所 :송欲 ·욕言언

번역문

보통말로 강남(江南: 양쯔강 남쪽)이라 한다.

→ 중국말과 달라

● 與文字不相流通하므로
　여 문 자 불 상 류 통

★ '與(여)'는 '이것과 저것과'라고 하는 어조사에 사용하는 글자다. '文(문)'은 글월이다. '不(불)'은 '아니' 하는 뜻이다. '相(상)'은 서로라고 하는 뜻이다. '流通(유통)'은 흘러 통한다는 것이다.

→ 한자와 서로 잘 통하지 않으므로

● 故愚民有所欲言
　고 우 민 유 소 욕 언

정음 2ㄱ

판독문

·ᄒᆞ야 ·도

★ 故·공·ᄂᆞᆫ 젼·치 ·라 愚ᅌᅮ·ᄂᆞᆫ어·릴 ·씨 ·라 有·ᅌᅮᇦ·ᄂᆞᆫ이실 ·씨 ·라
所·송·ᄂᆞᆫ ·배 ·라 欲·ᅭᆨ·ᄋᆞᆫ ᄒᆞ·고 ·져 홀 ·씨 ·라 言언·ᄋᆞᆫ 니를
·씨 ·라

→ ·이런 젼 ·ᄎᆞ ·로어 ·린 百·ᄇᆡᆨ姓·셩 ·이 니르·고 ·져 ·홇 ·배
이 ·셔 ·도

● 而ᅀᅵᆼ終즁不·ᄫᅮᆶ得·득伸신其끵情쪙者:쟝] 多당矣:ᅌᅴᆼ ·라

★ 而ᅀᅵᆼ ·ᄂᆞᆫ ·입 ·겨지 ·라 終즁·ᄋᆞᆫ 무 ·ᄎᆞ미 ·라 得·득 ·ᄋᆞᆫ시 ·를
·씨 ·라 伸신 ·ᄋᆞᆫ 펼 ·씨 ·라 其끵 ·ᄂᆞᆫ :제 ·라 情쪙 ·ᄋᆞᆫ ·ᄠᅳ디 ·라
者:쟝 ·ᄂᆞᆫ ·노미 ·라 多당 ·ᄂᆞᆫ 할 ·씨 ·라 矣:ᅌᅴᆼ

번역문

하여도

★ '故(고)'는 까닭이다. '愚(우)'는 어리석다는 것이다. '有(유)'는 있다는
것이다. '所(소)'는 '-바'다. '欲(욕)'은 하고자 한다는 것이다. '言(언)'은
말한다는 것이다.

→ 이런 까닭으로 어리석은 백성이 말하고자 하는 바가 있어도

而終不得伸其情者] 多矣라.
이 종 부 득 신 기 정 자   다 의

'而(이)'는 어조사다. '終(종)'은 마침이다. '得(득)'은 얻는다는 것이다.
'伸(신)'은 편다는 것이다. '其(기)'는 저다. '情(정)'은 뜻이다. '者(자)'는
사람이다. '多(다)'는 많다는 것이다. '의(矣)'

·는 말ᄊ·ᄆ·는
입·겨지·라

ᄆᆞᄎᆞᆷ:내 제 ·ᄠ·들 시·러 펴·디 :몯ᄒᆞᆯ ·노·미 하

·니·라

予ㅣ 為·윙 此·ᄎᆞᆼ 憫·민 然·션 ᄒᆞ·야 予영·는

·니·는 ·ᄠ·디시·니·라 此·ᄎᆞᆼ·는 이·라 憫·민

憫·민 然·션·은 :어엿·비 너·기실·씨·라

내·이·ᄅᆞᆯ 為·윙ᄒᆞ·야 어엿·비 너·겨

新신 制·졩 二·ᅀᅵᆼ 十·씹 八·밣 字·ᄍᆞᆼ ᄒᆞ·노·니 新신

정음 2ㄴ

훈민정음 해례본과 언해본의 탄생과 역사

판독문

·는 :말 못논 ·입 ·겨지 ·라
→ 무 ·춤:내 제 ·뜨·들 시 ·러 펴 ·디 :몯홇 ·노 ·미 하 ·니 ·라

● 予영ㅣ 爲 ·윙此:충憫:민然션 ·ᄒᆞ ·야
★ 予영 ·는 ·내 ·ᄒᆞᆸ ·시논 ·뜨 ·디시 ·니 ·라 此:충 ·눈 ·이 ·라
　憫:민然션 ·은 :어엿 ·비 너 ·기실 ·씨 ·라
→ ·내 ·이 ·룰 爲 ·윙 ·ᄒᆞ ·야 :어엿 ·비 너 ·겨
● 新신制 ·졩二 ·싱十 ·씹八 ·밣字 ·쭝 ·ᄒᆞ노 ·니
★ 新신

번역문

는 말을 마치는 어조사다.
→ 끝내 제 뜻을 능히 펴지 못할 사람이 많다.

● 予ㅣ 爲此憫然하여
　여　　위 차 민 연

★ '予(여)'는 '내'하시는 뜻이다. '此(차)'는 '이'다. '憫然(민연)'은 가엾게
　여긴다는 것이다.
→ 내가 이를 위하여 가엾게 여겨

● 新制二十八字하나니
　신 제 이 십 팔 자

★ 新(신)

·온 새·라 制·졍·ᄒᆞ·ᄂᆞᆫ 밍·ᄀᆞ·ᄅᆞ·실·ᄊᆞ·라·ᄂᆞ

·ᅌᅵᆼ 十·씹 八·밣·온 ·ᄊᆞ·를·여·듧·비·라

새·로·스·믈·여·듧 字·ᄍᆞ·ᄅᆞᆯ 밍·ᄀᆞ노·니

欲·욕 使·ᄉᆞᆼ 人·ᅀᅵᆫ·ᄋᆞ·로 易·잉 ᄒᆞᆸ·씹·ᄒᆞ·야

便·뼌 於·헝 日·ᅀᅵᇙ 用·용 耳·ᅀᅵᆼ·니·라

·리·라 人·ᅀᅵᆫ·ᄋᆞᆫ 사·ᄅᆞᆷ·미·라 易·잉·ᄂᆞᆫ·쉬·ᄫᅳᆯ·씨·라

ᄒᆞᆸ·씹·은·니·길·씨·라 便·뼌·은 便·뼌 安·한ᄒᆞᆯ·씨·라

·라 於·헝·는 아·모·그·에·ᄒᆞ·ᄂᆞᆫ 겨·체·ᄡᅳ·ᄂᆞᆫ 字·ᄍᆞ

ㅣ·라 日·ᅀᅵᇙ·은 나·리·라 用·용·은 ·ᄡᅳᆯ·씨·라 耳·ᅀᅵᆼ

·ᄒᆞ·ᄂᆞᆫ ·ᄹᅳ·미·라

정음 3ㄱ

판독문

·은 ·새 ·라 制·졩 ·눈 밍·ㄱ·르실 ·씨 ·라 二·싱十·씹八·밣·은
·스 ·믈여 ·들비 ·라

→ ·새 ·로 ·스 ·믈여 ·듧 字·쫑·룰 밍·ㄱ노 ·니_

● 欲·욕使·송人·신人·신 ·으 ·로 易·잉習·씹 ·호 ·야
便·뼌於·헝日·싫用 ·용耳·싱니 ·라
★ 使·송 ·눈 :히 ·여ㅁ ·호논 :마리 ·라 人·신 ·은 ·사 ·루미 ·라 易·잉 ·눈
:쉬를 ·씨 ·라 習·씹 ·은 니 ·길 ·씨 ·라 便·뼌 ·은 便·뼌安한홀 ·씨 ·라
於·헝 ·는 :아 ·모그에 ·호논 ·겨체 ·쓰는 字·쫑 ㅣ ·라 日·싫 ·은
·나리 ·라 用·용 ·은 ·쁠 ·씨 ·라 耳·싱 ·눈 ᄯᆞ르 ·미 ·라 ·호논
·ᄠᅳ디 ·라

번역문

은 새것이다. '制(제)'는 만드신다는 것이다. '二十八(이십팔)'은 스물
여덟이다.

→ 새로 스물여덟 글자를 만드니,

● 欲使人人으로 易習하여 便於日用耳니라.
　欲사인인　　　이습　　　편어일용이

★ '使(사)'는 '하여금'이라고 하는 말이다. '人(인)'은 사람이다. '易(이)'는
쉽다는 것이다. '習(습)'은 익힌다는 것이다. '便(편)'은 편안하다는 것이다.
'於(어)'는 '어떠한 곳에' 하는 어조사에 사용하는 글자다. '日(일)'은
날이다. '用(용)'은 사용한다는 것이다. '耳(이)'는 '따름이다' 하는 뜻이다.

·사룸·마·다:ᄒᆡ·ᅇᅧ:수·ᄫᅵ니·겨·날·로·ᄡᅮ·메便
뼌安한·킈·ᄒᆞ·고·져홇··ᄯᆞᄅᆞ·미니·라
ㄱ·ᄂᆞᆫ牙앙音음·이·니如ᅀᅵ君군ㄷ字ᄍᆞ初총
ᄦ·ᄈ聲셩·ᄒᆞ·니並뼝書셩·ᄒᆞ·면如ᅀᅵ虯
ㅸ字ᄍᆞ初총ᄦ·ᄈ聲셩·ᄒᆞ·니·라어·미·라牙앙·ᄂᆞᆫ
如ᅀᅵ·ᄂᆞᆫ기·틀·씨·라初총ᄦ·ᄈ聲셩·은·처·엄
펴·아·나·ᄂᆞᆫ소·리·라並뼝書셩·은글·ᄫᅡ·쓸·씨
·라

정음 3ㄴ

판독문

→ :사룸 :마 ·다 :히 ·뼈 :수 ·빙 니 ·겨 ·날 ·로 ·뿌 ·메 便뼌安한 ·킈
　ᅙ ·고 ·져 홇 ᄯᆞᄅᆞ ·미니 ·라

● ㄱ ·ᄂᆞᆫ 牙ᅌᅡ音ᅙᅳᆷ ·이 ·니 如ᅀᅠ君군ㄷ字 ·ᄍ初총發 ·ᄫᅳᆮ聲셩ᅙᅳ ·니
　並 ·ᄤᆞ書셩ᅙᅳ ·면 如ᅀᅠ 虯ᄭ뀰ᄫᅡ 字 ·ᄍ初총發 ·ᄫᅳᆮ聲셩ᅙᅳ ·니 ·라

★ 牙ᅌᅡ ·ᄂᆞᆫ :어미 ·라 如ᅀᅠ ·ᄂᆞᆫ ·ᄀᆞᄐᆞᆯ ·씨 ·라 初총發 ·ᄫᅳᆮ聲셩 ·은 ·처ᅀᅥᆷ
　·펴 ·아 ·나ᄂᆞᆫ소 ·리 ·라 並 ·ᄤᆞ書셩 ·ᄂᆞᆫ 골 ·ᄫᅡ ·ᄡᅳᆯ ·씨 ·라

번역문

→ 모든 사람들로 하여금 쉽게 익혀서 날마다 사용하는 데 편안하게 하고자
　할 따름이다.

● ㄱ는 牙音이니 如君[군]字初發聲하니 並書하면 如虯[규]字初發聲하니라.
　　아 음　　　여 군　　자 초 발 성　　　병 서　　　여 규　　자 초 발 성

★ '牙(아)'는 어금니다. '如(여)'는 같다는 것이다. '初發聲(초발성)'은 처음 펴
　나는 소리다. '並書(병서)'는 나란히 쓴다는 것이다.

정음 4ㄱ

판독문

→ ㄱ ·눈 :엄쏘 ·리 ·니 君군ㄷ字·쫑 ·처섬 ·펴 ·아 ·나는 소 ·리
·ㄱ·투 ·니 굴 ·바 ·쓰 ·면 虯끃ㅸ字·쫑 ·처섬 ·펴 ·아 ·나는 소 ·리
·ㄱ ·투니 ·라

● ㅋ ·눈 牙앙音흠 ·이 ·니 如셩快·쾡ᅙ字·쫑初총發·벓聲셩ᄒ ·니 ·라

→ ㅋ ·눈 :엄쏘 ·리 ·니 快·쾡ᅙ字·쫑 ·처섬 ·펴 ·아 ·나는 소 ·리
·ㄱ ·투니 ·라

번역문

→ ㄱ는 어금닛소리(아음)니 '군(君)'자의 처음 나는 소리(초성)와 같다.
나란히 쓰면 '끃(虯)'자의 처음 나는 소리와 같다.

● ㅋ는 牙音이니 如快[쾌]字初發聲하니라.
　　아 음　　　여 쾌　　자 초 발 성
→ ㅋ는 어금닛소리니 '·쾡(快)'자의 처음 나는 소리와 같다.

ㆁᄂᆞᆫ 牙ᅌᅡᆼ音ᅙᅳᆷ이니 如ᅀᅧᆼ業ᅌᅥᆸ字ᄍᆞᆼ初총

發ᄇᆞᇙ聲셩ᄒᆞ니라

ㆁᄂᆞᆫ 엄쏘리니 業ᅌᅥᆸ字ᄍᆞᆼ처엄펴아나

ㄴᄂᆞᆫ 소리ᄀᆞᆮ튼니라

ㄷᄂᆞᆫ 舌쎯音ᅙᅳᆷ이니 如ᅀᅧᆼ斗ᄃᆃᇢ병字ᄍᆞᆼ初총

發ᄇᆞᇙ聲셩ᄒᆞ니 並뼝書ᄉᆡᆼ면如ᅀᅧᆼ覃

땀ㅂ字ᄍᆞᆼ初총發ᄇᆞᇙ聲셩ᄒᆞ니라 혜과 舌쎯ᄂᆞᆫ

정음 4ㄴ

판독문

● ㆁ ·는 牙ᅇᅡᆼ音ᅙᅳᆷ ·이 ·니 如ᅀᅧᆼ業 ·업字 ·ᄍᅟᅳᆼ初총發 ·ᄫᅥᆯ聲셩ᅘᅳ ·니 ·라

→ ㆁ ·는 :엄쏘 ·리 ·니 業 ·업字 ·ᄍᅟᅳᆼ ·처ᅀᅥᆷ ·펴 ·아 ·나ᄂᆫ소 ·리
   ·ㄱ ·ᄐᆞ니 ·라

● ㄷ ·ᄂᆫ 舌 ·쎯音ᅙᅳᆷ ·이 ·니
   如ᅀᅧᆼ斗 ·ᄃᆔᇢ병字 ·ᄍᅟᅳᆼ初총發 ·ᄫᅥᆯ聲셩ᅘᅳ ·니並 ·뼝書셩ᅘᅳ ·면
   如ᅀᅧᆼ覃땀ㅂ字 ·ᄍᅟᅳᆼ初총發 ·ᄫᅥᆯ聲셩ᅘᅳ ·니 ·라
★ 舌 ·쎯 ·은 ·혀 ·라

번역문

● ㆁ는 牙音이니 如業[업]字初發聲하니라.
　　아 음　　　여 업　 자 초 발 성

→ ㆁ(옛이응)는 어금닛소리니 '업(業)'자의 처음 나는 소리와 같다.

● ㄷ는 舌音이니 如斗[두]字初發聲하니 並書하면 如覃[땀]字初發聲하니라.
　　설 음　　　여 두　　자 초 발 성　　　병 서　　여 담　　자 초 발 성
★ '舌(설)'은 혀다.

ㄷ〮ᄂᆞᆫ〮혀〮쏘〮리〮니〮와〮ᄬ字ᄍᆞᆼ〮처엄〮펴〮아〮

ㄴ나〮ᄂᆞᆫ소〮리〮ㄱ〮ㅌ〮니〮ᄀᆞᆯ〮바〮쓰〮면〮ᄈᆞᆫ 單ㄸ〮ㅂ字

ᄍᆞᆼ〮처엄〮펴〮아〮나ᄂᆞ는소〮리〮ㄱ〮ㅌ〮니〮라

ㅌㄷᄂᆞᆫ〮舌쎯〮音흠〮이〮니〮如ᅀᅧᆼ〮吞ㅌ字ᄍᆞᆼ〮初

총〮發벓〮聲셩ᄒᆞ〮니〮라

ㅌㄷᄂᆞᆫ〮혀〮쏘〮리〮니〮呑ㅌ字ᄍᆞᆼ〮처엄〮펴〮아〮

ㄴ나〮ᄂᆞᆫ소〮리〮ㄱ〮ㅌ〮니〮라

정음 5ㄱ

판독문

→ ㄷ ·ᄂᆞᆫ ·혀쏘 ·리 ·니 斗ᄃᆞᇢ병字 ·ᄍᆞᆼ ·처엄 ·펴 ·아 ·나ᄂᆞᆫ소 ·리
·ᄀᆞ투 ·니 글 ·ᄫᅡ ·쓰 ·면 覃땀ㅂ字 ·ᄍᆞᆼ ·처엄 ·펴 ·아 ·나ᄂᆞᆫ소 ·리
·ᄀᆞ ·투니 ·라

● ㅌ ·ᄂᆞᆫ 舌·쎯音ᅙᅳᆷ ·이 ·니 如ᅀᅧ 呑툰ㄷ字 ·ᄍᆞᆼ 初총發 ·벓聲셩ᅙᆞ ·니 ·라
→ ㅌ ·ᄂᆞᆫ ·혀쏘 ·리 ·니 呑툰ㄷ字 ·ᄍᆞᆼ ·처엄 ·펴 ·아 ·나ᄂᆞᆫ소 ·리
·ᄀᆞ ·투니 ·라

번역문

→ ㄷ는 혓소리(설음)니 '둫(斗)'자의 처음 나는 소리와 같다. 나란히 쓰면
'땀(覃)'자의 처음 나는 소리와 같다.

● ㅌ는 舌音이니 如呑[톤]字初發聲하니라.
　　　　설음　　　　여탄　　　자초발성
→ ㅌ는 혓소리(설음)니 '톤(呑)'자의 처음 나는 소리와 같다.

ㄴᄂᆞᆫ舌쎪音흠이니如ᅌᅥ那낭ᇹ字쫑初

총發벓聲셩ᄒᆞ니라

ㄴᄂᆞᆫ혀쏘리니那낭ᇹ字쫑처엄펴아

나ᄂᆞᆫ소리ㄱᄐᆞ니라

ㅂᄂᆞᆫ唇쓘音흠이니如ᅌᅥ彆볋字쫑初총

發벓聲셩ᄒᆞ니並뼝書셩ᄒᆞ면如ᅌᅥ步뽕

ᇹ字쫑初총發벓聲셩ᄒᆞ니라唇쓘은입

시우리라

정음 5ㄴ

훈민정음 해례본과 언해본의 탄생과 역사

판독문

● ㄴ ·는 舌·쎯音흠 ·이 ·니 如셩那낭ㆆ字 ·쫑初총發 ·벓聲셩ㅎ ·니 ·라
→ ㄴ ·는 ·혀쏘 ·리 ·니 那낭ㆆ字 ·쫑 ·처섬 ·펴 ·아 ·나는소 ·리
·ᄀ ·ᄐ니 ·라

● ㅂ ·는 脣쓘音흠 ·이 ·니 如셩彆 ·벓字 ·쫑初총發 ·벓聲셩ㅎ ·니
並 ·뼝書셩ㅎ ·면 如셩步 ·뽕ㆆ字 ·쫑 初총發 ·벓聲셩ㅎ ·니 ·라
★ 脣쓘 ·은 입시 ·우리 ·라

번역문

● ㄴ는 舌音이니 如那[낭]字初發聲하니라.
　　　설음　　　여나　　자초발성

→ ㄴ는 혓소리니 '낭(那)'자의 처음 나는 소리와 같다.

● ㅂ는 脣音이니 如彆[·볋]字初發聲하니 並書하면 如步[·뽕]字初發聲하니라
　　　순음　　　여별　　　자초발성　　　병서　　　여보　　자초발성

★ 脣(순)은 입술이다.

ㅂ는입시울쏘리니 ᄤ字ᄍᆞᆼ처엄펴

아나ᄂᆞᆫ소리ᄀᆞᄐᆞ니 골ᄫᅡ쓰면 步ᄤᆼ

字ᄍᆞᆼ처엄펴아나ᄂᆞᆫ소리ᄀᆞᄐᆞ니라

ㅍ는脣쓘音흠이니 如ᅀᅧᆼ 漂푱ᄫ字ᄍᆞᆼ初

ᄎᆞ 齒ᄫᆞᆼ 聲셩 ᄒᆞ니라

ㅍ는입시울쏘리니 漂푱ᄫ字ᄍᆞᆼ처엄

펴아나ᄂᆞᆫ소리ᄀᆞᄐᆞ니라

정음 6ㄱ

판독문

→ ㅂ ·눈 입시 ·울쏘 ·리 ·니 彆 ·볋字 ·쭝 ·처섬 ·펴 ·아 ·나눈 소 ·리
·ㄱᆞ투 ·니 골 ·봐 ·쓰 ·면 步 ·뽕ᇹ字 ·쭝 ·처섬 ·펴 ·아 ·나눈 소 ·리
·ㄱ ·투니 ·라

● ㅍ ·눈 脣쓘音홈 ·이 ·니 如ᅌᅧ漂푤ᄫᅵ字 ·쭝 初총 發 ·벓 聲셩ᇹ ·니 ·라

→ ㅍ ·눈 입시 ·울쏘 ·리 ·니 漂푤ᄫᅵ字 ·쭝 ·처섬 ·펴 ·아 ·나눈 소 ·리
·ㄱ ·투니 ·라

번역문

● ㅂ[비]는 脣音이니 如彆[·볋]字初發聲하니 並書하면 如步
　　　　　　순음　　　여별　　　자초발성　　　병서　　　여보
[·뽕]字初發聲하니라.
　　자초발성

→ ㅂ는 입술소리(순음)니 '·볋(彆)'자의 처음 나는 소리와 같다. 나란히 쓰면
'·뽕(步)'자의 처음 나는 소리와 같다.

● ㅍ[피]는 脣音이니 如漂[푤]字初發聲하니라.
　　　　　　순음　　　여표　　자초발성

→ ㅍ는 입술소리니 '푤(漂)'자의 처음 나는 소리와 같다.

ㅁ᳐ᄂ脣쑨音ᅙᅳᆷ이니 如ᅀᅧᆼ彌밍ᅙᆼ字쭝初총

發벓聲셩ᄒᆞ니라

ㅁ᳐ᄂ입시울쏘리니 彌밍ᅙᆼ字쭝처ᅀᅥᆷ

펴아나ᄂᆞᆫ소리ᄀᆞ튼니라

ㅈᄂᆞᆫ齒칭音ᅙᅳᆷ이니 如ᅀᅧᆼ即즉ᅙᆼ字쭝初총

發벓聲셩ᄒᆞ니 並뼝書셩ᅙᆼ면 如ᅀᅧᆼ慈쭝

ᅙᆼ字쭝初총發벓聲셩ᄒᆞ니라 齒칭ᄂᆞᆫ

정음 6ㄴ

판독문

● ㅁ ·ᄂᆞᆫ 脣쓘音ᅙᅳᆷ ·이 ·니 如ᅀᅧᆼ彌밍ᆼᅙ字 ·쫑初총發 ·벓聲셩ᄒᆞ ·니 ·라

→ ㅁ ·ᄂᆞᆫ 입시 ·울쏘 ·리 ·니 彌밍ᆼᅙ字 ·쫑 ·처ᅀᅥᆷ ·펴 ·아 ·나ᄂᆞᆫ 소 ·리
·ᄀᆞ ·ᄐᆞ니 ·라

● ㅈᄂᆞᆫ 齒 :칭音ᅙᅳᆷ ·이 ·니 如ᅀᅧᆼ卽 ·즉字 ·쫑初총發 ·벓聲셩ᄒᆞ ·니 並 ·뼝書셩ᄒᆞ ·면
如ᅀᅧᆼ慈쭝ᆼᅙ字 ·쫑 初총發 ·벓聲셩ᄒᆞ ·니라

★ 齒 :칭 ·ᄂᆞᆫ ·니 ·라

번역문

● ㅁ는 脣音이니 如彌[밍]字初發聲하니라.
순음 여미 자초발성

→ ㅁ는 입술소리니 ‘밍(彌)’자의 처음 나는 소리와 같다.

● ㅈ는 齒音이니 如卽[즉]字初發聲하니 並書하면 如慈[ᄍᆞ]字初發聲하니라.
치음 여즉 자초발성 병서 여자 자초발성

★ ‘齒(치)’는 이다.

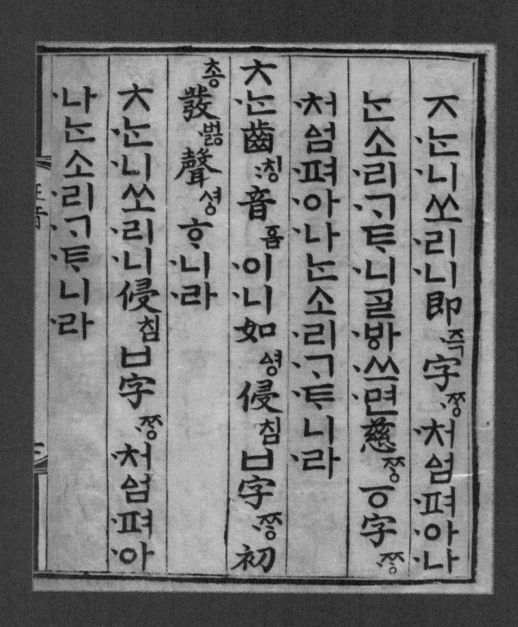

ㅈᄂᆞᆫ니쏘리니 卽·즉字·ᄍᆞᆼ처·ᅀᅥᆷ·펴·아·나
ᄂᆞᆫ소·리ᄀᆞ·티·니·ᄀᆞᆯ·ᄫᅡ·쓰·면慈ᄍᆞᆼ ᅙ字·ᄍᆞᆼ
처·ᅀᅥᆷ펴·아·나ᄂᆞᆫ소·리·ᄀᆞ·티·니·라
ㅊᄂᆞᆫ齒·칭音ᅙᅳᆷ·이·니如ᅀᅧ侵침ㅂ字·ᄍᆞᆼ初총
發·벓聲성·ᄒᆞ·니·라
ㅊᄂᆞᆫ니·쏘·리·니侵침ㅂ字·ᄍᆞᆼ처·ᅀᅥᆷ·펴·아
ᄂᆞᆫ소·리·ᄀᆞ·티·니·라

정음 7ㄱ

판독문

→ ㅈ · ·니쏘 ·리 ·니 卽 ·즉字 ·쫑 ·처섬 ·펴 ·아 ·나논 소 ·리
 ·ㄱ 튼 ·니 골 ·밝 ·쓰 ·면 慈쫑ㆆ字 ·쫑 ·처섬 ·펴 ·아 ·나논 소 ·리
 ·ㄱ · 튼니 ·라

● ㅊ · ·논 齒 :칭音흠 ·이 ·니 如셩 侵침ㅂ 字 ·쫑初총發 ·벓聲셩ㆆ ·니 ·라

→ ㅊ · ·논 ·니쏘 ·리 ·니 侵침ㅂ字 ·쫑 ·처섬 ·펴 ·아 ·나논 소 ·리
 ·ㄱ · 튼니 ·라

번역문

→ ㅈ는 잇소리(치음)니 '즉(卽)'자의 처음 나는 소리와 같다.
 나란히 쓰면 '쫑(慈)'자의 처음 나는 소리와 같다.

● ㅊ는 齒音이니 如侵[침]字初發聲하니라.
  치 음   여 침   자 초 발 성

→ ㅊ는 잇소리니 '침(侵)'자의 처음 나는 소리와 같다.

정음 8ㄱ

판독문

發 ·ᄫᅥᆯ聲셩ᅘᅵ ·니 ·라

★ 喉ᅘᅮᇢ ·는 모 ·기 ·라

→ ㆆ ·ᄂᆞᆫ 목소 ·리 ·니 挹 ·ᅙᅳᆸ字 ·ᄍᆞᆼ ·처ᅀᅥᆷ ·펴 ·아 ·나ᄂᆞᆫ 소 ·리
·ᄀᆞ ·ᄐᆞ니 ·라

● ㆆ ·ᄂᆞᆫ 喉ᅘᅮᇢ音ᅙᅳᆷ ·이 ·니 如ᅀᅧᆼ虛형ㆆ字 ·ᄍᆞᆼ初총發 ·ᄫᅥᆯ聲셩ᅘᅵ ·니
並 ·ᄈᅙᅡᆼ書셩ᅘᅵ ·면 如ᅀᅧᆼ洪ᅘᅩᆼㄱ字 ·ᄍᆞᆼ初총發 ·ᄫᅥᆯ聲셩ᅘᅵ ·니 ·라

→ ㆆ ·ᄂᆞᆫ 목소 ·리 ·니 虛형ㆆ字 ·ᄍᆞᆼ ·처ᅀᅥᆷ ·펴 ·아

번역문

發聲하니라.
★ '候(후)'는 목구멍이다.

→ ㆆ는 목구멍소리(후음)니 '흡'자의 처음 나는 소리와 같다.

● ㆆ는 喉音이니 如挹[흡]字初發聲하니 並書하면 如洪[뽕]字初發聲하니라.
　　　후음　　　여음　　　자초발성　　　병서　　　여홍　　　자초발성

→ ㆆ는 목구멍소리니 '헝(虛)'자의 처음 펴

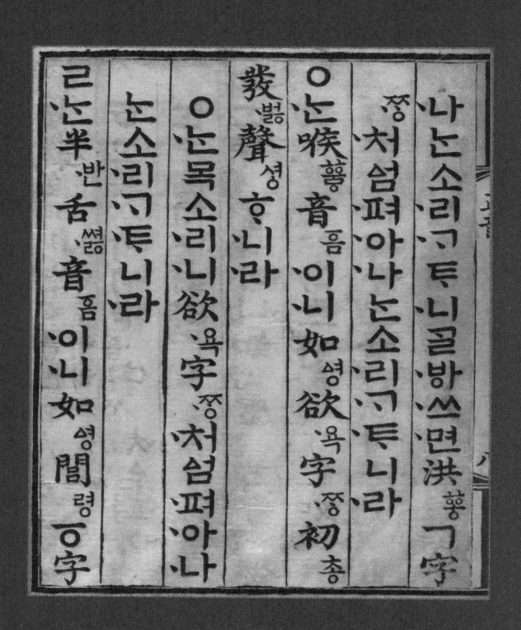

정음 8ㄴ

판독문

·나는 소 ·리 ·ㄱ · ·니 골 · · ·면 洪뽕ㄱ字 · ·처 ·펴 ·아
·나는 소 ·리 ·ㄱ · ·니 ·라

● ㆁ ·는 喉音홈 ·이 ·니 如영欲 ·욕字 · 初총發 · 聲셩ㆆ ·니 ·라

ㆁ ·는 목소 ·리 ·니 欲 ·욕字 · ·처 ·펴 ·아 ·나는 소 ·리
·ㄱ · ·니 ·라

● ㄹ ·는 半 ·반舌 ·   音홈 ·이 ·니 如영閭령ㆆ字

___

번역문

나는 소리와 같다 나란히 쓰면 '뽕(洪)'자의 처음 나는 소리와 같다.
● ㆁ는 喉音이니 如欲[욕]字初發聲하니라.
　　　후음　　여욕　자초발성

→ ㆁ는 목구멍소리니 '욕(欲)'자의 처음 나는 소리와 같다.
● ㄹ는 半舌音이니 如閭[려]
　　반설음　　　여려

정음 9ㄱ

판독문

·쭁初총發 ·벓聲셩ㅎ ·니 ·라

→ ㄹ ·는 半 ·반 ·혀쏘 ·리 ·니 閭령ㆆ字 ·쭁 ·처섬 ·펴 ·아 ·나는 소 ·리 ·ㄱ ·ᄐ니 ·라

● △ ·는 半 ·반齒 ꞉칭音홈 ·이 ·니 如셩穰샹ㄱ字 ·쭁初총發 ·벓聲셩ㅎ ·니 ·라

→ △ ·는 半 ·반 ·니쏘 ·리 ·니 穰샹ㄱ字 ·쭁 ·처섬 ·펴 ·아 ·나는 소 ·리 ·ㄱ ·ᄐ니 ·라

번역문

나는 소리와 같다.
→ ㄹ는 반혓소리(반설음)니 '려(閭)' 자의 처음 나는 소리와 같다.

● △은 半齒音이니 如穰[샹]字初發聲하니라.
　　　반 치 음　　　여 양　　　자 초 발 성

→ △는 반잇소리(반치음)니 '샹(穰)'자의 처음 나는 소리와 같다.

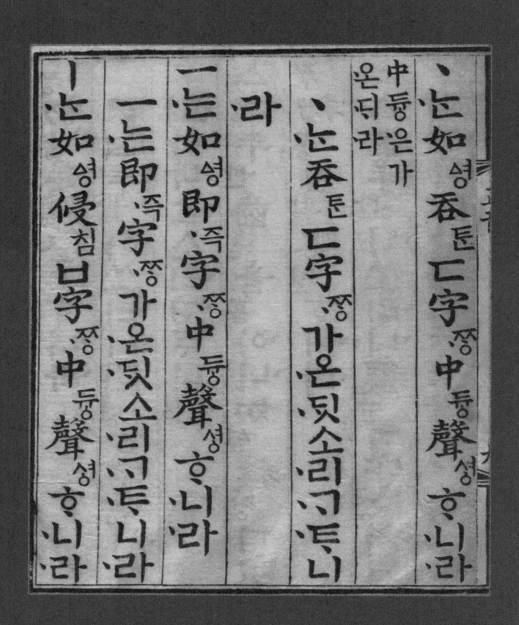

、는 如영 呑툰 ㄷ字쭝 中듕 聲성 호니라

中듕은 가온뗴라

、는 呑툰 ㄷ字쭝 가온뗫 소리 マ ᄐ니

ㅡ라

ㅡ는 如영 即즉 字쭝 中듕 聲성 호니라

ㅡ는 即즉 字쭝 가온뗫 소리 マ ᄐ니라

ㅣ는 如영 侵침 ㅂ字쭝 中듕 聲성 호니라

정음 9ㄴ

판독문

● ·눈 如영吞튼ㄷ字 ·즁中듕聲성ㅎ ·니 ·라

★ 中듕 ·은 가 ·온 ·디 ·라
→ · ·눈 吞튼ㄷ字 ·즁 가 ·온 ·딧소 ·리 ·ㄱ ·ㅌ니 ·라

● ― ·는 如영卽 ·즉字 ·즁中듕聲성ㅎ ·니 ·라
→ ― ·는 卽 ·즉字 ·즁 가 ·온 ·딧소 ·리 ·ㄱ ·ㅌ니 ·라

● ㅣ ·눈 如영侵침ㅂ字 ·즁中듕聲성ㅎ ·니 ·라

번역문

● ·는 如吞[튼]字中聲하니라.
　　여 탄　　자 중 성

★ '中(중)'은 가운데다.
→ ·는 '튼(吞)'자의 가운뎃소리(중성)와 같다.

● ―는 如卽[즉]字中聲하니라.
　　여 즉　　자 중 성
→ ―는 '즉(卽)'자의 가운뎃소리와 같다.
　　　　　즉

● ㅣ는 如侵[침]字中聲하니라.
　　여 침　　자 중 성

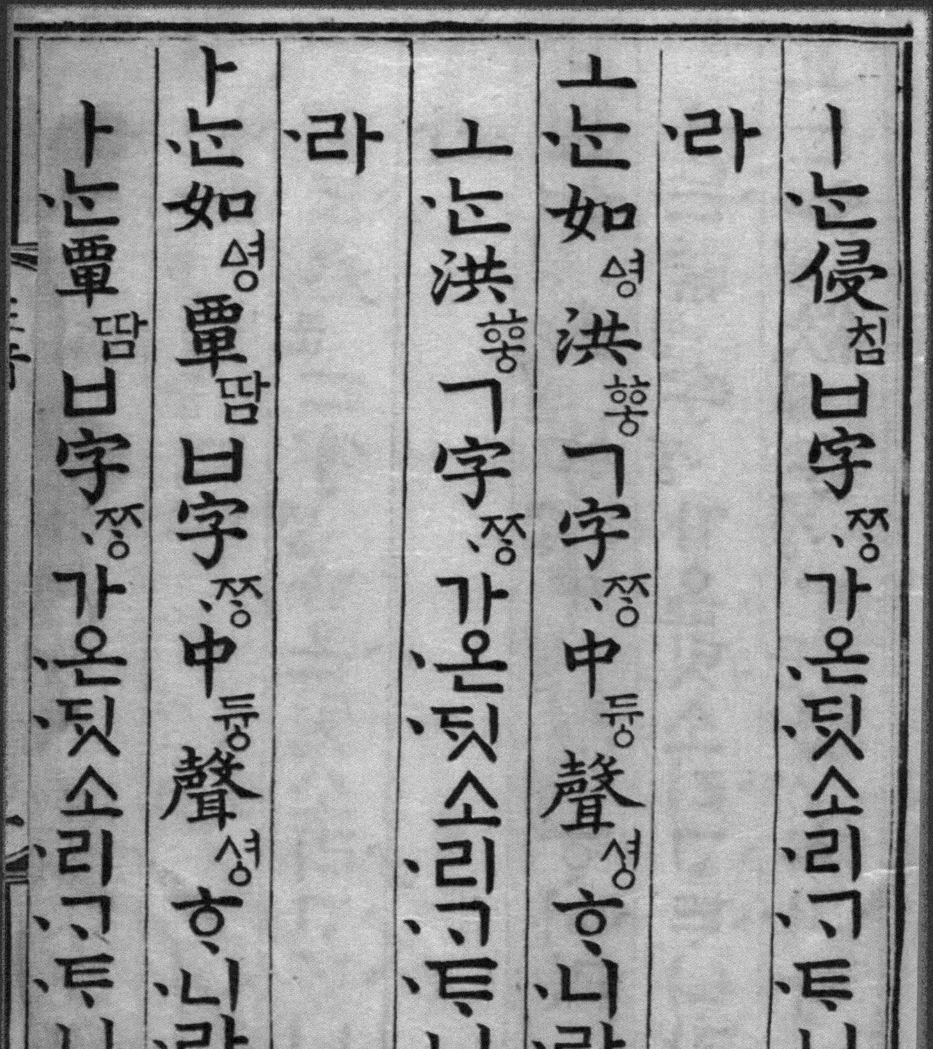

ㅣ는 侵침ㅂ字ᄍᆞᆼ 가온딧소리ᄀᆞᄐᆞ니

라

ㅗ는 如ᅀᅧᆼ 洪ᅘᅩᇰ ㄱ字ᄍᆞᆼ 中듀ᇰ聲셩ᄒᆞ니라

ㅗ는 洪ᅘᅩᇰ ㄱ字ᄍᆞᆼ 가온딧소리ᄀᆞᄐᆞ니

라

ㅏ는 如ᅀᅧᆼ 覃땀ㅂ字ᄍᆞᆼ 中듀ᇰ聲셩ᄒᆞ니라

ㅏ는 覃땀ㅂ字ᄍᆞᆼ 가온딧소리ᄀᆞᄐᆞ니

정음 10ㄱ

판독문

→ ㅣ ·는 侵침ㅂ字 ·쫑 가 ·온 ·딧소 ·리 ·ㄱ ·트니 ·라

● ㅗ ·는 如셩洪뽕ㄱ字 ·쫑 中듕聲셩ᄒ ·니 ·라
→ ㅗ ·는 洪뽕ㄱ字 ·쫑 가 ·온 ·딧소 ·리 ·ㄱ ·트니 ·라

● ㅏ ·는 如셩覃땀ㅂ字 ·쫑中듕聲셩ᄒ ·니 ·라
→ ㅏ ·는 覃땀ㅂ字 ·쫑 가 ·온 ·딧소 ·리 ·ㄱ ·트니

번역문

→ ㅣ는 '침(侵)'자의 가운뎃소리와 같다.

● ㅗ는 如洪[뽕]字中聲하니라.
　　　여 홍　　자 중 성

→ ㅗ는 '뽕(洪)'자의 가운뎃소리와 같다.

● ㅏ는 如覃[땀]字中聲하니라.
　　　여 담　　자 중 성

→ ㅏ는 '땀(覃)'자의 가운뎃소리와 같다.

·라

ㅜ는 如영 君군ㄷ字·쫑·이中듕 聲셩·이·니·라

ㅜ는 君군ㄷ字·쫑 가온·딧소리·ㄱ·ㅌ·니

·라

ㅓ는 如영 業·업字·쫑·이中듕 聲셩·이·니·라

ㅓ는 業·업字·쫑 가온·딧소리·ㄱ·ㅌ·니·라

ㅛ·는 如영 欲·욕字·쫑·이中듕 聲셩·이·니·라

정음 10ㄴ

판독문

·라

● ㅜ ·는 如ᅌᅧ君군ㄷ字 ·쭝中듕聲셩ᄒ ·니 ·라
→ ㅜ ·는 君군ㄷ字 ·쭝 가 ·온 ·딧소 ·리 ·ㄱ ·ᄐ니 ·라

● ㅓ ·는 如ᅌᅧ業 ·업字 ·쭝中듕聲셩ᄒ ·니 ·라
→ ㅓ ·는 業 ·업字 ·쭝 가 ·온 ·딧소 ·리 ·ㄱ ·ᄐ니 ·라

● ㅛ ·ᄂᆞᆫ 如ᅌᅧ欲 ·욕字 ·쭝中듕聲셩ᄒ ·니 ·라

번역문

● ㅜ는 如君[군]字中聲하니라.
　　여 군　　자 중 성
→ ㅜ는 '군(君)'자의 가운뎃소리와 같다.

● ㅓ는 如業[업]字中聲하니라.
　　여 업　　자 중 성
→ ㅓ는 '업(業)'자의 가운뎃소리와 같다.

● ㅛ는 如欲[욕]字中聲하니라.
　　여 욕　　자 중 성

ㅛ·ᄂᆞᆫ 欲·욕字·ᄍᆞᆼ 가온·딧소·리·ᄀᆞ·ᄐᆞ·니·라

ㅑ·ᄂᆞᆫ 如셩 穰ᅀᅣᆼㄱ字·ᄍᆞᆼ 中·듕聲·셩·ᄒᆞ·니·라

ㅑ·ᄂᆞᆫ 穰ᅀᅣᆼㄱ字·ᄍᆞᆼ 가온·딧소·리·ᄀᆞ·ᄐᆞ·니

·라

ㅠ·ᄂᆞᆫ 如셩 戌·슗字·ᄍᆞᆼ 中·듕聲·셩·ᄒᆞ·니·라

ㅠ·ᄂᆞᆫ 戌·슗字·ᄍᆞᆼ 가온·딧소·리·ᄀᆞ·ᄐᆞ·니·라

ㅕ·ᄂᆞᆫ 如셩 彆·뼈字·ᄍᆞᆼ 中·듕聲·셩·ᄒᆞ·니·라

정음 11ㄱ

판독문

ㅛ ·ᄂᆞᆫ 欲 ·욕字 ·ᄍᆞ 가 ·온 ·딧소 ·리 ·ᄀᆞ ᄐᆞ니 ·라

● ㅑ ·ᄂᆞᆫ 如셩穰샹ㄱ字 ·ᄍᆞ中듕聲셩ᄒᆞ ·니 ·라

ㅑ ·ᄂᆞᆫ 穰샹ㄱ字 ·ᄍᆞ 가 ·온 ·딧소 ·리 ·ᄀᆞ ᄐᆞ니 ·라

● ㅠ ·ᄂᆞᆫ 如셩戌 ·슗字 ·ᄍᆞ中듕聲셩ᄒᆞ ·니 ·라

ㅠ ·ᄂᆞᆫ 戌 ·슗字 ·ᄍᆞ 가 ·온 ·딧소 ·리 ·ᄀᆞ ᄐᆞ니 ·라

● ㅕ ·ᄂᆞᆫ 如셩彆 ·볋字 ·ᄍᆞ中듕聲셩ᄒᆞ ·니 ·라

번역문

→ ㅛ는 '욕(欲)'자의 가운뎃소리와 같다.

● ㅑ는 如穰[샹]字中聲하니라.
　　여양　자중성

→ ㅑ는 '샹(穰)'자의 가운뎃소리와 같다.

● ㅠ는 如戌[슗]字中聲하니라.
　　여술　자중성

→ ㅠ는 '슗(戌)'자의 가운뎃소리와 같다.

● ㅕ는 如彆[볋]字中聲하니라.
　　여별　자중성

ㅕ는彆ᄬᅧᆯ字ᄍᆞᆼ가온딧소리ㄱᄀᆞᄐᆞ니라

終ᄌᆔᆼ聲ᄉᆡᆼ은復ᄬᅮᆨ用ᅇᅭᆼ初ᄎ�ㆁᆼ聲ᄉᆡᆼᄒᆞᄂᆞ니

ᄅᆞ復ᄬᅮᆨ用는다시
ᄒᆞᄂᆞᆫᄡᅳ디라

乃ᄂᆡᆼ終ᄌᆔᆼㄱ소리는다시첫소리를ᄡᅳ

ᄂᆞ니라

ㅇ을連련書성脣ᄊᆈᆫ音ᅙᅳᆷ之징下ᅘᅡᆼᄒᆞ면

則즉為윙脣ᄊᆈᆫ輕켱音ᅙᅳᆷᄒᆞᄂᆞ니라
連련書는니ᅀᅥᆫ

정음 11ㄴ

훈민정음 해례본과 언해본의 탄생과 역사

판독문

→ ㅕ ·는 彆·볋字·쫑가 ·온 ·딧소 ·리 ·ㄱ ·트니 ·라

● 終_즁聲_셩 ·은 復·뿔用 ·용初_총聲_셩 ·ㅎ ·ᄂᆞ니 ·라 復·뿔 ·는 다 ·시 ·ᄒᆞᆫ ·ᄠᅴ ·라

→ 乃:냉終_즁ㄱ소 ·리 ·ᄂᆞᆫ 다 ·시 ·첫소 ·리 ·ᄅᆞᆯ ·ᄡᅳ ·ᄂᆞ니 ·라

● ㅇ ·ᄅᆞᆯ 連_련書_셩脣_쓘音_{ᅙᅳᆷ}之_징下 :ᅘᅡ ·ᄒᆞ ·면 則·즉爲_읭脣_쓘輕_켱音_{ᅙᅳᆷ} ·ᄒᆞ ·ᄂᆞ니 ·라

★ 連_련 ·은 니

번역문

ㅕ는 '볋(彆)'자의 가운뎃소리와 같다.

● 終聲復用初聲하니라.
종 성 부 용 초 성

★ 부(復)는 '다시' 하는 뜻이다.
→ 종성자는 초성자를 다시 사용한다

● ㅇ를 連書脣音之下하면 則爲脣輕音하느니라.
　　　런 서 순 음 지 하　　　 즉 위 순 경 음

★ '연(連)'은 잇

슬ᄫᅵ·라下·ᅘᅡᇰ눈·아·래·라則·즉은아·모·리·ᄒᆞ
면·ᄒᆞᄂᆞᆫ겨·체·ᄡᅳᄂᆞᆫ字·ᄍᆞᆼ ᅵ·라爲·윙·ᄂᆞᆫ·ᄃᆞ욀

·ᄫᅵ·야·ᄫᆞᆯ·ᄡᅵ·라輕·켱은가
·ᄇᆡ·야·ᄫᆞᆯ·ᄡᅵ·라

ㅇ·ᄅᆞᆯ입·시·울쏘·리아·래니·ᅀᅥ·ᄡᅳ·면입·시
·울가·ᄇᆡ·야·ᄫᆞᆫ소·리ᄃᆞ외·ᄂᆞ니·라

初·총聲·셩·을合·ᄒᆞᆸ用·ᄋᆞᆼ·ᄒᆞᇙ·디·면則·즉並·뼝
書·셔·ᄒᆞ·라終·즁聲·셩·도同·ᄠᅩᆼ·ᄒᆞ·니·라·ᄒᆞᆸ

·울·ᄡᅳ·라同·ᄠᅩᆼ은ᄒᆞᆫ·가
·지·라·ᄒᆞ·논·ᄡᅳ·디·라

정음 12ㄱ

판독문

·슬 ·씨 ·라 下:항 ·ᄂᆞᆫ 아 ·래 ·라 則·즉 ·은 :아 ·ᄆᆞ리 ᄒᆞ ·면 ·ᄒᆞᄂᆞᆫ

·겨 ·체 ·ᄡᅳᄂᆞᆫ 字·ᄍᆞᆼ ㅣ ·라 爲윙 ·ᄂᆞᆫ ᄃᆞ욀 ·씨 ·라 輕켱 ·은 가 ·ᄫᆡ야 ·ᄫᆞᆯ ·씨 ·라

→ ㅇ ·ᄅᆞᆯ 입시 ·울쏘 ·리 아 ·래 니 ·ᅀᅥ ·ᄡᅳ ·면
입시 ·울가 ·ᄫᆡ야 ·ᄫᆞᆫ소 ·리 ᄃᆞ외ᄂᆞ ·니 ·라

● 初총聲셩 ·을 合·햅用·용 ·ᄒᆞᇙ디 ·면 則·즉竝·뼝書셩ᄒᆞ ·라 終즁聲셩 ·도 同똥ᄒᆞ ·니 ·라

★ 合·햅 ·ᄋᆞᆫ 어 ·울 ·씨 ·라 同똥 ·ᄋᆞᆫ ᄒᆞᆫ가 ·지 ·라 ·ᄒᆞᄂᆞᆫ ·ᄠᅳ디 ·라

번역문

는 것이다. '下(하)'는 아래다. '則 ·(즉)'은 '아무리 하면' 하는 어조사에
사용하는 글자다. '爲(위)'는 되는 것이다. '輕(경)'은 가벼운 것이다.
→ ㅇ를 입술소리 아래 이어 쓰면 입술가벼운소리(순경음)가 된다.

● 初聲을 合用하려면 則並書하라 終聲도 同하니라.
초성 합용 즉병서 종성 동

★ '合(합)'은 어울리는 것이다. '同(동)'은 '한가지다' 하는 뜻이다.

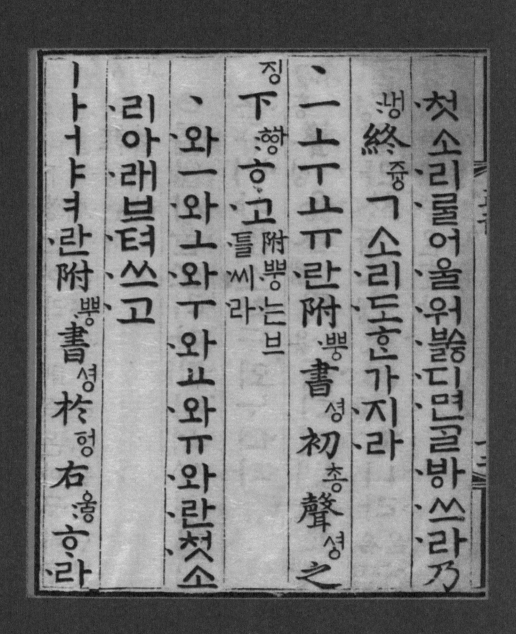

정음 12ㄴ

판독문

→ ·첫소 ·리 ·롤 어 ·울 ·워 ·뿛 ·디 ·면 골 ·바 ·쓰 ·라
乃 :냉終즁ㄱ소 ·리 ·도 혼가 ·지 ·라

● · ㅡ ㅗ ㅜ ㅛ ㅠ ·란 附 ·뿡書ㅕ初총聲ㅕ之징下:빵ㅎ ·고

★ 附 ·뿡 ·는 브 ·틀 ·씨 ·라

→ · ·와ㅡ ·와ㅗ ·와ㅜ ·와ㅛ ·와ㅠ ·와 ·란 ·첫소 ·리 아 ·래 브 ·텨
·쓰 ·고

● ㅣ ㅏ ㅓ ㅑ ㅕ ·란 附 ·뿡書ㅕ於ᅙ右 :울ㅎ ·라

번역문

초성자를 합쳐서 쓰려면 나란히 쓴다. 종성자도 (초성자와) 마찬가지다.

● · ㅡ ㅗ ㅜ ㅛ ㅠ는 附書初聲之下하고
부 서 초 성 지 하

★ '附(부)'는 붙은 것이다.

→ · ㅡ ㅗ ㅜ ㅛ ㅠ는 초성자 아래에 붙여 쓴다.

● ㅣ ㅏ ㅓ ㅑ ㅕ는 附書於右하라.
부 서 어 우

右훙는 올
훈녀끠 라

ㅣ와ㅏ와ㅑ와ㅕ와란올훈녀ㄱ

브텨쓰라

凡뻠字쫑ㅣ必빓合ᄒᆞᆸ而ᅀᅵ成쎵音ᅙᅳᆷᄒᆞ

凡뻠은믈읫ᄒᆞ논ᄠᅳ디라必빓은모
ㄴㅣ로매ᄒᆞ논ᄠᅳ디라成쎵은일씨라

믈읫字쫑ㅣ모로매어우러ᅀᅡ소리이

ㄴㅣ

정음 13ㄱ

판독문

右:ᅇ ·는 ·올ᄒᆞᆫ녀 ·기 ·라

→ ㅣ ·와ㅏ ·와ㅓ ·와ㅑ ·와ㅕ ·와 ·란 ·올ᄒᆞᆫ녀 ·긔브 ·텨 ·쓰 ·라

● 凡뻠字 ·ᄍᆞ ㅣ 必 ·빓合 ·뽑而ᅀᅵ成쎵音흠 ·ᄒᆞᄂᆞ ·니

★ 凡뻠 ·은 믈읫 ·ᄒᆞ논 ·ᄠᅳ디 ·라 必·빓 ·은 모 ·로 ·매 ·ᄒᆞ논 ·ᄠᅳ디 ·라
　　成쎵 ·은 :일 ·씨 ·라

→ 믈읫 字·ᄍᆞ ㅣ 모 ·로 ·매 어 ·우러 ·ᅀᅡ 소 ·리 :이ᄂᆞ ·니

번역문

'右(우)'는 오른쪽이다.

→ ㅣㅏㅓㅑㅕ는 초성자의 오른쪽에 붙여 쓴다.

● 凡字는 必合而成音하나니라.
　　범 자　　필 합 이 성 음

★ '凡(범)'은 '무릇' 하는 뜻이다. '必(필)'은 모름지기 하는 뜻이다.
　　'成(성)'은 이루는 것이다.
→ 무릇 글자는 반드시 합하여야만 음절이 이루어진다.

左쟝加강一힗點뎜ᄒᆞ면則즉去컹聲셩

左쟝ᄂᆞᆫ왼녀기라加강ᄂᆞᆫ더을ᄊᆡ라去컹聲셩은믓노

·이·오

一ᄒᆞᆶ은ᄒᆞ나ᄒᆞ라

리·라소

:왼녀·기ᅙᆞ點뎜·을더으·면·믓노ᄑᆞᆫ소·리

·오

二싱則즉上썅聲셩·이·오

二싱논둘·히라上썅聲셩은처

어·미놋갑고乃냉終즁이노ᄑᆞᆫ소·리라

정음 13ㄴ

훈민정음 해례본과 언해본의 탄생과 역사

판독문

● 左 :장加강一 ·힗點 :뎜호 ·면 則 ·즉去 ·컹聲셩 ·이 ·오

★ 左 :장 ·눈 :윈녀 ·기 ·라 加강 ·눈 더을 ·씨 ·라 一 ·힗 ·온 후나 ·히 ·라
去 ·컹聲셩 ·은 ·뭇노 ·픈소 ·리 ·라

→ :윈녀 ·긔 훈 點 :뎜 ·을 더으 ·면 ·뭇 노 ·픈소 ·리 ·오

● 二 ·싱則 ·즉上 :쌍聲셩 ·이 ·오

二 ·싱 ·눈 :둘히 ·라 上 :쌍聲셩 ·은 ·처서 ·미 눗:갑 ·고 乃 :냉終즁 ·이
노 ·픈소 ·리 ·라

번역문

● 左加一點하면 則去聲이요.
　좌 가 일 점　　　즉 거 성

★ '左(좌)'는 왼쪽이다. '加(가)'는 더하는 것이다. '一(일)'은 하나다.
'去聲(거성)'은 가장 높은 소리다.
→ 왼쪽에 한 점을 더하면 가장 높은 소리[거성]이고,

● 二則 ° 上聲이요.
　이 즉　　　상 성

→ '二(이)'는 둘이다. '上聲(상성)'은 처음이 낮고 나중이 높은 소리다.

정음 14ㄱ

판독문

點:뎜 ·이 :둘히 ·면 上:썅聲셩 ·이 ·오

● 無뭉則 ·즉平뼝聲셩 ·이 ·오

★ 無뭉 ·는 :업슬 ·씨 ·라 平뼝聲셩 ·은 ·뭇 놋가 ·분 소 ·리 ·라

→ 點:뎜 ·이 :업스 ·면 平뼝聲셩 ·이 ·오

● 入 ·십聲셩 ·은 加강點:뎜 ·이 同똥而싱促 ·쵹急 ·급ᄒ ·니 ·라

★ 入 ·십聲셩 ·은 ᄲᆞᆯ ·리긋돋눈소 ·리 ·라促 ·쵹急 ·급 ·은ᄲᆞ롤 ·씨 ·라

→ 入 ·십聲셩 ·은 點:뎜 더 ·우 ·믄 ᄒᆞ가 ·지로 ·디

번역문

점이 둘이면 상성이고,

● 無則平聲이니라.
　무　즉　평　성

★ '無(무)'는 없다는 것이다. '平聲(평성)'은 가장 낮은 소리다.

→ 점이 없으면 평성이다.

● 入聲은 加點이 同而促急이니라.
　입 성　　가 점　　동 이 촉 급

★ '入聲(입성)'은 빨리 끊어지는 소리다. '促急(촉급)'은 빠르다는 것이다.

→ 입성은 점을 더하는 것은 (평 · 상 · 거성과) 같으나

정음 14ㄴ

ᄲ르니라

漢한音ᅙᅳᆷ 齒칭聲셩은 有ᅌᅮᆸ 齒칭頭뚷正

齒칭之징別ᄦᅵᆯ ᄒᆞ니 國귁소리라 頭뚷

漢한音ᅙᅳᆷ은 中듕 눈머리라別ᄦᅵᆯ 은꼴흴씨라

中듕國귁 소리옛니쏘리는 齒칭頭뚷

와 正졍齒칭 왜ᄭᅩᆯ히요미잇ᄂᆞ니

ㅈㅊㅉㅅㅆ字ᄍᆞᆼ ᄂᆞᆫ用용於헝 齒칭頭뚷

판독문

샐ᄅᆞ ·니 ·라

● 漢 ·한音흠齒 :칭聲셩 ·은 有 :ᅌᅮᆯ齒 :칭頭뚤正 ·졍齒 :칭之징別 ·볋ᄒᆞ ·니

★ 漢 ·한音흠 ·은 中듕國 ·귁소 ·리 ·라 頭뚤 ·는 머 ·리 ·라 別 ·볋 ·은 골 ·힐 ·씨 ·라

→ 中듕國 ·귁소 ·리 ·옛 ·니쏘 ·리 ·ᄂᆞᆫ 齒 :칭頭뚤 ·와 正 ·졍齒 :칭 ·왜 골 ·히요 ·미 잇ᄂᆞ ·니

● ㅈㅊㅉㅅㅆ字 ·ᄍᆞ ·ᄂᆞᆫ 用 ·용於ᅙᅥ齒 :칭頭뚤

번역문

빠르다.
● 漢音齒聲은 有齒頭正齒之別하니
　 한 음 치 성　　 유 치 두 정 치 지 별

★ '漢音(한음)'은 중국 소리다. '頭(두)'는 머리다. '別(별)'은 구별하는
　 것이다.
→ 중국 소리의 잇소리는 윗니소리와 아랫니소리의 구별함이 있으니,

● ㅈㅊㅉㅅㅆ字는 用於齒頭
　　 자　　 용 어 치 두

ㆆ·고
이 소·리·ᄂᆞᆫ 우·리나·랏소·리·예·셔 열·ᄫᅳ
·니 ·혓그·티 웃·닛 우·희 머·리·예 다ᄂᆞ·니·라

ㅈㅊㅉㅅㅆ字ᄍᆼ·ᄂᆞᆫ 齒칭頭뚱ㅅ소·리
·예 ᄡᅳ·고

ㅈㅊㅉㅅㅆ字ᄍᆼ·ᄂᆞᆫ 用용於헝正졍齒칭
ᄒᆞᄂᆞ·니
이 소·리·ᄂᆞᆫ 우·리나·랏소·리·예·셔 두
·터·ᄫᅩ·니 ·혓그·티 아·랫·닛므·유·메 다

ㅈㅊㅉㅅㅅ字ᄍᆼ·ᄂᆞᆫ 正졍齒칭ㅅ소·리
·라ᄂᆞ·니

정음 15 ㄱ

판독문

ᄒᆞ·고
★ ·이소·리·ᄂᆞᆫ ·우·리나·랏소·리예·셔열·ᄇ
·니 ·혓 ·그 ·티윗·닛머·리·예다ᄂᆞ·니·라

→ ㅈㅊㅉㅅㅆ字·ᄍᆞ·ᄂᆞᆫ 齒:칭頭똘ㅅ소·리·예·ᄡᅳ·고

● ㅈㅊㅉㅅㅆ字·ᄍᆞ·ᄂᆞᆫ 用·ᅇᅲ於ᅙᅥᆼ正·졍齒:칭·ᄒᆞᄂᆞ·니

★ ·이소·리·ᄂᆞᆫ ·우·리나·랏소·리예·셔두터·ᄇᆞ·니 ·혓·그·티
아·랫·닛므유·메다ᄂᆞ·니·라

→ ㅈㅊㅉㅅㅆ字·ᄍᆞ·ᄂᆞᆫ 正·졍齒:칭ㅅ소·리

번역문

하고
★ 이 소리는 우리나라 말소리보다 엷으니 혀끝이 윗니 끝에 닿는다.

→ ㅈㅊㅉㅅㅆ자는 윗닛소리에 쓰고

● ㅈㅊㅉㅅㅆ字는 用於正齒하니
　　　　　　자　　용 어 정 치

★ 이 소리는 우리나라 말소리보다 두터우니 혀끝이 아래 잇몸에 닿는다.
→ ㅈㅊㅉㅅㅆ자는 아래닛소리

정음 15ㄴ

판독문

·에 ·쓰ᄂ ·니

● 牙ᅌᅡ舌 ·쎯唇쓘喉ᅘᅮᇢ之징字 ·쭝 ·ᄂ 通ᄐᆼ用 ·용於ᅙᅥᆼ漢 ·한音ᅙᆷ ·ᄒᆞ ·ᄂ니 ·라

→ :엄 ·과 ·혀 ·와 입시 ·울 ·와 목소 ·리 ·옛 字 ·쭝 ·ᄂ 中듀ᇰ國 ·귁
　소 ·리 ·예 通ᄐᆼ ·히 ·쓰 ·ᄂ니 ·라.

訓 ·훈民민正 ·져ᇰ音ᅙᆷ

번역문

에 쓰니
● 牙舌脣喉之字는 通用於漢音하느니라
　아 설 순 후 지 자　　 통 용 어 한 음

→ 어금닛소리와 혓소리와 입술소리와 목구멍소리의 글자는
　중국 소리에 두루 쓴다.

訓民正音
훈 민 정 음

부록

《훈민정음》해례본
음달기본(현대 한자음)
쪽별 재현본

[1] 정음해례1ㄱ

訓民正音
훈민정음
[정음1ㄱ:1_권수제]

國之語音, 異乎中國, 與文字
국 지 어 음 이 호 중 국 여 문 자
[정음1ㄱ:2_어제서문]

不相流通. 故愚民有所欲言,
불 상 류 통 고 우 민 유 소 욕 언
[정음1ㄱ:3_어제서문]

而終不得伸其情者多矣. 予
이 종 부 득 신 기 정 자 다 의 여
[정음1ㄱ:4_어제서문]

爲° 此憫然, 新制二十八字, 欲
위 차 민 연 신 제 이 십 팔 자 욕
[정음1ㄱ:5_어제서문]

使人人易° 習便於日用耳
사 인 인 이 습 편 어 일 용 이
[정음1ㄱ:6_어제서문]

ㄱ. 牙音. 如君[군]字初發聲
아 음 여 군 자 초 발 성
[정음1ㄱ:7_어제예의]

[2] 정음1ㄴ

並書, 如虯[끃]字初發聲
병 서 여 규 자 초 발 성
[정음1ㄴ:1_어제예의]

ㅋ. 牙音. 如快[쾌]字初發聲
아 음 여 쾌 자 초 발 성
[정음1ㄴ:2_어제예의]

ㆁ. 牙音. 如業[업]字初發聲
아 음 여 업 자 초 발 성
[정음1ㄴ:3_어제예의]

ㄷ. 舌音. 如斗[두]字初發聲
설 음 여 두 자 초 발 성
[정음1ㄴ:4_어제예의]

並書, 如覃[땀]字初發聲
병 서 여 담 자 초 발 성
[정음1ㄴ:5_어제예의]

ㅌ. 舌音. 如呑[툰]字初發聲
설 음 여 탄 자 초 발 성
[정음1ㄴ:6_어제예의]

ㄴ. 舌音. 如那[나]字初發聲
설 음 여 나 자 초 발 성
[정음1ㄴ:7_어제예의]

[3] 정음2ㄱ

ㅂ. 脣音. 如彆[볃]字初發聲
　　순음　여별　　자초발성

[정음2ㄱ:1_어제예의]

　　並書, 如步[뽀]字初發聲
　　병서　여보　　자초발성

[정음2ㄱ:2_어제예의]

ㅍ. 脣音. 如漂[표]字初發聲
　　순음　여표　　자초발성

[정음2ㄱ:3_어제예의]

ㅁ. 脣音. 如彌[미]字初發聲
　　순음　여미　　자초발성

[정음2ㄱ:4_어제예의]

ㅈ. 齒音. 如即[즉]字初發聲
　　치음　여즉　　자초발성

[정음2ㄱ:5_어제예의]

　　並書, 如慈[ㅉ]字初發聲
　　병서　여자　　자초발성

[정음2ㄱ:6_어제예의]

ㅊ. 齒音. 如侵[침]字初發聲
　　치음　여침　　자초발성

[정음2ㄱ:7_어제예의]

[4] 정음2ㄴ

ㅅ. 齒音. 如戌[슗]字初發聲
　　치음　여술　　자초발성

[정음2ㄴ:1_어제예의]

　　並書, 如邪[ㅆ]字初發聲
　　병서　여사　　자초발성

[정음2ㄴ:2_어제예의]

ㆆ. 喉音. 如挹[흡]字初發聲
　　후음　여읍　　자초발성

[정음2ㄴ:3_어제예의]

ㅎ. 喉音. 如虛[허]字初發聲
　　후음　여허　　자초발성

[정음2ㄴ:4_어제예의]

　　並書, 如洪[ᅘ]字初發聲
　　병서　여홍　　자초발성

[정음2ㄴ:5_어제예의]

ㅇ. 喉音. 如欲[욕]字初發聲
　　후음　여욕　　자초발성

[정음2ㄴ:6_어제예의]

ㄹ. 半舌音. 如閭[려]字初發聲
　　반설음　여려　　자초발성

[정음2ㄴ:7_어제예의]

[5] 정음3ㄱ

△. 半齒音. 如穰[샹]字初發聲   [정음3ㄱ:1_어제예의]
반치음 여양   자초발성

・. 如吞[튼]字中聲   [정음3ㄱ:2_어제예의]
여 탄   자중성

ㅡ. 如即[즉]字中聲   [정음3ㄱ:3_어제예의]
여 즉   자중성

ㅣ. 如侵[침]字中聲   [정음3ㄱ:4_어제예의]
여 침   자중성

ㅗ. 如洪[ᅘᅩᆼ]字中聲   [정음3ㄱ:5_어제예의]
여 홍   자중성

ㅏ. 如覃[땀]字中聲   [정음3ㄱ:6_어제예의]
여 담   자중성

ㅜ. 如君[군]字中聲   [정음3ㄱ:7_어제예의]
여 군   자중성

[6] 정음3ㄴ

ㅓ. 如業[업]字中聲   [정음3ㄴ:1_어제예의]
여 업   자중성

ㅛ. 如欲[욕]字中聲   [정음3ㄴ:2_어제예의]
여 욕   자중성

ㅑ. 如穰[샹]字中聲   [정음3ㄴ:3_어제예의]
여 양   자중성

ㅠ. 如戌[슗]字中聲   [정음3ㄴ:4_어제예의]
여 술   자중성

ㅕ. 如彆[볋]字中聲   [정음3ㄴ:5_어제예의]
여 별   자중성

終聲復゜用初聲. ㅇ連書脣音   [정음3ㄴ:6_어제예의]
종성부 용초성   련서순음

之下, 則爲脣輕音. 初聲合用   [정음3ㄴ:7_어제예의]
지 하   즉위순경음   초성합용

[7] 정음4ㄱ

則並書, 終聲同. ・ㅡㅗㅜㅛㅠ 즉병서 종성동	[정음4ㄱ:1_어제예의]
ㅠ, 附書初聲之下. ㅣㅏㅓㅑ 부서초성지하	[정음4ㄱ:2_어제예의]
ㅕ, 附書於右. 凡字必合而成 부서어우 범자필합이성	[정음4ㄱ:3_어제예의]
音. 左加一點則去聲, 二則 °上 음 좌가일점즉거성 이즉 상	[정음4ㄱ:4_어제예의]
聲, 無則平聲. 入聲加點同而 성 무즉평성 입성가점동이	[정음4ㄱ:5_어제예의]
促急 촉급	[정음4ㄱ:6_어제예의]
빈 줄	[정음4ㄱ:7_어제예의]

[8] => 빈 면　　　　　　　　　　정음4ㄴ

[9] 정음해례1ㄱ

訓民正音解例 훈민정음해례	[정음해례1ㄱ:1_해례제목]
制字解 제자해	[정음해례1ㄱ:2_제자해제목]
天地之道, 一陰陽五行而已. 坤復 천지지도 일음양오행이이 곤복	[정음해례1ㄱ:3_제자해]
之間爲太極, 而動靜之後爲陰陽. 지간위태극 이동정지후위음양	[정음해례1ㄱ:4_제자해]
凡有生類在天地之間者, 捨陰陽 범유생류재천지지간자 사음양	[정음해례1ㄱ:5_제자해]
而何之. 故人之聲音, 皆有陰陽之 이하지 고인지성음 개유음양지	[정음해례1ㄱ:6_제자해]
理, 顧人不察耳. 今正音之作, 初非 리 고인불찰이 금정음지작 초비	[정음해례1ㄱ:7_제자해]
智營而力索。, 但因其聲音而極其 지영이력색 단인기성음이극기	[정음해례1ㄱ:8_제자해]

[10] 정음해례1ㄴ

理而已. 理旣不二, 則何得不與天 리 이 이 이 기 불 이 즉 하 득 불 여 천	[정음해례1ㄴ:1_제자해]
地鬼神同其用也. 正音二十八字, 지 귀 신 동 기 용 야 정 음 이 십 팔 자	[정음해례1ㄴ:2_제자해]
各象其形而制之. 初聲凡十七字. 각 상 기 형 이 제 지 초 성 범 십 칠 자	[정음해례1ㄴ:3_제자해]
牙音ㄱ, 象舌根閉喉之形. 舌音ㄴ, 아 음 상 설 근 폐 후 지 형 설 음	[정음해례1ㄴ:4_제자해]
象舌附上腭之形. 脣音ㅁ, 象口形. 상 설 부 상 악 지 형 순 음 상 구 형	[정음해례1ㄴ:5_제자해]
齒音ㅅ, 象齒形. 喉音ㅇ, 象喉形.ㅋ 치 음 상 치 형 후 음 상 후 형	[정음해례1ㄴ:6_제자해]
比ㄱ, 聲出稍厲, 故加畫. ㄴ而ㄷ, ㄷ 비 성 출 초 려 고 가 획 이	[정음해례1ㄴ:7_제자해]
而ㅌ, ㅁ而ㅂ, ㅂ而ㅍ, ㅅ而ㅈ, ㅈ而 이 이 이 이 이	[정음해례1ㄴ:8_제자해]

[11] 정음해례2ㄱ

ㅊ,ㅇ而ㆆ, ㆆ而ㅎ, 其因聲加畫之 이 이 기 인 성 가 획 지	[정음해례2ㄱ:1_제자해]
義皆同, 而唯ㆁ爲異. 半舌音ㄹ, 半 의 개 동 이 유 위 이 반 설 음 반	[정음해례2ㄱ:2_제자해]
齒音△, 亦象舌齒之形而異其體, 치 음 역 상 설 치 지 형 이 이 기 체	[정음해례2ㄱ:3_제자해]
無加畫之義焉. 。夫人之有聲, 本於 무 가 획 지 의 언 부 인 지 유 성 본 어	[정음해례2ㄱ:4_제자해]
五行. 故合諸四時而不悖, 叶之五 오 행 고 합 저 사 시 이 불 패 협 지 오	[정음해례2ㄱ:5_제자해]
音而不戾. 喉邃而潤, 水也. 聲虛而 음 이 불 려 후 수 이 윤 수 야 성 허 이	[정음해례2ㄱ:6_제자해]
通, 如水之虛明而流通也. 於時爲 통 여 수 지 허 명 이 류 통 야 어 시 위	[정음해례2ㄱ:7_제자해]
冬, 於音爲羽. 牙錯而長, 木也. 聲似 동 어 음 위 우 아 착 이 장 목 야 성 사	[정음해례2ㄱ:8_제자해]

[12] 정음해례2ㄴ

喉而實, 如木之生於水而有形也.
후 이 실　여 목 지 생 어 수 이 유 형 야
[정음해례2ㄴ:1_제자해]

於時爲春, 於音爲角. 舌銳而動, 火
어 시 위 춘　어 음 위 각　설 예 이 동　화
[정음해례2ㄴ:2_제자해]

也. 聲轉而颺, 如火之轉展而揚揚
야　성 전 이 양　여 화 지 전 전 이 양 양
[정음해례2ㄴ:3_제자해]

也. 於時爲夏, 於音爲 °徵. 齒剛而斷°,
야　어 시 위 하　어 음 위　치　치 강 이 단
[정음해례2ㄴ:4_제자해]

金也. 聲屑而滯, 如金之屑瑣而鍛
금 야　성 설 이 체　여 금 지 설 쇄 이 단
[정음해례2ㄴ:5_제자해]

成也. 於時爲秋, 於音爲商. 脣方而
성 야　어 시 위 추　어 음 위 상　순 방 이
[정음해례2ㄴ:6_제자해]

合, 土也. 聲含而廣, 如土之含蓄萬
합　토 야　성 함 이 광　여 토 지 함 축 만
[정음해례2ㄴ:7_제자해]

物而廣大也. 於時爲季夏, 於音爲
물 이 광 대 야　어 시 위 계 하　어 음 위
[정음해례2ㄴ:8_제자해]

[13] 정음해례3ㄱ

宮. 然水乃生物之源, 火乃成物之
궁　연 수 내 생 물 지 원　화 내 성 물 지
[정음해례3ㄱ:1_제자해]

用, 故五行之中, 水火爲大. 喉乃出
용　고 오 행 지 중　수 화 위 대　후 내 출
[정음해례3ㄱ:2_제자해]

聲之門, 舌乃辨聲之管, 故五音之
성 지 문　설 내 변 성 지 관　고 오 음 지
[정음해례3ㄱ:3_제자해]

中, 喉舌爲主也. 喉居後而牙次之,
중　후 설 위 주 야　후 거 후 이 아 차 지
[정음해례3ㄱ:4_제자해]

北東之位也. 舌齒又次之, 南西之
북 동 지 위 야　설 치 우 차 지　남 서 지
[정음해례3ㄱ:5_제자해]

位也. 脣居末, 土無定位而寄旺四
위 야　순 거 말　토 무 정 위 이 기 왕 사
[정음해례3ㄱ:6_제자해]

季之義也. 是則初聲之中, 自有陰
계 지 의 야　시 즉 초 성 지 중　자 유 음
[정음해례3ㄱ:7_제자해]

陽五行方位之數也. 又以聲音淸
양 오 행 방 위 지 수 야　우 이 성 음 청
[정음해례3ㄱ:8_제자해]

[14] 정음해례3ㄴ

濁而言之. ㄱㄷㅂㅈㅅㆆ, 爲全淸.
탁이언지　　　　　　 위전청 　　　　　　　　　　[정음해례3ㄴ:1_제자해]

ㅋㅌㅍㅊㅎ, 爲次淸. ㄲㄸㅃㅉㅆ
위차청 　　　　　　　　　　　　　　　　　　　[정음해례3ㄴ:2_제자해]

ㆅ, 爲全濁. ㆁㄴㅁㅇㄹㅿ, 爲不淸
위전탁　　　　　　　　　 위불청 　　　　　　[정음해례3ㄴ:3_제자해]

不濁. ㄴㅁㅇ, 其聲冣不厲, 故次序
불탁　　　 기성최불려　 고차서 　　　　　　[정음해례3ㄴ:4_제자해]

雖在於後, 而象形制字則爲之始.
수재어후　 이상형제자즉위지시 　　　　　　[정음해례3ㄴ:5_제자해]

ㅅㅈ雖皆爲全淸, 而ㅅ比ㅈ, 聲不
　 수개위전청　 이　비　　성불 　　　　　　[정음해례3ㄴ:6_제자해]

厲, 故亦爲制字之始. 唯牙之ㆁ, 雖
려　 고역위제자지시　 유아지　　수 　　　 [정음해례3ㄴ:7_제자해]

舌根閉喉聲氣出鼻, 而其聲與ㅇ
설근폐후성기출비　 이기성여 　　　　　　　[정음해례3ㄴ:8_제자해]

[15] 정음해례4ㄱ

相似, 故韻書疑[ㆁ]與喩[ㅇ]多相混用, 今
상사　 고운서의　　 여유　　다상혼용　금　 [정음해례4ㄱ:1_제자해]

亦取象於喉, 而不爲牙音制字之
역취상어후　 이불위아음제자지 　　　　　　[정음해례4ㄱ:2_제자해]

始. 盖喉屬水而牙屬木, ㆁ雖在牙
시　 개후속수이아속목　　수재아 　　　　　[정음해례4ㄱ:3_제자해]

而與ㅇ相似, 猶木之萌芽生於水
이여　 상사　 유목지맹아생어수 　　　　　　[정음해례4ㄱ:4_제자해]

而柔軟, 尙多水氣也. ㄱ木之成質,
이유연　 상다수기야　　목지성질 　　　　　[정음해례4ㄱ:5_제자해]

ㅋ木之盛 °長, ㄲ木之老壯, 故至此
　목지성　장　　목지로장　 고지차 　　　 [정음해례4ㄱ:6_제자해]

乃皆取象於牙也. 全淸並書則爲
내개취상어아야　 전청병서즉위 　　　　　　[정음해례4ㄱ:7_제자해]

全濁, 以其全淸之聲凝則爲全濁
전탁　 이기전청지성응즉위전탁 　　　　　　[정음해례4ㄱ:8_제자해]

[16] 정음해례4ㄴ

也. 唯喉音次淸爲全濁者, 盖以ㆆ
야 유후음차청위전탁자 개이

聲深不爲之凝, ㆆ比ㅇ聲淺, 故凝
성심불위지응 비 성천 고응

而爲全濁也. ㅇ連書脣音之下, 則
이위전탁야 련서순음지하 즉

爲脣輕音者, 以輕音脣乍合而喉
위순경음자 이경음순사합이후

聲多也. 中聲凡十一字. •舌縮而
성다야 중성범십일자 설축이

聲深, 天開於子也. 形之圓, 象乎天
성심 천개어자야 형지원 상호천

也. ㅡ舌小縮而聲不深不淺, 地闢
야 설소축이성불심불천 지벽

於丑也. 形之平, 象乎地也. ㅣ舌不
어축야 형지평 상호지야 설불

[정음해례4ㄴ:1_제자해]
[정음해례4ㄴ:2_제자해]
[정음해례4ㄴ:3_제자해]
[정음해례4ㄴ:4_제자해]
[정음해례4ㄴ:5_제자해]
[정음해례4ㄴ:6_제자해]
[정음해례4ㄴ:7_제자해]
[정음해례4ㄴ:8_제자해]

[17] 정음해례5ㄱ

縮而聲淺, 人生於寅也. 形之立, 象
축이성천 인생어인야 형지립 상

乎人也. 此下八聲, 一闔一闢. ㅗ與
호인야 차하팔성 일합일벽 여

•同而口蹙, 其形則•與ㅡ合而
동이구축 기형즉 여 합이

成, 取天地初交之義也. ㅏ與•同
성 취천지초교지의야 여 동

而口張, 其形則ㅣ與•合而成, 取
이구장 기형즉 여 합이성 취

天地之用發於事物待人而成也.
천지지용발어사물대인이성야

ㅜ與ㅡ同而口蹙, 其形則ㅡ與•
여 동이구축 기형즉 여

合而成, 亦取天地初交之義也. ㅓ
합이성 역취천지초교지의야

[정음해례5ㄱ:1_제자해]
[정음해례5ㄱ:2_제자해]
[정음해례5ㄱ:3_제자해]
[정음해례5ㄱ:4_제자해]
[정음해례5ㄱ:5_제자해]
[정음해례5ㄱ:6_제자해]
[정음해례5ㄱ:7_제자해]
[정음해례5ㄱ:8_제자해]

[18] 정음해례5ㄴ

與ー同而口張, 其形則·與丨合　　　　　　　[정음해례5ㄴ:1_제자해]
여　동이구장　기형즉　여　합

而成, 亦取天地之用發於事物待　　　　　　　[정음해례5ㄴ:2_제자해]
이성　역취천지지용발어사물대

人而成也. ㅗ與ㆍ同而起於丨. ㅑ　　　　　　[정음해례5ㄴ:3_제자해]
인이성야　　여　동이기어

與ㅏ同而起於丨. ㅠ與ㅜ同而起　　　　　　　[정음해례5ㄴ:4_제자해]
여　동이기어　　　여　동이기

於丨. ㅕ與ㅓ同而起於丨. ㅗㅏ　　　　　　　[정음해례5ㄴ:5_제자해]
어　여　동이기어

ㅓ始於天地, 爲初出也. ㅛㅑㅠㅕ　　　　　　[정음해례5ㄴ:6_제자해]
시어천지　위초출야

起於丨而兼乎人, 爲再出也. ㅗㅏ　　　　　　[정음해례5ㄴ:7_제자해]
기어　이겸호인　위재출야

ㅜㅓ之一其圓者, 取其初生之義　　　　　　　[정음해례5ㄴ:8_제자해]
지일기원자　취기초생지의

[19] 정음해례6ㄱ

也. ㅛㅑㅠㅕ之二其圓者, 取其再　　　　　　[정음해례6ㄱ:1_제자해]
야　　　　　지이기원자　취기재

生之義也. ㅗㅏㅛㅑ之圓居上與　　　　　　　[정음해례6ㄱ:2_제자해]
생지의야　　　지원거상여

外者, 以其出於天而爲陽也. ㅜㅓ　　　　　　[정음해례6ㄱ:3_제자해]
외자　이기출어천이위양야

ㅠㅕ之圓居下與內者, 以其出於　　　　　　　[정음해례6ㄱ:4_제자해]
지원거하여내자　이기출어

地而爲陰也. ·之貫於八聲者, 猶　　　　　　　[정음해례6ㄱ:5_제자해]
지이위음야　　지관어팔성자　유

陽之統陰而周流萬物也. ㅛㅑㅠ　　　　　　　[정음해례6ㄱ:6_제자해]
양지통음이주류만물야

ㅕ之皆兼乎人者, 以人爲萬物之　　　　　　　[정음해례6ㄱ:7_제자해]
지개겸호인자　이인위만물지

靈而能參兩儀也. 取象於天地人　　　　　　　[정음해례6ㄱ:8_제자해]
령이능참량의야　취상어천지인

而三才之道備矣. 然三才爲萬物
이 삼 재 지 도 비 의　연 삼 재 위 만 물

[정음해례6ㄴ:1_제자해]

之先, 而天又爲三才之始, 猶·一
지 선　이 천 우 위 삼 재 지 시　유

[정음해례6ㄴ:2_제자해]

丨三字爲八聲之首, 而·又爲三
삼 자 위 팔 성 지 수　이　우 위 삼

[정음해례6ㄴ:3_제자해]

字之冠°也. ㅗ初生於天, 天一生水
자 지 관　야　초 생 어 천　천 일 생 수

[정음해례6ㄴ:4_제자해]

之位也. ㅏ次之, 天三生木之位也.
지 위 야　차 지　천 삼 생 목 지 위 야

[정음해례6ㄴ:5_제자해]

ㅜ初生於地, 地二生火之位也. ㅓ
초 생 어 지　지 이 생 화 지 위 야

[정음해례6ㄴ:6_제자해]

次之, 地四生金之位也. ㅛ再生於
차 지　지 사 생 금 지 위 야　재 생 어

[정음해례6ㄴ:7_제자해]

天, 天七成火之數也. ㅑ次之, 天九
천　천 칠 성 화 지 수 야　차 지　천 구

[정음해례6ㄴ:8_제자해]

[21] 정음해례7ㄱ

成金之數也. ㅠ再生於地, 地六成
성 금 지 수 야　재 생 어 지　지 륙 성

[정음해례7ㄱ:1_제자해]

水之數也. ㅕ次之, 地八成木之數
수 지 수 야　차 지　지 팔 성 목 지 수

[정음해례7ㄱ:2_제자해]

也. 水火未離°乎氣, 陰陽交合之初,
야　수 화 미 리　호 기　음 양 교 합 지 초

[정음해례7ㄱ:3_제자해]

故闔. 木金陰陽之定質, 故闢. ·天
고 합　목 금 음 양 지 정 질　고 벽　천

[정음해례7ㄱ:4_제자해]

五生土之位也. ㅡ地十成土之數
오 생 토 지 위 야　지 십 성 토 지 수

[정음해례7ㄱ:5_제자해]

也. 丨獨無位數者, 盖以人則無極
야　독 무 위 수 자　개 이 인 즉 무 극

[정음해례7ㄱ:6_제자해]

之眞, 二五之精, 妙合而凝, 固未可
지 진　이 오 지 정　묘 합 이 응　고 미 가

[정음해례7ㄱ:7_제자해]

以定位成數論°也. 是則中聲之中,
이 정 위 성 수 론　야　시 즉 중 성 지 중

[정음해례7ㄱ:8_제자해]

[22] 정음해례7ㄴ

亦自有陰陽五行方位之數也. 以
역자유음양오행방위지수야　이
[정음해례7ㄴ:1_제자해]

初聲對中聲而言之. 陰陽, 天道也.
초성대중성이언지　음양　천도야
[정음해례7ㄴ:2_제자해]

剛柔, 地道也. 中聲者, 一深一淺一
강유　지도야　중성자　일심일천일
[정음해례7ㄴ:3_제자해]

闔一闢, 是則陰陽分而五行之氣
합일벽　시즉음양분이오행지기
[정음해례7ㄴ:4_제자해]

具焉, 天之用也. 初聲者, 或虛或實
구언　천지용야　초성자　혹허혹실
[정음해례7ㄴ:5_제자해]

或颺或滯或重若輕, 是則剛柔著
혹양혹체혹중약경　시즉강유저
[정음해례7ㄴ:6_제자해]

而五行之質成焉, 地之功也. 中聲
이오행지질성언　지지공야　중성
[정음해례7ㄴ:7_제자해]

以深淺闔闢唱之於前, 初聲以五
이심천합벽창지어전　초성이오
[정음해례7ㄴ:8_제자해]

[23] 정음해례8ㄱ

音淸濁和°之於後, 而爲初亦爲終.
음청탁화　지어후　이위초역위종
[정음해례8ㄱ:1_제자해]

亦可見萬物初生於地, 復歸於地
역가견만물초생어지　복귀어지
[정음해례8ㄱ:2_제자해]

也. 以初中終合成之字言之, 亦有
야　이초중종합성지자언지　역유
[정음해례8ㄱ:3_제자해]

動靜互根陰陽交變之義焉. 動者,
동정호근음양교변지의언　동자
[정음해례8ㄱ:4_제자해]

天也. 靜者, 地也. 兼乎動靜者, 人也.
천야　정자　지야　겸호동정자　인야
[정음해례8ㄱ:5_제자해]

盖五行在天則神之運也, 在地則
개오행재천즉신지운야　재지즉
[정음해례8ㄱ:6_제자해]

質之成也, 在人則仁禮信義智神
질지성야　재인즉인례신의지신
[정음해례8ㄱ:7_제자해]

之運也, 肝心脾肺腎質之成也. 初
지운야　간심비폐신질지성야　초
[정음해례8ㄱ:8_제자해]

[24] 정음해례8ㄴ

聲有發動之義, 天之事也. 終聲有
성유발동지의 천지사야 종성유
[정음해례8ㄴ:1_제자해]

止定之義, 地之事也. 中聲承初之
지정지의 지지사야 중성승초지
[정음해례8ㄴ:2_제자해]

生, 接終之成, 人之事也. 盖字韻之
생 접종지성 인지사야 개자운지
[정음해례8ㄴ:3_제자해]

要, 在於中聲, 初終合而成音. 亦猶
요 재어중성 초종합이성음 역유
[정음해례8ㄴ:4_제자해]

天地生成萬物, 而其財成輔相° 則
천지생성만물 이기재성보상 즉
[정음해례8ㄴ:5_제자해]

必賴乎人也. 終聲之復° 用初聲者,
필뢰호인야 종성지부 용초성자
[정음해례8ㄴ:6_제자해]

以其動而陽者乾也, 靜而陰者亦
이기동이양자건야 정이음자역
[정음해례8ㄴ:7_제자해]

乾也, 乾實分陰陽而無不君宰也.
건야 건실분음양이무불군재야
[정음해례8ㄴ:8_제자해]

[25] 정음해례9ㄱ

一元之氣, 周流不窮, 四時之運, 循
일원지기 주류불궁 사시지운 순
[정음해례9ㄱ:1_제자해]

環無端, 故貞而復° 元, 冬而復° 春. 初
환무단 고정이부 원 동이부 춘 초
[정음해례9ㄱ:2_제자해]

聲之復° 爲終, 終聲之復° 爲初, 亦此
성지부 위종 종성지부 위초 역차
[정음해례9ㄱ:3_제자해]

義也. 吁. 正音作而天地萬物之理
의야 우 정음작이천지만물지리
[정음해례9ㄱ:4_제자해]

咸備, 其神矣哉. 是殆天啓
함비 기신의재 시태천계
[정음해례9ㄱ:5_제자해]

聖心而假手焉者乎. 訣曰
성심이가수언자호 결왈
[정음해례9ㄱ:6_제자해]

天地之化本一氣
천지지화본일기
[정음해례9ㄱ:7_제자해갈무리시]

陰陽五行相始終
음양오행상시종
[정음해례9ㄱ:8_제자해갈무리시]

[26] 정음해례9ㄴ

物於兩間有形聲
물 어 량 간 유 형 성

[정음해례9ㄴ:1_제자해갈무리시]

元本無二理數通
원 본 무 이 리 수 통

[정음해례9ㄴ:2_제자해갈무리시]

正音制字尙其象
정 음 제 자 상 기 상

[정음해례9ㄴ:3_제자해갈무리시]

因聲之厲每加畫
인 성 지 려 매 가 획

[정음해례9ㄴ:4_제자해갈무리시]

音出牙舌脣齒喉
음 출 아 설 순 치 후

[정음해례9ㄴ:5_제자해갈무리시]

是爲初聲字十七
시 위 초 성 자 십 칠

[정음해례9ㄴ:6_제자해갈무리시]

牙取舌根閉喉形
아 취 설 근 폐 후 형

[정음해례9ㄴ:7_제자해갈무리시]

唯業[ㆁ]似欲[ㅇ]取義別。
유 업   사 욕   취 의 별

[정음해례9ㄴ:8_제자해갈무리시]

[27] 정음해례10ㄱ

舌迺象舌附上腭
설 내 상 설 부 상 악

[정음해례10ㄱ:1_제자해갈무리시]

脣則實是取口形
순 즉 실 시 취 구 형

[정음해례10ㄱ:2_제자해갈무리시]

齒喉直取齒喉象
치 후 직 취 치 후 상

[정음해례10ㄱ:3_제자해갈무리시]

知斯五義聲自明
지 사 오 의 성 자 명

[정음해례10ㄱ:4_제자해갈무리시]

又有半舌半齒音
우 유 반 설 반 치 음

[정음해례10ㄱ:5_제자해갈무리시]

取象同而體則異
취 상 동 이 체 즉 이

[정음해례10ㄱ:6_제자해갈무리시]

那[ㄴ]彌[ㅁ]戌[ㅅ]欲[ㅇ]聲不厲
나   미   술   욕   성 불 려

[정음해례10ㄱ:7_제자해갈무리시]

次序雖後象形始
차 서 수 후 상 형 시

[정음해례10ㄱ:8_제자해갈무리시]

[28] 정음해례10ㄴ

配諸四時與冲氣　　　　　　　　　　　　[정음해례10ㄴ:1_제자해갈무리시]
배 저 사 시 여 충 기

五行五音無不協　　　　　　　　　　　　[정음해례10ㄴ:2_제자해갈무리시]
오 행 오 음 무 불 협

維喉爲水冬與羽　　　　　　　　　　　　[정음해례10ㄴ:3_제자해갈무리시]
유 후 위 수 동 여 우

牙迺春木其音角　　　　　　　　　　　　[정음해례10ㄴ:4_제자해갈무리시]
아 내 춘 목 기 음 각

°徵音夏火是舌聲　　　　　　　　　　　　[정음해례10ㄴ:5_제자해갈무리시]
　치 음 하 화 시 설 성

齒則商秋又是金　　　　　　　　　　　　[정음해례10ㄴ:6_제자해갈무리시]
치 즉 상 추 우 시 금

脣於位數本無定　　　　　　　　　　　　[정음해례10ㄴ:7_제자해갈무리시]
순 어 위 수 본 무 정

土而季夏爲宮音　　　　　　　　　　　　[정음해례10ㄴ:8_제자해갈무리시]
토 이 계 하 위 궁 음

[29] 정음해례11ㄱ

聲音又自有淸濁　　　　　　　　　　　　[정음해례11ㄱ:1_제자해갈무리시]
성 음 우 자 유 청 탁

要° 於初發細推尋　　　　　　　　　　　　[정음해례11ㄱ:2_제자해갈무리시]
요 　어 초 발 세 추 심

全淸聲是君[ㄱ]斗[ㄷ]彆[ㅂ]　　　　　　[정음해례11ㄱ:3_제자해갈무리시]
전 청 성 시 군 　　 두 　　 별

即[ㅈ]戌[ㅅ]挹[[ㆆ]亦全淸聲　　　　　　[정음해례11ㄱ:4_제자해갈무리시]
즉 　　 술 　　 읍 　　　 역 전 청 성

若迺快[ㅋ]呑[ㅌ]漂[ㅍ]侵[ㅊ]虛[ㅎ]　[정음해례11ㄱ:5_제자해갈무리시]
약 내 쾌 　　 탄 　　 표 　　 침 　　 허

五音各一爲次淸　　　　　　　　　　　　[정음해례11ㄱ:6_제자해갈무리시]
오 음 각 일 위 차 청

全濁之聲虯[ㄲ]覃[ㄸ]步[ㅃ]　　　　　　[정음해례11ㄱ:7_제자해갈무리시]
전 탁 지 성 규 　　 담 　　 보

又有慈[ㅉ]邪[ㅆ]亦有洪[ㆅ]　　　　　　[정음해례11ㄱ:8_제자해갈무리시]
우 유 자 　　 사 　　 역 유 홍

[30] 정음해례11ㄴ

全淸並書爲全濁　　　　　　　　　　　　　　[정음해례11ㄴ:1_제자해갈무리시]
전 청 병 서 위 전 탁

唯洪[ㆅ]自虛[ㅎ]是不同　　　　　　　　　[정음해례11ㄴ:2_제자해갈무리시]
유 홍　　자 허　　시 불 동

業[ㆁ]那[ㄴ]彌[ㅁ]欲[ㅇ]及閭[ㄹ]穰[△]　[정음해례11ㄴ:3_제자해갈무리시]
업　　나　　미　　욕　　급 려　　양

其聲不淸又不濁　　　　　　　　　　　　　　[정음해례11ㄴ:4_제자해갈무리시]
기 성 불 청 우 불 탁

欲[ㅇ]之連書爲脣輕　　　　　　　　　　　[정음해례11ㄴ:5_제자해갈무리시]
욕　　지 연 서 위 순 경

喉聲多而脣乍合　　　　　　　　　　　　　　[정음해례11ㄴ:6_제자해갈무리시]
후 성 다 이 순 사 합

中聲十一亦取象　　　　　　　　　　　　　　[정음해례11ㄴ:7_제자해갈무리시]
중 성 십 일 역 취 상

精義未可容易°觀　　　　　　　　　　　　　[정음해례11ㄴ:8_제자해갈무리시]
정 의 미 가 용 이　관

[31] 정음해례12ㄱ

呑[·]擬於天聲最深　　　　　　　　　　　　[정음해례12ㄱ:1_제자해갈무리시]
탄　　의 어 천 성 최 심

所以圓形如彈丸　　　　　　　　　　　　　　[정음해례12ㄱ:2_제자해갈무리시]
소 이 원 형 여 탄 환

卽[ㅡ]聲不深又不淺　　　　　　　　　　　[정음해례12ㄱ:3_제자해갈무리시]
즉　　성 불 심 우 불 천

其形之平象乎地　　　　　　　　　　　　　　[정음해례12ㄱ:4_제자해갈무리시]
기 형 지 평 상 호 지

侵[ㅣ]象人立厥聲淺　　　　　　　　　　　[정음해례12ㄱ:5_제자해갈무리시]
침　　상 인 립 궐 성 천

三才之道斯爲備　　　　　　　　　　　　　　[정음해례12ㄱ:6_제자해갈무리시]
삼 재 지 도 사 위 비

洪[ㅗ]出於天尙爲闔　　　　　　　　　　　[정음해례12ㄱ:7_제자해갈무리시]
홍　　출 어 천 상 위 합

象取天圓合地平　　　　　　　　　　　　　　[정음해례12ㄱ:8_제자해갈무리시]
상 취 천 원 합 지 평

[32] 정음해례12ㄴ

覃[ㅏ]亦出天爲已闢　　　　　　　　[정음해례12ㄴ:1_제자해갈무리시]
담　　역출천위이벽

發於事物就人成　　　　　　　　　[정음해례12ㄴ:2_제자해갈무리시]
발어사물취인성

用初生義一其圓　　　　　　　　　[정음해례12ㄴ:3_제자해갈무리시]
용초생의일기원

出天爲陽在上外　　　　　　　　　[정음해례12ㄴ:4_제자해갈무리시]
출천위양재상외

欲[ㅛ]穰[ㅑ]兼人爲再出　　　　　[정음해례12ㄴ:5_제자해갈무리시]
욕　양　겸인위재출

二圓爲形見°其義　　　　　　　　[정음해례12ㄴ:6_제자해갈무리시]
이원위형현　기의

君[ㅜ]業[ㅓ]戌[ㅠ]彆[ㅕ]出於地　[정음해례12ㄴ:7_제자해갈무리시]
군　업　술　별　출어지

據例自知何須評　　　　　　　　　[정음해례12ㄴ:8_제자해갈무리시]
거례자지하수평

[33] 정음해례13ㄱ

吞[ㆍ]之爲字貫八聲　　　　　　　[정음해례13ㄱ:1_제자해갈무리시]
탄　　지위자관팔성

維天之用徧流行　　　　　　　　　[정음해례13ㄱ:2_제자해갈무리시]
유천지용편류행

四聲兼人亦有由　　　　　　　　　[정음해례13ㄱ:3_제자해갈무리시]
사성겸인역유유

人參天地爲最靈　　　　　　　　　[정음해례13ㄱ:4_제자해갈무리시]
인참천지위최령

且就三聲究至理　　　　　　　　　[정음해례13ㄱ:5_제자해갈무리시]
차취삼성구지리

自有剛柔與陰陽　　　　　　　　　[정음해례13ㄱ:6_제자해갈무리시]
자유강유여음양

中是天用陰陽分　　　　　　　　　[정음해례13ㄱ:7_제자해갈무리시]
중시천용음양분

初迺地功剛柔彰　　　　　　　　　[정음해례13ㄱ:8_제자해갈무리시]
초내지공강유창

[34] 정음해례13ㄴ

中聲唱之初聲和°
중 성 창 지 초 성 화

[정음해례13ㄴ:1_제자해갈무리시]

天先°乎地理自然
천 선   호 지 리 자 연

[정음해례13ㄴ:2_제자해갈무리시]

和°者爲初亦爲終
화   자 위 초 역 위 종

[정음해례13ㄴ:3_제자해갈무리시]

物生復歸皆於坤
물 생 복 귀 개 어 곤

[정음해례13ㄴ:4_제자해갈무리시]

陰變爲陽陽變陰
음 변 위 양 양 변 음

[정음해례13ㄴ:5_제자해갈무리시]

一動一靜互爲根
일 동 일 정 호 위 근

[정음해례13ㄴ:6_제자해갈무리시]

初聲復°有發生義
초 성 부   유 발 생 의

[정음해례13ㄴ:7_제자해갈무리시]

爲陽之動主於天
위 양 지 동 주 어 천

[정음해례13ㄴ:8_제자해갈무리시]

[35] 정음해례14ㄱ

終聲比地陰之靜
종 성 비 지 음 지 정

[정음해례14ㄱ:1_제자해갈무리시]

字音於此止定焉
자 음 어 차 지 정 언

[정음해례14ㄱ:2_제자해갈무리시]

韻成要在中聲用
운 성 요 재 중 성 용

[정음해례14ㄱ:3_제자해갈무리시]

人能輔相°天地宜
인 능 보 상   천 지 의

[정음해례14ㄱ:4_제자해갈무리시]

陽之爲用通於陰
양 지 위 용 통 어 음

[정음해례14ㄱ:5_제자해갈무리시]

至而伸則反而歸
지 이 신 즉 반 이 귀

[정음해례14ㄱ:6_제자해갈무리시]

初終雖云分兩儀
초 종 수 운 분 량 의

[정음해례14ㄱ:7_제자해갈무리시]

終用初聲義可知
종 용 초 성 의 가 지

[정음해례14ㄱ:8_제자해갈무리시]

[36] 정음해례14ㄴ

正音之字只卄八
정음지자지입팔
[정음해례14ㄴ:1_제자해갈무리시]

。探賾錯綜窮深。幾
탐색착종궁심 기
[정음해례14ㄴ:2_제자해갈무리시]

指遠言近牖民易。
지원언근유민이
[정음해례14ㄴ:3_제자해갈무리시]

天授何曾智巧爲
천수하증지교위
[정음해례14ㄴ:4_제자해갈무리시]

初聲解
초성해
[정음해례14ㄴ:5_초성해제목]

正音初聲, 即韻書之字母也. 聲音
정음초성 즉운서지자모야 성음
[정음해례14ㄴ:6_초성해]

由此而生, 故曰母. 如牙音君[군]字初
유차이생 고왈모 여아음군 자초
[정음해례14ㄴ:7_초성해]

聲是ㄱ, ㄱ與ㅜ而爲군. 快[쾌]字初聲
성시 여 이위 쾌 자초성
[정음해례14ㄴ:8_초성해]

[37] 정음해례15ㄱ

是ㅋ, ㅋ與ㅙ而爲쾌. 虯[뀨]字初聲是
시 여 이위 규 자초성시
[정음해례15ㄱ:1_초성해]

ㄲ,ㄲ與ㅠ而爲뀨. 業[업]字初聲是ㆁ,
여 이위 업 자초성시
[정음해례15ㄱ:2_초성해]

ㆁ與ㅓ而爲업之類. 舌之斗[ㄷ]吞[ㅌ]覃[ㄸ]
여 이위 업지류 설지두 탄 담
[정음해례15ㄱ:3_초성해]

那[ㄴ], 脣之彆[ㅂ]漂[ㅍ]步[ㅃ]彌[ㅁ],
나 순지별 표 보 미
[정음해례15ㄱ:4_초성해]

齒之即[ㅈ]侵[ㅊ]慈[ㅉ]戌[ㅅ]
치지즉 침 자 술

邪[ㅆ], 喉之挹[ㆆ]虛[ㅎ]洪[ㆅ]欲[ㅇ],
사 후지읍 허 홍 욕
[정음해례15ㄱ:5_초성해]

半舌半齒之閭[ㄹ]
반설반치지려

穰[ㅿ], 皆倣此. 訣曰
양 개방차 결왈
[정음해례15ㄱ:6_초성해]

君[ㄱ]快[ㅋ]虯[ㄲ]業[ㆁ]其聲牙
군 쾌 규 업 기성아
[정음해례15ㄱ:7_초성해갈무리시]

舌聲斗[ㄷ]吞[ㅌ]及覃[ㄸ]那[ㄴ]
설성두 탄 급담 나
[정음해례15ㄱ:8_초성해갈무리시]

彆[ㅂ]漂[ㅍ]步[ㅃ]彌[ㅁ]則是脣
별 표 보 미 즉시순
[정음해례15ㄴ:1_초성해갈무리시]

齒有卽[ㅈ]侵[ㅊ]慈[ㅉ]戌[ㅅ]邪[ㅆ]
치유즉 침 자 술 사
[정음해례15ㄴ:2_초성해갈무리시]

挹[ㆆ]虛[ㅎ]洪[ㆅ]欲[ㅇ]逎喉聲
읍 허 홍 욕 내후성
[정음해례15ㄴ:3_초성해갈무리시]

閭[ㄹ]爲半舌穰[△]半齒
려 위반설양 반치
[정음해례15ㄴ:4_초성해갈무리시]

二十三字是爲母
이십삼자시위모
[정음해례15ㄴ:5_초성해갈무리시]

萬聲生生皆自此
만성생생개자차
[정음해례15ㄴ:6_초성해갈무리시]

中聲解
중성해
[정음해례15ㄴ:7_중성해제목]

中聲者, 居字韻之中, 合初終而成
중성자 거자운지중 합초종이성
[정음해례15ㄴ:8_중성해]

音. 如呑[ᄐᆞᆫ]字中聲是ㆍ, ㆍ居ㅌㄴ之
음 여탄 자중성시 거 지
[정음해례16ㄱ:1_중성해]

間而爲ᄐᆞᆫ. 卽[즉]字中聲是ㅡ, ㅡ居ㅈ
간이위 즉 자중성시 거
[정음해례16ㄱ:2_중성해]

ㄱ之間而爲즉. 侵[침]字中聲是ㅣ, ㅣ
지간이위 침 자중성시
[정음해례16ㄱ:3_중성해]

居ㅊㅁ之間而爲침之類. 洪[ㅗ]覃[ㅏ]君[ㅜ]
거 지간이위 지류 홍 담 군
[정음해례16ㄱ:4_중성해]

業[ㅓ]欲[ㅛ]穰[ㅑ]戌[ㅠ]彆[ㅕ], 皆倣此. 二字合用者,
업 욕 양 술 별 개방차 이자합용자
[정음해례16ㄱ:5_중성해]

ㅗ與ㅏ同出於ㆍ, 故合而爲ㅘ. ㅛ
여 동출어 고합이위
[정음해례16ㄱ:6_중성해]

與ㅑ又同出於ㅣ, 故合而爲ㅙ. ㅜ
여 우동출어 고합이위
[정음해례16ㄱ:7_중성해]

與ㅓ同出於ㅡ, 故合而爲ㅝ. ㅠ與
여 동출어 고합이위 여
[정음해례16ㄱ:8_중성해]

[40] 정음해례16ㄴ

ㅕ又同出於ㅣ, 故合而爲ㆇ. 以其
우 동 출 어　　고 합 이 위　　이 기
[정음해례16ㄴ:1_중성해]

同出而爲類, 故相合而不悖也. 一
동 출 이 위 류　고 상 합 이 불 패 야　일
[정음해례16ㄴ:2_중성해]

字中聲之與ㅣ相合者十, ㅓㅢㅚ
자 중 성 지 여　　상 합 자 십
[정음해례16ㄴ:3_중성해]

ㅐㅟㅔㅙㅒㆌㅖ是也. 二字中聲
　　　　　시 야　이 자 중 성
[정음해례16ㄴ:4_중성해]

之與ㅣ相合者四, ㅙㅞㆋㆎ是也.
지 여　　상 합 자 사　　　　　시 야
[정음해례16ㄴ:5_중성해]

ㅣ於深淺闔闢之聲, 並能相隨者,
어 심 천 합 벽 지 성　병 능 상 수 자
[정음해례16ㄴ:6_중성해]

以其舌展聲淺而便於開口也. 亦
이 기 설 전 성 천 이 편 어 개 구 야　역
[정음해례16ㄴ:7_중성해]

可見人[ㅣ]之參贊開物而無所不通
가 견 인　　지 참 찬 개 물 이 무 소 불 통
[정음해례16ㄴ:8_중성해]

[41] 정음해례17ㄱ

也. 訣曰
야　결 왈
[정음해례17ㄱ:1_중성해]

母字之音各有中
모 자 지 음 각 유 중
[정음해례17ㄱ:2_중성해갈무리시]

須就中聲尋闢闔
수 취 중 성 심 벽 합
[정음해례17ㄱ:3_중성해갈무리시]

洪[ㅗ]覃[ㅏ]自呑[ㆍ]可合用
홍　　담　　자 탄　　가 합 용
[정음해례17ㄱ:4_중성해갈무리시]

君[ㅜ]業[ㅓ]出即[ㅡ]亦可合
군　　업　　출 즉　　역 가 합
[정음해례17ㄱ:5_중성해갈무리시]

欲[ㅛ]之與穰[ㅑ]戌[ㅠ]與彆[ㅕ]
욕　　지 여 양　　술　　여 별
[정음해례17ㄱ:6_중성해갈무리시]

各有所從義可推
각 유 소 종 의 가 추
[정음해례17ㄱ:7_중성해갈무리시]

侵[ㅣ]之爲用最居多
침　　지 위 용 최 거 다
[정음해례17ㄱ:8_중성해갈무리시]

於十四聲徧相隨
어 십 사 성 편 상 수

[정음해례17ㄴ:1_중성해갈무리시]

終聲解
종 성 해

[정음해례17ㄴ:2_종성해제목]

終聲者, 承初中而成字韻. 如即[즉]字
종 성 자 승 초 중 이 성 자 운 여 즉 　 자

[정음해례17ㄴ:3_종성해]

終聲是ㄱ, ㄱ居ㅈ終而爲즉. 洪[뽕]字
종 성 시 거 종 이 위 홍 　 자

[정음해례17ㄴ:4_종성해]

終聲是ㆁ, ㆁ居ㅗ終而爲뽕之類.
종 성 시 거 종 이 위 지 류

[정음해례17ㄴ:5_종성해]

舌脣齒喉皆同. 聲有緩急之殊, 故
설 순 치 후 개 동 성 유 완 급 지 수 고

[정음해례17ㄴ:6_종성해]

平°上去其終聲不類入聲之促急.
평 　 상 거 기 종 성 불 류 입 성 지 촉 급

[정음해례17ㄴ:7_종성해]

不淸不濁之字, 其聲不厲, 故用於
불 청 불 탁 지 자 기 성 불 려 고 용 어

[정음해례17ㄴ:8_종성해]

終則宜於平°上去. 全淸次淸全濁
종 즉 의 어 평 　 상 거 전 청 차 청 전 탁

[정음해례18ㄱ:1_종성해]

之字, 其聲爲厲, 故用於終則宜於
지 자 기 성 위 려 고 용 어 종 즉 의 어

[정음해례18ㄱ:2_종성해]

入. 所以ㆁㄴㅁㅇㄹㅿ六字爲平
입 소 이 육 자 위 평

[정음해례18ㄱ:3_종성해]

°上去聲之終, 而餘皆爲入聲之終
　상 거 성 지 종 이 여 개 위 입 성 지 종

[정음해례18ㄱ:4_종성해]

也. 然ㄱㆁㄷㄴㅂㅁㅅㄹ八字可
야 연 팔 자 가

[정음해례18ㄱ:5_종성해]

足用也. 如빗곶爲梨花, 엿의갗爲
족 용 야 여 　 위 리 화 　 위

[정음해례18ㄱ:6_종성해]

狐皮, 而ㅅ字可以通用, 故只用ㅅ
호 피 이 자 가 이 통 용 고 지 용

[정음해례18ㄱ:7_종성해]

字. 且ㅇ聲淡而虛, 不必用於終, 而
자 차 성 담 이 허 불 필 용 어 종 이

[정음해례18ㄱ:8_종성해]

[44] 정음해례18ㄴ

中聲可得成音也. ㄷ如볃爲彆[볃], ㄴ [정음해례18ㄴ:1_종성해]
중성가득성음야   여   위별

如군爲君[군], ㅂ如업爲業[업], ㅁ如땀爲 [정음해례18ㄴ:2_종성해]
여   위군   여   위업   여   위

覃[땀], ㅅ如諺語·옷爲衣, ㄹ如諺語실 [정음해례18ㄴ:3_종성해]
담   여언어 위의   여언어

爲絲之類. 五音之緩急, 亦各自爲 [정음해례18ㄴ:4_종성해]
위사지류 오음지완급 역각자위

對. 如牙之ㆁ與ㄱ爲對, 而ㆁ促呼 [정음해례18ㄴ:5_종성해]
대 여아지 여 위대 이 촉호

則變爲ㄱ而急, ㄱ舒出則變爲ㆁ [정음해례18ㄴ:6_종성해]
즉변위 이급   서출즉변위

而緩. 舌之ㄴㄷ, 脣之ㅁㅂ, 齒之ㅿ [정음해례18ㄴ:7_종성해]
이완 설지   순지   치지

ㅅ, 喉之ㅇㆆ, 其緩急相對, 亦猶是 [정음해례18ㄴ:8_종성해]
후지   기완급상대 역유시

[45] 정음해례19ㄱ

也. 且半舌之ㄹ, 當用於諺, 而不可 [정음해례19ㄱ:1_종성해]
야 차반설지 당용어언 이불가

用於文. 如入聲之彆[볃]字, 終聲當用 [정음해례19ㄱ:2_종성해]
용어문 여입성지별 자 종성당용

ㄷ, 而俗習讀爲ㄹ, 盖ㄷ變而爲輕 [정음해례19ㄱ:3_종성해]
이속습독위 개 변이위경

也. 若用ㄹ爲彆[:볃]之終, 則其聲舒緩, [정음해례19ㄱ:4_종성해]
야 약용 위별 지종 즉기성서완

不爲入也. 訣曰 [정음해례19ㄱ:5_종성해]
불위입야 결왈

不淸不濁用於終 [정음해례19ㄱ:6_종성해갈무리시]
불청불탁용어종

爲平°上去不爲入 [정음해례19ㄱ:7_종성해갈무리시]
위평 상거불위입

全淸次淸及全濁 [정음해례19ㄱ:8_종성해갈무리시]
전청차청급전탁

[46] 정음해례19ㄴ

是皆爲入聲促急
시 개 위 입 성 촉 급
[정음해례19ㄴ:1_종성해갈무리시]

初作終聲理固然
초 작 종 성 리 고 연
[정음해례19ㄴ:2_종성해갈무리시]

只將八字用不窮
지 장 팔 자 용 불 궁
[정음해례19ㄴ:3_종성해갈무리시]

唯有欲[ㅇ]聲所當處
유 유 욕 　 성 소 당 처
[정음해례19ㄴ:4_종성해갈무리시]

中聲成音亦可通
중 성 성 음 역 가 통
[정음해례19ㄴ:5_종성해갈무리시]

若書即[즉]字終用君[ㄱ]
약 서 즉 　 자 종 용 군
[정음해례19ㄴ:6_종성해갈무리시]

洪[횽]彆[볃]亦以業[ㆁ]斗[ㄷ]終
홍 　 별 　 역 이 업 　 두 　 종
[정음해례19ㄴ:7_종성해갈무리시]

君[군]業[업]覃[땀]終又何如
군 　 업 　 담 　 종 우 하 여
[정음해례19ㄴ:8_종성해갈무리시]

[47] 정음해례20ㄱ

以那[ㄴ]彆[ㅂ]彌[ㅁ]次第推
이 나 　 별 　 미 　 차 제 추
[정음해례20ㄱ:1_종성해갈무리시]

六聲[ㄱㆁㄷㄴㅂㅁ]通乎文與諺
육 성 　 　 　 　 　 　 　 통 호 문 여 언
[정음해례20ㄱ:2_종성해갈무리시]

戌[ㅅ]閭[ㄹ]用於諺[·옷]衣絲[실]
술 　 려 　 용 어 언 　 의 사
[정음해례20ㄱ:3_종성해갈무리시]

五音緩急各自對
오 음 완 급 각 자 대
[정음해례20ㄱ:4_종성해갈무리시]

君[ㄱ]聲迺是業[ㆁ]之促
군 　 성 내 시 업 　 지 촉
[정음해례20ㄱ:5_종성해갈무리시]

斗[ㄷ]彆[ㅂ]聲緩爲那[ㄴ]彌[ㅁ]
두 　 별 　 성 완 위 나 　 미
[정음해례20ㄱ:6_종성해갈무리시]

穰[ㅿ]欲[ㅇ]亦對戌[ㅅ]與挹[ㆆ]
양 　 욕 　 역 대 술 　 여 읍
[정음해례20ㄱ:7_종성해갈무리시]

閭[ㄹ]宜於諺不宜文
려 　 의 어 언 불 의 문
[정음해례20ㄱ:8_종성해갈무리시]

[48] 정음해례20ㄴ

斗[ㄷ]輕爲閭[ㄹ]是俗習 　　　　　　　[정음해례20ㄴ:1_종성해갈무리시]
두　경위려　시속습

合字解
합자해　　　　　　　　　　　　　　　　[정음해례20ㄴ:2_합자해제목]

初中終三聲, 合而成字. 初聲或在 　　　　[정음해례20ㄴ:3_합자해]
초중종삼성　합이성자　초성혹재

中聲之上, 或在中聲之左. 如君[군]字 　　[정음해례20ㄴ:4_합자해]
중성지상　혹재중성지좌　여군　자

ㄱ在ㅜ上, 業[업]字ㅇ在ㅓ左之類. 中 　　[정음해례20ㄴ:5_합자해]
재　상업　자　재　좌지류　중

聲則圓者橫者在初聲之下, ㆍㅡ 　　　　[정음해례20ㄴ:6_합자해]
성즉원자횡자재초성지하

ㅗㅛㅜㅠ是也. ㆍ縱者在初聲之右, 　　[정음해례20ㄴ:7_합자해]
시야　종　자재초성지우

ㅣㅏㅑㅓㅕ是也. 如呑[툰]字ㆍ在ㅌ 　　[정음해례20ㄴ:8_합자해]
시야　여탄　자　재

[49] 정음해례21ㄱ

下, 卽[즉]字ㅡ在ㅈ下, 侵[침]字ㅣ在ㅊ右 　[정음해례21ㄱ:1_합자해]
하　즉　자　재하침　자　재우

之類. 終聲在初中之下. 如君[군]字ㄴ 　　[정음해례21ㄱ:2_합자해]
지류　종성재초중지하　여군　자

在ㄱ下, 業[업]字ㅂ在ㅓ下之類. 初聲 　　[정음해례21ㄱ:3_합자해]
재　하업　자　재　하지류　초성

二字三字合用並書, 如諺語ㅅㅏ爲 　　　[정음해례21ㄱ:4_합자해]
이자삼자합용병서　여언어　위

地, ㅴ爲隻, ㅄ爲隙之類. 各自並書, 　　[정음해례21ㄱ:5_합자해]
지　위척　위극지류　각자병서

如諺語혀爲舌而ㅆ爲引, 괴ㆍ여爲 　　　[정음해례21ㄱ:6_합자해]
여언어　위설이　위인　위

我愛人而괴ㆆㅕ爲人愛我, 소ㆍ다爲 　　[정음해례21ㄱ:7_합자해]
아애인이　위인애아　위

覆物而쏘ㆍ다爲射之之類. 中聲二 　　　[정음해례21ㄱ:8_합자해]
복물이　위사지지류　중성이

字三字合用, 如諺語 과 爲琴柱, 홰
자 삼 자 합 용　여 언 어　　위 금 주
[정음해례21ㄴ:1_합자해]

爲炬之類. 終聲二字三字合用, 如
위 거 지 류　종 성 이 자 삼 자 합 용　여
[정음해례21ㄴ:2_합자해]

諺語 흙 爲土, 낛 爲釣, 둛빼 爲酉時
언 어　위 토　　위 조　　　　위 유 시
[정음해례21ㄴ:3_합자해]

之類. 其合用並書, 自左而右, 初中
지 류　기 합 용 병 서　자 좌 이 우　초 중
[정음해례21ㄴ:4_합자해]

終三聲皆同. 文與諺雜用則有因
종 삼 성 개 동　문 여 언 잡 용 즉 유 인
[정음해례21ㄴ:5_합자해]

字音而補以中終聲者, 如孔子ㅣ
자 음 이 보 이 중 종 성 자　여 공 자
[정음해례21ㄴ:6_합자해]

魯ㅅ사룸 之類. 諺語平 °上去入, 如
로　　　지 류　언 어 평　상 거 입　여
[정음해례21ㄴ:7_합자해]

활 爲弓而其聲平, 돌 爲石而其聲
위 궁 이 기 성 평　　위 석 이 기 성
[정음해례21ㄴ:8_합자해]

°上, 갈 爲刀而其聲去, 붇 爲筆而其
상　　위 도 이 기 성 거　　위 필 이 기
[정음해례22ㄱ:1_합자해]

聲入之類. 凡字之左, 加一點爲去
성 입 지 류　범 자 지 좌　가 일 점 위 거
[정음해례22ㄱ:2_합자해]

聲, 二點爲 °上聲, 無點爲平聲. 而文
성　이 점 위　상 성　무 점 위 평 성　이 문
[정음해례22ㄱ:3_합자해]

之入聲, 與去聲相似. 諺之入聲無
지 입 성　여 거 성 상 사　언 지 입 성 무
[정음해례22ㄱ:4_합자해]

定, 或似平聲, 如긷 爲柱, 녑 爲脅. 或
정　혹 사 평 성　여　위 주　　위 협　혹
[정음해례22ㄱ:5_합자해]

似 °上聲, 如낟 爲穀, 깁 爲繒. 或似去
사　상 성　여　위 곡　　위 증　혹 사 거
[정음해례22ㄱ:6_합자해]

聲, 如몯 爲釘, 입 爲口之類. 其加點
성　여　위 정　　위 구 지 류　기 가 점
[정음해례22ㄱ:7_합자해]

則與平 °上去同. 平聲安而和, 春也,
즉 여 평　상 거 동　평 성 안 이 화　춘 야
[정음해례22ㄱ:8_합자해]

[52] 정음해례22ㄴ

萬物舒泰. °上聲和而擧, 夏也, 萬物
만물서태 상성화이거 하야 만물
[정음해례22ㄴ:1_합자해]

漸盛. 去聲擧而壯, 秋也, 萬物成熟.
점성 거성거이장 추야 만물성숙
[정음해례22ㄴ:2_합자해]

入聲促而塞°, 冬也, 萬物閉藏. 初聲
입성촉이색 동야 만물폐장 초성
[정음해례22ㄴ:3_합자해]

之ㆆ與ㅇ相似, 於諺可以通用也.
지 여 상사 어언가이통용야
[정음해례22ㄴ:4_합자해]

半舌有輕重二音. 然韻書字母唯
반설유경중이음 연운서자모유
[정음해례22ㄴ:5_합자해]

一, 且國語雖不分輕重, 皆得成音.
일 차국어수불분경중 개득성음
[정음해례22ㄴ:6_합자해]

若欲備用, 則依脣輕例, ㅇ連書ㄹ
약욕비용 즉의순경례 련서
[정음해례22ㄴ:7_합자해]

下, 爲半舌輕音, 舌乍附上腭. •ㅡ
하 위반설경음 설사부상악
[정음해례22ㄴ:8_합자해]

[53] 정음해례23ㄱ

起ㅣ聲, 於國語無用. 兒童之言, 邊
기 성 어국어무용 아동지언 변
[정음해례23ㄱ:1_합자해]

野之語, 或有之, 當合二字而用, 如
야지어 혹유지 당합이자이용 여
[정음해례23ㄱ:2_합자해]

ㄱㅣㄲ之類. 其先°縱後橫, 與他不同.
지류 기선 종후횡 여타부동
[정음해례23ㄱ:3_합자해]

訣曰
결왈
[정음해례23ㄱ:4_합자해]

初聲在中聲左上
초성재중성좌상
[정음해례23ㄱ:5_합자해갈무리시]

挹[ㆆ]欲[ㅇ]於諺用相同
읍 욕 어언용상동
[정음해례23ㄱ:6_합자해갈무리시]

中聲十一附初聲
중성십일부초성
[정음해례23ㄱ:7_합자해갈무리시]

圓橫書下右書°縱
원횡서하우서 종
[정음해례23ㄱ:8_합자해갈무리시]

[54] 정음해례23ㄴ

欲書終聲在何處
욕 서 종 성 재 하 처

[정음해례23ㄴ:1_합자해갈무리시]

初中聲下接着。寫
초 중 성 하 접 착　　사

[정음해례23ㄴ:2_합자해갈무리시]

初終合用各並書
초 종 합 용 각 병 서

[정음해례23ㄴ:3_합자해갈무리시]

中亦有合悉自左
중 역 유 합 실 자 좌

[정음해례23ㄴ:4_합자해갈무리시]

諺之四聲何以辨
언 지 사 성 하 이 변

[정음해례23ㄴ:5_합자해갈무리시]

平聲則弓[활] °上則石[돌]
평 성 즉 궁　　　　　상 즉 석

[정음해례23ㄴ:6_합자해갈무리시]

刀[갈]爲去而筆[붇]爲入
도　　위 거 이 필　　위 입

[정음해례23ㄴ:7_합자해갈무리시]

觀此四物他可識
관 차 사 물 타 가 식

[정음해례23ㄴ:8_합자해갈무리시]

[55] 정음해례24ㄱ

音因左點四聲分
음 인 좌 점 사 성 분

[정음해례24ㄱ:1_합자해갈무리시]

一去二 °上 無點平
일 거 이　　상 무 점 평

[정음해례24ㄱ:2_합자해갈무리시]

語入無定亦加點
어 입 무 정 역 가 점

[정음해례24ㄱ:3_합자해갈무리시]

文之入則似去聲
문 지 입 즉 사 거 성

[정음해례24ㄱ:4_합자해갈무리시]

方言俚語萬不同
방 언 리 어 만 부 동

[정음해례24ㄱ:5_합자해갈무리시]

有聲無字書難通
유 성 무 자 서 난 통

[정음해례24ㄱ:6_합자해갈무리시]

一朝
일 조

[정음해례24ㄱ:7_합자해갈무리시]

制作侔神工
제 작 모 신 공

[정음해례24ㄱ:8_합자해갈무리시]

[56] 정음해례24ㄴ

- -

大東千古開矇朧
대 동 천 고 개 몽 롱

[정음해례24ㄴ:1_합자해갈무리시]

用字例
용 자 례

[정음해례24ㄴ:2_용자례제목]

初聲ㄱ, 如:감爲柿, ·굴爲蘆. ㅋ, 如우
초 성   여 위 시   위 로   여

[정음해례24ㄴ:3_용자례]

·케爲未舂稻, 콩爲大豆. ㆁ, 如러울
위 미 용 도   위 대 두   여

[정음해례24ㄴ:4_용자례]

爲獺, 서에爲流澌. ㄷ, 如·뒤爲茅, 담
위 달   위 류 시   여 위 모

[정음해례24ㄴ:5_용자례]

爲墻. ㅌ, 如고티爲繭, 두텁爲蟾蜍.
위 장   여   위 견   위 섬 여

[정음해례24ㄴ:6_용자례]

ㄴ, 如노로爲獐, 납爲猿. ㅂ, 如볼爲
여   위 장   위 원   여   위

[정음해례24ㄴ:7_용자례]

臂, 벌爲蜂. ㅍ, 如·파爲葱, ·풀爲蠅. ㅁ,
비   위 봉   여 위 총   위 승

[정음해례24ㄴ:8_용자례]

[57] 정음해례25ㄱ

- -

如:뫼爲山, ·마爲薯藇. ㅸ, 如사·비爲
여 위 산   위 서 여   여   위

[정음해례25ㄱ:1_용자례]

蝦, 드·뵈爲瓠. ㅈ, 如·자爲尺, 죠·히爲
하   위 호   여 위 척   위

[정음해례25ㄱ:2_용자례]

紙. ㅊ, 如·체爲籭, 채爲鞭. ㅅ, 如·손爲
지   여 위 사   위 편   여 위

[정음해례25ㄱ:3_용자례]

手, 셤爲島. ㅎ, 如·부헝爲鵂鶹, 힘爲
수   위 도   여   위 휴 류   위

[정음해례25ㄱ:4_용자례]

筋. ㅇ, 如·비육爲鷄雛, ·ᄇᆞ얌爲蛇. ㄹ,
근   여   위 계 추   위 사

[정음해례25ㄱ:5_용자례]

如·무뤼爲雹, 어름爲氷. △, 如아수
여   위 박   위 빙   여

[정음해례25ㄱ:6_용자례]

爲弟, 너·싀爲鴇. 中聲·, 如·톡爲頤,
위 제   위 보   중성   여 위 이

[정음해례25ㄱ:7_용자례]

ᄑᆞᆺ爲小豆, 두리爲橋, ·ᄀᆞ래爲楸. ㅡ,
위 소 두   위 교   위 추

[정음해례25ㄱ:8_용자례]

부록 ____ 《훈민정음》 해례본 음달기본(현대 한자음) 쪽별 재현본   **397**

如믈爲水, 발측爲跟, 그력爲鴈, 드   [정음해례25ㄴ:1_용자례]
여 위수 위근 위안

레爲汲器. ㅣ, 如깃爲巢, 밀爲蠟, 피   [정음해례25ㄴ:2_용자례]
위급기 여 위소 위랍

爲稷, 키爲箕. ㅗ, 如논爲水田, 톱爲   [정음해례25ㄴ:3_용자례]
위직 위기 여 위수전 위

鉅, 호미爲鉏, 벼로爲硯. ㅏ, 如밤爲   [정음해례25ㄴ:4_용자례]
거 위서 위연 여 위

飯, 낟爲鎌, 이아爲綜, 사ᄉᆞᆷ爲鹿. ㅜ,   [정음해례25ㄴ:5_용자례]
반 위겸 위종 위록

如숫爲炭, 울爲籬, 누에爲蚕, 구리   [정음해례25ㄴ:6_용자례]
여 위탄 위리 위잠

爲銅. ㅓ, 如브섭爲竈, 널爲板, 서리   [정음해례25ㄴ:7_용자례]
위동 여 위조 위판

爲霜, 버들爲柳. ㅛ, 如죵爲奴, 고욤   [정음해례25ㄴ:8_용자례]
위상 위류 여 위노

爲梬, 쇼爲牛, 삽됴爲蒼朮菜. ㅑ, 如   [정음해례26ㄱ:1_용자례]
위영 위우 위창출채 여

남샹爲龜, 약爲鼅䵴, 다야爲匜, 쟈   [정음해례26ㄱ:2_용자례]
위귀 위구벽 위이

감爲蕎麥皮. ㅠ, 如율믜爲薏苡, 쥭   [정음해례26ㄱ:3_용자례]
위교맥피 여 위의이

爲飯乘 슈룹爲雨繖, 쥬련爲帨. ㅕ,   [정음해례26ㄱ:4_용자례]
위반초 위우산 위세

如엿爲飴餹, 뎔爲佛寺, 벼爲稻, 져   [정음해례26ㄱ:5_용자례]
여 위이당 위불사 위도

비爲燕. 終聲ㄱ, 如닥爲楮, 독爲甕.   [정음해례26ㄱ:6_용자례]
위연 종성 여 위저 위옹

ㆁ, 如굼벙爲蠐螬, 올창爲蝌蚪. ㄷ,   [정음해례26ㄱ:7_용자례]
여 위제조 위과두

如갇爲笠, 싶爲楓. ㄴ, 如신爲屨, 반   [정음해례26ㄱ:8_용자례]
여 위립 위풍 여 위구

[60] 정음해례26ㄴ

되爲螢. ㅂ, 如섭爲薪, 굽爲蹄. ㅁ, 如　　　[정음해례26ㄴ:1_용자례]
위형　　　여 위신　　굽위제　여

:범爲虎, :쉼爲泉. ㅅ, 如잣爲海松, 못　　　[정음해례26ㄴ:2_용자례]
위호　　위천　　여 위해송

爲池. ㄹ, 如둘 爲月, 별爲星之類　　　[정음해례26ㄴ:3_용자례]
위지　　여 위월　　위성지류

有天地自然之聲, 則必有天地　　　[정음해례26ㄴ:4_정인지서문]
유천지자연지성　즉필유천지

自然之文. 所以古人因聲制字,　　　[정음해례26ㄴ:5_정인지서문]
자연지문　소이고인인성제자

以通萬物之情, 以載三才之道,　　　[정음해례26ㄴ:6_정인지서문]
이통만물지정　이재삼재지도

而後世不能易也. 然四方風土　　　[정음해례26ㄴ:7_정인지서문]
이후세불능역야　연사방풍토

區別。, 聲氣亦隨而異焉. 盖外國　　　[정음해례26ㄴ:8_정인지서문]
구별　　성기역수이이언　개외국

[61] 정음해례27ㄱ

之語, 有其聲而無其字. 假中國　　　[정음해례27ㄱ:1_정인지서문]
지어　유기성이무기자　가중국

之字以通其用, 是猶枘鑿之鉏　　　[정음해례27ㄱ:2_정인지서문]
지자이통기용　시유예조지서

鋙也, 豈能達而無礙乎. 要°皆各　　　[정음해례27ㄱ:3_정인지서문]
어야　기능달이무애호　요　개각

隨所°處而安, 不可°强之使同也.　　　[정음해례27ㄱ:4_정인지서문]
수소　처이안　불가　강지사동야

吾東方禮樂文章, 侔擬華夏. 但　　　[정음해례27ㄱ:5_정인지서문]
오동방례락문장　모의화하　단

方言俚語, 不與之同. 學書者患　　　[정음해례27ㄱ:6_정인지서문]
방언리어　불여지동　학서자환

其旨趣°之難曉, 。治獄者病其曲　　　[정음해례27ㄱ:7_정인지서문]
기지취　지난효　치옥자병기곡

折之難通. 昔新羅薛聰, 始作吏　　　[정음해례27ㄱ:8_정인지서문]
절지난통　석신라설총　시작이

[62] 정음해례27ㄴ

讀°, 官府民間, 至今行之. 然皆假
두　관부민간　지금행지　연개가
[정음해례27ㄴ:1_정인지서문]

字而用, 或澁或窒. 非但鄙陋無
자이용　혹삽혹질　비단비루무
[정음해례27ㄴ:2_정인지서문]

稽而已, 至於言語之間, 則不能
계이이　지어언어지간　즉불능
[정음해례27ㄴ:3_정인지서문]

達其萬一焉. 癸亥冬. 我
달기만일언　계해동　아
[정음해례27ㄴ:4_정인지서문]

殿下創制正音二十八字, 略揭
전하창제정음이십팔자　약게
[정음해례27ㄴ:5_정인지서문]

例義以示之, 名曰訓民正音. 象
예의이시지　명왈훈민정음　상
[정음해례27ㄴ:6_정인지서문]

形而字倣古篆, 因聲而音叶七
형이자방고전　인성이음협칠
[정음해례27ㄴ:7_정인지서문]

調°. 三極之義, 二氣之妙, 莫不該
조　삼극지의　이기지묘　막불해
[정음해례27ㄴ:8_정인지서문]

[63] 정음해례28ㄱ

括. 以二十八字而轉換無窮, 簡
괄　이이십팔자이전환무궁　간
[정음해례28ㄱ:1_정인지서문]

而要, 精而通. 故智者不終朝而
이요　정이통　고지자부종조이
[정음해례28ㄱ:2_정인지서문]

會, 愚者可浹旬而學. 以是解書,
회　우자가협순이학　이시해서,
[정음해례28ㄱ:3_정인지서문]

可以知其義. 以是聽訟, 可以得
가이지기의　이시청송　가이득
[정음해례28ㄱ:4_정인지서문]

其情. 字韻則淸濁之能辨, 樂歌
기정　자운즉청탁지능변　락가
[정음해례28ㄱ:5_정인지서문]

則律呂之克諧. 無所用而不備,
즉률려지극해　무소용이불비
[정음해례28ㄱ:6_정인지서문]

無所往而不達. 雖風聲鶴唳, 雞
무소왕이부달　수풍성학려　계
[정음해례28ㄱ:7_정인지서문]

鳴狗吠, 皆可得而書矣. 遂
명구폐　개가득이서의　수
[정음해례28ㄱ:8_정인지서문]

[64] 정음해례28ㄴ

命詳加解釋, 以喩諸人. 於是, 臣
명 상 가 해 석　이 유 제 인　어 시　신

[정음해례28ㄴ:1_정인지서문]

與集賢殿應° 教臣崔恒, 副校理
여 집 현 전 응　교 신 최 항　부 교 리

[정음해례28ㄴ:2_정인지서문]

臣朴彭年, 臣申叔舟, 修撰臣成
신 박 팽 년　신 신 숙 주　수 찬 신 성

[정음해례28ㄴ:3_정인지서문]

三問, 敦寧府注簿臣姜希顔, 行
삼 문　돈 녕 부 주 부 신 강 희 안　행

[정음해례28ㄴ:4_정인지서문]

集賢殿副修撰臣李塏, 臣李善
집 현 전 부 수 찬 신 이 개　신 이 선

[정음해례28ㄴ:5_정인지서문]

老等, 謹作諸解及例, 以叙其梗
로 등　근 작 제 해 급 례　이 서 기 경

[정음해례28ㄴ:6_정인지서문]

槩. 庶使觀者不師而自悟. 若其
개　서 사 관 자 불 사 이 자 오　약 기

[정음해례28ㄴ:7_정인지서문]

淵源精義之妙, 則非臣等之所
연 원 정 의 지 묘　즉 비 신 등 지 소

[정음해례28ㄴ:8_정인지서문]

[65] 정음해례29ㄱ

能發揮也. 恭惟我
능 발 휘 야　공 유 아

[정음해례29ㄱ:1_정인지서문]

殿下, 天縱之聖, 制度施爲超越
전 하　천 종 지 성　제 도 시 위 초 월

[정음해례29ㄱ:2_정인지서문]

百王. 正音之作, 無所祖述, 而成
백 왕　정 음 지 작　무 소 조 술　이 성

[정음해례29ㄱ:3_정인지서문]

於自然. 豈以其至理之無所不
어 자 연　기 이 기 지 리 지 무 소 부

[정음해례29ㄱ:4_정인지서문]

在, 而非人爲之私也. °夫東方有
재　이 비 인 위 지 사 야　부 동 방 유

[정음해례29ㄱ:5_정인지서문]

國, 不爲不久, 而開物成務之
국　불 위 불 구　이 개 물 성 무 지

[정음해례29ㄱ:6_정인지서문]

大智, 盖有待於今日也欤. 正統
대 지　개 유 대 어 금 일 야 여　정 통

[정음해례29ㄱ:7_정인지서문]

十一年九月上澣. 資憲大夫禮
십 일 년 구 월 상 한　자 헌 대 부 예

[정음해례29ㄱ:8_정인지서문]

[66] 정음해례29ㄴ

曹判書集賢殿大提學知春秋   [정음해례29ㄴ:1_정인지서문]
조 판 서 집 현 전 대 제 학 지 춘 추

館事　世子右賓客臣鄭麟趾   [정음해례29ㄴ:2_정인지서문]
관 사　세 자 우 빈 객 신 정 인 지

拜手 °稽首謹書   [정음해례29ㄴ:3_정인지서문]
배 수　계 수 근 서

訓民正音   [정음해례29ㄴ:8_권미제]

[붙임] 현재 간송본의 낙장 보사 부분(1,2장 앞뒷면)을 복원한 간송본 자료

이 자료는 간송본의 낙장된 1,2장 앞·뒷면을 복원한 간송본을 활자로 재현한 것이다. 해례본은 구점^{句點}과 두점^{讀點}을 구분하여 썼으나, 낙장을 복원할 때 그것을 구분하지 않고 모두 오른쪽 아래에 구점｡으로 표시하였다.

[1] 정음1ㄱ

訓民正音	[정음1ㄱ:1_권수제]
國之語音｡異乎中國｡與文字	[정음1ㄱ:2_어제서문]
不相流通｡故愚民｡有所欲言	[정음1ㄱ:3_어제서문]
而終不得伸其情者｡多矣｡予｡	[정음1ㄱ:4_어제서문]
爲此憫然｡新制二十八字｡欲	[정음1ㄱ:5_어제서문]
使人人易習｡便於日用矣	[정음1ㄱ:6_어제서문]
ㄱ｡牙音｡如君字初發聲	[정음1ㄱ:7_어제예의]

[2] 정음1ㄴ

並書｡如虯字初發聲	[정음1ㄴ:1_어제예의]
ㅋ｡牙音｡如快字初發聲	[정음1ㄴ:2_어제예의]
ㆁ｡牙音｡如業字初發聲	[정음1ㄴ:3_어제예의]
ㄷ｡舌音｡如斗字初發聲	[정음1ㄴ:4_어제예의]
並書｡如覃字初發聲	[정음1ㄴ:5_어제예의]
ㅌ｡舌音｡如呑字初發聲	[정음1ㄴ:6_어제예의]
ㄴ｡舌音｡如那字初發聲	[정음1ㄴ:7_어제예의]

[3] 정음2ㄱ

ㅂ。脣音。如彆字初發聲   [정음2ㄱ:1_어제예의]

並書。如步字初發聲   [정음2ㄱ:2_어제예의]

ㅍ。脣音。如漂字初發聲   [정음2ㄱ:3_어제예의]

ㅁ。脣音。如彌字初發聲   [정음2ㄱ:4_어제예의]

ㅈ。齒音。如卽字初發聲   [정음2ㄱ:5_어제예의]

並書。如慈字初發聲   [정음2ㄱ:6_어제예의]

ㅊ。齒音。如侵字初發聲   [정음2ㄱ:7_어제예의]

[4] 정음2ㄴ

ㅅ。齒音。如戌字初發聲   [정음2ㄴ:1_어제예의]

並書。如邪字初發聲   [정음2ㄴ:2_어제예의]

ㆆ。喉音。如挹字初發聲   [정음2ㄴ:3_어제예의]

ㅎ。喉音。如虛字初發聲   [정음2ㄴ:4_어제예의]

並書。如洪字初發聲   [정음2ㄴ:5_어제예의]

ㅇ。喉音。如欲字初發聲   [정음2ㄴ:6_어제예의]

ㄹ。半舌。音如閭字初發聲   [정음2ㄴ:7_어제예의]

참고문헌

참고문헌

영인본/복간본/복각본/활자본

고영근(2022). 《우리 언어철학사》. 집문당.

권근(權近, 1425, 세종7). 《入學圖說》. 연세대소장본. /권덕주 역(1974). 《入學圖說》. 을유문화사.

글무리 편(1992). 《訓훈民민正정音흠》. 솔터.

리조실록(1979). 국립중앙도서관 소장 여강출판사 영인본.

박성원(1747/영조23). 《華東正音通釋韻考(화동정음통석운고)》.

백두현(2023). 《훈민정음의 문화중층론》. 경북대학교출판부.

세조 편(1459). 《월인석보》 권1·2(영인본, 1972). 서강대 인문과학연구소.

세종 외(1446). 《訓民正音》(1946, 영인본/조선어학회 편). 보진재(방종현 해제).

세종 외(1446). 《訓民正音》(복간본, 간송미술문화재단 편, 2015). 교보문고(해제: 김슬옹).

세종 외(1446). 《訓民正音》(영인본, 김민수, 1957. 《주해 훈민정음》 부록). 통문관.

세종 외(1446). 《訓民正音》(영인본, 이상백, 1957. 《한글의 起源》 부록). 통문관.

세종 외(1446). 《訓民正音》(영인본/부록, 국립국어원 편, 2008). 《알기 쉽게 풀어 쓴 훈민정음》. 생각의나무.

세종 외(1446, 1459). 《훈민정음 해례본 입체강독본 부록, 2018, 김슬옹)(입체영인본: 해례본 4종, 언해본 2종). 박이정.

세종 외91446). 《訓民正音》(영인본, 1997). 해성사(허웅 해제).

신경준(1750, 영조26). 《훈민정음운해(訓民正音韻解). 한양대 부설국학연구원 영인(1974). 訓民正音韻解(신경준) / 諺文志
　　　　　(유희). 한양대 부설국학연구원.

신숙주 외(1449, 세종 31). 《東國正韻》(영인본). 건국대학교박물관.

신숙주 외(1455, 단종 3년). 《洪武正韻譯訓》(영인본, 1973). 고려대학교출판부(박병채 해제).

안동시 유교문화보존회(2017). 《訓民正音(안동본)》(해례본 복각본). 유교문화보존회.

이혜구 역주(2000). 《신역악학궤범》. 《樂學軌範》(영인본). 국립국악원.

정동유(1806/순조6). 《晝永編(주영편)》. 안대회 외 옮김(2016). 《주영편: 심심풀이로 조선 최고의 백과사전을 만들다》. 휴머
　　　　　니스트.

정윤용(1856, 철종7). 《자류주석(字類註釋)》(영인본, 1974). 건국대학교출판부.

정인지 외(1447, 세종 29). 《龍飛御天歌》 대제각 영인본. 박창희 역주(2015). 《역주 용비어천가 상·하》. 한국학중앙연구원출
　　　　　판부.

조선어학연구회 편(1940). 훈민정음(해례본 활자 재현). 《正音》 35.조선어학연구회. 1–22쪽.

조선어학회 편(1927). 《한글 동인지》 1(언해본). 조선어학회.

최석정(1678, 숙종4). 《經世正韻》(經世訓民正音圖說). 영인본 : 김지용 해제(1990). 《經世訓民正音圖說》. 연세대인문과학연
　　　　　구소. 김지용 해제(2011). 《경세훈민정음도설(經世訓民正音圖說)》. 명문당.

최홍식(2023). 《훈민정음 음성학》. 이회.

학선재 편집부(2007). 《訓民正音圖解》. 학선재.

宋濂 외(명나라). 《洪武正韻》(영인본, 1973). 아세아문화사.

胡廣(명나라) 등. 《성리대전(性理大全)》(영인본, 1975), 광성(光成) 문화사.

胡廣(명나라, 1858) 《周易傳義大全》. 연세대중앙도서관소장본.

鄭樵(1104–1162). 《通誌二十略》(영인본, 1995). 中華書局.

熊忠(1297). 《古今韻會擧要》(영인본, 1975). 아세아문화사.

揚雄 選/范望 注(1990). 《太玄經》(영인본). 上海 : 上海古籍出版社.

魏伯陽·朱熹·俞琰(1441, 세종 23). 《周易參同契》(영인본, 2013). 임명진 역주(2013). 《주역참동계》. 인쇄향.

일반문헌

강규선(2001). 《훈민정음 연구》. 보고사.

강규선·황경수(2006). 《훈민정음 연구》. 청운.

강길운(1972). 訓民正音創制의 當初 目的에 對하여. 《국어국문학》 55·56·57 합본호. 국어국문학회. 1–21쪽.

강길운(1992/2005). 《훈민정음과 음운체계》. 형설출판사.

강길운(1999). 세종대왕과 문자정책. 세종성왕육백돌기념문집위원회 편(1999). 《세종성왕육백돌》. 세종대왕기념사업회.
303–306쪽.

강신항(1963). 《훈민정음》 해례이론과 《성리대전》과의 연관성. 《국어국문학》 26. 국어국문학회. 177–185쪽.

강신항(1974/1995 : 증보판). 《훈민정음》(역주). 신구문화사.

강신항(1987·1990 : 증보판·2003 : 수정증보). 《훈민정음연구》. 성균관대학교출판부.

강신항(2003). '정음'에 대하여. 《한국어 연구》 1. 한국어연구회. 7–25쪽.

강신항(2008). 쉽게 풀어 쓴 《훈민정음》 내용 : 오늘의 말로 읽는 《훈민정음》. 국립국어원 편. 《알기 쉽게 풀어 쓴 훈민정음》.
생각의나무. 91–116쪽.

강신항(2009). 《훈민정음 창제와 연구사》. 경진.

강신항·신상순(2014). 《훈민정음 현대역과 영역》. 국립박물관문화재단.

강창석(1992). 15세기 음운이론의 연구 : 차자 표기 전통과의 관련성을 중심으로. 서울대 대학원 박사논문.

고영근(1997/2010). 《표준 중세 국어문법론》. 집문당.

고종석(1999). 《국어의 풍경》. 문학과지성사.

고태규(2007). 《훈민정음과 작가들》. 널개.

곽신환(2016). 훈민정음 해례에 반영된 성리학과 《주역》의 영향 – 태극·음양·오행·삼재론을 중심으로. 《훈민정음의 현대
어 번역을 위한 종합적 검토》. 국립한글박물관. 21–41쪽.

국립국어원 편(2008). 《알기 쉽게 풀어 쓴 훈민정음》. 생각의나무.

국립한글박물관(2015). 《국외학자가 이야기하는 한글, 한글자료》. 국립한글박물관 개관 기념 국제학술대회 자료집.

국립한글박물관(2015). 《훈민정음 연구의 성과와 전망(2015년 제2차 문자 연구 학술대회: 한글과 동아시아의 문자)》(학술 발표자료집). 국립한글박물관.

국어사학회(2007). 《훈민정음 언해본 이본 조사 및 정본 제작 연구》(학술연구용역사업보고서). 문화재청.

권덕규(1923). 《조선어문경위(朝鮮語文經緯)》. 광문사.

권덕규(1928). 잘못 考證된 正音 創造者. 《한글》(동인지) 4. 조선어학회. 6–8쪽.

권덕규(1935). 훈민정음 원본은 아직 얻어 보지 못하였다. 《한글》 22. 조선어학회. 106쪽.

권오향·김기섭·김슬옹·임종화(2020). 《세종은 과연 성군인가, 우문에 대한 현답》. 보고사.

권오휘(2018). 《훈민정음 제자원리와 역리의 상관성》. 박이정.

권재선(1988·1995 : 깁고 고친판). 《훈민정음 해석 연구》. 우골탑.

권재선(1994). 《바로잡은 한글–국문자론–》. 우골탑.

권재선(1997). 제자해 해석상의 문제점과 그 해명. 《한글》 235. 한글학회. 175–203쪽.

권재선(1998). 《훈민정음 글월의 구성 분석적 이해》. 우골탑.

권재일(1999). 우리 말과 글에 대한 자긍심을 가지자. 세종성왕육백돌기념문집위원회 편(1999). 《세종성왕육백돌》. 세종대왕기념사업회. 323–324쪽.

권종성(1987). 《문자학 개요》. 평양 : 과학백과사전 출판사.

김계곤(1964). 훈민정음 원본 발견 경위에 대하여. 《보성》 3. 보성고등학교. 재수록 : 김계곤(2005). 《훈민정음》 원본 발견 경위에 대하여. 《한글 새소식》 398. 한글학회. 4–8쪽.

김광수(2017). 《훈민정음 연구》. 역락.

김광해(1982). 훈민정음의 우연들. 《대학신문》 1982년 11월 19일자. 서울대학교.

김광해(1987). '훈민정음의 어지'는 왜 백 여덟 글자였을까. 《우리시대》 2월호. 60–63쪽.

김광해(1989). 훈민정음과 108. 《주시경학보》 4. 주시경연구소. 158–163쪽.

김광해(1990). 훈민정음 창제의 또 다른 목적. 기곡 강신항선생 회갑기념 논문집간행위원회(1990). 《강신항 교수 회갑기념 국어학논문집》. 태학사. 27–36쪽.

김광해(1991). 훈민정음과 불교. 《인문학보》 12. 강릉대 인문과학연구소.

김근수(1996). 訓民正音 文獻考. 《한국학 연구》 42. 한국학연구소. 15–18쪽.

김근수 편(1996). 《한국학 연구》 42(해례본•언해본 합본). 한국학연구소.

김근수(1996). 世宗 親製 訓民正音序의 국역에 대한 고찰. 《한국학연구》 42. 한국학연구소. 3–14쪽.

김남돈(1999). 훈민정음 창제 동기와 목적에 관한 국어학사적 고찰. 《한국초등교육》 41. 서울교육대학교. 27–51쪽.

김동구(1967/1985 : 수정증보판, '임표:1965'와 같음). 《훈민정음 : [원전적과 그 현대역]》. 명문당.

김동소(1996). 중세 한국어의 종합적 연구–표기법과 음운 체계. 《한글》 231. 한글학회. 5–42쪽.

김동언(1985). 훈민정음 국역본의 번역시기 문제. 《한글》 189. 한글학회. 123–145쪽.

김만태(2012). 훈민정음의 제자원리와 역학사상–음양오행론과 삼재론을 중심으로–. 《철학사상》 45. 서울대 철학사상연구소. 55–94쪽.

김명호(2005). 《한글을 만든 원리:누구나 아는 한글 아무나 모르는 음양오행》. 학고재.

김무봉(2004). 조선시대 간경도감 간행의 한글경전연구. 《한국사상과문화》 23. 한국사상문화학회. 374–415쪽.

김무봉(2012). 조선 전기 언해 사업의 현황과 사회 문화적 의의. 《한국어문학연구》 58. 한국어문학연구학회. 5–50쪽.

김무식(1993). 훈민정음의 음운체계 연구. 경북대 대학원 박사논문.

김무식(1994). 설축 자질과 모음체계 기술방법에 대한 반성. 《어문학》 55. 한국어문학회. 91–124쪽.

김무식(1998). '훈민정음'에 나타난 음성학 술어의 특징과 의미. 《수련어문논집》 24. 수련어문학회. 1–16쪽.

김미형(2005). 《우리말의 어제와 오늘 ─정신의 변화를 안고 흐른 국어의 역사─》 제이앤씨.

김민수(1957). 훈민정음 해제. 《한글》 121. 한글학회. 393–406쪽.

김민수(1957/1959: 수정판). 《주해 훈민정음》. 통문관.

김민수(1985). 訓民正音(解例)의 번역에 대하여. 《말》 10. 연세대 한국어학당. 19–45쪽.

김민수(1994). 훈민정음 반포와 팔종성의 문제. 《어문연구》 81·82. 일조각. 272–275쪽.

김봉좌(2010). 조선 시대 유교의례 관련 한글 문헌 연구. 한국학중앙연구원 박사학위 논문.

김부연(2012). 《훈민정음》 사진 자료에 대한 비판적 고찰. 《한국어학》 55. 한국어학회. 103–137쪽.

김부연(2018). 《훈민정음》 해례본의 텍스트 분석을 통한 국어교육적 연구 : 《예의》와 《해례》를 중심으로. 고려대 대학원 박사논문.

김상돈(1997). 훈민정음의 삼분적 요소에 대하여. 일암 김응모 교수 화갑 기념 논총 간행위원회 엮음. 《한국어학의 이해와 전망》. 박이정. 717–728쪽.

김석득(1971). 훈민정음 해례의 언어학적 분석 : 이원론적인 변별적 자질론 및 언어철학적 이해. 《한글학회 50돌 기념 논문집》. 한글학회. 291–310쪽.

김석득(1998). 세종 시대의 국어학. 《세종문화사대계 1 : 어학·문학》. 세종대왕기념사업회. 91–197쪽.

김석득(2009). 《우리말 연구사》. 태학사.

김석연(1993). 정음 사상의 재조명과 부흥 《한글》 219. 한글학회. 155–217쪽.

김석연(1997). 훈민정음의 음성과학적·생성적 보편성에 대하여 : 한국어 교육의 세계화 시대는 훈민정음의 재조명과 부흥책을 촉구한다. 《교육한글》 10. 한글학회. 181–207쪽.

김석연(2006). 훈민정음이 누리글이다. 《한글》 272. 한글학회. 5–60쪽.

김석환(1973·1975 : 수정판·1995 : 재판). 《한글문견》. 한맥.

김석환(2010). 《훈민정음의 이해》. 박이정.

김성대(1999). 《역해 훈민정음》. 하나물.

김성렬(1996). 훈민정음 창제와 음절 인식에 대하여. 《중국인문과학연구》 1. 국학자료원. 71–85쪽.

김성열(1987). 중세국어모음 연구. 성균관대 대학원 박사논문.

김세환(2001). 《(기하학적으로 분석한) 훈민정음 : 유네스코가 정한 세계문화유산》. 학문사.

김슬옹(1995). 훈민정음 언해본(희방사본)의 희방사를 찾아서. 《함께여는 국어교육》 25. 전국국어교사모임. 123–150쪽. 재수록 : 김슬옹(1995). 훈민정음 희방사본과 한글날의 유래. 《발가벗은 언어는 눈부시다》. 동방미디어. 282–305쪽.

김슬옹 글/강수현 그림(2015). 《누구나 알아야 할 훈민정음, 한글이야기 28》. 글누림

김슬옹 엮음(2015). 《훈민정음(언문·한글) 논저·자료 문헌 목록》. 역락. 증보

김슬옹(2005). 《조선시대 언문의 제도적 사용 연구》. 한국문화사.

김슬옹(2006ㄱ). '훈민정음'의 명칭 맥락과 의미. 《한글》 272. 한글학회. 165–196쪽.

김슬옹(2006ㄴ). 훈민정음 해례본의 '우리나라와 말글' 명칭 번역 담론─표준 공역을 제안하며. 《언어과학 연구》 39. 언어과학회. 27–54쪽.

김슬옹(2008). 훈민정음 세종 '서문'의 현대 번역 비교와 공역 시안. 《한국어 의미학》 25. 한국어의미학회. 1–25쪽.

김슬옹(2010). 국어교육 내용으로서의 '맥락' 연구. 동국대학교 대학원 국어교육학과 박사학위 논문.

김슬옹(2010/2011). 《세종대왕과 훈민정음학》. 지식산업사.

김슬옹(2012ㄱ). 《조선시대의 훈민정음 발달사》. 역락.

김슬옹(2012ㄴ). 세종학의 과학적 보편주의와 생태적 보편주의. 《지구화 시대와 글로컬리티의 가치(2012 상반기 전국 학술대회 자료집)》. 영주어문학회·한민족문화학회. 91–112쪽.

김슬옹(2013ㄱ). 《훈민정음》 '정음 예의'의 표준 공역 시안. 《겨레어문학》 51. 겨레어문학회. 263–324쪽.

김슬옹(2013ㄴ). 《訓民正音》(1446) 제자해의 맥락적 의미와 표준 공역 시안(개정판). 《제33차 한국어의미학회 전국학술대회 발표집》 자료. 한국의미학회. 별지.

김슬옹(2013ㄷ/2020: 14쇄). 《세종 한글로 세상을 바꾸다》. 창비.

김슬옹(2014). 세종의 '정음 문자관'의 맥락 연구. 《한말연구》 35. 한말연구학회. 5–45쪽.

김슬옹(2015ㄱ). 《훈민정음 해례본: 한글의 탄생과 역사》(간송본 복간본 해제). 교보문고.

김슬옹(2015ㄴ). 《훈민정음》 해례본 간송본의 역사와 평가. 《한말연구》 37호. 한말연구학회. 5–40쪽.

김슬옹(2015ㄷ). 《훈민정음》 '정인지 서문'의 표준 번역을 위한 시안. 《청람어문교육》 53. 청람어문교육학회. 329–374쪽.

김슬옹(2017ㄱ). 《훈민정음》 오행 방위와 수리 배치에 대한 통합적 연구. 《2016년도 겨울 국어사학회 전국학술대회 자료집(1.11)》. 국어사학회. 53–76쪽.

김슬옹(2017ㄴ). 《훈민정음》 해례본 사성 돌임(권점) 쓰임새 연구. 《국제어문학회 전국학술대회 자료집》. 국제어문학회.

김슬옹(2017ㄷ). 《훈민정음》 해례본의 초성자·중성자 다중 분류 맥락과 의미. 《45회 한말연구학회 전국학술대회 자료집(2.10)》. 한말연구학회. 19–34쪽.

김슬옹(2017ㄹ). 《한글혁명》. 살림터.

김슬옹(2017ㅁ/2019: 3쇄, 2023: 5쇄). 《훈민정음 해례본 입체강독본》. 박이정.

김슬옹(2017ㅂ). 《훈민정음》 해례본 갈무리시[訣詩]의 교육용 텍스트 구성과 활용 방안. 《청람어문교육》 61. 청람어문교육학회. 87–126쪽.

김슬옹(2018ㄱ). 《훈민정음》언해본의 융합적 연구. 《세종대왕 즉위 600주년 기념 훈민정음 언해본 복각 기념 학술자료집》. (사)유교문화보존회. 25–110쪽.

김슬옹(2018ㄴ).《훈민정음》 언해본 연구의 몇 가지 문제점에 대하여. 《2018년 국어학회 여름학술대회국어 정책 포럼 발표 자료집》. 국어학회. 105–144쪽.

김슬옹(2018ㄷ). 《훈민정음》 한글 표기 문자론. 《한국문법교육학회 28차 전국학술대회 자료집(2.3)》. 한국문법교육학회. 132–173쪽.

김슬옹(2018ㄹ). 《훈민정음 해례본 입체강독본(개정증보)》. 박이정.

김슬옹(2018ㅁ). 《훈민정음訓民正音》 해례본(The Hunmn Chongum Manuscript). 한국국학진흥원 기록유산센터 엮음(2018). 《한국의 세계기록유산》. 한국국학진흥원. 14–33쪽.

김슬옹(2019ㄱ). 《훈민정음》 해례본의 '字, 文' 쓰임새와 번역 문제. 《50회 한말연구학회 전국학술대회 자료집(2.10)》. 한말연구학회. 71–86쪽.

김슬옹(2019ㄴ). 《훈민정음》 해례본의 소리 관련 핵심어(聲/音)쓰임새와 의미 재론−'번역'과 관련하여. 《2019년 여름 국어 사학회 전국 학술대회: 국어사의 시대 구분》. 국어사학회. 191−213쪽.

김슬옹(2017/2023: 5쇄). 《훈민정음해례본 입체강독본》. 박이정.

김슬옹(2019ㄹ). 《한글교양》. 아카넷.

김슬옹(2020). 《훈민정음》 해례본의 역주방법론 정립에 관한 연구. 연세대학교 대학원 국어국문학과 박사학위 논문.

김슬옹(2022). 다시 읽는 〈세종 서문〉. 《문학의 집·서울》 243호(1월호). 〈문학의 집·서울〉. 4−5쪽.

김슬옹(2022). 세종의 28자 꿈, 백성이 별이 되게 하다. 《문학의 집·서울》 244호(2월호). 〈문학의 집·서울〉. 8−9쪽.

김슬옹(2022). 훈민정음 과학, 모두를 품다. 《문학의 집·서울》 245호(3월호). 〈문학의 집·서울〉. 8−9쪽.

김슬옹(2022). 훈민정음 자음에 서려 있는 음양오행 철학. 《문학의 집·서울》 246호(4월호). 〈문학의 집·서울〉. 10−11쪽.

김슬옹(2022). 훈민정음 모음에 서려 있는 음양오행 철학. 《문학의 집·서울》 247호(5월호). 〈문학의 집·서울〉. 8−9쪽.

김슬옹(2022). 훈민정음 받침 규정에 담긴 애민 사상. 《문학의 집·서울》 248호(6월호). 〈문학의 집·서울〉. 8−9쪽.

김슬옹(2022). 훈민정음 문자 오케스트라− 합자해의 무한생성 문자놀이. 《문학의 집·서울》 249호(7월호). 〈문학의 집·서울〉. 8−9쪽.

김슬옹(2022). 용자례 94개 낱말에 담긴 훈민정음의 꿈. 《문학의 집·서울》 250호(8월호). 〈문학의 집·서울〉. 8−9쪽.

김슬옹(2022). 7언시로 함께 나누는 훈민정음 해례본의 가치. 《문학의 집·서울》 251호(9월호). 〈문학의 집·서울〉. 8−9쪽.

김슬옹(2022). '자방고전'의 진실. 《문학의 집·서울》 252호(10월호). 〈문학의 집·서울〉. 8−9쪽.

김슬옹(2022). 「정인지서」의 진실과 감동을 나누자. 《문학의 집·서울》 253호(11월호). 〈문학의 집·서울〉. 8−9쪽.

김슬옹(2022). 『훈민정음』 해례본은 문학의 샘이자 문학의 집. 《문학의 집·서울》 254호(12월호). 〈문학의 집·서울〉. 8−9쪽.

김승권(2015). 《사람이 하늘과 땅을 품는다−훈민정음해례본》. 도서출판한울벗.

김승환(2015). 《과학으로 풀어쓴 훈민정음》. 이화문화출판사.

김양진(2015). 일음양오행(一陰陽五行)과 훈민정음(訓民正音). 《국어학》 74호. 국어학회. 57−102쪽.

김영국(1997). 《훈민정음》 해례본의 사성 체계와 방점. 《동악어문논집》 32. 동국대 동악어문학회. 87−110쪽.

김영미(2015). 훈민정음·정음·언문의 명칭 의미. 《인문과학연구》 44. 강원대 인문과학연구소. 211−233쪽.

김영배 역주(1998). 《역주 능엄경언해》 9·10. 세종대왕기념사업회.

김영배(2000). 15세기 언해본. 《국어사자료연구−불전언해 중심》. 월인. 193−293쪽.

김영배(2000). 연구 자료의 영인: 훈민정음의 경우. 《새국어생활》 10−3. 국립국어연구원. 161−169쪽.

김영배·김무봉(1998) 세종 시대의 언해. 《세종문화사대계 1: 어학·문학》. 세종대왕기념사업회. 307−415쪽.

김영송(1977). 훈민정음의 '설축' 자질. 《언어학》 2. 한국언어학회. 157−167쪽.

김영송(1988). 훈민정음의 모음체계. 신상순·이돈주·이환묵 편(1988). 《훈민정음의 이해》. 한신문화사. 81−112쪽.

김영신(1974). 고등학교 고전 교재에 대한 어학적 고찰. 《한글》 154. 한글학회. 64−86쪽.

김영옥(1981). 조음음성학 측면에서 본 '훈민정음 해례'의 자음체계 연구. 《홍익》 23. 홍익대학교. 152−164쪽.

김영황(1997). 《조선어사》 평양: 김일성종합대학출판사. (2002. 역락)

김완진(1983). 훈민정음 제자 경위에 대한 새 고찰. 《김철준박사 화갑기념 사학논총》. 지식산업사. 353−366쪽.

김완진(1996). 《음운과 문자》. 신구문화사.

김용경(1996). 훈민정음에 나타난 이원적 언어관. 《한말연구》 2. 한말연구학회. 53−64쪽.

김유범·곽신환·김무림·박형우·이준환·송혁기·조운성·김부연·고경재(2020). 《훈민정음 해례본》. 역락.

김윤경(1938). 《조선문자급어학사》. 조선기념도서출판관.

김윤경(1948/1954 : 4판). 《한국문자급어학사》. 동국문화사. 재수록 : 한결 김윤경전집 1 : 조선문자급어학사(연세대학교 출판부. 1985).

김윤경(1955). 훈민정음의 장점과 단점. 《자유문학》 1–2. 자유문학자협회. 89–97쪽. 재수록 1 : 한결 김윤경 박사 고희 기념 논문집 간행회 편(1964). 《한결 국어학논집》. 갑진문화사. 104–114쪽.

김윤경(1964). 《한결 국어학론집》 갑진문화사.

김익수(1986). 주자의 역학과 훈민정음 창제와의 관련성 연구. 《경기어문학》 7. 경기대 인문대 국어국문학회. 271–295쪽.

김인호(1987). 훈민정음은 과학적 근거에 기초하여 창제된 가장 발전된 글자. 《언어학논문집》 7. 평양: 과학백과사전출종합출판사. 228–255쪽.

김정대(2008). 한글은 자질문자인가 아닌가?—한글에 대한 자질문자 공방론. 《한국어학》 41. 한국어학회. 1–33쪽.

김정수(1990). 《한글의 역사와 미래》. 열화당.

김정우(2013). 훈민정음 언해는 '언어 내 번역'인가? 《통번역교육연구》 11권 3호. 한국통번역교육학회. 29–47쪽.

김주원(1988). 모음조화와 설축—'훈민정음 해례'의 설축에 대하여—. 《언어학》 9·10. 한국언어학회. 29–43쪽.

김주원(2013). 《훈민정음》. 민음사.

김주원(2013). 훈민정음 실록본 연구. 《한글》 302. 한글학회. 277–309쪽.

김주원(2005). 훈민정음 해례본의 뒷면 글 내용과 그에 관련된 몇 문제. 《국어학》 45. 국어학회. 177–212쪽.

김주원(2017). 광복 이후 5년간(1945–1950)의 훈민정음 연구. 《한글》 316호. 한글학회. 169–207쪽.

김주원(2020). 《여자소학》(1927년)의 주석 연구. 《한글》 327호. 한글학회. 207–242쪽.

김주원·남권희(2017). 훈민정음해례본(상주본)의 서지와 묵서 내용. 《어문론총》 72호. 한국문학언어학회. 47–80쪽.

김주필(2011). 고려대학교 소장 《훈민정음》(언해본)의 특징과 의미. 《어문학논총》 30–1. 국민대 어문학연구소. 1–20쪽.

김지용(1968). 經世訓民正音圖說 崔錫鼎 저. 《인문과학》 19. 연세대 인문과학연구소. 167–202쪽.

김진규(1991). 훈몽자회의 인(引)·범례(凡例) 소고(小考) : 훈민정음 해례와 훈몽자회범례의 음소배열을 중심으로. 《논문집》 29. 공주대학교. 67–86쪽.

김진희(2012). '한글 창제 원리'의 교육 내용에 대한 비판적 고찰. 《우리말교육현장연구》 11. 우리말현장학회. 97–126쪽.

김차균(1995). 현대 언어학과 집현전 음운학파의 전통. 《논문집》 22–1. 충남대 인문과학연구소. 243–284쪽.

나찬연(2012/2013). 《훈민정음의 이해》. 월인.

나찬연(2016). 《쉽게 읽는 월인석보 서—訓民正音·釋譜詳節 序·月印釋譜 序》. 경진. 13–73쪽.

남광우 편(1997). 《고어사전》. 일조각.

남광우(1955). 주석에 있어서의 태도(상). 《한글》 111호. 한글학회. 89–93쪽.

남광우(1955). 주석에 있어서의 태도(하). 《한글》 112호. 한글학회. 147–148쪽.

남광우(1974). 고교(高校) 교과서(敎科書)의 고전주석(古典註釋) 문제(問題). 《국어국문학》 64호. 국어국문학회. 147–153쪽.

남권희(2009). 새로 발견된 《訓民正音解例》본과 일본판 石峯 《千字文》 소개. 《훈민정음을 통한 외국어 표기》(훈민정음학회 2009 전국 학술대회 발표논문집). 훈민정음학회. 별지 1–13쪽.

남풍현(1997). 훈민정음의 창제목적—차자표기법과의 관계를 중심으로. 성재 이돈주 선생 화갑 기념 논총 간행위원회 편(1997). 《국어학 연구의 새 지평》. 태학사. 821–847쪽.

노마 히데키(野間秀樹)(2008). 언어를 배우는 《근거》는 어디에 있는가—한국어 교육의 시점—. 《한글》 282. 한글학회.

235–276쪽.

류렬(유열)(1950). 訓民正音 원본의 발견 및 유래. 《홍익》 1(창간호). 홍익대 학도호국단문화부. 88–93쪽.

렴종률·김영황(1982). 《훈민정음에 대하여》. 평양 : 김일성종합대학출판사.

류탁일(1989). 《한국문헌학연구—국문학연구의 기초》. 아세아문화사.

리득춘(1999). 훈민정음 창제설과 비창제설. 《중국 조선어문》 2. 중국 조선어문잡지사. 14–16쪽.

리득춘·리승자·김광수(2006). 《조선어 발달사》. 역락.

리의도(2003). 한글 낱자에 관한 통시적 고찰. 《한글》 259. 한글학회. 65–114쪽.

문중진(2015). 《광음천 훈민정음통해》. 아이르네상스어학원.

문화체육부(1993). 《외국 학자가 본 훈민정음과 북한의 훈민정음 연구》. 문화체육부·국어학회.

문관효(2017). 훈민정음 해례본과 언해본 전문 붓글씨 제작론과 실제. 《나라사랑》 126집. 외솔회. 285–299쪽.

문효근(1981). 훈민정음의 음절 생성 규정의 이해. 《국어교육논총》 1. 연세대 교육대학원.

문효근(1986). 훈민정음의 '종성부용초성'의 이해—'종성해'와의 관련에서. 《한글》 193. 한글학회. 139–162쪽.

문효근(2015). 《훈민정음 제자원리》. 경진.

밀아생(1935). 訓民正音 原本에 싸고도는 問題. 《한글》 22. 조선어학회. 103–105쪽.

박남수(1935). 訓民正音誕辰을 當하야 : 蜜啞生頭上에 一棒을 加함. 《정음》 10. 조선어학연구소. 58–60쪽.

박동근(1993). 훈민정음에 나타난 예악(禮樂)과 정음(正音)·정성(正聲) 사상과의 관계. 춘허 성원경 박사 회갑 기념 논총 간행위원회 편. 《한중음운학논총》 1. 서광학술자료사. 279–294쪽.

박병채(1976). 《역해 훈민정음》. 박영사.

박병채(1983). 洪武正韻譯訓의 發音註釋에 대하여—訓民正音과 관련하여—. 추강 황희영 박사 송수 기념 논총 간행위원회 편. 《韓國語 系統論 訓民正音 硏究》. 집문당. 259–274쪽.

박병천(1997). 훈민정음 해례본 한글문자의 자형학적 분석. 《겨레문화》 11. 한국겨레문화연구원. 69–170쪽.

박병천(2006). 훈민정음 해례본의 한글 자형 수정 방안에 대한 연구—사진본과 영인본의 한글 문자를 대상으로—. 《세종학연구》 14. 세종대왕기념사업회. 19–44쪽.

박병천(2016). 세종의 《훈민정음》에 숨겨진 불교적 숫자와 그 의미 : 《훈민정음》예의편의 전체 한자 숫자와 그 종류. 《월간서예》 422호. 미술문화원. 136–138쪽.

박승빈(1921). 諺文後解(1). 《계명》 1. 계명구락부. 37–39쪽.

박승빈(1921). 諺文後解(2). 《계명》 2. 계명구락부. 37–39쪽.

박승빈(1921). 朝鮮言文에 關한 要求. 《계명》 1. 계명구락부. 14–19쪽.

박승빈 편(1932). 《訓民正音》(언해본). 동광당서점.

박승빈(1934). 훈민정음원서의 고구. 《정음》 4. 조선어학연구회. 22–25쪽.

박승수(1936). 訓民正音重刊跋[한문]. 《정음》 16. 조선어학연구회. 31쪽.

박종국(1983). 훈민정음 이본 간에 나타난 '예의'의 몇 가지 문제. 《겨레어문학》 8. 겨레어문학회. 185–204쪽.

박종국(1984). 《세종대왕과 훈민정음》. 세종대왕기념사업회.

박영규(2015). 《세종의 눈으로 훈민정음을 보다》. 미간행 프린트본.

박장원(2018). 《훈민정음, 소리를 그리다》. 신아출판사.

박종국(1976). 《주해 훈민정음》. 정음사.

박종국(2007). 《훈민정음 종합 연구》. 세종학연구원.

박종국(2012). 《우리 국어학사》. 세종학연구원.

박지홍(1977). 언해본 훈민정음 연구—낱자 이름과 말본의식. 《성봉 김성배 박사 회갑기념 논문집》. 47–62쪽.

박지홍(1979ㄱ). 어제 훈민정음을 통해 본 15세기 국어학자들의 언어의식. 《사대논문집》(인문과학편) 6. 부산대학교. 23–40쪽.

박지홍(1979ㄴ). 한문본 훈민정음의 번역에 대하여. 《한글》 164. 한글학회. 61–86쪽.

박지홍(1980). 훈민정음의 번역 연구:정확한 독해를 위하여. 《논문집》 30. 부산대학교. 13–35쪽.

박지홍(1981). 어제 훈민정음의 연구 —한문본과 한글본의 비교에서. 《한글》. 한글학회. 483–514쪽.

박지홍(1983). 원본 훈민정음(訓民正音)의 연구—어제(御製) 훈민정음편. 《동방학지》 36·37. 연세대 국학연구원. 217–244쪽.

박지홍(1984). 《풀이한 훈민정음:연구·주석》. 과학사.

박지홍(1986). 원본 훈민정음의 짜임 연구:예의와 꼬리말의 내용 견줌. 《석당논총》 12. 동아대학교. 141–156쪽.

박지홍(1986). 훈민정음 제정의 연구:자모 차례의 세움과 그 제정. 《한글》 191. 한글학회. 105–120쪽.

박지홍(1987). 훈민정음을 다시 살핀다:번역을 중심으로. 《한글》 196. 한글학회. 341–353쪽.

박지홍(1988ㄱ). 국역 훈민정음. 신상순·이돈주·이환묵 편(1988). 《훈민정음의 이해》. 한신문화사. 263–292쪽.

박지홍(1988ㄴ). 훈민정음에서 나타나는 역학적 배경. 신상순·이돈주·이환묵 편(1988). 《훈민정음의 이해》. 한신문화사.

박지홍(1999). 원본 훈민정음의 월점에 대한 연구. 《부산한글》 18. 한글학회 부산지회. 155–164쪽.

박지홍·박유리(2013). 《우리나라 글살이의 변천과 훈민정음》. 새문사.

박창원(2005). 《훈민정음》. 신구문화사.

박철주 역주(2014). 《(역주) 대명률직해》. 민속원.

박한상(2018). 《훈민정음》 해례에 나타난 '심천'의 음성학적 의미. 《한글》 322호. 한글학회. 765–791쪽.

박현모(2010). 세종은 왜 훈민정음을 창제했나?:법과 문자. 《세종대왕과 한글창제와 리더십 승계》(2회 세종학 학술회의 훈민정음 564돌 기념). 한국학중앙연구원. 27–46쪽.

박희병(1994). 고전 자료의 주석·번역 작업에 대하여. 《한국학의 문헌학적 연구 그 현황과 과제》(서울대학교 한국문화연구소 제6회 학술토론회). 서울대학교 한국문화연구소. 49–59쪽.

반재원(2002). 《한글의 세계화 이대로 좋은가:한글 국제화를 위한 제언》. 한배달.

반재원·허정윤(2007). 《한글 창제 원리와 옛글자 살려 쓰기:한글 세계 공용화를 위한 선결 과제》. 역락.

방종현(1936). (훈민정음반포기념을 앞두고) 정음 반대파의 상소(1–7). 《조선일보》 1936.10.22.–10.30. 조선일보사. 5쪽.

방종현(1940). 원본 훈민정음의 발견(1–5). 《조선일보》 7월 30일–8월 4일. 조선일보사. 4쪽.[1]

방종현(1946ㄱ). 《(원본해석) 훈민정음》. 진학출판협회.

방종현(1946ㄴ). 훈민정음 해제. 조선어학회 편(1946). 《훈민정음》. 보진재. 별쇄본(1–10쪽).

방종현(1948). 《훈민정음통사》. 일성당서점. 홍문각(1988) 영인본 펴냄.

---

1   방종현(1940). 원본 훈민정음의 발견(1). 《조선일보》 7월 30일. 조선일보사. 4쪽.
　　　 방종현(1940). 원본 훈민정음의 발견(2). 《조선일보》 7월 31일. 조선일보사. 4쪽.
　　　 방종현(1940). 원본 훈민정음의 발견(3). 《조선일보》 8월 1일. 조선일보사. 4쪽.
　　　 방종현(1940). 원본 훈민정음의 발견(4). 《조선일보》 8월 2일. 조선일보사. 4쪽.
　　　 방종현(1940). 원본 훈민정음의 발견(완). 《조선일보》 8월 4일. 조선일보사. 4쪽.

방종현(1963/1972: 재판). 《일사 국어학논집》. 민중서관.

배윤덕(2005). 《우리말 운서의 연구》. 성신여자대학교 출판부.

백두현(2004). 한국어 문자 명칭의 역사적 변천. 《문학과 언어》 26. 문학과언어학회. 1–16쪽.

백두현(2009). 《훈민정음》 해례본의 텍스트 구조 연구. 《국어학》 54. 국어학회. 75–107쪽.

백두현(2013). 작업 단계로 본 훈민정음의 제자 과정과 원리. 《한글》 301. 한글학회. 83–124쪽.

백두현(2014). 《훈민정음》해례의 제자론(制字論)에 대한 비판적 고찰. 《어문학》 123. 한국어문학회. 39–66쪽.

백두현(2015). 《한글문헌학》. 태학사.

백두현(2018ㄱ). 훈민정음 언해본 텍스트의 언어적 특성과 그 해석. 한글학회 편. 《국어학 국제 학술 대회: 훈민정음 연구의 현황과 전망 》(세종대왕 즉위 600돌 및 572돌 한글날 기념 학술대회 발표집). 99–118쪽.

백두현(2018ㄴ). 《훈민정음》 해례본 낙장의 권두서명과 병서행 복원 방안 연구. 《어문론총》 75호. 한국문학언어학회. 9–41쪽.

백두현·김명주(2019). 《훈민정음》 해례본 텍스트에 쓰인 한자(어)사용 빈도와 그 해석. 《국어학회 창립 60주년 기념 국제학술대회 자료집》. 국어학회. 297–317쪽.

백승철(2018). 《읽고 싶은 훈민정음 해례본–언해본 형식의 한글 옮김과 교정판본》. 퍼플.

변정용(1996). 한글의 과학성. 《함께여는 국어교육》 29. 전국국어교사모임. 62–76쪽.

서병국(1975). 《신강 훈민정음》. 경북대학교출판부.

서병국(1980). 《신강 훈민정음》. 학문사.

서상규 편저(2017). 《불교와 한글, 한국어》. 한국문화사.

서상규(2016). 말뭉치로서의 한글 대장경과 그 활용. 《언어사실과 관점》. 연세대학교 언어정보연구원. 5–43쪽.

서재극(1994). 《훈민정음》의 한자 사성 권표. 외골 권재선 박사 화갑 기념 논문집 간행위원회 엮음(1994). 《우리말의 연구》. 우골탑. 39–50쪽.

서한태(2016). 《훈민정음·해서본》. 해드림출판사.

섭보매(2016ㄱ). 《훈민정음》 해례본의 권점(圈點) 체계에 대하여. 《열린정신》 인문학연구 17집 1호. 원광대학교 인문학연구소. 259–289쪽.

섭보매(2016ㄴ). 훈민정음 초성의 배열과 음양오행 원리. 《한글》 312호. 한글학회. 67–94쪽.

섭보매(2016ㄷ). 《훈민정음》의 역학적 연구. 원광대학교 대학원 박사논문.

성경린(1986). 《세종 시대의 음악》. 세종대왕기념사업회.

성원경(1970). 훈민정음 제자이론과 중국 운서와의 관계(기 1)–절운지장도와 광운을 위주로. 《학술지》 11. 건국대학교. 131–147쪽.

성원경(1983). 훈민정음해례 중 '韻書疑與喩多相混用' 攷. 추강 황희영 박사 송수 기념 논총 간행위원회 편. 《한국어 계통론 훈민정음 연구》. 집문당. 275–294쪽.

성원경(1985). 肅宗御製 訓民正音(後)序 內容考察. 《겨레어문학》 9. 건국대국어국문학연구회.

성원경(1993). 훈민정음 해례본에 있어서의 문제점 소고. 《인문과학논총》 25. 건국대학교. 139–149쪽.

成元慶(성원경)(1969). 十五世紀韓國字音與中國聲韻之關係. 台北：國立台灣師範大學國文研究所.(대만 박사논문)[2].

---

2   단행본 : 성원경(1969/1976). 《十五世紀韓國字音與中國聲韻之關係》. 捲域書齋.

시정곤(2015). 《박승빈(훈민정음을 사랑한 변호사)》. 박이정.

신명균(1927). 訓民正音 原本에 對하여–現在 發見된 三本과 그로서 還元한 한글社의 新版. 《동아일보》(1927.10.24). 동아일보사. 3쪽.

신명균(1927). 訓民正音 創刊에 際하야. 《한글》(동인지) 창간호(1927.7.25). 조선어학회. 5–7쪽.[3]

송기중(2014). 훈민정음 해례의 음소–음성학. 《한국어사 연구》 1. 국어사연구회. 59–94쪽.

송민(1995). 외국학자의 훈민정음 연구. 《어문학 논총》 14. 국민대 어문학연구소. 27–44쪽.

송효섭(2018). 《훈민정음》의 신화성과 반신화성–도상성을 중심으로. 《기호학연구》 54집. 한국기호학회. 93–117쪽.

신상순·이돈주·이환묵 편(1988). 《훈민정음의 이해》. 한신문화사.

신지영(2019). 훈민정음해례의 '喉(후)' 의미 재고. 《민족문화연구》 82호. 고려대 민족문화연구원. 181–209쪽.

심경호(2002). 《국문학 연구와 문헌학》. 태학사.

심경호(2004ㄱ). 원전연구와 고전 텍스트의 현대적 변용. 《동양한문학연구》 20집. 동양한문학회. 53–69쪽.

심경호(2004ㄴ). 조선전기의 註解本 간행과 문헌 가공에 대하여. 《대동한문학》 20집. 대동한문학회. 169–248쪽.

심경호(2008). 한문고전번역에서 학술 번역의 개념과 그 역할. 《한자한문연구》 4호. 고대한자한문연구소. 129–154쪽.

심경호(2012). 《한국한문학 및 고전주석학의 기초학사 연구》. 한국연구재단.

심경호(2016). 훈민정음 해례본의 한문 문장 구조와 성조점에 따른 의미 해석에 대하여. 《훈민정음의 현대어 번역을 위한 종합적 검토》. 국립한글박물관. 63–84쪽.

심소희(2013). 《한자 정음관의 통시적 연구》. 이화여자대학교출판부.

심소희(2019). 상수(象數) 역학 기반의 훈민정음에 구현된 말글체계. 《민족문화》 53집. 한국고전번역원. 233–264쪽.

아쓰지 데쓰지 저/심경호 역(2008). 《漢字學 : 《설문해자》의 세계》. 보고사.

안대회(2016). 1800년 여름에 나타난 《훈민정음》 해례본. 《한글새소식》 530호(10월호). 한글학회. 10–11쪽.

안명철(2004). 훈민정음 자질문자설에 대하여. 《어문연구》 123. 한국어문교육연구회. 43–60쪽.

안명철(2006). 훈민정음의 제자 원리와 육서. 《우리말글》 38. 우리말글학회. 43–58쪽.

안병희(1970). 肅宗의 '訓民正音後序'. 《낙산어문》 2. 서울대학교. 재수록1 : 안병희(1992). 《國語史 硏究》. 문학과지성사. 재수록2 : 안병희(2007). 《訓民正音 硏究》. 서울대 출판부. 107–115쪽.

안병희(1972). 해제(세종어제훈민정음). 국어학회 편, 《국어학자료선집[II]》. 일조각. 309–311쪽.

안병희(1976). 훈민정음의 이본. 《진단학보》 42. 진단학회. 191–198쪽.

안병희(1977). 《중세국어 구결의 연구》. 일지사.

안병희(1979). 中世語의 한글 資料에 대한 綜合的인 考察. 《규장각》 3. 서울대 도서관.

안병희(1986). 훈민정음 해례본의 복원에 대하여. 유목상 외 편, 《국어학 신연구》(약천 김민수교수 화갑기념). 탑출판사. 927–956쪽.

안병희(1990). 훈민정음언해의 두어 문제. 《이우성선생 정년퇴임기념 국어국문학논총》. 여강출판사. 21–33쪽.

안병희(1990). 훈민정음의 제자원리에 대하여. 기곡 강신항선생 회갑기념 논문집간행위원회(1990). 《강신항 교수 회갑기념

---

3   단행본 : 실명이 명기되어 있지는 않으나 "신명균(1927). 訓民正音 原本에 對하여–現在 發見된 三本과 그로서 還元한 한글社의 新版. 《동아일보》(10.24). 동아일보사. 3쪽."의 일부 내용과 같아 신명균이 쓴 것으로 판명함.

국어학논문집》. 태학사. 135–145쪽.

안병희(1992). 훈민정음 해례본의 복원. 《國語史 研究》. 문학과지성사. 186–195쪽.

안병희(1996). 훈민정음의 '편어일용이'에 대하여. 《청범 진태하 교수 계칠 송수기념 어문학논총》. 태학사. 621–628쪽.

안병희(1997). 훈민정음 해례본과 그 복제에 대하여. 《진단학보》 84. 진단학회. 191–202쪽.

안병희(2002). 《訓民正音》(解例本) 三題. 《진단학보》 93. 진단학회. 173–197쪽.

안병희(2007ㄱ). 《훈민정음 연구》. 서울대학교 출판부.

안병희(2007ㄴ). 송석하(宋錫夏) 선생 투사(透寫)의 '훈민정음(訓民正音)'. 《한국어연구》 4. 한국어연구회. 127–130쪽.

안춘근(1990/1992). 《한국서지학원론》. 범우사.

알브레히트 후베(2019). 《날개를 편 한글》. 박이정.

양주동(1940). 신발견: "훈민정음"에 대하여. 《정음》 36. 조선어학연구회. 9–10쪽.

여찬영(1987). 훈민정음의 언해에 대한 관견. 《한국어학과 알타이어학》(우정 박은용 박사 회갑 기념 논총). 효성여대 출판부. 361–380쪽.

여찬영(2010). 《훈민정음 언해본》의 번역학적 연구. 《언어과학연구》 54. 언어과학회. 105–122쪽.

연규동(2018). 서양에서의 훈민정음 연구 성과와 전망: 일반문자학에서 바라본 훈민정음. 이현희 외(2018). 《훈민정음 연구의 성과와 전망》 II(국외). 국립한글박물관 152–190쪽.

연규동·이전경·김은희·김남시(2012). 조선왕조실록에 나타난 '文字'의 의미. 《동방학지》 158집. 연세대 국학연구원. 143–182쪽.

오정란(1994). 훈민정음 초성 체계의 정밀 전사의식. 《논문집》 23. 광운대 기초과학연구소. 9–24쪽.

오정란(2000). 중세 국어 모음체계의 대립과 조정양상. 《한국어학》 12. 한국어학회. 187–212쪽.

오정란(2004). 훈민정음 재출자(再出字)와 상합자(相合字)의 거리와 재음절화. 《한국어학》 22. 한국어학회. 267–298쪽.

옥영정(2017). 《훈민정음》 해례본의 낙장 복원을 위한 판식의 설정. 《국보 제70호 훈민정음 학술토론회: 낙장 복원 및 정본화》(학술 발표 자료집). 문화재청. 97–103쪽.

와타나베 다카코(2018). 일본의 훈민정음 연구. 이현희 외(2018). 《훈민정음 연구의 성과와 전망》 II(국외). 국립한글박물관 54–110쪽.

유민호(2015). 고대 한국어 처격, 속격조사의 형태와 의미기능에 관한 연구 : 차자표기 자료를 중심으로. 고려대학교 대학원 박사학위 논문.

유열(류렬)(1948). 《원본 훈민정음 풀이》(보신각 편). 보진재.

유열(류렬)(1950). 훈민정음 원본의 발견 및 유래. 《홍익》 1(창간호). 홍익대 학도호국단문화부. 88–93쪽.

유열(류렬/유렬)(1947). 《원본 풀이한 훈민정음》. 보신각.

유창균(1977). 《훈민정음》. 형설출판사.

유창균(1989). 황극경세서(皇極經世書)가 국어학에 끼친 영향. 《석당 논총》 15. 동아대 석당전통문화연구소. 69–102쪽.

유창균(1993). 《훈민정음 역주》. 형설출판사.

윤덕중·반재원(1983). 《훈민정음 기원론》. 국문사.

윤용남 외 역주(2018). 《완역 성리대전》 1–10. 학고방.

윤형두(2003). 훈민정음(訓民正音)-쓰고 읽지 못하는 백성들을 위해. 《옛책의 한글판본》. 범우사. 13–22쪽.

이광호(1992). 훈민정음 '新制二十八字'의 '新制'에 대하여. 《한국어문학 연구》 4. 한국외국어대학교. 21–34쪽.

이광호(1992). 훈민정음 제자의 논리성. 《정신문화연구》 48. 한국정신문화연구원. 189–193쪽.

이광호(2006). 《훈민정음 해례본》에서 '본문(예의)'과 '해례'의 내용 관계 검토. 편집위원회(2006). 《국어학논총: 이병근 선생 퇴임기념》. 태학사. 1397–1414쪽.

이광호(2010). 훈민정음 해례본의 편찬에 대한 가설(기조강연). 《제181회 전국학술대회자료집》. 한국어문교육연구회.

이극로(1932). 훈민정음의 독특한 성음 관찰. 《한글》 5. 조선어학회. 198–201쪽.

이근수(1995). 《훈민정음 신연구》. 보고사.

이근열(2012). 《훈민정음》 언해의 문법 인식. 《우리말연구》 30. 우리말학회. 173–195쪽.

이기문 편(1977). 《문자》(국어학 논문선) 7. 민중서관.

이기문(1961/1972(개정판)/1998(신정판)). 《국어사개설》. 민중서관.

이기문(1969). 중세국어 음운론의 제문제. 《진단학보》 32. 진단학회. 127–146쪽.

이기문(1974). 훈민정음 창제에 관련된 몇 문제. 《국어학》 2. 국어학회. 1–15쪽.

이기문(2008). 훈민정음 창제에 대한 재조명. 《한국어연구》 5. 한국어연구회. 5–45쪽.

이기찬(2010). 《매천집(梅泉集)》 역주의 유형별 고찰–고전번역서 역주의 방향 모색을 위한 시론. 《민족문화》 36집, 한국고전번역원. 115–159쪽.

이능화(1918). 《조선불교통사》. 신문관.

이대로(2008). 《우리말글 독립운동의 발자취》. 지식산업사.

이돈주(1988). 훈민정음의 중국음운학적 배경. 신상순·이돈주·이환묵 편(1988). 《훈민정음의 이해》. 한신문화사. 199–238쪽.

이등룡(2004). 訓民正音 諺解本의 '漢音齒聲'에 대한 管見. 《인문과학》 34. 성균관대 인문과학연구소. 153–168쪽.

이명재(2008). 《朝鮮語文經緯》를 중심으로 한 권덕규의 국어학적 업적 연구. 공주대학교 대학원 석사학위 논문.

이동림(1973). 諺文字母 俗所謂 反切 二十七字 策定 根據:훈민정음 제정은 '예부운략' 속음 정리로부터. 《양주동 박사 고희기념논문집》. 탐구당. 113–144쪽.

이동림(1979). 언문과 훈민정음 관계. 재인식된 가획원리를 중심으로. 《어문연구》 21. 일조각. 79–89쪽.

이동석(2017). 《훈민정음》의 자음. 《관악어문연구》 42집. 서울대학교국어국문학과. 125–193쪽.

이동석(2018). 훈민정음의 음운론적 연구 성과와 전망: 자음을 중심으로. 이현희 외(2018). 《훈민정음 연구의 성과와 전망》 I(국내). 국립한글박물관 296–412쪽.

이동화(2006). 《훈민정음과 중세국어》. 문창사.

이득춘 편(2001). 《조선어 력사언어학연구》. 역락

이상규(2008). 훈민정음 영인 이본의 권점(圈點) 분석. 《어문학》 100. 형설출판사. 143–172쪽.

이상규(2009). 훈민정음의 첩운(疊韻) 권점 분석. 《새국어생활》 19–1. 국립국어원. 155–184쪽.

이상규(2012). 잔엽 상주본 《훈민정음》 분석. 《한글》 298. 한글학회. 5–50쪽.

이상규(2013). 《세종실록》 분석을 통한 한글 창제 과정의 재검토. 《한민족어문학》 65. 한민족어문학회. 5–56쪽.

이상규(2013). 주해 《훈민정음통사(방종현 원저)》. 올재.

이상규(2015). 《훈민정음》에 대한 인문지리학적 접근. 《한민족어문학》 69. 한민족어문학회. 5–39쪽.

이상규(2017). 안동본 《훈민정음 해례》 복각 배경과 그 의의. 《나라사랑》 126집. 외솔회. 221–265쪽.

이상규(2018). 《직서기언》. 경진.

이상규·천명희(2018). 《여암 신경준의 저정서 연구》. 역락.

이상규·천명희·왕민(王民)·짱쩐(張珍)(2016). 《증보정음발달사》. 역락.

이상백(1957). 《한글의 기원—훈민정음 해설》. 통문관.

이상하(2007). 고전 언해 및 고전국역의 비교 검토와 고전 譯註의 한 방안. 《민족문화》 30집. 한국고전번역원. 93–136쪽.

이상혁(1997). 우리 말글 명칭의 역사적 변천과 의미. 일암 김응모 교수 화갑 기념 논총 간행위원회 엮음. 《한국어학의 이해와 전망》. 박이정. 793–812쪽.

이상혁(2004). 《훈민정음과 국어 연구》. 역락.

이상혁(2005). 홍기문과 원본 《훈민정음》의 번역에 대하여. 《한국학연구》 23. 고려대 한국학연구소. 235–254쪽.

이상혁(2006ㄱ). 훈민정음. 언문. 반절. 그리고 한글의 역사적 의미—우리글 명칭 의미의 어휘적 함의를 중심으로—. 정광 외. 《역학서와 국어사 연구(솔미 정광 교수 정년퇴임 기념 논문집)》. 태학사. 444–487쪽.

이상혁(2016ㄴ). 홍기문의 《훈민정음》 번역과 국어학사의 한 경향. 《한국어학》 73. 한국어학회. 111–134쪽.

이상혁(2017). 《훈민정음 용어 사전》의 구축과 그 쟁점—원본 《訓民正音》(1446)의 《例義》를 중심으로—. 《민족문화연구》 75호. 고려대학교 민족문화연구원. 67–89쪽.

이상혁(2019). 《正音發達史》(1946)에 제시된 《訓民正音》《해례》(1446)의 번역과 분석에 대하여 : 《해례》의 주해와 평해를 중심으로. 《Journal of Korean culture》 46. 한국어문학국제학술포럼. 37–66쪽.

이성구(1984). 훈민정음 해례의 철학사상에 관한 연구 : 역리와 성리학을 중심으로. 명지대 대학원 박사논문.

이성구(1984). 훈민정음의 철학적 고찰 : 해례본에 나타난 제자원리를 중심으로. 《논문집》 8. 명지실업전문대학. 7–53쪽.

이성구(1985). 《훈민정음 연구》. 동문사.

이성구(1986). 훈민정음 해례의 '聲, 音, 字'의 의미. 《봉죽헌 박붕배박사회갑기념논문집》. 배영사. 590–608쪽.

이성구(1987). 훈민정음 초성체계와 오행. 한실 회갑 기념 논총 간행위원회 편. 《한실 이상보 박사 회갑기념논총》. 형설출판사. 771–782쪽.

이성구(1998). 《훈민정음 연구》. 애플기획.

이숭녕(1958). 세종의 언어정책에 관한 연구—특히 운서편찬과 훈민정음 제정과의 관계를 중심으로 하여. 《아세아연구》 1·2. 고려대 아세아문제연구소. 29–84쪽.

이숭녕(1970). 이조 초기 역대 왕실의 출판 정책의 고찰—특히 불경인행(佛經印行)의 과정을 중심으로 하여—. 《한글》 146. 한글학회. 271–286쪽.

이숭녕(1972). 《성리대전》과 이조언어의 연구. 《동양학》 2. 단국대 동양학연구소. 5–9쪽.

이숭녕(1976). 《혁신 국어학사》. 박영사.

이숭녕(1986). '말'과 '말씀'의 의미식별에 대하여—'나랏말쓰미…'의 해석을 머금고—. 《동천 조건상 선생 고희기념논총》. 형설출판사. 221–238쪽.

이승재(1989). 차자표기 연구와 훈민정음의 문자론적 연구에 대하여. 《국어학》 19. 국어학회. 203–239쪽.

이영훈(2018). 《세종은 과연 성군인가》. 백년동안.

이재돈(2016). 훈민정음 해례에 나타난 중국 음운학 이론—오음, 칠음, 청탁 및 기타 운서의 영향 등을 중심으로. 《훈민정음의 현대어 번역을 위한 종합적 검토》. 국립한글박물관. 45–60쪽.

이재업 엮음(2018). 《세종대왕 즉위 600주년 기념 훈민정음 언해본 복각 기념 학술자료집》. 김각한·장승천 복각본. (사)유교문화보존회.

이정호(1972). 《(해설 역주) 훈민정음》. 한국도서관학연구회.

이정호(1974). 《역주 주해 훈민정음》. 아세아문화사.

이정호(1975). 《훈민정음의 구조원리 그 역학적 연구》. 아세아문화사.

이정호(1986 : 개정판). 《국문·영문 해설 역주 훈민정음》. 보진재.

이진호(2018). 훈민정음의 음운론적 연구 성과와 전망: 모음을 중심으로. 이현희 외(2018). 《훈민정음 연구의 성과와 전망》 Ⅰ(국내). 국립한글박물관 296–340쪽.

이현희 등 13인(2014). 《'훈민정음'의 한 이해》. 역락.

이현희 외(2018). 《훈민정음 연구의 성과와 전망》 Ⅰ(국내). 국립한글박물관.

이현희 외(2018). 《훈민정음 연구의 성과와 전망》 Ⅱ(국외). 국립한글박물관.

이현희(1990). 훈민정음. 서울대 대학원 국어연구회 편. 《국어연구 어디까지 왔나》. 동아출판사. 615–631쪽.

이현희(1991). 훈민정음의 이본과 관련된 몇 문제. 《어학교육》 21. 전남대학교어학연구소. 59–74쪽.

이현희(1997). 훈민정음. 《새국어생활》 7–4. 국립국어연구원. 237–254쪽.

이현희(2003). 훈민정음 연구사. 《한국의 문자와 문자연구(송기중·이현희·정재영·장윤희·한재영·황문환 편)》. 집문당.

이현희(2016). 주시경의 《훈민정음(訓民正音) 세종서(世宗序)》 해석과 그 계승의 일면. 《관악어문연구》 40권. 서울대학교 국어국문학과. 5–20쪽.

이현희(2018). 《훈민정음》의 번역·어구풀이의 역사적 흐름에 대한 고찰. 이현희 외(2018). 《훈민정음 연구의 성과와 전망》 Ⅰ(국내). 국립한글박물관 192–222쪽.

임용기(1991ㄱ). 훈민정음의 삼분법 형성 과정. 연세대 대학원 박사논문.

임용기(1991ㄴ). 훈민정음의 이본과 언해본의 간행 시기에 대하여. 《국어의 이해와 인식》(갈음 김석득 교수 회갑 기념 논문집). 한국문화사. 673–696쪽.

임용기(1997). 세종대왕과 훈민정음의 창제. 문화체육부 편. 《세종대왕 : 탄신 600돌 기념》. 문화체육부. 48–85쪽.

임용기(1999). 이른바 이체자 'ㆁ. ㄹ. ㅿ'의 제자방법에 대한 반성. 《새국어생활》 9–4. 161–167쪽.

임용기(2010). 초성·중성·종성의 자질과 훈민정음. 《국어학》 57. 국어학회. 75–106쪽.

임용기(2014). 훈민정음 창제와 관련한 몇 가지 문제. 《한국어사 연구》 1. 국어사연구회 95–132쪽.

임용기(2016). 《훈민정음》의 우리말 음절짜임새와 초성·중성·종성의 자질체계. 《2016년 훈민정음학회 전국학술대회 발표 논문집– 훈민정음 연구의 깊이와 외연》. 훈민정음학회·국립한글박물관. 3–32쪽.

임표(1965/1967). 《훈민정음》. 사서출판사.

임홍빈(2008). 訓民正音 創製와 관련된 몇 가지 問題. 훈민정음과 파스파 문자 Workshop 조직위원회 편. 《훈민정음(訓民正音)과 파스파 문자(八思巴文字) 국제 학술 Workshop 논문집》. 한국학중앙연구원. 163–195쪽.

임홍빈(2013). 실록의 훈민정음 간행 기사의 비밀. 《언어와 정보사회》 20. 서강대 언어정보연구소. 51–91쪽.

임홍빈(2018). 안병희 선생과 세종실록의 몇 가지 문제. 안병희 선생 10주기 추모 논문집 간행위원회 편. 《안병희 선생 10주기 추모 논문집》. 역락. 19–89쪽.

장경준(2018). 대명률직해의 특징과 역주 방침: 서지와 직해 부분을 중심으로. 《고전번역연구》 9집. 한국고전번역학회. 55–84쪽.

장선호(2013). 증보문헌비고 악고 훈민정음과 훈민정음 초성상형도에 대한 연구. 《한국어정보학》 15권 2호. 한국어정보학회. 1–28쪽.

장영길(2001). 훈민정음 자소 체계와 음성자질 체계의 조응 관계. 《동악어문논집》 37. 동악언문학회. 1–22쪽.

장유승(2012). 학술번역이란 무엇인가. 《고전번역연구》 3. 한국고전번역학회. 165–190쪽.

장윤희(2013). 훈민정음 제자원리의 위계성과 이체. 《어문연구》 158. 한국어문교육연구회. 37–56쪽.

장윤희(2018). 《훈민정음》 해례본의 언어 관련 지칭어. 안병희 선생 10주기 추모 논문집 간행위원회 편. 《안병희 선생 10주기 추모 논문집》. 역락. 545–561쪽.

전남대 어학연구소 편(1992). 《훈민정음과 국어학》. 전남대학교출판부.

전몽수·홍기문(1949). 《훈민정음 역해》 조선어문고 1책. 평양 : 조선어문연구회.

정광(2006). 《훈민정음의 사람들》. 제이앤씨.

정기호(1986). 한자 음소(Phoneme)의 체계 변천 고찰–언해본 훈민정음에 나오는 한자를 중심으로–. 《淸泉 康龍權 博士 頌壽紀念論叢》. 논총기념간행회.

정광(2015). 《한글의 발명》. 김영사.

정다함(2009). 여말 선초의 동아시아 질서와 조선에서의 한어(漢語). 한이문(漢吏文). 훈민정음. 《한국사학보》 36. 고려사학회. 269–305쪽.

정다함(2013). "中國(듕귁)"과 "國之語音(나랏말쌈)"의 사이. 《비교문학》 60. 한국비교문학회. 255–280쪽.

정동유(1806, 순조6). 천하의 위대한 문헌 훈민정음. 안대회 외 옮김(2016). 《주영편: 심심풀이로 조선 최고의 백과사전을 만들다》. 휴머니스트. 272–273쪽.

정동유(1806, 순조6). 훈민정음 몰이해. 안대회 외 옮김(2016). 《주영편: 심심풀이로 조선 최고의 백과사전을 만들다》. 휴머니스트. 274쪽.

정연찬(1970). 세종대의 한자 사성 표기법. 《국어국문학》 49·50. 국어국문학회. 277–291쪽.서종학(1991). 중세국어 자료의 권점의 기능에 대하여. 울대 대원 국어연구회 편. 《국어학의 새로운 인식과 개》(김완진 선생회갑 기념 논총). 민음사.

정연찬(1972). 월인석보(月印釋譜) 제일·제이(第一·第二) 해제. 《月印釋譜》 卷 1,2. 서강대학교인문과학연구소.정영미(2016). 남·북한 조선왕조실록 번역 비교–《현종실록》을 중심으로. 《민족문화》 48집. 한국고전번역원. 299–342쪽.

정요일(2008).訓民正音 '序文'의 '者'·'놈' 意味와 관련한 古典 再檢討의 必要性 論議 : '者'와 '놈'. '것' 또는 '경우'를 뜻한다. 《어문연구》 139. 한국어문교육연구회. 269–295쪽.

정우(2011). 《佛典 한글 번역과 용어에 관한 연구》. 솔바람.

정우영(2000ㄱ). 훈민정음 한문본의 원본 복원에 대한 연구. 《동악어문논집》 36. 동악어문학회. 107–135쪽.

정우영(2000ㄴ). 《훈민정음언해》의 이본과 원본 재구에 관한 연구. 《불교어문논집》 5. 한국불교어문학회. 25–58쪽.

정우영(2001). 《훈민정음》 한문본의 낙장 복원에 대한 재론. 《국어국문학》 129. 국어국문학회. 191–227쪽.

정우영(2005). 훈민정음(訓民正音) 언해본의 성립과 원본 재구. 《국어국문학》 139. 국어국문학회. 75–113쪽.

정우영(2008). 《訓民正音》 해례본(해설). 《문화재 사랑》 47. 문화재청. 32–35쪽.

정우영(2011). 한글 불전류(佛典類)의 역주 방법론 연구. 《국어사 연구》 12. 국어사학회. 75–118.

정우영(2012). 《훈민정음》 해례본의 번역을 위한 기본적 이해. 동국대 번역학연구소 봄학술대회(5.19). 동국대 번역학연구소. 1–16쪽(별지).

정우영(2013). 《訓民正音》 언해본 텍스트의 새로운 분석. 《제63차 한국어학회 전국학술대회》. 한국어학회(별쇄 1–16).

정우영(2014). 《훈민정음》 해례본의 '예의편' 구조와 '해례편'과의 상관관계. 《국어학》 72. 국어학회. 103–153쪽.

정우영(2015). 훈민정음과 불교경전의 상관관계 연구. 《어문연구》 168. 한국어문교육연구회. 33–63쪽.

정우영(2016ㄱ). 훈민정음 초성 제자원리의 '이체자(異體字)' 관련 문제점 분석. 《국어학》 80. 국어학회. 35–75쪽.

정우영(2016ㄴ). 훈민정음 해례본의 바람직한 현대어 번역을 위하여– '정음편'(예의편)과 해례 제자해의 쟁점 사항을 중심으로. 《훈민정음의 현대어 번역을 위한 종합적 검토》. 국립한글박물관. 13–20쪽.

정우영(2017). 《훈민정음》 해례본의 정본 제작에 관한 연구–'권두서명'과 '병서행 안배' 문제를 중심으로. 《국보 제70호 훈민정음 학술토론회: 낙장 복원 및 정본화》(학술 발표 자료집). 문화재청. 67–93쪽.

정우영(2018). 《훈민정음》 해례본과 언해본의 판본·서지, 복원연구의회고와 전망. 이현희 외(2018). 《훈민정음 연구의 성과와 전망》 I(국내). 국립한글박물관. 18–94쪽.

정우영(2019). 《訓民正音》(해례본–언해본)의 사료적 가치와 한글 서체. 《한글 서체 정립과 세계화 전국 학술 토론회》. 사단법인 한국서체연구회. 7–18쪽.

정우영(2020). 신미대사와 불교경전의 언해 사업. 《신미대사가 한글 발전에 끼친 영향과 의미》(보은 우국이세 한글문화관 건립을 위한 학술대회 자료집). 보은군. 37–52쪽.

정우용(1806. 순조6). 《훈민정음》을 찾아서– 정동유 지음/안대회 외 옮김(2016). 주영편: 심심풀이로 조선 최고의 백과사전을 만들다. 휴머니스트. 530–533쪽.

정윤재(2012). 세종대왕의 《훈민정음》 발간의 정치과정 분석: '권력/지식'에 의한 장악, 설득, 배제의 개제를 드러냄. 한국학중앙연구원 세종리더십연구소 편(2012). 《세종의 한글 창제와 출판의 국가경영》(제4회 세종학학술회의). 한국학중앙연구원. 99–122쪽.

정인보(1937). 訓民正音韻解 解題. 《한글》 44. 조선어학회. 7–9쪽.

정인승(1940ㄱ). 고본 훈민정음의 연구. 《한글》 82(12월호). 조선어학회. 3–16쪽. 재수록: 한말연구학회 편(1997). 《건재 정인승 전집 3권》(논문편). 박이정. 49–67쪽.

정인승(1940ㄴ). 古本訓民正音의 硏究. 《문장》 2권 10호. 문장사. 139–152쪽.

정인승(1946). 훈민정음의 연혁. 《한글》 98. 한글학회. 28–31쪽. 재수록 : 정인승(1997). 훈민정음의 연혁. 《나라사랑》 95. 외솔회. 239–245쪽.

정제문(2015). 파스파 문자와 훈민정음. 《한글》 307. 한글학회. 5–43쪽.

정철(1954). 원본 훈민정음의 보존 경위에 대하여. 《국어국문학》 9. 국어국문학회. 15쪽(한쪽).

정희성(1994). 훈민정음의 창제 원리를 위한 과학 이론의 성립. 《한글》 224. 한글학회. 193–222쪽.

조규태(2000·2007 : 수정판·2010 : 개정판). 《번역하고 풀이한 훈민정음》. 한국문화사.

조규태(2011). 국어사 자료 역주의 원칙에 대하여. 《국어사연구》 12호. 국어사학회. 7–12쪽.

조규태·정우영 외(2007). 《훈민정음 언해본 이본 조사 및 정본 제작 연구》(학술연구용역사업보고서).(언해본). 문화재청.

조두상(2001). 세종 임금이 훈민정음 창제 때 참고한 문자 연구–인도 글자가 한국 글자에 미친 영향에 대하여–. 《인문논총》 57. 부산대 인문학연구소. 65–88쪽.

조영진(1969). 훈민정음 자형의 기원에 대하여. 《국어국문학》 44·45 합집호. 국어국문학회. 195–207쪽.

조의성(趙義成) 역주(2010). 《訓民正音》. 平凡社(일본).

주성일(2009ㄱ). 《사성통해》 범례고 1. 《中國文學硏究》 38집. 韓國中文學會. 115–150쪽.

주성일(2009ㄴ). 《사성통해》 범례고 2. 《中國文學硏究》 39집. 韓國中文學會. 215–245쪽.

주시경(1908). 《국어문전음학》. 박문서관.

주시경(1910). 《국어문법》. 박문서관.

진영환(1966). 어제 훈민정음 서문의 새로운 해석-국자 창제의 목적이 무엇인가를 위하여-. 《논문집》 21권 2호. 대전공업 전문학교. 13-25쪽.

천명희(2016). 광흥사 복장유물의 국어학적 고찰. 경북대학교 대학원 박사학위 논문.

천명희(2019). 《훈민정음》 해례본 텍스트의 오류. 《동남어문논집》47집. 동남어문학회. 119-145쪽.

천혜봉(2006). 《한국서지학》. 민음사.

최기호(1983). 훈민정음 창제에 관한 연구:집현전과 언문 반대 상소. 《동방학지》 36·37. 연세대학교. 531-557쪽.

최명재(2011). 《훈민정음의 숨겨진 진실》. 한글정음사(복원본 수록).

최미현(2011). 언해 의서류의 역자 방법 연구. 《국어사연구》 122호. 국어학히. 119-142쪽.

최봉영(2010). 퇴계학의 바탕으로서 한국말. 《우리말로 학문하기의 용틀임》. 채륜. 297-338쪽.

최상진(1997). 훈민정음의 언어유기체론에 대하여. 《논문집》 26. 경희대학교. 79-96쪽.

최성철(2013). 《알기 쉬운 훈민정음(訓民正音)》. 무하문화사.

최세화(1976). 《15세기 국어의 중모음 연구》. 아세아문화사.

최세화(1989). 세종어제훈민정음 서문에 대해. 《어문연구》 17-4. 한국어문교육연구회. 420-421쪽.

최세화(1997ㄱ). 훈민정음 낙장의 복원에 대하여. 《국어학》 29. 국어학회. 1-32쪽.

최세화(1997ㄴ). 訓民正音解例 後序의 번역에 대하여. 《동국어문학》 9. 동국대 국어교육학과. 1-26쪽.

최영선 편저(2009). 《한글 창제 반대 상소의 진실》. 신정.

최용기(2010). 세종의 문자 정책과 한글 진흥 정책의 미래. 《국어문학》 49. 국어문학회. 39-64쪽.

최종민(2013). 《훈민정음과 세종악보》. 역락.

최현배(1942/1970/1982). 《고친 한글갈》. 정음문화사. * 최현배(1942)는 '정음사'

최홍식(2016). 음성학과 음성의학으로 풀어 보는 《훈민정음》제자해. 《세종학연구》 16호, 세종대왕기념사업회. 29-39쪽.

콘체비치(Le Kont sevich)(1997). '훈민정음'은 한국 전통적인 언어학적 이론의 초석이다-세종대왕 탄신 600돌에 대하여. 《세종대왕 탄신 600돌 기념 유네스코 제8회 세종대왕상 시상 및 국제학술 회의 논문 초록-문맹 퇴치와 한글-》. 문화체육부 유네스코 주최·국제한국어교육학회 주관. 41-44쪽.

콘체비치(Le Kont sevich)(1997). 세계 문자상으로 본 한글의 특이성. 《세종대왕 탄신 600돌 기념 제6회 국제 한국어 학술 대회》. 한글학회. 151-174쪽.

한국어연구회(2007). 《한국어연구》 4(서울대 규장각 상백문고본). 역락.

한국정신문화연구원 엮음(2001). 《세종 시대의 문화》. 태학사.

한국정신문화연구원 엮음(2001). 세종대의 언어정책과 훈민정음의 창제. 《세종시대의 문화》. 태학사. 115-164쪽.

한글학회 편(1992). 《우리말 큰사전 4: 옛말과 이두》. 어문각.

한글학회/허웅(1997). 《훈민정음》 번역(별책). 해성사.

한영균(1993). 능엄경언해. 《국어사 자료와 국어학의 연구》. 문학과지성사. 123-144쪽.

한재영(2017ㄱ). 훈민정음에 관한 연구의 회고-창제 배경과 동기 및 목적 그리고 창제자를 중심으로. 《어문론집》 72. 중앙어문학회. 71-124쪽.

한재영(2017ㄴ). 국보 제70호 《훈민정음》 정본 제작의 과정과 한계. 《국보 제70호 훈민정음 학술토론회: 낙장 복원 및 정본화》(학술 발표 자료집). 문화재청. 9-31쪽.

한재영·정우영·김주원·백두현·이현희·옥영정·황선엽(2017). 《국보 제70호 훈민정음 정본 제작 연구》. 문화재청.

한재준·김슬옹(2017). 훈민정음 교육을 위한 도구, 도형 제작론과 실제. 《571돌 한글날 기념 학술대회 훈민정음 제자 원리에 대한 과학과 수학 융합 연구 학술대회 자료집(10.20). 국립한글박물관 강당. 97–140쪽.

한태동(1983). 훈민정음의 음성 구조. 《537돌 한글날 기념 학술 강연회 자료집》(단독). 세종대왕기념사업회.

한태동(2003). 《세종대의 음성학》. 연세대학교출판부.

허경무·김인택(2007). 조선 시대 한글 서체의 유형과 명칭. 《한글》 275. 한글학회. 193–225쪽.

허경무(2010). '훈민정음 해례본' 영인 이본이 왜 존재하는가. 《월간서예》 11. 168–169쪽.

허동진(1998). 《조선어학사》. 한글학회.

허웅(1974). 《한글과 민족 문화》. 세종대왕기념사업회.

허재영(1993). 훈민정음에 나타난 성운학의 기본 개념. 춘허 성원경 박사 화갑 기념 논총 간행위원회 편. 《한중음운학논총》 1. 서광학술자료사. 295–314쪽.

허재영(2000). 훈민정음 해례 합자해의 '아동·변야지언(兒童邊野之言)'. 《한말연구》 6. 한말연구학회. 217–225쪽.

허철구(2007). 한글 자모 순에 대한 일고. 《훈민정음 창제 원리와 한글 자모 순서》. 주관:국어문화운동본부. 주최:강길부 의원실. 국립국어원(2007.10.5). 73–85쪽.

허호익(2004). 훈민정음의 천지인 조화의 원리와 천지인 신학의 가능성 모색. 《신학과 문화》 13. 대전신학대학교. 226–252쪽.

홍기문 원저/이상규·천명희 증보(2016). 《증보 정음발달사》. 역락.

홍기문(1933). 각설분운(各說紛紜)한 훈민정음 기원(1–6). 《조선일보》 1933.7.7.–7.20. 3쪽.[4]

홍기문(1937). 각설 분운(紛紜)한 훈민정음 기원(1–5). 《조선일보》 1937.7.7.–7.19. 3쪽.[5]

홍기문(1937). 병서와 쌍서, 훈민정음의 정당한 해석(1–6). 《조선일보》1937.8.29.–9.4. 5쪽.[6]

홍기문(1940). 훈민정음의 각종본. 《조광》 6–10. 조선일보사 출판부. 164–171쪽.

---

4   홍기문(1933). 각설분운(各說紛紜)한 훈민정음 기원(1). 《조선일보》 1933.07.07. 3쪽.
     홍기문(1933). 각설분운(各說紛紜)한 훈민정음 기원(2). 《조선일보》 1933.07.08. 3쪽.
     홍기문(1933). 각설분운(各說紛紜)한 훈민정음 기원(3). 《조선일보》 1933.07.13. 3쪽.
     홍기문(1933). 각설분운(各說紛紜)한 훈민정음 기원(4). 《조선일보》 1933.07.15. 3쪽.
     홍기문(1933). 각설분운(各說紛紜)한 훈민정음 기원(5). 《조선일보》 1933.07.19. 3쪽.
     홍기문(1933). 각설분운(各說紛紜)한 훈민정음 기원(6). 《조선일보》 1933.07.20. 3쪽.

5   홍기문(1935). 현하(現下) 조선어의 중요논제인 'ㅎ'음에 대한 소론(1). 《조선일보》1935.10.23..4쪽.
     홍기문(1935.). 현하 조선어의 중요논제인 'ㅎ'음에 대한 소론(2). 《조선일보》1935.10.24.4쪽.
     홍기문(1935.). 현하 조선어의 중요논제인 'ㅎ'음에 대한 소론(3). 《조선일보》1935.10.26.4쪽.
     홍기문(1935). 현하 조선어의 중요논제인 'ㅎ'음에 대한 소론(4). 《조선일보》1935.10.27.4쪽.
     홍기문(1935). 현하 조선어의 중요논제인 'ㅎ'음에 대한 소론(5). 《조선일보》1935.10.29.4쪽.
     홍기문(1935). 현하 조선어의 중요논제인 'ㅎ'음에 대한 소론(6). 《조선일보》1935.10.30.4쪽.
     홍기문(1935). 현하 조선어의 중요논제인 'ㅎ'음에 대한 소론(7). 《조선일보》1935.10.31.4쪽.

6   홍기문(1937). 병서와 쌍서, 훈민정음의 정당한 해석(1). 《조선일보》1937.8.29. 5쪽.
     홍기문(1937). 병서와 쌍서, 훈민정음의 정당한 해석(2). 《조선일보》1937.8.30. 5쪽.
     홍기문(1937). 병서와 쌍서, 훈민정음의 정당한 해석(3). 《조선일보》1937.9.1. 5쪽.
     홍기문(1937). 병서와 쌍서, 훈민정음의 정당한 해석(4). 《조선일보》1937.9.2. 5쪽.
     홍기문(1937). 병서와 쌍서, 훈민정음의 정당한 해석(5). 《조선일보》1937.9.3. 5쪽.
     홍기문(1937). 병서와 쌍서, 훈민정음의 정당한 해석(6). 《조선일보》1937.9.4. 5쪽.

홍기문(1941). 삼십육자모의 기원. 《춘추》 2–7. 조선춘추사. 162–169쪽.

홍기문(1941). 훈민정음과 한자음운 : 한자반절의 기원과 구성 상. 《조광》 7–5. 경성 : 조선일보사출판부. 66–71쪽.

홍기문(1941). 훈민정음과 한자음운 : 한자반절의 기원과 구성 하. 《조광》 7–6. 경성 : 조선일보사출판부. 198–207쪽.

홍기문(1946/1947). 《정음발달사》 상·하 합본. 서울신문사.

홍기문(1947). 《朝鮮文法硏究》. 서울신문사.(영인 : ①39, 1차 : 탑출판사, 2차 : 박이정) 21쪽.

홍기문(1949). 훈민정음의 성립 과정. 《훈민정음 역해》(전몽수·홍기문 공저). 조선어문고 1책. 평양 : 조선어문연구회. 1–37쪽.

홍윤표(2008). 훈민정음의 '여문자불상유통(與文字不相流通)'에 대하여. 《이숭녕 근대국어학의 개척자 : 심악 이숭녕 선생 탄신 100주년 기념 논문집(서울대 대학원 국어연구회 편)》. 태학사. 767–786쪽.

홍윤표(2009). 한글 고문헌 및 한글 고문서의 주석 방법에 대하여. 《영남학》 15호. 경북대학교 영남문화연구원. 273–306쪽.

홍윤표(2012). 훈민정음에 대한 몇 가지 주장. 《훈민정음과 오늘(2012년 훈민정음학회 국내학술대회 자료집)》. (사)훈민정음학회. 1–29쪽.

홍윤표(2018). 훈민정음에 대한 종합적 고찰. 《한국어사 연구》 3. 한국어사연구회. 197–246쪽.

홍현보(2019). 《언문》. 이회.

황건주 엮음(2019). 《한글로 풀어 쓴 훈민정음 탐구》. 북매니저.

황선엽(2017). 《훈민정음》 해례본의 낙장 복원을 위한 글자체 선정에 대하여. 《국보 제70호 훈민정음 학술토론회 : 낙장 복원 및 정본화》(학술 발표 자료집). 문화재청. 107–121쪽.

후쿠이 레이(2006). 훈민정음의 문자론적 성격. 《세종학 연구》 14. 세종대왕기념사업회. 121–131쪽.

古敬恒(1994). 古文標點技法. 박은희 옮김(2018). 《고문표점기법》. 한국고전번역원.

小倉進平(1919). 訓民正音に就いて. 《藝文》 10–8.

小倉進平(1940). 《增訂補注 朝鮮語學史》. 東京 : 刀江書院.

野間秀樹(2010). 《ハングルの誕生－音から文字を創る》. 平凡社. 노마 히데키/김진아·김기연·박수진 옮김(2011). 한글의 탄생 : 《문자》라는 기적. 돌베개.

汪耀楠(1997). 《注釋學綱要》(第2版). 北京 : 語文出版社. 신승운 외 옮김(2014). 《주석학개론 1–2》. 한국고전번역원.

中村完(1968). 訓民正音における文化の意識について. 《朝鮮學報》 47.

中村完(1995). 《訓民正音の世界》. 創學出版.

河野六郎(1947). 新發見の訓民正音に就いて. 《東洋學報》 31–2. pp.96–104.

Coulmas. F(2003). Writing Systems. Cambridge University Press.

Gary Ledyard(1966). The Korean Language Reform of 1446 : The Origin. Background. and Early History of the Korean Alphabet. Ph.D. Dissertation. University of California.

Gari Ledyard(1997). The International Linguistic Background of the Correct Sounds for the Instruction of the People. Edited by YOUNG–KEY KIM–RENAUD. THE KOREAN ALPHABET. University of Hawaii Press. pp.31–88.

Hyeon–hie Lee(이현희. 2010). A Survey of the History of HunminJeongeum Research. SCRIPTA vol.2. The HunminJeongeum Society(훈민정음학회). 15–59쪽.

I. J. Gelb(1952·1963). A Study of Writing. University of Chicago Press.

John Man(2001). ALPHA BETA : How 26 Letters Shaped The Western World. John Wiley & Sons. Inc : (남경태 역. 2003. 《세상을 바꾼 문자 알파벳》. 예지)

King, Ross.(1996). 'Korean Writing'. THE WORLD's WRITING SYSTEMS. Edited by Peter T. Daniels and William Bright.

S. Robert Ramsey(1997). The Invention of the Alphabet and the History of the Korean Language. Edited by YOUNG–KEY KIM–RENAUD. THE KOREAN ALPHABET. University of Hawaii Press. pp.131–143.

S. Robert Ramsey(2010). The Korean Writing System in the World of the 21 Century. SCRIPTA vol.2. The HunminJeongeum Society(훈민정음학회). pp.1–13.

Sampson. G(1985). Writing Systems : A Linguistic Introduction. Stanford University Press.

YOUNG–KEY KIM–RENAUD(김영기, 1997). The Phonological Analysis Reflected in the Korean Writing System. Edited by YOUNG–KEY KIM–RENAUD. THE KOREAN ALPHABET. University of Hawaii Press. pp.161–192.

누리집

조선왕조실록(sillok.history.go.kr).

프리 글리프 데이터베이스[글리프위키(GlyphWiki)](ko.glyphwiki.org/wiki/GlyphWiki)

한국고전번역원(www.itkc.or.kr)

한국민족문화대백과사전(encykorea.aks.ac.kr/)

한자구형자료고 중앙연구원(www.sinica.edu.tw/~cdp)

한자자형전거, 장서각 디지털아카이브(yoksa.aks.ac.kr)

문화재청(www.cha.go.kr).

《훈민정음》
해례본(간송본)
원본(1940) - 다듬본(1997)
비교

간송본(1940) 정음해례29ㄱ-29ㄴ

한글학회 다듬본(1997) 정음해례29ㄱ-29ㄴ

括以二十八字而轉換無窮簡
而要精而通故智者不終朝而
會愚者可浹旬而學以是解書
可以知其義以是聽訟可以得
其情字韻則清濁之能辨樂歌
則律呂之克諧無所用而不備
無所往而不達雖風聲鶴唳雞
鳴狗吠皆可得而書矣遂

命詳加解釋以喩諸人於是臣
與集賢殿應敎臣崔恒副校理
臣朴彭年臣申叔舟修撰臣成
三問敦寧府注簿臣姜希顏行
集賢殿副修撰臣李塏臣李善
老等謹作諸解及例以叙其梗
棨庶使觀者不師而自悟若其
淵源精義之妙則非臣等之所

간송본(1940) 정음해례28ㄱ-28ㄴ

括以二十八字而轉換無窮簡
而要精而通故智者不終朝而
會愚者可浹旬而學以是解書
可以知其義以是聽訟可以得
其情字韻則清濁之能辨樂歌
則律呂之克諧無所用而不備
無所往而不達雖風聲鶴唳雞
鳴狗吠皆可得而書矣遂

命詳加解釋以喩諸人於是臣
與集賢殿應敎臣崔恒副校理
臣朴彭年臣申叔舟修撰臣成
三問敦寧府注簿臣姜希顏行
集賢殿副修撰臣李塏臣李善
老等謹作諸解及例以叙其梗
棨庶使觀者不師而自悟若其
淵源精義之妙則非臣等之所

한글학회 다듬본(1997) 정음해례28ㄱ-28ㄴ

之語有其聲而無其字假中國
之字以通其用是猶枘鑿之鉏
鋙也豈能達而無礙乎要皆各
隨所處而安不可强之使同也
吾東方禮樂文章侔擬華夏但
方言俚語不與之同學書者患
其旨趣之難曉治獄者病其曲
折之難通昔新羅薛聰始作吏
讀官府民間至今行之然皆假
字而用或澁或窒非但鄙陋無
稽而已至於言語之間則不能
達其萬一焉癸亥冬我
殿下創制正音二十八字略揭
例義以示之名曰訓民正音象
形而字倣古篆因聲而音叶七
調三極之義二氣之妙莫不該

간송본(1940) 정음해례27ㄱ-27ㄴ

한글학회 다듬본(1997) 정음해례27ㄱ-27ㄴ

為栲ㅗ為牛삽됴為蒼朮菜ㅿ如
남샹為龜약為鼅鼊다야為區ㅈ
감為柿골為蘆ㅠ如율믜為薏苡쥭
為飯조릭為雨繖슈룹為帨
如엿為飴餹ㄷㅕㅁ如餳稲저
비為燕終聲ㄱ如닥為楮독為甕
ㅇ如굼벙為蠐螬올창為蝌蚪
如갇為笠싑為楓ㄴ如신為屨반
되為螢ㄷ如섬為薪굽為蹄口如
범為虎심為泉ㅂ如굽為海松吴
為池ㄹ如돌為月별為星之類

有天地自然之聲則必有天地
自然之文所以古人因聲制字
以通萬物之情以載三才之道
而後世不能易也然四方風土
區別聲氣亦隨而異焉蓋外國

간송본(1940) 정음해례26ㄱ-26ㄴ

為栲ㅗ為牛삽됴為蒼朮菜ㅿ如
남샹為龜약為鼅鼊다야為區ㅈ
감為柿골為蘆ㅠ如율믜為薏苡쥭
為飯조릭為雨繖슈룹為帨
如엿為飴餹ㄷㅕㅁ如餳稲저
비為燕終聲ㄱ如닥為楮독為甕
ㅇ如굼벙為蠐螬올창為蝌蚪
如갇為笠싑為楓ㄴ如신為屨반
되為螢ㄷ如섬為薪굽為蹄口如
범為虎심為泉ㅂ如굽為海松吴
為池ㄹ如돌為月별為星之類

有天地自然之聲則必有天地
自然之文所以古人因聲制字
以通萬物之情以載三才之道
而後世不能易也然四方風土
區別聲氣亦隨而異焉蓋外國

한글학회 다듬본(1997) 정음해례26ㄱ-26ㄴ

如밀爲山、마爲薯藇。ㅸ。如사비爲蝦、드뵈爲瓠。ㅈ。如자爲尺、죠ᄒᆡ爲紙。ㅊ。如체爲籭、채爲鞭。ㅅ。如손爲手、섬爲島。ㅎ。如부헝爲鵂鶹、힘爲筋。ㅇ。如비육爲鷄雛、ᄇᆡ얌爲蛇。ㄹ。如무뤼爲雹、어름爲氷。ㅿ。如아ᅀᆞ爲弟、너ᅀᅵ爲鴇。

中聲
ㆍ。如ᄐᆞᆨ爲頤、ᄑᆞᆺ爲小豆、ᄃᆞ리爲橋、ᄀᆞ래爲楸。
ㅡ。如믈爲水、발측爲跟、그력爲雁、드레爲汲器。
ㅣ。如깃爲巢、밀爲蠟、피爲稷、키爲箕。
ㅗ。如논爲水田、톱爲鉅、호미爲鉏、벼로爲硯。
ㅏ。如밥爲飯、낟爲鎌、이아爲綜、사ᄉᆞᆷ爲鹿。
ㅜ。如숫爲炭、울爲籬、누에爲蠶、구리爲銅。
ㅓ。如브ᅀᅳᆸ爲竈、널爲板、서리爲霜、버들爲柳。
ㅛ。如죵爲奴、고욤爲梬。

간송본(1940) 정음해례25ㄱ-25ㄴ

正音解例 《二十五》

如밀爲山、마爲薯藇。ㅸ。如사비爲蝦、드뵈爲瓠。ㅈ。如자爲尺、죠ᄒᆡ爲紙。ㅊ。如체爲籭、채爲鞭。ㅅ。如손爲手、섬爲島。ㅎ。如부헝爲鵂鶹、힘爲筋。ㅇ。如비육爲鷄雛、ᄇᆡ얌爲蛇。ㄹ。如무뤼爲雹、어름爲氷。ㅿ。如아ᅀᆞ爲弟、너ᅀᅵ爲鴇。

中聲
ㆍ。如ᄐᆞᆨ爲頤、ᄑᆞᆺ爲小豆、ᄃᆞ리爲橋、ᄀᆞ래爲楸。
ㅡ。如믈爲水、발측爲跟、그력爲雁、드레爲汲器。
ㅣ。如깃爲巢、밀爲蠟、피爲稷、키爲箕。
ㅗ。如논爲水田、톱爲鉅、호미爲鉏、벼로爲硯。
ㅏ。如밥爲飯、낟爲鎌、이아爲綜、사ᄉᆞᆷ爲鹿。
ㅜ。如숫爲炭、울爲籬、누에爲蠶、구리爲銅。
ㅓ。如브ᅀᅳᆸ爲竈、널爲板、서리爲霜、버들爲柳。
ㅛ。如죵爲奴、고욤爲梬。

한글학회 다듬본(1997) 정음해례25ㄱ-25ㄴ

音因左點四聲分
一去二上無點平
語入無定亦加點
文之入則似去聲
方言俚語萬不同
有聲無字書難通
一朝
制作侔神工
大東千古開矇矓

用字例
初聲ㄱ。如감為柿골為蘆ㅋ。如우
케為未舂稻콩為大豆ㆁ。如러울
為獺서에為流凘ㄷ。如뒤為茅담
為墻ㅌ。如고티為繭두텁為蟾蜍
ㄴ。如노로為獐납為猿ㅁ。如뫼為
臂벌為蜂ㅍ。如파為葱풀為蠅ㅂ

간송본(1940) 정음해례24ㄱ-24ㄴ

正音解例
二十四

音因左點四聲分
一去二上無點平
語入無定亦加點
文之入則似去聲
方言俚語萬不同
有聲無字書難通
一朝
制作侔神工
大東千古開矇矓

用字例
初聲ㄱ。如감為柿골為蘆ㅋ。如우
케為未舂稻콩為大豆ㆁ。如러울
為獺서에為流凘ㄷ。如뒤為茅담
為墻ㅌ。如고티為繭두텁為蟾蜍
ㄴ。如노로為獐납為猿ㅁ。如뫼為
臂벌為蜂ㅍ。如파為葱풀為蠅ㅂ

한글학회 다듬본(1997) 정음해례24ㄱ-24ㄴ

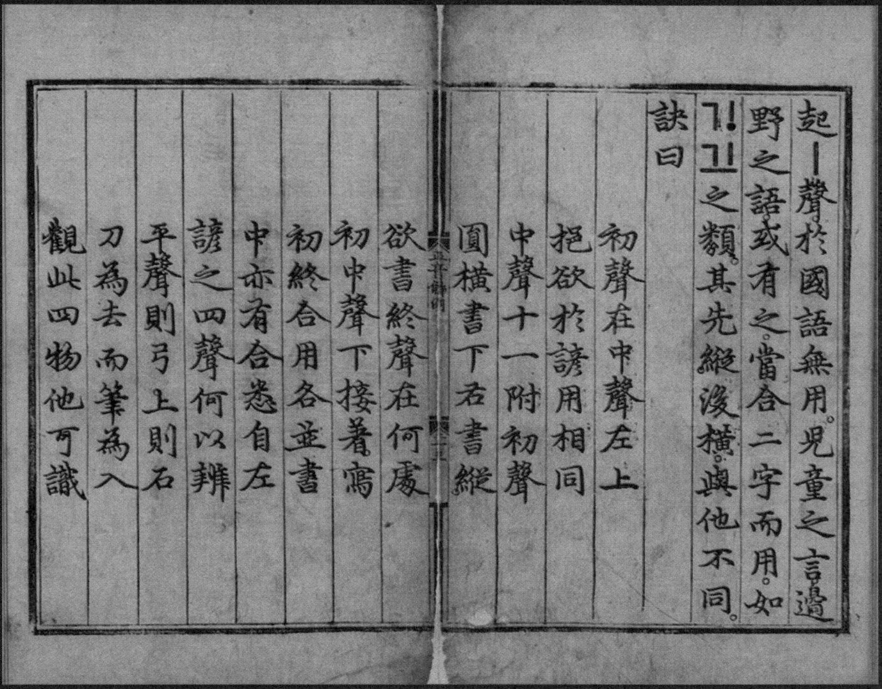
正音解例 二十三

起ㅣ聲於國語無用。兒童之言邊野之語或有之。當合二字而用。如ᄀᆝᄀᆜ之類。其先縱後橫。與他不同。

訣曰

初聲在中聲左上
挹欲於諺用相同
中聲十一附初聲
圓橫書下右書縱
欲書終聲在何處
初中聲下接着寫
初終合用各並書
中亦有合悉自左
諺之四聲何以辨
平聲則弓上則石
刀爲去而筆爲入
觀此四物他可識

간송본(1940) 정음해례23ㄱ-23ㄴ

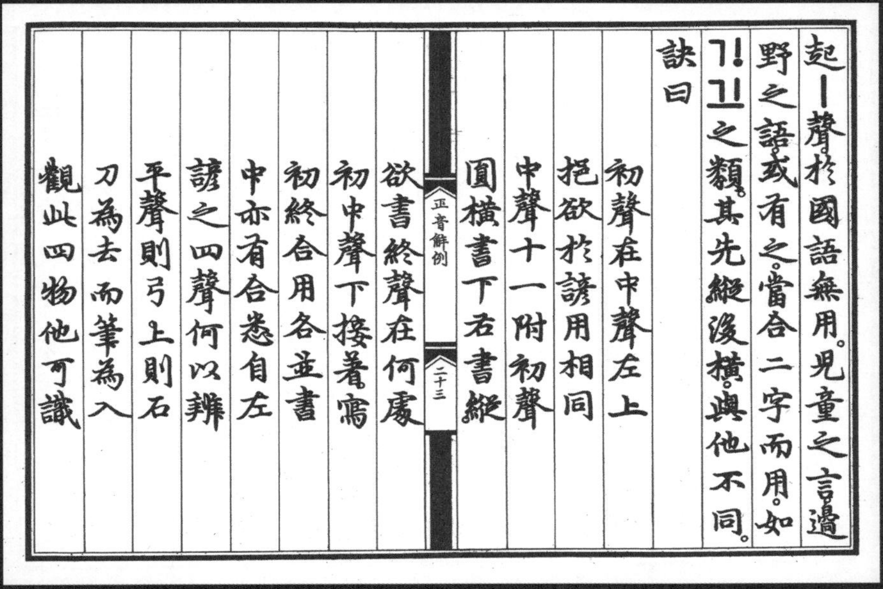
正音解例 二十三

起ㅣ聲於國語無用。兒童之言邊野之語或有之。當合二字而用。如ᄀᆝᄀᆜ之類。其先縱後橫。與他不同。

訣曰

初聲在中聲左上
挹欲於諺用相同
中聲十一附初聲
圓橫書下右書縱
欲書終聲在何處
初中聲下接着寫
初終合用各並書
中亦有合悉自左
諺之四聲何以辨
平聲則弓上則石
刀爲去而筆爲入
觀此四物他可識

한글학회 다듬본(1997) 정음해례23ㄱ-23ㄴ

上ㆍ갈爲刀而其聲去ㆍ붇爲筆而其
聲入之類凡字之左ㆍ加一點爲去
聲二點爲上聲無點爲平聲而文
之入聲與去聲相似諺之入聲無
定或似平聲如ㆍ긷爲柱ㆍ녑爲脅或
似上聲如ㆍ낟爲穀ㆍ깁爲繒或似去
聲如ㆍ몯爲釘ㆍ입爲口之類其加點
則與平上去同。平聲安而和春也
萬物舒泰上聲和而舉夏也萬物
漸盛去聲舉而壯秋也萬物成熟
入聲促而塞冬也萬物閉藏初聲
之ㆆ與○相似於諺可以通用也
半舌有輕重二音然韻書字母唯
一且國語雖不分輕重皆得成音
若欲備用則依脣輕例○連書ㄹ
下爲半舌輕音舌乍附上腭ㆍ一

간송본(1940) 정음해례22ㄱ-22ㄴ

正音解例

〔二十二〕

上ㆍ갈爲刀而其聲去ㆍ붇爲筆而其
聲入之類凡字之左ㆍ加一點爲去
聲二點爲上聲無點爲平聲而文
之入聲與去聲相似諺之入聲無
定或似平聲如ㆍ긷爲柱ㆍ녑爲脅或
似上聲如ㆍ낟爲穀ㆍ깁爲繒或似去
聲如ㆍ몯爲釘ㆍ입爲口之類其加點
則與平上去同。平聲安而和春也
萬物舒泰上聲和而舉夏也萬物
漸盛去聲舉而壯秋也萬物成熟
入聲促而塞冬也萬物閉藏初聲
之ㆆ與○相似於諺可以通用也
半舌有輕重二音然韻書字母唯
一且國語雖不分輕重皆得成音
若欲備用則依脣輕例○連書ㄹ
下爲半舌輕音舌乍附上腭ㆍ一

한글학회 다듬본(1997) 정음해례22ㄱ-22ㄴ

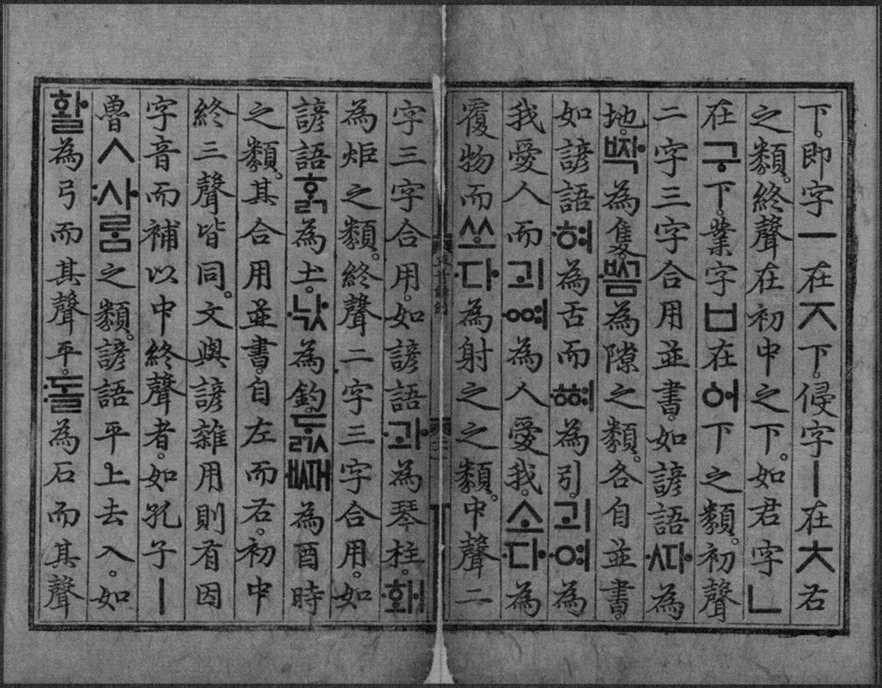

下即字ㅡ在ㅈ下侵字ㅣ在ㅊ右之類。終聲在初中之下。如君字ㄴ在구下。業字ㅂ在ᅌᅥ下之類。初聲二字三字合用並書。如諺語ᄯᅡ爲地。ᄧᅡᆨ爲隻。ᄢᅳᆷ爲隙之類。各自並書。如諺語혀爲舌而ᅘᅧ爲引。괴여爲我愛人而괴ᅇᅧ爲人愛我。소다爲覆物而쏘다爲射之之類。中聲二字三字合用。如諺語과爲琴柱。홰爲炬之類。終聲二字三字合用。如諺語흙爲土。낛爲釣。ᄣᅢ爲酉時之類。其合用並書。自左而右。初中終三聲皆同。文與諺雜用則有因字音而補以中終聲者。如孔子ㅣ魯ㅅ사ᄅᆞᆷ之類。諺語平上去入。如활爲弓而其聲平。돌爲石而其聲

간송본(1940) 정음해례21ㄱ-21ㄴ

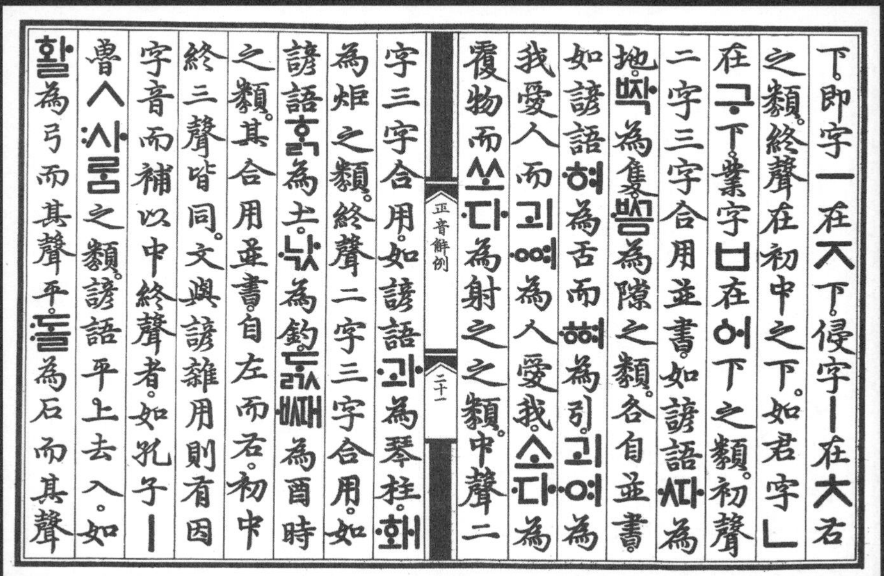

下即字ㅡ在ㅈ下侵字ㅣ在ㅊ右之類。終聲在初中之下。如君字ㄴ在구下。業字ㅂ在ᅌᅥ下之類。初聲二字三字合用並書。如諺語ᄯᅡ爲地。ᄧᅡᆨ爲隻。ᄢᅳᆷ爲隙之類。各自並書。如諺語혀爲舌而ᅘᅧ爲引。괴여爲我愛人而괴ᅇᅧ爲人愛我。소다爲覆物而쏘다爲射之之類。中聲二

正音解例 二十一

字三字合用。如諺語과爲琴柱。홰爲炬之類。終聲二字三字合用。如諺語흙爲土。낛爲釣。ᄣᅢ爲酉時之類。其合用並書。自左而右。初中終三聲皆同。文與諺雜用則有因字音而補以中終聲者。如孔子ㅣ魯ㅅ사ᄅᆞᆷ之類。諺語平上去入。如활爲弓而其聲平。돌爲石而其聲

한글학회 다듬본(1997) 정음해례21ㄱ-21ㄴ

以那彆彌次第推
六聲通乎文與諺
戌閭用於諺衣絲
五音緩急各自對
君聲洪是業之促
斗彆聲緩為那彌
穰亦對戌為閭把
閭宜於諺不宜文

斗輕為閭是俗習

合字解
初中終三聲合而成字。初聲或在
中聲之上。或在中聲之左。如君字
ㄱ在ㅜ上業字ㅇ在ㅓ左之類中
聲則圓者橫者在初聲之下。‧ㅡ
ㅗㅛㅜㅠ是也。縱者在初聲之右。ㅣ
ㅏㅑㅓㅕ是也。如吞字‧在ㅌ

간송본(1940) 정음해례20ㄱ-20ㄴ

한글학회 다듬본(1997) 정음해례20ㄱ-20ㄴ

也且半舌之ㄹ當用於諺而不可
用於文如入聲之彆字終聲當用
ㄷ而俗習讀為ㄹ盖ㄷ變而為輕
也若用ㄹ為彆之終則其聲舒緩
不為入也。訣曰

不清不濁用於終
為平上去不為入

全清次清及全濁
是皆為入聲促急

初作終聲理固然
只將八字用不窮

唯有欲聲所當處
中聲成音亦可通

若書即字終用君
洪彆亦以業斗終

君業覃終又何如

간송본(1940) 정음해례19ㄱ-19ㄴ

也且半舌之ㄹ當用於諺而不可
用於文如入聲之彆字終聲當用
ㄷ而俗習讀為ㄹ盖ㄷ變而為輕
也若用ㄹ為彆之終則其聲舒緩
不為入也。訣曰

不清不濁用於終
為平上去不為入

正音解例

全清次清及全濁
是皆為入聲促急

十九

初作終聲理固然
只將八字用不窮

唯有欲聲所當處
中聲成音亦可通

若書即字終用君
洪彆亦以業斗終

君業覃終又何如

한글학회 다듬본(1997) 정음해례19ㄱ-19ㄴ

終則宜於平上去。全清次清全濁
之字。其聲爲厲。故用於終則宜於
入。而以ㆁㄴㅁㅇㄹㅿ六字爲平
上去聲之終。而餘皆爲入聲之終
也。然ㄱㆁㄷㄴㅂㅁㅅㄹ八字可
足用也。如빗곶爲梨花영의갗爲
狐皮。而ㅅ字可以通用。故只用ㅅ
字。且ㅇ聲淡而虛。不必用於終。而

《十八》

《正音解例》

中聲可得成音也。ㄷ如볃爲彆。ㄱ
如군爲君。ㅂ如업爲業。ㄷ如땀爲
覃。ㅅ如諺語옷爲衣。ㄹ如諺語실
爲絲之類。五音之緩急。亦各自爲
對。如牙之ㆁ與ㄱ爲對。而ㆁ促呼
則變爲ㄱ而急。ㄱ舒出則變爲ㆁ
而緩。舌之ㄴㄷ。脣之ㅁㅂ。齒之ㅿ
ㅅ。喉之ㅇㆆ。其緩急相對。亦猶是

간송본(1940) 정음해례18ㄱ-18ㄴ

終則宜於平上去。全清次清全濁
之字。其聲爲厲。故用於終則宜於
入。而以ㆁㄴㅁㅇㄹㅿ六字爲平
上去聲之終。而餘皆爲入聲之終
也。然ㄱㆁㄷㄴㅂㅁㅅㄹ八字可
足用也。如빗곶爲梨花영의갗爲
狐皮。而ㅅ字可以通用。故只用ㅅ
字。且ㅇ聲淡而虛。不必用於終。而

《十八》

《正音解例》

中聲可得成音也。ㄷ如볃爲彆。ㄱ
如군爲君。ㅂ如업爲業。ㄷ如땀爲
覃。ㅅ如諺語옷爲衣。ㄹ如諺語실
爲絲之類。五音之緩急。亦各自爲
對。如牙之ㆁ與ㄱ爲對。而ㆁ促呼
則變爲ㄱ而急。ㄱ舒出則變爲ㆁ
而緩。舌之ㄴㄷ。脣之ㅁㅂ。齒之ㅿ
ㅅ。喉之ㅇㆆ。其緩急相對。亦猶是

한글학회 다듬본(1997) 정음해례18ㄱ-18ㄴ

간송본(1940) 정음해례17ㄱ-17ㄴ

한글학회 다듬본(1997) 정음해례17ㄱ-17ㄴ

音。如吞字中聲是。‧‧‧居ㅌㄴ之
間而爲ㅌ即字中聲是ㅡㅡ居ㅈㅊ
ㄱㅋ之間而爲ᅙ侵字中聲是ㅣㅣ居ㅈㅊ
業欲穰戌彆皆倣此二字合用者
ㅗ與ㅏ同出於‧故合而爲ㅘ
ㅛ與ㅑ又同出於ㅣ故合而爲ㆇ
ㅜ與ㅓ同出於ㅡ故合而爲ㅝ
ㅠ與ㅕ又同出於ㅣ故合而爲ㆊ
以其同出而爲類故相合而不悖也。一
字中聲之與ㅣ相合者十ㅢㅚㅐㅟㅔ
ㅣㅢㅚㅐㅟㅔㅒㅖ是也。二字中聲
之與ㅣ相合者四ㅙㅞㅙㅞ是也。
ㅣ於深淺闔闢之聲並能相隨者
以其舌展聲淺而便於開口也。亦
可見人之參贊開物而無所不通

간송본(1940) 정음해례16ㄱ-16ㄴ

音。如吞字中聲是。‧‧‧居ㅌㄴ之
間而爲ㅌ即字中聲是ㅡㅡ居ㅈㅊ
ㄱㅋ之間而爲ᅙ侵字中聲是ㅣㅣ居ㅈㅊ
業欲穰戌彆皆倣此二字合用者
ㅗ與ㅏ同出於‧故合而爲ㅘ
ㅛ與ㅑ又同出於ㅣ故合而爲ㆇ
ㅜ與ㅓ同出於ㅡ故合而爲ㅝ
ㅠ與ㅕ又同出於ㅣ故合而爲ㆊ
以其同出而爲類故相合而不悖也。一
字中聲之與ㅣ相合者十ㅢㅚㅐㅟㅔ
ㅣㅢㅚㅐㅟㅔㅒㅖ是也。二字中聲
之與ㅣ相合者四ㅙㅞㅙㅞ是也。
ㅣ於深淺闔闢之聲並能相隨者
以其舌展聲淺而便於開口也。亦
可見人之參贊開物而無所不通

正音解例

十六

한글학회 다듬본(1997) 정음해례16ㄱ-16ㄴ

간송본(1940) 정음해례15ㄱ-15ㄴ

한글학회 다듬본(1997) 정음해례15ㄱ-15ㄴ

간송본(1940) 정음해례14ㄱ-14ㄴ

한글학회 다듬본(1997) 정음해례14ㄱ-14ㄴ

吞之爲字貫八聲
維天之用徧流行
四聲兼人亦有由
入參天地爲最靈
且就三聲究至理
自有剛柔與陰陽
中是天用陰陽分
初迺地功剛柔彰
中聲唱之初聲和
天先乎地理自然
和者爲初亦爲終
物生復歸皆於坤
陰變爲陽陽變陰
一動一靜互爲根
初聲復有發生義
爲陽之動主於天

간송본(1940) 정음해례13ㄱ-13ㄴ

《正音解例》
十三

吞之爲字貫八聲
維天之用徧流行
四聲兼人亦有由
入參天地爲最靈
且就三聲究至理
自有剛柔與陰陽
中是天用陰陽分
初迺地功剛柔彰
中聲唱之初聲和
天先乎地理自然
和者爲初亦爲終
物生復歸皆於坤
陰變爲陽陽變陰
一動一靜互爲根
初聲復有發生義
爲陽之動主於天

한글학회 다듬본(1997) 정음해례13ㄱ-13ㄴ

간송본(1940) 정음해례12ㄱ-12ㄴ

呑擬於天聲最深
所以圓形如彈丸
即聲不深又不淺
其形之平象乎地
侵象人立厥聲淺
三才之道斯爲備
洪出於天尙爲闔
象取天圓合地平
覃亦出天爲已闢
發於事物就人成
用初生義一其圓
出天爲陽在上外
欲穰兼人爲再出
二圓爲形見其義
君業戌彆出於地
據例自知何湏評

한글학회 다듬본(1997) 정음해례12ㄱ-12ㄴ

聲音又自有清濁
要於初發細推尋
全清聲是君斗彆
即戌把亦全清聲
若迺快吞漂侵虛
五音各一為次清
全濁之聲虯覃步
又有慈邪亦有洪
全清並書為全濁
唯洪自虛是不同
業那彌欲及閭穰
其聲不清又不濁
欲之連書為脣輕
喉聲多而脣乍合
中聲十一亦取象
精義未可容易觀

간송본(1940) 정음해례11ㄱ-11ㄴ

正音解例

十一

聲音又自有清濁
要於初發細推尋
全清聲是君斗彆
即戌把亦全清聲
若迺快吞漂侵虛
五音各一為次清
全濁之聲虯覃步
又有慈邪亦有洪
全清並書為全濁
唯洪自虛是不同
業那彌欲及閭穰
其聲不清又不濁
欲之連書為脣輕
喉聲多而脣乍合
中聲十一亦取象
精義未可容易觀

한글학회 다듬본(1997) 정음해례11ㄱ-11ㄴ

간송본(1940) 정음해례10ㄱ-10ㄴ

한글학회 다듬본(1997) 정음해례10ㄱ-10ㄴ

간송본(1940) 정음해례9ㄱ-9ㄴ

一元之氣。周流不窮。四時之運循
環無端故貞而復元冬而復春。初
聲之復為終終聲之復為初亦此
義也。吁。正音作而天地萬物之理
咸備其神矣哉是殆天啓
聖心而假手焉者乎訣曰
天地之化本一氣
陰陽五行相始終
物於兩間有形聲
元本無二理數通
正音制字尚其象
因聲之屬每加畫
音出牙舌脣齒喉
是為初聲字十七
牙取舌根閉喉形
唯業似欲取義別

한글학회 다듬본(1997) 정음해례9ㄱ-9ㄴ

正音解例
九

一元之氣。周流不窮。四時之運循
環無端故貞而復元冬而復春。初
聲之復為終終聲之復為初亦此
義也。吁。正音作而天地萬物之理
咸備其神矣哉是殆天啓
聖心而假手焉者乎訣曰
天地之化本一氣
陰陽五行相始終
物於兩間有形聲
元本無二理數通
正音制字尚其象
因聲之屬每加畫
音出牙舌脣齒喉
是為初聲字十七
牙取舌根閉喉形
唯業似欲取義別

正音解例

音清濁和之於後而為初亦為終
亦可見萬物初生於地復歸於地
也。以初中終合成之字言之。亦有
動靜互根陰陽交變之義焉。動者
天也。靜者地也。兼乎動靜者人也。
蓋五行在天則神之運也。在地則
質之成也。肝心脾肺腎質之成也。初
之運也。

聲有緩動之義天之事也。終聲有
止定之義地之事也。中聲承初之
生接終之成。人之事也。蓋字韻之
要在於中聲。初終合而成音。亦猶
天地生成萬物。而其財成輔相則
必賴乎人也。終聲之復用初聲者
以其動而陽者乾也。靜而陰者亦
乾也。乾實分陰陽而無不君宰也。

간송본(1940) 정음해례8ㄱ-8ㄴ

正音解例

〈八〉

音清濁和之於後而為初亦為終
亦可見萬物初生於地復歸於地
也。以初中終合成之字言之。亦有
動靜互根陰陽交變之義焉。動者
天也。靜者地也。兼乎動靜者人也。
蓋五行在天則神之運也。在地則
質之成也。肝心脾肺腎質之成也。初
之運也。

聲有緩動之義天之事也。終聲有
止定之義地之事也。中聲承初之
生接終之成。人之事也。蓋字韻之
要在於中聲。初終合而成音。亦猶
天地生成萬物。而其財成輔相則
必賴乎人也。終聲之復用初聲者
以其動而陽者乾也。靜而陰者亦
乾也。乾實分陰陽而無不君宰也。

한글학회 다듬본(1997) 정음해례8ㄱ-8ㄴ

間松本(1940) 정음해례7ㄱ-7ㄴ

成金之數也。∷再生於地。地六成
水之數也。∴次之。地八成木之數
也。∵水火未離乎氣。陰陽交合之初。
故闔。木金陰陽之定質。故闢。天
五生土之位也。一地十成土之數
也。一獨無位數者。盖以人則無極
之真。二五之精妙合而凝。固未可
以定位成數論也。是則中聲之中

亦自有陰陽五行方位之數也。以
初聲對中聲而言之。陰陽天道也。
剛柔。地道也。中聲者。一深一淺一
闔一闢是則陰陽分而五行之氣
具焉。天之用也。初聲者。或虛或實
或颺或滯或重若輕是則剛柔著
而五行之質成焉。地之功也。中聲
以深淺闔闢唱之於前。初聲以五

한글학회 다듬본(1997) 정음해례7ㄱ-7ㄴ

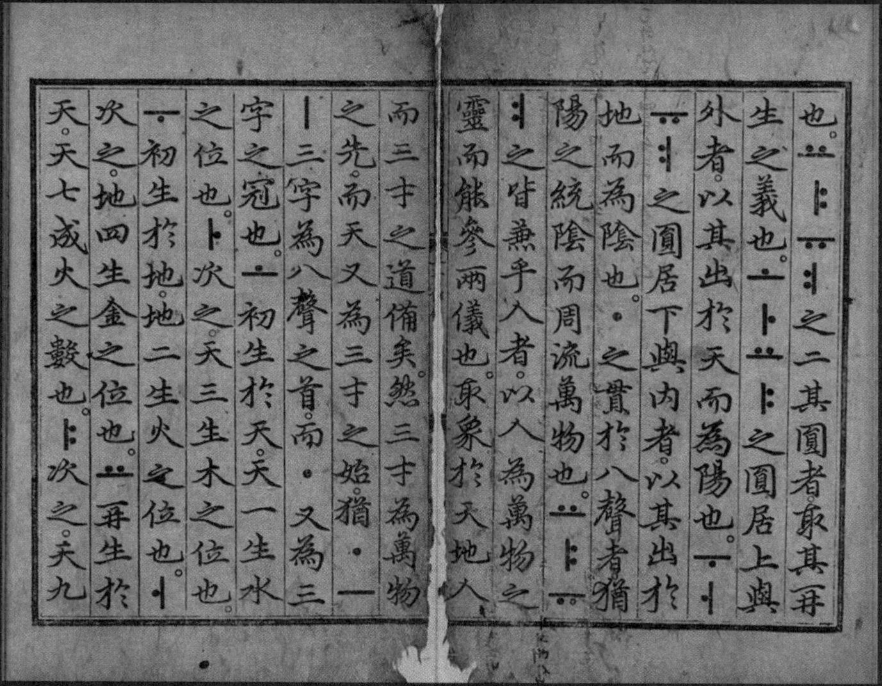

也。ㅛ ㅑ ㅠ ㅕ之二其圓者取其再
生之義也。ㅗ ㅏ ㅛ ㅑ之圓居上與
外者。以其出於天而爲陽也。ㅜ ㅓ
ㅠ ㅕ之圓居下與內者。以其出於
地而爲陰也。ㆍ之貫於八聲者猶
陽之統陰而周流萬物也。ㅛ ㅑ ㅠ
ㅕ之皆兼乎人者。以人爲萬物之
靈而能參兩儀也。取象於天地人
而三才之道備矣。然三才爲萬物
之先。而天又爲三才之始。猶ㆍㅡ
ㅣ三字爲八聲之首。而ㆍ又爲三
字之冠也。ㅗ初生於天。天一生水
之位也。ㅏ次之。天三生木之位也。
ㅜ初生於地。地二生火之位也。ㅓ
次之。地四生金之位也。ㅛ再生於
天。天七成火之數也。ㅑ次之。天九

간송본(1940) 정음해례6ㄱ-6ㄴ

正音解例 六

也。ㅛ ㅑ ㅠ ㅕ之二其圓者取其再
生之義也。ㅗ ㅏ ㅛ ㅑ之圓居上與
外者。以其出於天而爲陽也。ㅜ ㅓ
ㅠ ㅕ之圓居下與內者。以其出於
地而爲陰也。ㆍ之貫於八聲者猶
陽之統陰而周流萬物也。ㅛ ㅑ ㅠ
ㅕ之皆兼乎人者。以人爲萬物之
靈而能參兩儀也。取象於天地人
而三才之道備矣。然三才爲萬物
之先。而天又爲三才之始。猶ㆍㅡ
ㅣ三字爲八聲之首。而ㆍ又爲三
字之冠也。ㅗ初生於天。天一生水
之位也。ㅏ次之。天三生木之位也。
ㅜ初生於地。地二生火之位也。ㅓ
次之。地四生金之位也。ㅛ再生於
天。天七成火之數也。ㅑ次之。天九

한글학회 다듬본(1997) 정음해례6ㄱ-6ㄴ

縮而聲淺。人生於寅也。形之立象
乎人也。此下八聲、一闔一闢。ㅗ與
・同而口蹙、其形則・與ㅡ合而
成。取天地初交之義也。ㅏ與・同
而口張、其形則ㅣ與・合而成。取
天地之用發於事物待人而成也。
ㅜ與ㅡ同而口蹙、其形則ㅡ與・
合而成。亦取天地初交之義也。
ㅓ與ㅡ同而口張、其形則・與ㅣ合
而成。亦取天地之用發於事物待
人而成也。ㅛ與ㅗ同而起於ㅣ。
ㅑ與ㅏ同而起於ㅣ。ㅠ與ㅜ同而起
於ㅣ。ㅕ與ㅓ同而起於ㅣ。ㅗㅏㅜㅓ
始於天地、為初出也。
ㅛㅑㅠㅕ起於ㅣ而兼乎人、為再出也。
ㅗㅏㅜㅓ之一其圓者、取其初生之義

간송본(1940) 정음해례5ㄱ-5ㄴ

正音解例
五

縮而聲淺。人生於寅也。形之立象
乎人也。此下八聲、一闔一闢。ㅗ與
・同而口蹙、其形則・與ㅡ合而
成。取天地初交之義也。ㅏ與・同
而口張、其形則ㅣ與・合而成。取
天地之用發於事物待人而成也。
ㅜ與ㅡ同而口蹙、其形則ㅡ與・
合而成。亦取天地初交之義也。
ㅓ與ㅡ同而口張、其形則・與ㅣ合
而成。亦取天地之用發於事物待
人而成也。ㅛ與ㅗ同而起於ㅣ。
ㅑ與ㅏ同而起於ㅣ。ㅠ與ㅜ同而起
於ㅣ。ㅕ與ㅓ同而起於ㅣ。ㅗㅏㅜㅓ
始於天地、為初出也。
ㅛㅑㅠㅕ起於ㅣ而兼乎人、為再出也。
ㅗㅏㅜㅓ之一其圓者、取其初生之義

한글학회 다듬본(1997) 정음해례5ㄱ-5ㄴ

간송본(1940) 정음해례4ㄱ-4ㄴ

相似。故韻書疑與喻多相混用。今
亦取象於喉。而不爲牙音制字之
始。蓋喉屬水而牙屬木。○雖在牙
而與○相似。猶木之萌芽生於水
而柔軟。尚多水氣也。ㄱ木之成質。
ㅋ木之盛長。ㄲ木之老壯。故至此
乃皆取象於牙也。全清並書則爲
全濁。以其全清之聲凝則爲全濁
也。唯喉音次清爲全濁者。蓋以ㆆ
聲深不爲之凝。ㅎ比ㆆ聲淺故凝
而爲全濁也。○連書脣音之下則
爲脣輕音者。以輕音脣乍合而喉
聲多也。中聲凡十一字。·舌縮而
聲深。天開於子也。形之圓。象乎天
也。一舌小縮而聲不深不淺。地闢
於丑也。形之平。象乎地也。ㅣ舌不

한글학회 다듬본(1997) 정음해례4ㄱ-4ㄴ

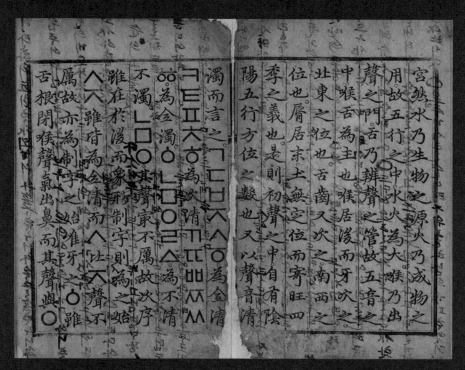

간송본(1940) 정음해례3ㄱ-3ㄴ

한글학회 다듬본(1997) 정음해례3ㄱ-3ㄴ

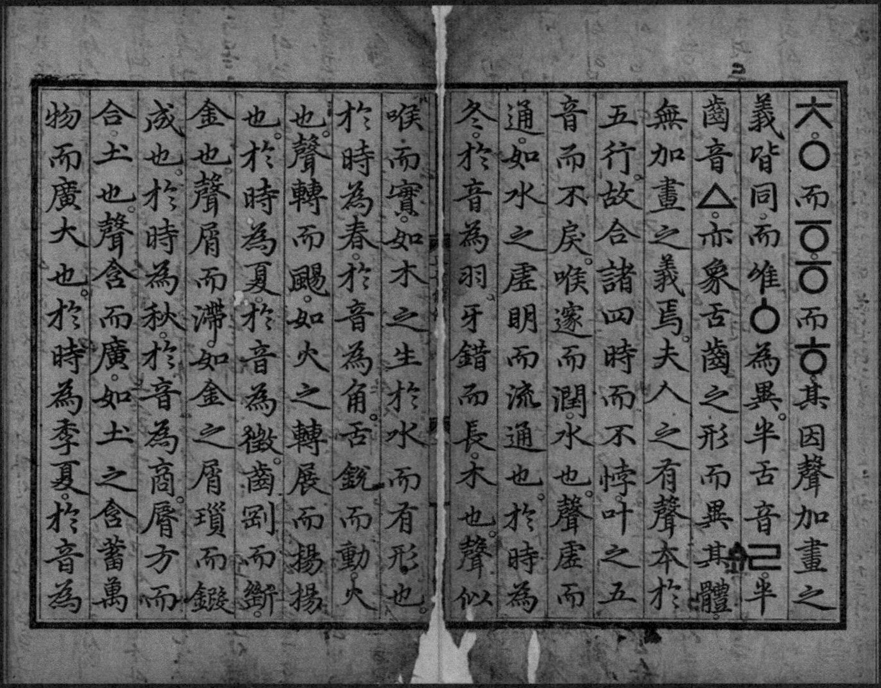
ㅊ。ㅇ而ㆆ。ㆆ而ㅎ。其因聲加畫之
義皆同。而唯ㆁ爲異。半舌音ㄹ。半
齒音ㅿ。亦象舌齒之形而異其體。
無加畫之義焉。夫人之有聲本於
五行。故合諸四時而不悖。叶之五
音而不戾。喉邃而潤。水也。聲虛而
通。如水之虛明而流通也。於時爲
冬。於音爲羽。牙錯而長。木也。聲似
喉而實。如木之生於水而有形也。
於時爲春。於音爲角。舌銳而動。火
也。聲轉而颺。如火之轉展而揚揚
也。於時爲夏。於音爲徵。齒剛而斷。
金也。聲屑而滯。如金之屑瑣而鍛
成也。於時爲秋。於音爲商。脣方而
合。土也。聲含而廣。如土之含蓄萬
物而廣大也。於時爲季夏。於音爲

간송본(1940) 정음해례2ㄱ-2ㄴ

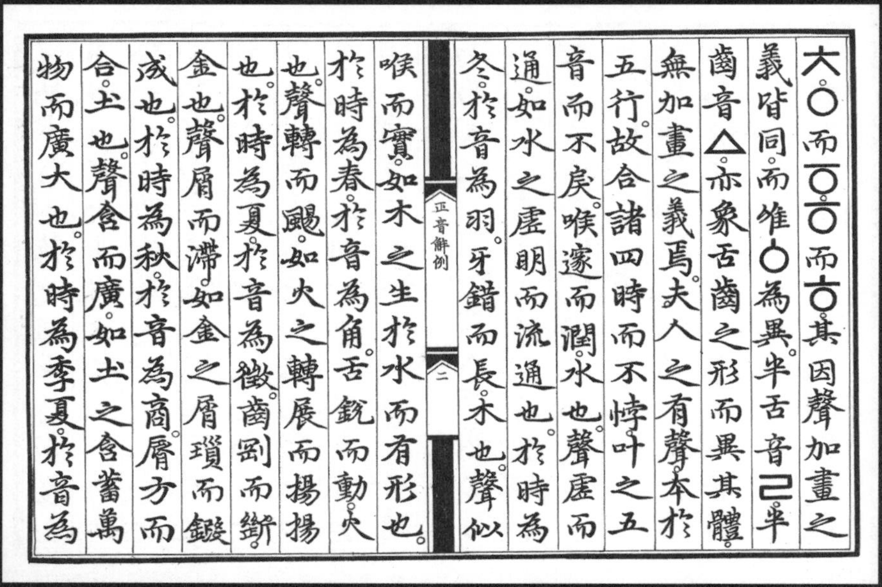
ㅊ。ㅇ而ㆆ。ㆆ而ㅎ。其因聲加畫之
義皆同。而唯ㆁ爲異。半舌音ㄹ。半
齒音ㅿ。亦象舌齒之形而異其體。
無加畫之義焉。夫人之有聲本於
五行。故合諸四時而不悖。叶之五
音而不戾。喉邃而潤。水也。聲虛而
通。如水之虛明而流通也。於時爲
冬。於音爲羽。牙錯而長。木也。聲似
正音解例 二
喉而實。如木之生於水而有形也。
於時爲春。於音爲角。舌銳而動。火
也。聲轉而颺。如火之轉展而揚揚
也。於時爲夏。於音爲徵。齒剛而斷。
金也。聲屑而滯。如金之屑瑣而鍛
成也。於時爲秋。於音爲商。脣方而
合。土也。聲含而廣。如土之含蓄萬
物而廣大也。於時爲季夏。於音爲

한글학회 다듬본(1997) 정음해례2ㄱ-2ㄴ

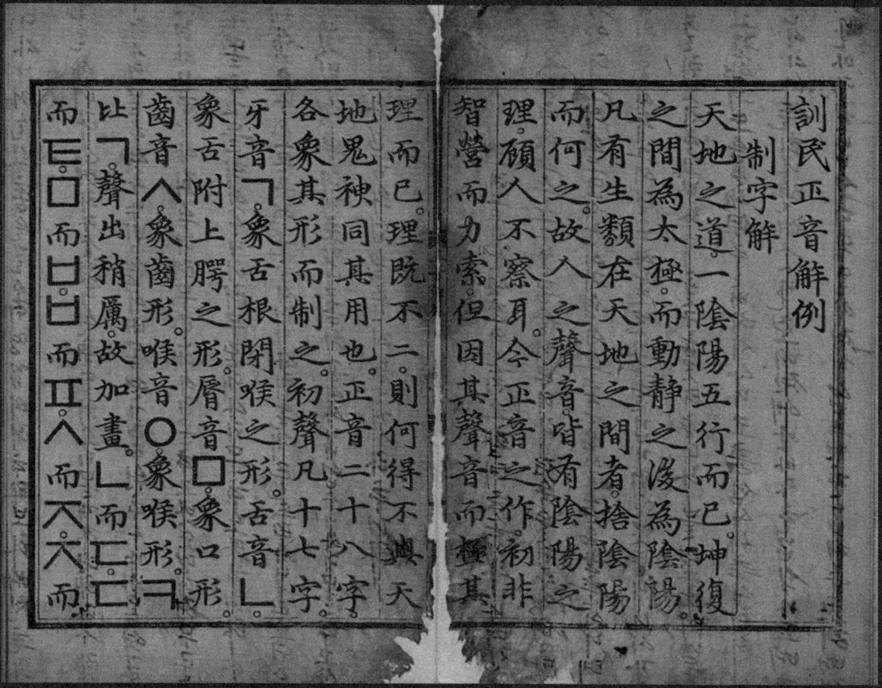

訓民正音解例
制字解
天地之道一陰陽五行而已坤復
之間為太極而動靜之後為陰陽
凡有生類在天地之間者捨陰陽
而何之故人之聲音皆有陰陽之
理顧人不察耳今正音之作初非
智營而力索但因其聲音而極其
理而已理既不二則何得不與天
地鬼神同其用也正音二十八字
各象其形而制之初聲凡十七字
牙音ㄱ象舌根閉喉之形舌音ㄴ
象舌附上腭之形脣音ㅁ象口形
齒音ㅅ象齒形喉音ㅇ象喉形ㅋ
比ㄱ聲出稍厲故加畫ㄴ而ㄷㄷ
而ㅌㅁ而ㅂㅂ而ㅍㅅ而ㅈㅈ而

간송본(1940) 정음해례1ㄱ-1ㄴ

訓民正音解例
制字解
天地之道一陰陽五行而已坤復
之間為太極而動靜之後為陰陽
凡有生類在天地之間者捨陰陽
而何之故人之聲音皆有陰陽之
理顧人不察耳今正音之作初非
智營而力索但因其聲音而極其
理而已理既不二則何得不與天
地鬼神同其用也正音二十八字
各象其形而制之初聲凡十七字
牙音ㄱ象舌根閉喉之形舌音ㄴ
象舌附上腭之形脣音ㅁ象口形
齒音ㅅ象齒形喉音ㅇ象喉形ㅋ
比ㄱ聲出稍厲故加畫ㄴ而ㄷㄷ
而ㅌㅁ而ㅂㅂ而ㅍㅅ而ㅈㅈ而
正音解例 一

한글학회 다듬본(1997) 정음해례1ㄱ-1ㄴ

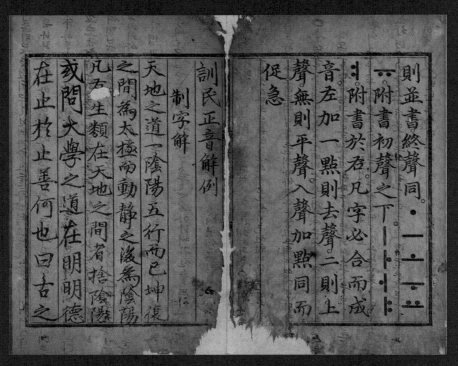

則並書終聲同。‧一‧ㅣ‧ㅡ‧‥
‥附書初聲之下。
ㅏ‧附書於右。凡字必合而成
音左加一點則去聲二則上
聲無則平聲入聲加點同而
促急

訓民正音解例
制字解
天地之道一陰陽五行而已坤復
之間爲太極而動靜之後爲陰陽
凡有生類在天地之間者捨陰陽
或問大學之道在明明德
在止於止善何也曰古之

간송본 정음4ㄱ-4ㄴ

則並書終聲同。‧一‧ㅣ‧ㅡ‧‥
‥附書初聲之下。
ㅏ‧附書於右。凡字必合而成
音左加一點則去聲二則上
聲無則平聲入聲加點同而
促急

한글학회 정음4ㄱ-4ㄴ

△半齒音。如穰字初發聲

ㆍ如吞字中聲
ㅡ如即字中聲
ㅣ如侵字中聲
ㅗ如洪字中聲
ㅏ如覃字中聲
ㅜ如君字中聲
ㅓ如業字中聲
ㅛ如欲字中聲
ㅑ如穰字中聲
ㅠ如戌字中聲
ㅕ如彆字中聲
終聲復用初聲。○連書脣音
之下則爲脣輕音。初聲合用

간송본 정음3ㄱ-3ㄴ

△半齒音。如穰字初發聲

ㆍ如吞字中聲
ㅡ如即字中聲
ㅣ如侵字中聲
ㅗ如洪字中聲
ㅏ如覃字中聲
ㅜ如君字中聲
ㅓ如業字中聲
ㅛ如欲字中聲
ㅑ如穰字中聲
ㅠ如戌字中聲
ㅕ如彆字中聲
終聲復用初聲。○連書脣音
之下則爲脣輕音。初聲合用

正音

三

한글학회 정음3ㄱ-3ㄴ

ㅂ脣音如彆字初發聲
並書如步字初發聲
ㅍ脣音如漂字初發聲
ㅁ脣音如彌字初發聲
ㅈ齒音如即字初發聲
並書如慈字初發聲
ㅊ齒音如侵字初發聲
ㅅ齒音如戌字初發聲
並書如邪字初發聲
ㆆ喉音如挹字初發聲
ㅎ喉音如虛字初發聲
並書如洪字初發聲
ㅇ喉音如欲字初發聲
ㄹ半舌音如閭字初發聲

간송본 정음2ㄱ-2ㄴ

ㅂ脣音如彆字初發聲
並書如步字初發聲
ㅍ脣音如漂字初發聲
ㅁ脣音如彌字初發聲
ㅈ齒音如即字初發聲
並書如慈字初發聲
ㅊ齒音如侵字初發聲
ㅅ齒音如戌字初發聲
並書如邪字初發聲
ㆆ喉音如挹字初發聲
ㅎ喉音如虛字初發聲
並書如洪字初發聲
ㅇ喉音如欲字初發聲
ㄹ半舌音如閭字初發聲

한글학회 정음2ㄱ-2ㄴ

간송본 정음1ㄱ-1ㄴ

訓民正音
國之語音異乎中國與文字
不相流通故愚民有所欲言
而終不得伸其情者多矣予
為此憫然新制二十八字欲
使人人易習便於日用耳

ㄱ牙音如君字初發聲
　並書如虯字初發聲
ㅋ牙音如快字初發聲
ㆁ牙音如業字初發聲
ㄷ舌音如斗字初發聲
　並書如覃字初發聲
ㅌ舌音如吞字初發聲
ㄴ舌音如那字初發聲

한글학회 정음1ㄱ-1ㄴ

訓民正音

영인본과 복제본, 복간본의 차이와 복간본 제작 방법과 의의

훈민정음 해례본 간송본 소장자인 간송미술문화재단이 직접 복간본을 펴내는 것은 소장하고 있는 훈민정음 해례본대한민국 국보 제70호의 가치를 좀 더 깊고 넓게 나누기 위해서이다. 이런 취지를 잘 살리기 위해 해설서에서는 간송 원본의 모습을 가장 잘 살리는 두 개의 영인본을 더 보태 싣는다.

일반적으로 원본을 사진이나 기타의 과학적 방법으로 복제한 인쇄물을 원본의 그림자 인쇄물이라는 의미로 '영인본'이라 부른다. 그러나 영인하는 방식에 따라 다양한 영인본이 있게 마련이다.

1차적으로 모든 영인본은 원본을 바탕으로 하는 것이므로 사진을 찍거나 스캔한 자료를 바탕으로 한다. 스캔한 것도 사진기가 아닌 스캐너라는 기기를 이용한 것일 뿐 결국 사진을 찍은 것이므로 이것도 일종의 사진본이라 할 수 있다. 다만 사진을 찍은 것을 있는 그대로 영인하는 실사본과 글자 이외의 부분을 다듬는 다듬본교정본, 수정본이 있을 수 있다. 1957년 통문관에서 나온 영인본이 실사본의 대표 영인본이며, 1946년에 조선어학회, 1998년에 한글학회에서 나온 영인본이 다듬본의 대표적인 경우이다. 각각 장단점이 있으므로 어느 것이 더 좋은 방법이라고 할 수는 없지만, 영인본 이용 목적에 따라 달리 이용할 수 있다.

그런데 기존의 실사본은 최종 인쇄 단계에서 흑백 인쇄와 축소 인쇄를 하여 원본의 실체를 보여주는 데 한계가 있었다. 다듬본은 최초 원본에 가깝게 복원하거나 가독성을 높이는 의미는 있으나 실제 역사의 흔적이 담긴 실제 원본의 실체를 드러내는 데 문제가 있었다.

이번 복간본은 이러한 기존 영인본의 문제점을 극복하고, 간송본의 실체를 그대로 보여주는 것이 근본적 취지이다.

여기서 복제본교예본과 복간본을 구별하고자 한다. 복제본은 실제 원본과 똑같이 만드는 것이다. 뒷면 낙서뿐만 아니라 색깔까지 완벽하게 같아 일반인들은 원본과 복제본을 구별할 수 없다. '복간본'의 경우는 색깔이 원본에 최대한 가깝다는 것이지 완전히 똑같지는 않다. 그러나 복제본은 완전히 똑같아야 한다.

그러므로 복제본을 다룰 때는 원본에 준해서 다루는 것이 기본 예의이다. 그런데 간송미술관에서는 '복제본'을 '교예본'이라 부른다. '복제'라는 부정적 이미지를 없애고 복제본의 품격을 높이기 위해서이다. 따라서 복제본은 단 한 권을 만드는데 고가의 비용이 든다.

'복간본'은 '복제본' 수준에 미치지 못하지만, 원본에 준해 다시 간행한 것이므로 원본의 품격을 대중적으로 나누는 데는 부족함이 없다. 이번 복간본은 다음과 같은 원칙에 따라 제작하였다.

첫째, 책 크기와 종이 상태 등은 첨단 사진을 통해 원본과 최대한 같도록 복간하였다. 이런 원칙에 따라 전통 인쇄용 한지를 이용해 인쇄하였으며 색깔과 크기를 간송 원본과 최대한 같게 하였다. 따라서 세종 원본은 오침다섯 구멍 제본이었으나 현 간송본에 따라서 사침네 구멍으로 제본하였다. 또한, 현재 간송본은 세종 원본과 달리 위아래 여백 일부가 제거되었으나, 그 자체가 오랜 세월 온갖 위기를 이겨온 해례본의 아픈 역사의 실체이기도 하므로 그대로 존중해 줄 필요가 있다. 여백을 덧붙이지는 않았다.

둘째, 원본과 최대한 같게 만드는 것이 복간본 제작 원칙이지만, 해례본의 가치를 최대한 잘 드러내는 것도 복간본의 근본 취지이기도 하다. 따라서 해례본의 원본 이미지를 손상하는 뒷면의 낙서는 지웠다.

뒷면 글자가 보이는 쪽은 다음과 같이 모두 41쪽으로 모두 66쪽 가운데 62%나 되는 뒷면 글씨가 배접으로 인해 또는 글자 농도로 인해 앞면으로 배여 나왔다.

정음편: 3ㄱ, 3ㄴ, 4ㄱ, 4ㄴ

정음 해례편 1ㄱ, 1ㄴ, 2ㄱ, 2ㄴ, 3ㄱ, 3ㄴ, 4ㄱ, 4ㄴ, 5ㄱ, 5ㄴ, 6ㄱ, 8ㄱ, 8ㄴ, 9ㄱ?, 9ㄴ, 10ㄱ, 10ㄴ, 11ㄱ, 11ㄴ, 12ㄱ, 12ㄴ, 13ㄱ, 13ㄴ, 14ㄱ, 14ㄴ, 15ㄱ, 15ㄴ, 16ㄱ, 16ㄴ, 17ㄱ, 17ㄴ, 18ㄱ, 18ㄴ, 19ㄱ, 19ㄴ, 20ㄱ, 20ㄴ

뒷면 글씨는 김주원2005의 "훈민정음 해례본의 뒷면 글 내용과 그에 관련된 몇 문제,《국어학》45. 국어학회, 177-212쪽."에서 뒷면 글씨 모두 '십구사략언해'임을 판명한 바 있다.

앞면 낙서가 심한 정음 4ㄴ면과 정음해례 29ㄴ면도 낙서를 지웠다. 낙서도 그 나름대로 역사적 가치가 있으므로, 해설서의 사진에는 지우기 전 낙서가 있는 원본을 '정음4ㄱ' 기준 '세로×가로' 모두 33%로 축소74×53하여 참고용으로 실었다. 이와 함께 다듬본의 대표격인 한글학회1997 다듬본은 구두점 일부와 후대에 다시 쓴 '정음1ㄱ-2ㄴ' 네 쪽에 걸쳐 나오는 정음 글꼴은 정음해례본 글꼴을 확대하여 실었다. 교육자료용으로 이용할 수 있도록 판심 부분을 살린 사진을 장차별로 같이 보였다.

《훈민정음》
해례본(간송본)
원본(1940) - 다듬본(1997)
비교